股权财税法
顶层设计

郝德仁 ◎ 著

中国商业出版社

图书在版编目（CIP）数据

股权财税法顶层设计 / 郝德仁著. -- 北京：中国商业出版社，2025. 5. -- ISBN 978-7-5208-3341-7

Ⅰ. F279.23；F812.423

中国国家版本馆 CIP 数据核字第 2025GM2326 号

责任编辑：郑　静

策划编辑：刘万庆

中国商业出版社出版发行

（www.zgsycb.com 100053 北京广安门内报国寺 1 号）

总编室：010-63180647　　编辑室：010-83118925

发行部：010-83120835/8286

新华书店经销

香河县宏润印刷有限公司印刷

*

710 毫米 ×1000 毫米　16 开　25.75 印张　430 千字

2025 年 5 月第 1 版　2025 年 5 月第 1 次印刷

定价：88.00 元

****

（如有印装质量问题可更换）

前言

经济持续疲软，商业交易日益复杂，企业经营模式不断创新，财税合规监管越来越严格，企业面临的股权、财税和法律问题日益复杂，创业的门槛越来越高。

对于老板而言，股权和财税是经营管理中除销售之外的头等大事，但这也是大多数老板的短板。很可惜，很多老板并未认识到股权的价值，更没有充分发挥股权的作用，甚至在简单了解之后就草率使用股权，给企业带来了很大的隐患。一个企业从成立开始到发展壮大，从初创期、成长期、成熟期到衰退期，企业的全生命周期都绕不开股权和财税。可以说，相当数量的创始人创业失败，都与股权未布好局、财税未管控好，存在千丝万缕的关系。

股权架构设计时，太多老板就股权论股权，没有从业务出发考虑公司的战略和商业模式问题，没有考虑财务合规和税务规划问题，考虑风险规避问题也是简单粗暴，股权架构设计往往是"照搬照抄"模板。笔者在培训和咨询时，经常接触到这样的老板：说起股权，没有哪个知识点是他不知道的，但要画一张他的公司架构图，往往一脸茫然，画不出来，有时还画成了组织架构图。原因在哪里？老板们学习的股权知识往往是碎片化的，不系统，甚至存在不少错误。老板往往是只知"股权的然"而不知"股权的所以然"，只知其表不知其里，只见树木、不见森林。

股权是企业的根本，也是企业最重要的资源和产品，股权架构设计是股权价值变现最重要的工具。股权作为中枢和神经纽带，向内打通"战略定位—商业模式—组织架构—绩效管理—财税管理"的管理经络，向外进行企业扩张、并购重组的合纵连横资本运作。股权在公司运营中发挥着至关重要的作用。股权的价值不能仅是被掌握在股东手里的权力，而是用来推动企业发展、促进企业转型升级、解决企业经营发展中遇到的各种问题的工具。否则，股权就只是"躺平"在公司章程和市场监管部门的一个数字和符号。股权架构设计不合理，创始人不但有失去公司控制权的风险，还注定为企业的后续发展埋下重大隐患。

  股权设计不只是如何分配股份的问题，还涉及公司战略和商业模式布局，在管理运营时如何在股权中体现：名下业务的产业链分工要不要成立公司？如何成立公司？成立的多家公司之间如何分工协作？股权如何分配？股权设计时如何考虑税务规划和风险规避？公司生存发展所需的人才、资金、市场等一切资源如何利用股权整合，各利益相关者之间如何实现共赢？股权如何激励，如何退出，如何构建动态激励机制？股权如何估值？要不要股权融资，在哪个公司融资？股权投资要关注哪些信号有哪些策略？股权投资有哪些"坑"？等等。这是一个很大很复杂的管理系统工程，牵一发而动全身，关联到股权、财务、税务、法务、战略、绩效、商业模式、投融资等一系列的管理知识领域。这些众多领域与股权相关的系统化设计，笔者谓之"股权财税法顶层设计"。

  股权财税法顶层设计，是基于"股权架构"的价值背景而诞生的、赋能企业实现"多层次股权架构设计"商业版图，为实现企业基业长青的目标，通过股权与财务、税务、法务结合，促进企业价值创造的顶层战略设计赋能系统。从控制权设计到经营风险隔离，从防范税务风险到合法节税，从融资、上市到资产保值增值和家族财富传承，从战略规划到战略执行，从企业的转型升级到财税合规经营，每一项都要从股权财税法顶层设计出发来统筹考虑。股权财税法顶层设计是成就老板实现商业梦想、实现家族财富传承、实现企业基业长青的战略。

  为实现企业"多层次股权架构设计"的商业版图，财博仕财税以"股权财税法顶层设计"为核心，以"股权架构顶层设计"和"财税治理顶层设计"为两翼，专注为企业提供转型升级及合规经营的股权财税法整体解决方案。股权架构顶层设计为实现股权价值的应用，帮助企业实现在产业转型升级时的"企业价值重组、业务模式创新、盈利模式重构、组织模式变革、产权结构优化"等商业版图的发展规划，顶层设计重点在于股权架构设计、股权税筹设计、股权治理设计。财税治理顶层设计帮助企业实现经营合规目标，助力企业资本运营，提升企业价值，顶层设计重点在于"经营主体规划、产权结构布局、业务流程清晰、资产归属明确、资金通道顺畅"等的优化设计。

前言

老板要想创业成功，亟须快速建立起关于股权和财税法知识体系的整体逻辑框架，建立起"股权财税法顶层设计思维"。创业第一天就应该懂一点股权财税法顶层设计，否则日后的所有努力，都可能因为一开始一个微小的错误而付诸东流。股权财税法问题不只是管理问题，还是治理问题；不只是底层执行问题，还是顶层设计的问题。股权财税法常常是生死问题，是关乎企业生存和发展的大事。在很多因股权设计不周、公司治理和财税不合规而失败的案例中，有非常多的企业其实是可以通过股权架构和财税规划的提前布局来减少损失甚至扭转局面的。

为老板创作一本通俗易懂的书，将笔者在财博仕培训课堂讲授的股权财税法顶层设计的体系化知识和实务操作经验整理出来，为老板提供一部必学必会、案头必备的股权财税法顶层设计指南，助力老板创业成功，这是笔者写作本书的初衷。老板学习本书时，可以不用按章节顺序学习，建议第1章、第10章要一口气读完，其他各章可以先就感兴趣的章节翻阅。

本书以2023年12月29日修订的《中华人民共和国公司法》（以下简称"新公司法"）为政策背景，将"股权"和"财税法"相结合，以财博仕财税的"股权财税法顶层设计上三板和下三板"理论为指导，以"值钱、赚钱、融钱、分钱"四钱为逻辑框架，包括股权战略、股权架构、股权治理、股权税筹、股权风控、股权激励、股权融资、股权投资八个模块。八个模块各设一章，另设认知篇和股权架构调整两章，全书共10章。这八个模块的基本关系是：以"股权治理"为主线，围绕"股权架构设计"这个核心，如何进行合理合法的股权税务规划和股权风险控制，如何在公司治理层面为公司合规经营保驾护航，进而在股权融资、股权投资、股权激励时如何结合股权架构设计而通盘规划，内容涵盖了企业实务工作中经常遇到的与股权相关的重点、难点、疑点、痛点，深入探讨了股权设计时如何应用财税法和众多管理领域的知识。

希望各位读者真正理解股权财税法顶层设计的"上三板与下三板"理论、"一核两翼"和"四钱归一"的逻辑框架，初步建立股权财税法顶层设计思维和认知，研究自身企业如何应用股权财税法顶层设计创造管理价值。

本书主要面向企业老板、创业者、管理层、从事股权和财税咨询服务工作的人士。限于作者水平，书中不足之处，敬请读者批评指正，以便再版时修订。

目 录

第1章 认知篇：股权与财税法

1.1 股权的作用与价值 /3
1.2 股权与财税法的关联 /6
1.3 股权财税法顶层设计的概念与目标 /11
1.4 股权财税法顶层设计的重要性 /13
1.5 哪些公司需要股权财税法顶层设计 /15
1.6 本书的框架 /17

第2章 值钱篇：股权战略

2.1 什么是公司战略 /21
  2.1.1 公司战略的一般定义 /21
  2.1.2 财博仕对公司战略的定义 /22
2.2 什么是股权战略 /24
  2.2.1 股权战略的一般定义 /24
  2.2.2 财博仕对股权战略的定义 /24
  2.2.3 股权战略的设计思维 /25

第3章 值钱篇：股权架构

3.1 股权架构设计概述 /29
  3.1.1 股权架构设计的意义 /29
  3.1.2 股权架构设计的两个前提 /30
  3.1.3 股权架构设计的八大因素 /31

3.1.4 股权架构设计的八字方针　　/35
　　3.1.5 股权架构设计落地实施三部曲　　/36
3.2 公司架构设计　　/38
　　3.2.1 六类主体公司架构　　/38
　　3.2.2 公司架构设计 3+2+1 层次框架模型　　/42
　　3.2.3 公司架构的层级关系如何确定　　/44
　　3.2.4 公司架构的复制与拆分　　/45
　　3.2.5 初创型企业如何应用 3+2+1 层次框架模型　　/46
　　3.2.6 集团型企业如何应用 3+2+1 层次框架模型　　/47
　　3.2.7 "防火墙"型架构还能"防火"吗　　/47
3.3 股权结构设计　　/49
　　3.3.1 股权结构设计的一般问题　　/49
　　3.3.2 创业合伙人如何分配股权　　/58
　　3.3.3 资金股、资源股、人力股如何分配股权　　/65
　　3.3.4 合伙人股权分配不均的解决思路　　/66
　　3.3.5 如何建立动态股权激励机制　　/68

第4章　融钱篇：股权融资

4.1 融资前　　/73
　　4.1.1 股权融资的两种方式　　/73
　　4.1.2 股权融资的三个前提　　/74
　　4.1.3 股权融资的四个注意事项　　/75
　　4.1.4 股权融资的五个阶段与融资对象　　/76
　　4.1.5 股权融资需要考虑的六个因素　　/79
4.2 融资中　　/82
　　4.2.1 股权估值方法　　/82
　　4.2.2 股权融资的一般流程　　/83
　　4.2.3 卖给对的人：如何审查投资人　　/84
4.3 融资后　　/85
　　4.3.1 规范公司治理　　/85
　　4.3.2 实现财税合规　　/85

第5章 融钱篇：股权投资

5.1 股权投资的一些常识 /89
5.1.1 投不投资取决于两点 /89
5.1.2 控制投资风险的三种方式 /90
5.1.3 投资四"主义"的对比 /91
5.1.4 投资秘诀：听、参、决 /92

5.2 股权投资策略 /93
5.2.1 股权投资"六看" /93
5.2.2 股权投资"七定" /95
5.2.3 股权投资的联合、分段与组合 /97
5.2.4 股权投资前后需要关注异常信号 /97

5.3 哪些情况下不适合股权投资 /99
5.3.1 不可以投资什么人 /99
5.3.2 不可以投资什么团队 /100
5.3.3 不可以投资什么公司 /101

5.4 股权投资的财务分析 /103
5.4.1 老板必学必会的十个财务指标 /103
5.4.2 如何做好经营财务分析 /104
5.4.3 投资回报的计算与分析 /106

5.5 股权投资流程 /108
5.5.1 投资流程的"5W1H" /108
5.5.2 股权投资具体流程 /109

第6章 分钱篇：股权激励

6.1 股权激励概述 /113
6.1.1 股权激励的概念 /113
6.1.2 为什么要做股权激励 /113
6.1.3 股权激励的误区、原则和本质 /114
6.1.4 股权激励方案的实施步骤 /116

6.2 股权激励体系：四步十问闭环法 /118

6.2.1 第一步：进入机制 /118
6.2.2 第二步：分配机制 /121
6.2.3 第三步：考核机制 /123
6.2.4 第四步：退出机制 /123
6.2.5 如何应用"四步十问闭环法" /124
6.3 股权激励的"进阶机制" /126
6.3.1 公司不同发展阶段的股权激励 /126
6.3.2 多层次多层级多模式的股权激励 /127

第7章 分钱篇：股权治理

7.1 新公司法的主要修订内容 /131
7.1.1 新公司法的核心变化点 /131
7.1.2 公司治理"三会一层"的修订要点 /136
7.1.3 上市公司治理方面的特别规定 /139
7.2 公司治理的布局与章程协议 /140
7.2.1 公司治理的基本原则 /140
7.2.2 公司治理如何布局 /140
7.2.3 拟定股东合作协议 /142
7.2.4 制定公司章程 /143
7.3 股东与董监高的权责利 /146
7.3.1 股东的六大核心权利 /146
7.3.2 连带赔：股东、控股股东或实际控制人的连带责任 /147
7.3.3 保弱势：少数股东权益保护的五个强化措施 /155
7.3.4 赔偿与罚款：董监高的连带责任 /160
7.4 控制权设计的三个层面 /165
7.4.1 股权的九种控制权设计工具 /165
7.4.2 董事会的十种控制方式 /167
7.4.3 日常经营管理控制权的四种方式 /169

第8章 赚钱篇：股权税筹

8.1 股权税筹的基本原理 /173

8.1.1 税收征管的政策趋势　　/173
　　8.1.2 税务筹划的基本原理　　/175
　　8.1.3 股权税筹的原理与方法　　/184
　　8.1.4 其他涉及股权税筹的几个问题　　/190
8.2 股东分红的税负　　/197
　　8.2.1 股东分红的四种税负情形　　/197
　　8.2.2 视同股东分红的几种情形　　/199
　　8.2.3 股东分红的税收优惠政策　　/201
　　8.2.4 其他涉及股东分红的几个问题　　/208
8.3 股权转让的税负　　/210
　　8.3.1 股权转让的四种税负情形　　/210
　　8.3.2 股权转让税务筹划的方法　　/212
　　8.3.3 九种股权转让方式　　/215
　　8.3.4 其他涉及股权转让的几个问题　　/223
8.4 增资减资撤资的涉税问题　　/236
　　8.4.1 增资的涉税问题　　/236
　　8.4.2 减资或撤资的涉税问题　　/243
8.5 集团型企业税务专题　　/246
　　8.5.1 集团型企业税务筹划的关键点　　/246
　　8.5.2 集团型企业的税务风险与防范　　/247
8.6 合伙企业税务专题　　/249
　　8.6.1 合伙企业如何纳税概述　　/249
　　8.6.2 合伙企业纳税的几个具体问题　　/250
　　8.6.3 有限公司如何改制为有限合伙企业　　/260
　　8.6.4 如何拆除有限合伙企业持股平台　　/265
8.7 员工股权激励税务专题　　/269
　　8.7.1 员工股权激励如何纳税概述　　/269
　　8.7.2 非上市公司员工股权激励如何纳税　　/273
　　8.7.3 上市公司员工股权激励如何纳税　　/277
8.8 高收入高净值人士股权节税专题　　/279
　　8.8.1 高收入高净值人士的税务风险　　/279

8.8.2 高收入人士的税务规划重点 /279
8.8.3 高净值人士的税务规划重点 /281

第9章 赚钱篇：股权风控

9.1 公司架构相关的股权风险 /287
9.1.1 公司层级 /287
9.1.2 股东身份 /288
9.1.3 经营范围 /291
9.1.4 注册地址 /291

9.2 股权结构相关的股权风险 /293
9.2.1 股东出资 /293
9.2.2 股东资格 /303
9.2.3 股权代持 /305
9.2.4 股权退出 /310

9.3 股权激励相关的股权风险 /319
9.3.1 激励不足 /319
9.3.2 激励过头 /319

9.4 股权融资相关的股权风险 /320
9.4.1 股权估值 /320
9.4.2 融资诈骗 /320
9.4.3 担保责任 /321
9.4.4 对赌协议 /321

9.5 股权投资相关的股权风险 /326
9.5.1 关联交易 /326
9.5.2 竞业禁止 /329
9.5.3 两套账 /330
9.5.4 或有负债 /332

9.6 股权税筹相关的股权风险 /336
9.6.1 公司架构层面 /336
9.6.2 股权结构层面 /338
9.6.3 股权交易层面 /340

9.7 公司治理相关的股权风险 /344
   9.7.1 控制权与知情权 /344
   9.7.2 股权合同与章程协议 /346
   9.7.3 股东会、董事会与监事会 /348
9.8 股权相关的法律风险 /352
   9.8.1 公司常见的股权纠纷 /352
   9.8.2 十大财税刑事法律风险 /353
   9.8.3 夫妻共同债务 /377
   9.8.4 民事责任与行政责任 /381

第10章 股权架构调整

10.1 股权架构为什么要调整 /385
10.2 股权架构调整的时机、顺序和方法 /387
10.3 新公司法背景下如何调整股权架构为最优架构 /390
10.4 某有限公司股权架构调整案例 /392

后 记 /397

第1章
认知篇：股权与财税法

会计不只是记账，

财税不只是管控，

财税需要顶层设计。

股权财税法顶层设计帮助企业：

合法赚钱、科学融钱、合理分钱、传承值钱！

本章导读

股权与财税法密切相关。企业股权治理的构建，需要紧密结合财税治理的设计，股权运营时往往需要遵循财税法的相关规定。财税治理中的"权系统"关于股权设计、三会一层、公司的管控模式等，是股权治理领域最核心的内容。

股权财税法顶层设计是企业实现健康、稳定、可持续发展的重要保障，是企业实现从战略目标到战略执行最后到结果的管理方法论，在企业整个管理生态系统中极其重要。毫不夸张地说，只要成立公司，只要公司想实现稳健发展、价值增长、控制风险、财富传承，都需要股权财税法顶层设计。

股权财税法顶层设计，这是笔者构建的一个新赛道，提出了将股权与财税法紧密结合的一整套逻辑和方法论。希望各位老板真正理解股权财税法顶层设计的"上三板与下三板"理论、"一核两翼"和"四钱归一"的逻辑框架，初步建立股权财税法顶层设计思维和认知。

1.1 股权的作用与价值

通俗讲，股权就是股东对企业出资后基于股东资格而享有的，从公司获得经济利益，并参与公司经营管理的权利。

生意难做，传统企业如何转型升级，实现逆势增长？股权价值与股权架构设计就是企业转型成功的密钥。股权是企业的根本，也是企业最重要的产品，股权的价值不仅仅是被握在股东手里的权力，而且是用来推动企业发展、用以解决企业经营发展中遇到的各种问题的工具，在公司运营中发挥着至关重要的作用。因此，公司应重视股权的管理和运用——股权运营，以实现其长期、稳定的发展。

只可惜，大部分企业家、股东并未认识到股权的价值，对股权的认知并不清晰，更没有充分应用股权、发挥股权的作用，甚至在简单了解之后就草率使用股权，给企业带来了很大的隐患。

老板常常走入的一个误区，就是曲解了股权的作用，要么认为股权是万能的，要么认为股权是大企业才用的，这些都是错误的认知。老板为什么一定要懂股权？股权最大的特点就是攻守兼备，既能够为公司筹集资金、吸引人才、激励员工、推动市场拓展和加强团队凝聚力，又能够吸引投资和优化企业治理，还体现在提升股东价值、公司价值和增强流动性等方面。

股权的价值主要体现在如下七个方面。

1. 发现人才、留住人才

因为股权是值钱的、有价值的，每个被赋予股东权并拥有了股权之后，有分红权、资产收益权，这就是价值。所以股权的提出和给予能够吸引一部分人才。对于已经掌握股权的老员工，也能留住人才。对于高端人才而言，他往往更加看重资本的价值，而不是说一个月的固定工资，股权有可能价值放大之后是固定工资的10倍、100倍，这才是吸引人才和留住人才的根本。

2. 加强资源整合、建立产业生态

通过股权把上下游的资源链接起来进行整合，企业的产业生态就建立起来了。股权合作有助于公司在产业链上下游建立紧密的合作关系。通过收购、兼并或与其他企业建立战略联盟，公司可以获得更多的资源支持，降低成本，提高生产效率，并增强在产业链中的话语权。这种整合不仅有助于公司的长期发展，还能带动整个产业链的升级和优化。股权合作可以为公司带来各种形式的资源，包括技术、品牌、渠道、客户等。通过与其他企业或个人的股权合作，公司可以获取这些宝贵的资源，并将其整合到自身的业务中，从而提升公司的竞争力和市场份额。

3. 拓宽融资渠道，优化资本结构

股权融资的资金，作为注册资本金出资之后，它不需要老板去偿还，跟债务融资不一样，它能解决融资的问题，拓宽企业的融资渠道。比如企业的负债率是60%也好，80%也好，如果通过股权融资，有一笔钱进账，把负债的资金偿还一部分，债务结构就优化了，负债率就降低了。资本结构优化之后，企业价值也能放大。股权还可以质押，取得银行或其他金融机构的贷款支持。

4. 股权可以用来出资

股权是非货币财产的一种形式。老板习惯了出资用货币，但事实上，股权可以作为出资来投资，特别是涉及投资项目金额大、企业现金不够、股权价值估值很高时更是如此。股权还可用来收购、兼并、重组扩大企业规模。

5. 优化税费结构，减少企业风险

比如自然人作为股东身份，有限合伙的企业作为股东身份和有限公司作为一个控股股东身份，他分红也好，股权转让也好，涉及税制的规定是不一样的。既然不一样，可以针对这一块有筹划的空间。因为有这些股权，企业可能是多元化经营，企业的业务链条很长，价值链、产业链很丰富，这个时候可以考虑是不是拆分这个价值链条呢？是不是要优化它呢？是不是要考虑成立一个新的公司呢？这样针对各个公司，它的税费优化了，风险也分散了。因为成立多个公司，每家公司只做一块业务，风险是不一样的，比如金融企业的公司和正常制造业企业的公司风险就不一样。即使有风险也把它控制在某一个公司、某一个领域、某一个环节，企业整体风险会分散并降低。

6. 建立高效的治理结构，规范决策机制

比如企业有了合伙人，合伙人拥有了股权之后，就涉及治理结构的问题，涉及表决、决策的问题，需要建立一个表决决策的机制，这个机制简单的理解就是涉及治理结构。治理结构我们怎么样来设计，设计怎么样能高效，怎么样去规范它，让企业能正常去运行。

7. 保障创始人控制权，实现家族财富传承

老板创业要的就是控制权，我的钱、我的权可以分出去，但是我的控制权要牢牢地把握。股权通过不断融资，会稀释，你作为负责人还能不能控制这家企业？如果不能控制这家企业的时候，你就出局了，这样你的家族财富还能传承吗？如果你有控制权，合法合规前提下，你的企业财富还由你说了算。

总之，股权作为一种重要的资源整合工具，具有广泛的应用前景和巨大的价值。公司应充分利用股权的作用，通过股权融资、股权激励、股权合作等方式整合各种资源，为公司的长期发展提供有力支持。

1.2 股权与财税法的关联

股权既然是企业最重要的产品,就要像做公司的业务一样去运营起来。那股权跟财税法又有什么关联呢?

首先我们一起来理解财税法。狭义理解,财税法是指财务、税务、财税相关的法律法规的总称。广义理解,财税法是涉及财务、税务、法务领域三者的综合体,是统称,就是思考如何实现财务体系化和规范化问题。这里我们用的是广义的理解。

股权与财税法密切相关。股权架构设计是股权财税法顶层设计的核心,需要根据公司的发展战略、市场环境、股东需求等因素合理设计,以确保公司控制权的稳定,保障股东权益。财税规划是股权财税法顶层设计的重要组成部分,需要根据公司的财务状况、税务政策等因素,制订合理的财务计划和税务策略,以确保公司的财务稳健和税务合规。法律风险管理是股权财税法顶层设计的必要环节,需要在公司章程、股东协议、股东责任、"三会一层"治理结构方面建立健全风控管理体系,以确保公司的经营活动合规并保护股东的权益。

在股权治理过程中,企业往往需要遵循财税法的相关规定。例如,在股权并购重组或股权融资时,企业需要关注相关税法规定,确保交易过程的合法性和合规性,以避免可能产生的税务风险和法律责任。在股权设计方面,需要考虑股权比例的分配、股东权力的制衡、控制权的保障等;财税设计要注重税务筹划的合法性和合理性,以降低税负并规避税务风险;同时,在法律层面要确保公司的运营符合相关法律法规,规范各类合同和协议,以减少潜在的法律纠纷。公司要合规,公司要有独立的法人,不能负责人和公司搅在一起,子公司和总公司也不能搅在一起,自然要求财务的体系化和规范化。

虽然股权治理与财税法在本质和主要关注点上有所不同,但两者在实践中存在一定的关联。企业在进行股权运营时,需要充分了解并遵循财税法的相关规定,以确保企业的合法性和合规性。

股权财税法顶层设计不仅涉及会计核算、财务管理、并购重组、IPO 上市等企业财税专业领域(财、税),还涉及企业设立、公司战略、商业模式、股权、公司治理、法务、合同签署、节税筹划、投融资等税务、法务、股权多学科知识点（股、法）。这些知识点的掌握和灵活运用，体现在企业管理的最终结果上，那就是经营效率和效果（效），也会涉及人才的激励及绩效考核、绩效评价及结果的运用（效）。股权财税法顶层设计一定要围绕"财、税、股、法、效"五大领域去系统化、体系化构建。

笔者将股权财税法顶层设计按设计的重心和领域归结为两类：财税治理和股权治理。两者按设计的重心和领域划分，目标一致，侧重点不一样。其中，股权治理又以股权架构顶层设计为重点。

1."一核两翼"

为实现企业"多层次股权架构设计"的商业版图，实现企业基业长青的目标，财博仕财税以"股权财税法顶层设计"为核心，以"股权架构顶层设计"与"财税治理顶层设计"为两翼，专注为企业提供转型升级及合规经营整体解决方案。

股权架构顶层设计为实现股权价值的应用，帮助企业实现在产业转型升级时的"企业价值重组、业务模式创新、盈利模式重构、组织模式变革、产权结构优化"等商业版图的发展规划，顶层设计重点在于股权架构设计、股权税筹设计、股权治理设计。财税治理顶层设计帮助企业实现经营合规目标，助力企业资本运营，提升企业价值，顶层设计重点在于"经营主体规划、产权结构布局、业务流程清晰、资产归属明确、资金通道顺畅"等的优化设计。

上述股权财税法"一核两翼"的结构及相互关系的逻辑框架如图1-1所示。

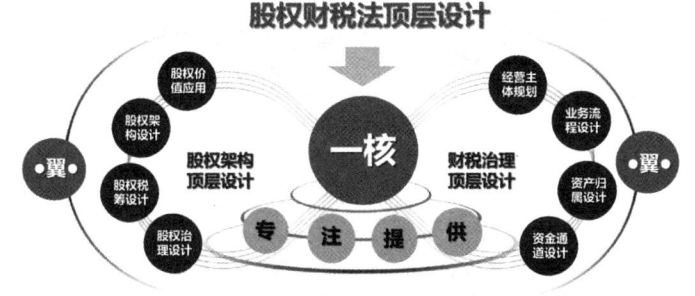

图1-1 股权财税法"一核两翼"逻辑框架

2. 财税治理

亦即以财税为核心，研究股权财税法落地的治理框架。财税治理系统，就是综合运用财务会计、税收政策、法律法规、经营管理知识等专门的技术、手段、工具和方法，针对企业的战略制定、企业运营以及战略结果，就财税方面进行统筹考虑和安排的一系列管理、优化、配置资源的活动，目的是协同业务部门确保实现企业的战略目标和企业价值最大化。它是企业生态系统中的一个子系统。

笔者以企业设立、运作过程为"经"，以财税涉及的功能模块为"纬"，经纬结合，构建了股权财税法落地运营的"一核、两观、四梁、八柱"的治理架构，围绕"财、税、股、法、效"五大领域，帮助企业合理合法地节税筹划，全方位改善与提升中后台管理，预防和化解企业的财务风险和经营风险，助力企业从基础型财务向运营决策型财务转型，快速地实现财务体系化和规范化，驱动公司战略目标落地。其逻辑框架如图1-2所示。

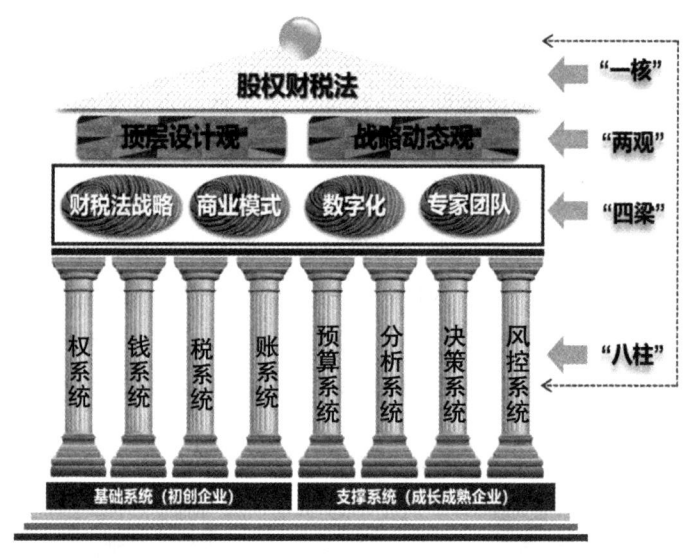

图1-2 "一核、两观、四梁、八柱"战略系统解析

企业财税，笔者将它提升到了治理高度，开创性地提出了"财税治理系统"的理论框架模型，跳出了"财税管控"的传统思维。财税业务不只是需要"管控"，财税需要运营，更需要治理。管控与治理，从字面上看意思相差不大，但其思维理念、框架逻辑完全不同。治理，更多地体现为一种规划和业务层面，而管控更多地体现为一种职能层面。企业一定要将财税工作提高到运营高度，进一步提升到治理高度，而不只是管控层面。

股权财税法落地运营的"一核、两观、四梁、八柱"财税治理架构具体怎么设计，笔者在这里不展开，只是简要提示如下。

（1）一核。即以财税治理为核心。企业成立的根本目的是赚钱，具有社会价值。企业的管理，必将以"钱"为中心，归根结底为财税治理。老板要以财税治理为核心，管理、优化、配置企业的一切资源，包括研发、生产、销售、财务、人力资源、战略等，多维度考虑之后做出综合判断，支撑业务的发展。

（2）两观。指的是顶层设计观和战略动态观。财税治理一定要基于顶层设计，不能"摸着石头过河"，想到哪做到哪，一定要有设计规划。1945年5月31日，毛主席在中国共产党第七次全国代表大会上指出"没有预见就没有领导""预见就是预先看到前途趋向"。财税治理既要制订完善计划，又要秉持"战略动态观"，坚持用发展的眼光，动态地去观察问题，思考和解决问题，及时修正改良规划设计，逐步完善。

（3）四梁。是指财税法战略、商业模式、数字化、专家团队。这四个方面在企业的财税运营过程中起着基础性、决定性作用，好比一间房子的"梁"，承载起大厦的重量，是大厦的承重基础。所谓财税法战略，跟股权战略一样，也是需要上升到战略高度的。同时要研究商业模式，一个企业的商业模式决定了企业股权的问题，同时决定了企业的税筹问题，也决定了企业如何去控制风险和预算。数字化是指利用现代信息技术，如人工智能、大数据、云计算等，对股权财税工作进行数字化改造，以提高股权财税工作的效率和准确性。这一过程涉及对股权财税管理的全面数字化变革，以实现更优质、更关注细节和更加人性化的治理效果。企业运作这么复杂，如果团队能力不够，不能满足要求的时候，可以外聘专家来协助。咨询服务市场为什么现在发展得这么快，因为它能给企业创造价值，它可以就某一个专题来帮企业展开服务。

（4）八柱。简称"权钱税账，预析策控"，即权系统、钱系统、税系统、账系统、预算分析、分析系统、决策系统、风控系统。财博仕将财税治理系统按其重要性和实施的阶段划分为两类：财税治理基础系统和财税治理支撑系统。基础系统包括权系统、钱系统、税系统、账系统，支撑系统包括预算分析、分析系统、决策系统、风控系统。对于初创企业，一定要在基础系统方面练好内功，夯实基础。对于成长企业和成熟企业而言，除了基础系统的构建外，还要重点抓好预算系统、分析系统、决策系统和风控系统。

其中，权系统包括股权设计、"三会一层"、公司的管控模式、公司的组织架构、财务部的组织架构、集团财务管理架构等。

风控系统的核心之一是合规管理。2009年5月5日，国家税务总局发布《大企业税务风险管理指引（试行）》，2018年11月9日，国务院国资委印发《中央企业合规管理指引（试行）》，2018年12月26日，国家发展改革委等七部门联合发布《企业境外经营合规管理指引》，2020年9月11日，国务院反垄断委员会发布《经营者反垄断合规指南》（2024年4月27日修订重新印发），2022年4月19日中华全国工商业联合会办公厅等九部门联合发布《涉案企业合规建设、评估和审查办法（试行）》，2022年8月23日国务院国资委发布《中央企业合规管理办法》，2022年10月12日，国家市场监督管理总局发布《合规管理体系要求及使用指南》（GB/T35770-202（2），2024年8月16日，国家金融监管总局发布《金融机构合规管理办法（征求意见稿）》。企业可以参考以上政府部门发布的合规文件，从自身的实际情况出发，研究如何将合规管理嵌入到风控体系之中。

3. 股权治理

股权治理是指对公司股权的管理和控制，旨在确保公司稳定运营，保障股东权益，明确公司的股权结构，建立健全公司章程协议，规范"三会一层"，促进公司治理结构的有效运作，以及处理和预防股权纠纷等具体事项。亦即在股权财税法落地运营治理架构下，以"股权"为核心，研究公司架构设计、股权结构设计、公司治理、股权投融资、股权激励、股权的税筹和风控等一系列涉及股权的治理规划和布局安排。

股权治理与财税治理存在紧密的联系。财税治理中的"权系统"关于股权设计、"三会一层"、公司的管控模式等，是股权治理领域最核心的内容。股权治理的构建，需要紧密结合财税治理的设计。股权设计及公司治理，也与财税治理中的钱、税、账、分析、决策、风控这"六柱"密切相关。有关股权治理的逻辑框架，笔者在1.6节中再详细阐述。

1.3 股权财税法顶层设计的概念与目标

俗话说得好,"不谋万世者,不足谋一时;不谋全局者,不足谋一域"。说的就是顶层设计的重要性。顶层设计的重要性在企业提得很早,真正出现在政府文件里面是中共中央在"十二五"规划建议中首次出现的,党的十九届四中全会的核心议题就是推进国家治理体系和治理能力现代化。

1. 股权财税法顶层设计的概念

什么是顶层设计?顶层设计是运用系统论的方法,从全局的角度对某项任务或者某个项目的各方面、各层次、各要素统筹规划,以集中有效资源高效快捷地实现目标。

股权财税法顶层设计由财博仕财税创始人郝德仁先生于业内首次提出,是企业实现从战略目标到战略执行最后到结果的管理方法论。那么,什么是股权财税法顶层设计呢?

股权财税法顶层设计,是从公司的业务出发,在考虑公司战略及商业模式前提下,对股权设计、财务管理、税务筹划、法律合规等多个领域进行有机整合的综合性和系统性规划,旨在确保企业股权规划、股权激励、股权投资、股权融资等股权事务与财务、税务以及法律事务的协调与统一,其根本目标是实现企业价值最大化和企业基业长青的目标。

股权财税法顶层设计,是基于"股权架构设计"的价值背景、价值实现而诞生的,赋能企业实现"多层次股权架构设计"商业版图,实现企业转型升级及合规经营的顶层战略设计赋能系统。股权价值是企业最重要的资源和产品,股权架构设计是股权价值变现最重要的工具。这里的"法"重点是公司股权治理和财税治理层面的相关法律法规,如公司法、会计法、税收征管法、刑法和民法典有关公司设立运营的部分。

2. 股权财税法顶层设计的目标

合理的股权财税法顶层设计可以帮助企业在不同的发展阶段实现多种目标,如保持控制权、激励团队、吸引投资、优化税务、经营转型、财务合规等。然而,每个企业的具体情况不同,需要考虑宏观经济环境和政策变化、行业特点与竞争环境、企业发展战略与发展阶段、企业治理结构、股权结构合理性、股东和管理层的利益平衡、资本运作需求、企业资金状况与规划、税务筹划合规性、法律风险防控等因素来量身定制适合企业自身的股权财税法顶层设计方案。

股权财税法顶层设计的目标如下。

（1）提升企业价值。通过合理的股权安排和财税规划，吸引投资、降低成本、提高资金使用效率，增强企业的盈利能力和市场竞争力，从而提升企业的整体价值。

（2）支持战略决策。为企业的重大战略决策提供财务、税务和法律方面的支持和依据，如并购重组、融资上市、业务拓展等，确保战略决策的顺利实施。

（3）优化股权结构。实现股权的合理分配，明确股东的权利和义务，保障公司的控制权稳定，促进股东之间的合作与共赢，为公司的长期稳定发展奠定基础。

（4）税务筹划与合规。在合法合规的前提下，进行有效的税务筹划，降低企业税负，节约成本，同时确保企业的税务行为符合法律法规的要求，避免税务风险。

（5）防控法律风险。构建完善的法律架构和合规体系，预防和解决可能出现的股权纠纷、合同纠纷、刑法风险、民事赔偿和行政责任等法律问题，保障企业的合法运营。

（6）融人融资融智。设计合理的股权激励机制，整合产业资本和风投资本，吸引和留住优秀人才，激发员工的积极性和创造力，为企业的发展提供人力、智力和资金支持。

（7）财富传承与规划。对于家族企业或创始人，实现股权的有序传承，保障家族财富的稳定和持续增长，规划企业的代际交接。

1.4 股权财税法顶层设计的重要性

近年来，不少创客们响应国家"大众创业，万众创新"的号召，义无反顾奔向"创业战场"，但成功者寡，失败者众。为什么中国的中小企业的平均寿命如此短暂？牺牲在创业路上的企业为何如此之多？

现在创业的门槛也越来越高，创业失败的原因可能涉及多个方面，比如，缺乏有效的战略规划，企业的战略、商业模式不清晰，管理层决策失误、人员管理不当、生产管理混乱，企业管理层存在腐败行为，产品质量下降，市场竞争力不足，盲目地找合伙人股权出了问题，合同违约、诉讼，财务管理不规范，现金流断裂，盲目投资失败，暴力节税，非法集资甚至是融资诈骗所涉及的刑法风险，等等。没有创业的"理论准备"和"实践认知"，没有基本的股权治理和财税治理的知识和经验，盲目创业，盲目找合伙人，股权问题处理不好，股东"打架"，再好的产品、技术与运营，都会功亏一篑。

例如，2022年2月17日财联社消息，浙江省大学生如果创业失败，贷款10万元以下的由政府代偿。什么意思呢？就是我们高校毕业生到浙江工作，可以享受2万~40万元不等的生活补贴，或者购房租房的补贴。大学生想创业，可贷款10万~50万元，创业失败的话，10万元以下贷款政府全都抵了，10万元以上的贷款，政府代偿80%，是不是很好？是不是直接可以拿政府这个钱去试错、去创业？这个政策对于创业者来说的确不错，但是在创业之前，如果没有股权和财税等顶层设计的思维和认知，即使政府有补贴和贷款，创业的失败概率依然极大。虽然政府帮你把这个钱还了，但事实上对创业者个人而言，征信会有影响。不单单是征信，创业失败还会打击很多创业者的创业激情。因为，不是所有的人都能做到屡败屡战。创业如同战争，一次战胜才能鼓舞士气，首战告捷才能够建立信心。首战一定要打赢，不管是多大的赢。创业也是如此，如果第一次失败了，第二次又失败了，第三次创业往往信心就没了。这是一个创业者必须明白的逻辑。

股权财税法顶层设计是企业实现健康、稳定、可持续发展的重要保障，是实现企业"多层次股权架构设计"的商业版图的重要工具，在企业整个生态系统中极其重要。它是成就老板实现商业帝国梦想、实现家族财富传承、实现企业基业长青的战略。通过股权财税法顶层设计，可以优化股权结构，合理规划财务和税务安排，合规运营，吸引投资、激励人才，实现可持续发展，提升企业的竞争力和价值。创业初期，合理的股权设计能够明确创始人之间的权利义务关系，避免日后因股权问题产生纠纷，影响公司的稳定发展。发展中企业，可能会涉及多轮融资、股权激励、并购重组等复杂的资本运作，完善的股权结构和合理的财税规划不仅能保障企业的控制权，还能避免潜在税务风险，此阶段股权财税法的重要性进一步凸显。

股权财税法顶层设计要做好非常困难，它涉及众多的专业领域知识，包括战略、商业模式、股权、财务、税务、法务、投融资，甚至人力资源（见图1-（3），但对老板而言，他们不需要成为股权专家，也不需要成为财税法专家，他们只需要掌握其逻辑框架，这点并不难，是短时间内可以学习到精髓的。

图1-3　股权财税法顶层设计涉及的专业领域

从我们对企业的观察和曾辅导过的企业来看，很遗憾，我们的很多老板还没有真正意识到股权财税法的重要性，或者说，我们虽认为股权财税法重要，但并没有落实到企业的日常运营过程中，往往企业只是在"出事"之后才开始亡羊补牢，但那时的弥补成本就太大了。

创业第一天就应该懂股权财税法，否则日后的所有努力，都可能因为一开始一个微小的错误而付诸东流。股权财税法问题不只是管理问题，还是治理问题；不只是底层执行问题，还是顶层设计的问题。股权财税法常常是生死问题。不是企业做大了才做顶层设计，而是做了顶层设计才有做大的可能。一个真正的企业家，一定是半个财务专家！老板一定要形成股权财税法顶层设计思维，并在企业运营的过程中有意识地不断落实。

1.5 哪些公司需要股权财税法顶层设计

毫不夸张地说，只要成立公司，只要公司想实现稳健发展、价值增长、控制风险、财富传承，都需要股权财税法顶层设计。以下这些类型的公司，对股权财税法顶层设计的需求会更加迫切。

1. 需要找合伙人的公司

股权财税法顶层设计帮助其搭建合理的股权架构，规划早期的财务和税务策略，确保合规运营，吸引投资和人才，为企业奠定良好的发展基础。

2. 需要做股权激励的公司

核心人才往往更重视薪酬之外的长期价值，重视其"股东身份"。通过股权财税法顶层设计，搭建合理的股权架构，激励留住核心人才，明确在哪个公司激励，激励多少，实现规范公司治理和财税合规目标。

3. 股权结构复杂的公司

这些公司往往股东数量多、股东之间交叉持股，存在多层级股权架构，容易产生利益冲突和管理混乱，需要股权财税法顶层设计来梳理和优化公司的股权架构。

4. 行业竞争激烈的公司

需要股权财税法顶层设计，设计合理的股权结构，助力公司高效决策转型，节省成本，降低税负，提升市场竞争力。

5. 高速成长的公司

这些公司业务扩张迅速，可能涉及并购、重组、股权激励、股权融资等复杂的资本运作，需要股权财税法顶层设计。

6. 商业模式复杂或面临转型升级的公司

需要通过股权财税法的顶层设计来优化资源配置，降低风险，适应公司业务模式的转变与战略调整。

7. 准备融资的公司

无论是股权融资还是债务融资的公司，都需要在融资前做好股权财税法顶层设计。清晰合理的股权结构、健康的财税状况，既是投资者和金融机构关注的重点，也有助于提升公司的估值。

8. 家族公司

需要股权财税法顶层设计，科学规划家族成员之间的股权传承和利益分配，保障企业的稳定发展和家族财富的传承。

9. 计划上市的公司

需要股权财税法顶层设计，规范股权结构，进行财税合规整改和上市前的税务规划，以满足上市条件。

1.6 本书的框架

以"股权治理"为主线的股权财税法顶层设计，包括股权战略、股权架构、股权治理、股权税筹、股权风控、股权激励、股权融资、股权投资八个模块。

这八个模块的基本关系是：以"股权治理"为主线，围绕"股权架构设计"这个核心，如何进行合理合法的股权税务规划和风险控制，如何在公司治理层面为企业合规经营保驾护航，进而在股权融资、股权投资、股权激励时如何结合股权架构设计而通盘规划。

从控制权设计到经营风险隔离，从防范税务风险到合法节税，从融资、上市到资产保值增值和家族财富传承，从战略规划到战略执行，从企业的转型升级到财税合规经营，每一项都要从股权财税法顶层设计出发来统筹考虑。

下面两幅逻辑图，深刻揭示了股权治理与财税治理的必然联系。理解了这两幅逻辑图，也就真正理解了股权架构设计这个股权治理的内核。本书的框架，也是以"股权架构设计"为核心，以"股权财税法顶层设计上三板和下三板"理论为指导，围绕"值钱、赚钱、融钱、分钱"这个"四钱"的逻辑框架而展开。

1. 股权财税法顶层设计："上三板与下三板"

本书以如何实现有效的"股权治理"为目标，以"股权架构设计"为核心，从业财税法融合的角度出发，基于公司的转型升级和财税治理需要而确定的公司战略布局和商业模式的设计和优化，制定公司的股权战略，围绕如何实现有效的股权治理、合理合法的股权税务规划和股权风险控制这三个核心，做好股权架构设计，为企业合规持续经营保驾护航。股权治理、股权税筹、股权风控，是股权架构设计的三个核心，是"地基"，笔者称之为股权架构设计的"下三板"。

公司在股权融资前，首先要思考股权融资在哪个公司融、怎么融的问题；股权投资前，要提前思考用哪个公司投资、要不要新成立一家公司投资的问题；融人融智融资源股权激励前，也要思考通过哪个公司来做股权激励、要不要新成立一个持股平台激励、如何激励更合理有效风险最小。所有这些，都需要创始人通盘规划自己的股权架构安排。股权激励、股权投资、股权融资，是股权架构设计后的应用和直接体现，笔者称之为股权架构设计的"上三板"。

股权财税法顶层设计的"上三板与下三板"理论打通了股权战略、股权架构、股权治理、股权税筹、股权风控、股权激励、股权融资、股权投资等涉及股权的知识领域。"上三板"与"下三板"紧密关联,"上三板"要应用到"下三板"的一系列原则和方法,反过来也会影响到"下三板"及股权架构设计的整体规划。

财博仕股权财税法顶层设计"上三板与下三板"理论模型如图1-4所示。

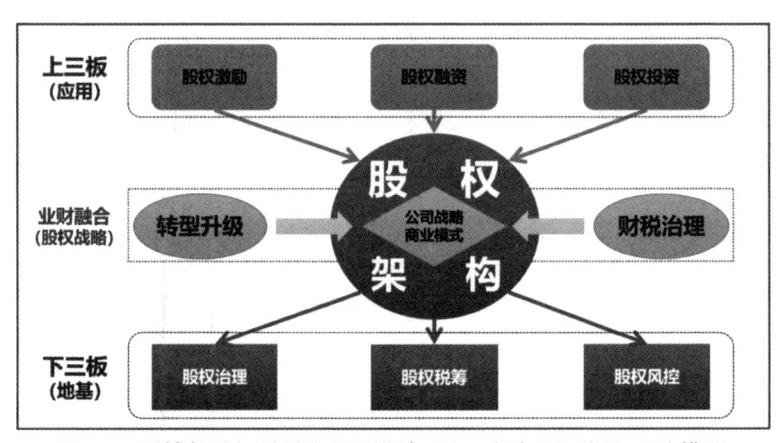

图1-4　财博仕股权财税法顶层设计"上三板与下三板"理论模型

2. 股权财税法顶层设计："四钱归一"

企业是以营利为目的的社会经济组织,企业所有活动的核心,都可归结为资金问题,即钱的问题。如何实现股权财税法顶层设计的股权战略目标,笔者将其概括为"值钱、赚钱、融钱、分钱"四钱模式。"四钱归一,收益风险平衡掌控",这是股权财税法顶层设计的核心逻辑价值。

有关股权财税法顶层设计"四钱归一"各模块的逻辑框架,如图1-5所示。

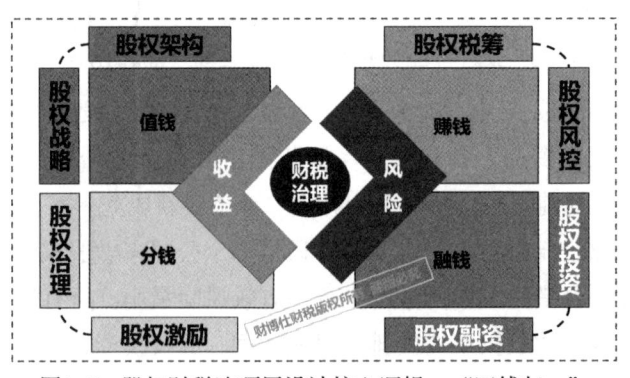

图1-5　股权财税法顶层设计核心逻辑："四钱归一"

第2章
值钱篇:股权战略

股权战略是创业发展过程中至关重要的一环,
它涉及公司的所有权结构、治理机制、激励机制、
投融资等多个方面,对公司的长期发展具有深远的影响。

本章导读

企业战略是企业发展的"方向盘",指引着企业前进的方向。无论是大企业还是小企业,只要是企业,都需要战略,没有战略就没有目标,没有方向,没有规划。企业战略决定了股权战略的选择。

股权战略是老板创业发展过程中至关重要的一环,在某种程度上决定了企业的未来发展方向,甚至生死存亡。这就需要老板具备"股权战略设计思维",在公司运营中考虑权力系统的整体布局。

2.1 什么是公司战略

2.1.1 公司战略的一般定义

战略最早是个军事用语,古称"韬略",是指对战争全局的筹划和谋略。与此对应的还有一个词叫战术,战术是实现战略的手段和方法。战略一词,引申到政治和经济领域,泛指统领性的、纲领性的、全局性的这些整体的谋略、方略、方案、对策等。通俗地讲,战略就是做正确的事,战术才是正确地做事。

不同的角度可能对"战略"有不同的定义。在商业领域,战略涉及企业的目标、计划、行动和资源分配等方面,旨在帮助企业实现竞争优势和持续的成功。

经济学认为,战略必须解决两个基本问题:你的目标是什么?你如何实现你的目标?从经济学角度来看,战略是一种经济决策过程,旨在通过有效的资源配置和行动来实现企业的经济目标。

在管理领域,战略被视为一系列相互协调的约束与行动,旨在开发核心竞争力,获取竞争优势。它涉及企业的愿景、使命、价值观、目标、策略、行动计划等方面,旨在帮助企业实现长期、稳定和可持续的发展。

战略是关于企业全局的、长远的规划,是组织为了实现长期的生存和发展,在综合分析组织内部条件和外部环境的基础上,所做出的一系列带有全局性和长远性的谋划。

什么是公司战略呢?公司战略是在特定环境下,企业为实现一定的长期目标而对资源和能力实施有效的配置和组合,是设计用来开发核心竞争力,获取竞争优势的一系列综合协调的约定和行动。如果选择了一种战略,公司就在不同的竞争方式中做出了选择。战略选择表明了这家公司打算做什么,以及不做什么。

有些人认为只有大企业需要战略,小企业不需要战略。事实上,只要是企业,都需要战略,没有战略就没有目标,没有方向,没有规划。尽管小企业可能在规模、资源和市场影响力上与大型企业存在显著差异,但它们同样需要战略来指导其经营和发展。战略为中小企业提供了明确的业务方向和发展目标。

它帮助企业识别机会、评估风险，并确定优先事项。有了明确的战略，企业可以更加集中资源，确保在有限的预算和人力资源下实现最大的效益。

一个具有吸引力的战略可以帮助小企业吸引投资者和合作伙伴。投资者和合作伙伴通常希望看到企业有明确的增长计划和盈利能力。一个清晰、可行的战略可以证明企业的潜力和价值，从而吸引更多的投资和支持。试想，初创企业在没有形成规模之前，是不是需要考虑企业要发展到什么规模？要不要找合伙人？是要设立个体户还是一家有限公司？这些其实都可以归为战略范畴。因此，企业不论大小，都需要战略。开一个小餐馆也是需要财务预算的，收入和成本都要在老板的脑子里有清晰的规划和思考，这样的浅显逻辑，就是战略。

战略有助于企业优化资源配置。它帮助企业确定哪些领域值得投入更多的资源，哪些领域应该减少投入。通过合理分配资源，企业能够确保自己的行动与战略目标保持一致，从而实现更高的效率和效益。战略可以帮助企业识别和管理风险。在制定战略时，企业会考虑到各种潜在的风险和挑战，并制定相应的应对措施。这样当风险发生时，企业可以迅速做出反应，减少损失。

在面临重要决策时，战略为企业提供了决策的依据。它使企业在面对市场变化、竞争对手行动、技术革新等挑战时，能够基于对企业自身情况、市场环境和长期目标的全面分析，做出明智的决策。

2.1.2 财博仕对公司战略的定义

财博仕财税针对公司战略有六个"就是"来解释什么是公司战略，也就是来解决我们认为的企业"方向盘"的问题。

1. 战略就是定位

一个企业决定做什么或不做什么，这就等于是战略定位。定位和战略是相互影响、相互促进的。定位为企业提供了明确的发展方向，而战略的实施又可以进一步巩固和提升企业的定位。随着市场环境的变化和企业的发展，定位和战略也需要不断地进行调整和优化，以保持企业的竞争力和市场地位。

2. 战略是做正确的事，而不是正确地做事

战略一定是做正确的事，战术才是正确地做事，把事做对。把事做对这一块本身为什么不能提升到战略的层次？如果你只是正确地做事，你的方向不对，可能你越正确，执行得越好，你的损失越大，因为你方向错了。这个时候你减少损失、增加收益的唯一方法就是停下来不动；或者你做得慢，那也会减少损失。

3. 战略就是做什么、不做什么

战略不仅关注如何做事（即做事的方式和方法），更重要的是它关注做什么（即选择哪些事情去做）。

4. 战略就是未来做什么，今天怎么做

一定要将现在和未来结合起来，因为战略就是布局，也是谋划。战略为企业提供了明确的发展方向和长期目标。它帮助企业确定自己在市场中的定位，以及要追求哪些机会和避免哪些威胁。

5. 战略就是如何赚钱、如何发展

因为我们企业成立的目的是以营利为目的，它不是一个公益性的组织，我们公司的战略核心归结起来实际上就是要怎么合法赚钱，你不赚钱，你这个企业成立就没有意义，没有价值。

6. 战略就是成长的路径和实现的方法

实际上跟前面结合起来看，我怎么赚钱呢？未来做什么呢？是不是要针对未来成长的路径怎么去实现，怎么样去规划它，是不是要在这方面落地？

所以，总结一句话，战略就是企业发展的"方向盘"，就像方向盘指引车辆前进的方向一样，战略也指引着企业前进的方向。一个有效的战略可以帮助企业构建和保持竞争优势。通过深入分析市场和竞争对手，企业可以确定自己的独特优势，并制定相应的战略来加强这些优势。这样，企业可以在激烈的市场竞争中脱颖而出，实现长期的成功。

2.2 什么是股权战略

股权战略是创业发展过程中至关重要的一环,它涉及公司的所有权结构、治理机制、激励机制、投融资等多个方面,对公司的长期发展具有深远的影响。

2.2.1 股权战略的一般定义

股权战略是企业在制订公司发展规划时,根据自身发展需要而确定的公司治理结构以及由此所决定的股东投资比例及权益分配方案,是与资本连接的渠道。

百度百科、360百科针对股权战略给出的定义是:股权即所有权,因此股权战略的核心是选择股权的参与度,即国际化经营企业在对外直接投资企业中拥有的股权比例,比例越高,对所投资公司的控制力越强。

2.2.2 财博仕对股权战略的定义

财博仕财税认为,股权战略是股东基于公司的所有权和控制权的考虑,对公司治理、股权税务筹划、股权的风险控制等有关股权的一系列综合安排,其中股权治理的核心是控制权。

股权战略如同汽车的发动机,一辆汽车的好坏,最关键要看它的底盘和发动机,如果把商业模式看作是底盘的话,那么股权战略就是发动机。可以说,股权战略是一门艺术,凝聚了各方的博弈,贯穿了企业发展的各个阶段。

股权战略利用股权建立一种人、组织、环境高度匹配的自组织管理模式,通过股权战略管理四部曲——公司架构设计、股权结构设计、股权激励、股权与人性,使组织能够根据环境变化自动调整策略和方向。

股权战略在企业发展中具有多方面的作用:通过建立合理的股权战略,有助于明确公司的所有权结构,包括创始人、投资者和其他利益相关者的持股比例,确保公司的控制权在合适的人手中,并为公司未来的发展提供稳定的治理机制,实现对企业的稳定掌控和战略决策权的保护,确保企业的可持续发展。通过股权激励机制能够吸引和留住关键人才,激发员工的工作积极性和创造力,增强企业的战略执行力。可以向投资者出售公司股权,获得必要的资金支持,同时投资者也可以为公司提供宝贵的资源、经验和指导,以推动业务发展,增强公司的抗风险能力。

2.2.3 股权战略的设计思维

一个企业的股权战略也在某种程度上决定了企业的未来发展方向，甚至生死存亡。大到合伙创业，小到搭伙做买卖，都要懂点股权。因为股权纠纷而导致的兄弟反目、夫妻成仇，甚至不惜对簿公堂的，不乏其例。

股权要如何分配？分配完应该怎么给？假如不干了应该怎么退出？是现在找合伙人，还是将来找合伙人？是现在把股权分出去，还是将来把股权分出去？股权涉及的是自然人持股，还是有限责任公司持股，还是成立一家有限合伙企业来持股呢？这些在早期阶段都要有一个整体通盘的考虑和安排。在创业第一天，这些问题就一定要懂，否则一开始的微小错误，长大之后都是一颗巨大的雷。

因此，企业要把股权放在战略的高度来进行规划，通过股权来优化企业的内部机制和外部环境，促进企业的健康发展，让所有利益相关者共赢，让企业老板融人、融钱、融资源都不再有问题。

股权战略的有效规划，需要我们老板要拥有"股权战略设计思维"。好比建房子，只有清楚了解各种建筑材料的属性，画出了设计方案，才有可能按照设计方案盖出好房子。在盖房子之前，就要先想好我们准备盖几层，需要打什么样的地基，用什么样的材料，用什么样的人力，等等。农村盖房子，往往有多少钱干多少事先干再说。今年有 5 万元先盖一层，明年赚了 5 万元再加盖一层，后年又攒了 10 万元想再多盖 2 层的时候，地基不行楼塌了，前面的积累全部白搭。所以，创业也好，企业转型也好，我们要有股权战略的设计思维。

进一步理解，股权战略的设计思维就是解决谁投资、谁来做、谁受益的问题。只有一个有效的股权设计，才可以将创始人、合伙人、投资人的利益绑定在一起，将合伙模式、创客模式、众筹模式落地，建立竞争优势，使公司获得指数级增长。

股权战略的设计思维，要求我们在公司运营中考虑权力系统的整体布局，因为整个公司一定是靠权力系统架构去展开的。公司运营过程中涉及方方面面，一定要有决策；有决策，就要有一个有权力决策的人，就要布局权力系统。这个权力系统的平衡在哪里？一定是"权力、责任、利益、风险、能力"这五个方面的平衡考虑。如图 2-1 所示。

怎么去平衡考虑呢？笔者在财博仕的"财税治理"中提到了八柱，八柱中提到了"权系统"（其中最重要的是股权），笔者认为，权系统的布局要考虑到以下方面。

股权战略的设计思维要求
在公司运营中考虑权力系统的整体布局
实现权力、责任、利益、风险、能力的平衡

- 公司形态的选择
- 公司架构设计与股权结构设计
- 治理结构("三会一层")
- 公司章程与股东协议

权系统

- 公司的管控模式
- 公司的组织架构
- (集团)财务部的组织架构
- 财务岗位职责与分工

图2-1　股权财税法"权系统"的整体布局

1.公司形态的选择。老板选择设立什么样的公司,是设立个体户还是有限公司,还是设立有限合伙企业,这一点首先要考虑。

2.公司架构和股权结构要进行设计。这一点笔者在第3章中详细介绍。

3.也是笔者反复强调的,你的公司治理结构,也就是你的"三会一层"怎么去安排的问题。涉及"三会一层"的安排,你有合伙人了之后,你针对你的公司章程或者股东协议要敲定,没有这个东西怎么来保证你治理结构的稳定,它的机制怎么去运行,做不到很容易出现分歧。在权力系统运行的过程中,怎么样不发生分歧?发生分歧了如何解决?大家把有可能产生分歧的一些点提前通过公司章程和股东协议来加以约定,一起来遵守。

4.公司采取什么样的管控模式,是集权式的还是分权式的?只是财务投资,还是说我要控制这家企业呢?这个管控的模式不一样,所以你的股权战略也是不一样的。同时,涉及你公司的组织架构也要做出安排,因为你的组织架构就又涉及权力安排的问题了,还有跟你的整个股权、整个公司架构密切相关,公司的组织架构跟我们老板的整个公司架构设计、股权结构设计、治理结构安排是紧密相关的,所以企业设计公司架构时一定要考虑这一点。

5.从财务部层面来说,不管是集团企业还是单体企业,财务部的组织架构也需要明确。如果是集团式企业,下面会有子公司、孙公司,要考虑如何管理,是一竿子插到底式的管理还是分开管理。如果老板名下有多家公司,虽然都是单体企业并没有冠以集团的字号,但财务管理上也是视同集团来考虑。此时,财务部的组织架构、财务共享的分工权责问题,也需要在股权设计时考虑。

第3章
值钱篇：股权架构

从股权架构开始，
设计一家值钱、赚钱的企业！

本章导读

　　股权架构设计是股权价值变现最重要的工具。股权架构就像一盘经典的棋局，每一步落子都需要前瞻性的计划与战略狙击，走一步看三步。创始人只要拥有两家或两家以上的公司，都涉及股权架构顶层设计的问题，都必须拥有一个合适的公司架构和股权结构。

　　股权架构是一家企业的DNA，它讲述了这个家族有几个儿子，谁是老大，谁又是小弟，老大与小弟关系如何相处。股权架构设计好比建房子，要建多大多高多少层？跟谁一起建？内部结构怎么设计？用什么材料？启用哪个施工队？未来是否要加盖或扩建？等等。只有做好周密、安全、有效的计划，才能把房子建得更高更大更结实，以至能传承百年。

3.1 股权架构设计概述

3.1.1 股权架构设计的意义

股权架构设计，是股权财税法顶层设计的核心。股权架构如何设计，不是凭空臆想的，而是建立在公司业务的实际需求上。股权架构设计到底有什么意义呢？我们先来看一个小案例，通过这个案例分析，相信老板会有一个直观的股权架构设计理念了。

比如，张三有一个项目，想找人一起来做，找了合伙人李四，成立了甲公司，又听说有一个项目很好又以本人的名义与王五成立了一家乙公司，之后又遇到新的项目，张三和赵六又成立了丙公司。现实中很多老板这样开公司。这样找人合伙开公司，20年以前，20世纪90年代至21世纪，这样开公司好像问题不大，那个时代产品需求紧张，产品供给远远不足，财税也不规范，企业想要做什么好像都可以。随着新公司法的颁布，大数据时代的到来，税务监管智慧化，财税合规的要求，现在这样操作就会存在很大问题。这里只说两点：

第一，甲、乙、丙三家公司的风险是不是不一样？如果风险不一样，通过这种方式成立甲、乙、丙公司能不能做到风险隔离？很显然不能有效隔离风险。因为张三是自然人，需要承担连带责任。假设丙公司出了问题，就会牵连到张三，再假设如果张三偿还的钱不够，张三名下的乙公司、甲公司，张三在那里不管占多少股份都会有利益，到时候在连带责任的情况下，甲、乙公司的这些利益就需要拿出来堵丙公司的窟窿。如此一来，张三作为负责人就有了承担连带法律责任的风险。

第二，张三与王五和赵六合作成立乙公司和丙公司的钱从哪里来？收入不入账，搞两套账，私账收款的钱用来投资？这样操作，财税不合规，存在巨大的税务风险和法律风险。挪用甲公司的钱来投资吗？甲公司是张三和李四共同创办的，钱是甲公司的不是张三本人的，甲公司还有合伙人李四，挪用公司的钱会侵犯李四的利益，李四若不同意或不知情而举报，张三会涉嫌挪用资金罪、职务侵占罪，可能会承担刑事责任。张三从甲公司借款吗？借款经过李四同意了吗？同意了也是年底要还的，如果不还，会涉及税法上的视同分红风险。

股权架构设计的意义，概括起来，重点三句话：股权架构是控制的"核"，是税筹的"根"，是风控的"魂"。控制权、税筹和风控，这三个核心点的考虑，围绕并贯穿整个股权架构设计与调整的全过程。

1. 保障创始人控制权

合理的公司架构和股权结构设置，能够规范企业的法人治理结构，明确企业的所有权结构、控制权结构和利益分配机制，保障创始人对公司的掌控力，同时还有利于吸引投资者。

2. 从"根"上进行税务筹划

税法关于小微企业、特定行业和特定区域、居民企业的分红等，有一些优惠政策，通过股权架构设计能合理合法享受这些优惠政策，降低税负率和税务风险。

3. 风险控制的"魂"

从业务出发，分拆业务成立新公司或部门公司化，可以控制投资的风险。股权融资、股权投资、股权激励，都涉及用哪家公司去持股、要不要成立新的公司、股东和公司的风险如何隔离的问题。

股权架构顶层设计的好处还有很多，如方便股权融资、激励员工、再投资、加杠杆、集团化运作等。更多内容请参考"3.1.3 股权架构设计的八大因素"。

3.1.2 股权架构设计的两个前提

笔者在做股权架构顶层设计，给企业提供咨询服务，都要和老板探讨他的公司战略和商业模式问题。股权架构设计，一定要基于公司战略和商业模式来设计和优化。换句话说，从业务出发，基于公司战略和商业模式，是股权架构设计的前提条件。

1. 公司战略目标决定了股权架构的基本方向

例如，如果公司战略是快速扩张和并购，那么股权架构可能需要考虑引入战略投资者或财务投资者，以提供必要的资金支持。公司在市场上的竞争地位也会影响股权架构的设计。在竞争激烈的市场中，为了保持竞争力，公司可能需要与合作伙伴建立更紧密的股权关系，以共享资源和风险。通过与其他公司建立战略联盟，公司可以获得更多的资源和市场份额。股权合作可以作为一种合作方式，确保双方在联盟中的权益得到保障。

2. 公司的商业模式决定了股权架构的实施

商业模式设计，很重要的一点是盈利模式的考虑，企业靠什么赚钱？资源在哪里，能力在哪里，有哪些盈利点？你是现在盈利还是将来盈利？你的烧钱模式可不可行？烧钱的模式下，肯定依赖股权融资。股权融资用哪家公司融，什么时间融，如何估值？企业的业务怎么安排，如何交易？交易模式和业务系统不能分割，业务怎么做由交易模式来决定，交易模式是业务过程的反映，在企业签署的合同中予以了反映，同时也决定并影响业务过程，从而直接决定了企业的经营风险、法律风险和纳税模式，而风险和节税筹划又是股权架构设计两个最核心的因素。如图3-1所示。

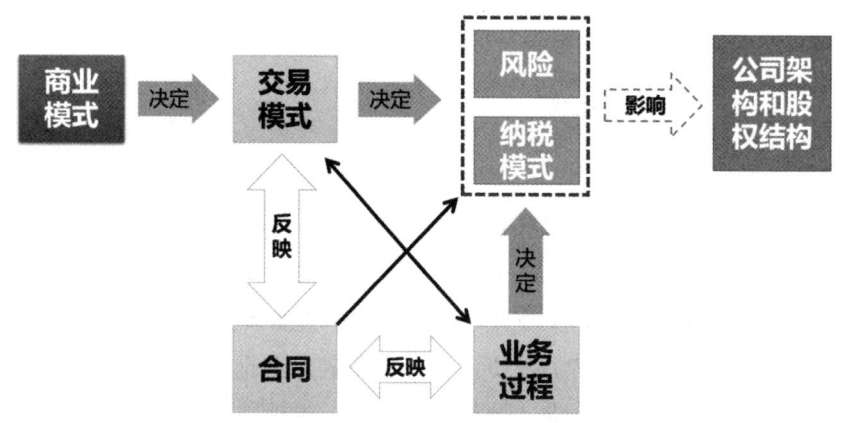

图3-1 商业模式是如何影响股权架构设计的

商业模式的设计，也决定了公司如何获取收入、如何分配成本和利润。股权架构设计应基于企业价值创造过程和价值创造者，激励员工和股东积极参与公司的价值创造，确保股东的利益与公司利益一致。商业模式也涉及如何处理与客户的关系。为了加强与客户的合作关系，公司可能会考虑与客户建立股权合作关系，如共同投资或设立合资公司，这也对股权架构设计产生了影响。

总之，一个合理的股权架构可以推动公司实现其长期战略目标，体现商业模式的业务需求和公司价值创造的来源和分配，加强与客户和合作伙伴的关系。当然，股权架构也需要具有一定的灵活性，体现公司发展和市场环境的变化，以便适应新的战略和商业模式的要求。

3.1.3 股权架构设计的八大因素

基于公司战略和商业模式前提下，股权架构设计还需要考虑以下八大因素。如图3-2所示。

1. 控制权

这是股权架构顶层设计首要考虑的因素。企业的控制权是指股东或企业的运营人根据股权、人事安排、协议设计等方式实现对企业的运营、资产及重大事项的决定等领域操纵和直接影响的权力。

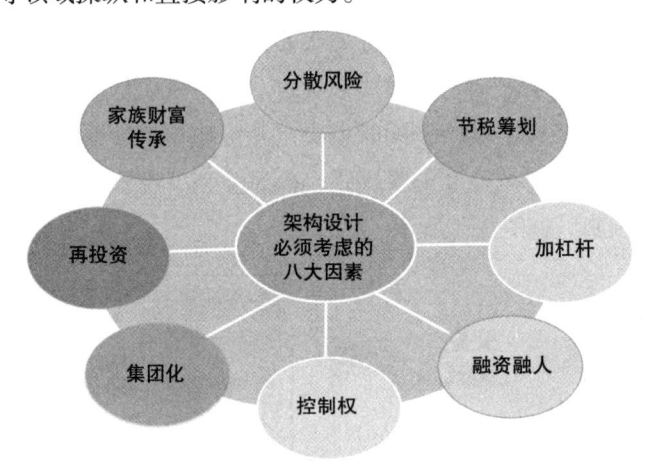

图3-2 股权架构设计必须考虑的八大因素

控制权不仅仅指在股东会或董事会的投票权和表决权，还包括根据对企业的占股比例、人事安排、财务支配、资产操纵、业务操纵、上下游客户直接影响、技术操纵、知识产权掌握及协议安排等方式对企业及企业的决定实现操纵和直接影响的权力。一家企业，要想做大做强，老板往往会分股分钱分权，这家企业可以不归我100%所有，但一定要受我控制。

2. 节税筹划

这是股权架构顶层设计要考虑的第二个因素。企业的节税筹划是指企业在遵守税法的前提下，通过合理的税务规划和安排，尽可能地减少税务负担，提高经济效益的一种财务管理活动。企业可以通过合理的税收筹划，如选择有利的会计政策、利用关联方交易等方式，来降低税务负担。但需要注意的是，避税行为必须符合税法的规定，不能违反税收法律法规。

通过股权架构设计进行节税是从"根"上进行税务筹划，一定要在业务发生前规划，而不能等到业务发生了再去进行税务筹划，那就晚了，那就涉嫌逃税了。例如，甲乙两个公司业务范围、业务模式"一模一样"。甲公司为一般纳税人，乙公司为小规模纳税人，乙公司可以享受小微企业的税收政策，甲乙公司的税负就不一样。这点就需要成立公司确定纳税人身份前，提前在顶层设计时考虑其企业性质、业务规模、成立这个企业的目的。

3. 分散风险

设计合理的公司架构和股权结构是分散法人风险的基础。这包括确定是否需要成立新公司来开展新的业务，新的公司股东人数、股东类型和持股比例。

通过引入多个股东，形成多元化的股权结构，还可以优化公司的治理结构，降低因单一股东决策失误导致的法人风险。就像前面我们讲的，张三开了甲、乙、丙三家公司，表面上把风险分散到三家公司了，实际上是没有股权架构顶层设计思维的。

4. 再投资

老板开公司赚的钱，往往会再投入新的业务成立新的公司。成立新的公司，钱从哪里来？拿老板的身份证成立公司，公司分红给老板本人是要交个人所得税的，而税法上关于居民企业之间的分红，符合条件的可以免税。

股权架构设计时，成立控股公司（或投资公司，或家族公司），老的公司的分红，分到控股公司，控股公司不需要缴税，控股公司再投资到新的公司，就解决了成立新公司的钱的来源问题。例如，前面提到的张三和李四、王五、赵六分别成立甲、乙、丙公司的时候，如果有股权架构设计思维，张三就不会单纯以自然人身份和王五、赵六成立新公司了。

5. 加杠杆

通过多层公司架构或有限合伙架构，也就是我们通常所称的"金字塔架构"，可以加杠杆，利用少量的资金就可以控制一家公司了。例如A成立有限公司，注册资本100万元，如果只占51%股份的时候，这家公司A只需要51万元，就能对它实施控制了。A出资的51万元，假设在上一家公司对它进行控制的时候，A还是占51%的股份，这时候A只需要51%的51%，也就是26.01万元就能实现对它的控制。再到上一层13.27万元，再上一层是6.77万元。

实践中，很多老板也喜欢用有限合伙企业来加杠杆，有限合伙企业的GP（普通合伙人）即使只持有极少的股份，也拥有管理权和决策权，能够控制目标公司。

6. 集团化

老板存在两家或两家以上公司时，往往需要考虑集团化运作，实现集团层面的公司控制、股权安排、人力资源调配、业务管理、财务管理和税务规划。这时与公司起什么名字，公司有没有"集团"二字无关。

集团化管理，有助于构建清晰的母子公司股权结构，平衡集团内部的权力分配和利益协调，节约人力成本，便利业务运作，加强财务管理，促进集团的健康稳定发展。

7. 融资融人

老板在公司发展壮大过程中需要运用股权这个最重要的产品去融资融人，设计既能吸引外部资金又能吸引人才的股权结构，股权架构设计是实现"融资融人"的核心。

在哪个公司层级股权融资？在哪个公司层级去融人？成立有限公司还是有限合伙企业融人？出让多少股权？这都涉及股权架构顶层设计的问题。

8. 家族财富传承

设计一个合理的股权架构是确保家族财富传承的关键。很多家族企业不止一家公司，有 N 家公司甚至集团化公司，这个时候有可能存在多层甚至十几层的架构。

科学合理的股权架构，可以最大限度地保证家族成员的股权变动不对旗下的公司治理和业务运营造成影响。还可以通过设立家族信托、家族基金会等方式，将家族财富转化为股权或其他形式的资产，并通过精心设计的股权结构来实现家族财富的传承。

需要特别强调的是，节税筹划、再投资、加杠杆三者可以通过合理规划公司架构和股权结构，利用居民企业之间的免税分红优惠，加杠杆，来达成注册资本实缴、安排再投资资金来源并实现节税筹划这三个目标。举例说明如下。

假如某老板考虑成立 B 公司，一种是自然人直接持股成立 B 公司，一种是先成立 A 公司，再通过 A 公司持股 B 公司。若 B 公司分红 100 万元，我们对比下两种持股方式下的分红效果：自然人收到分红 100 万元需缴税 20 万元，只得到 80 万元，A 公司收到分红 100 万元因为分红免税得到 100 万元。若老板再成立 C 公司，自然人只有 80 万元可以再投资，A 公司有 100 万元可以再投资。如图 3-3 所示。

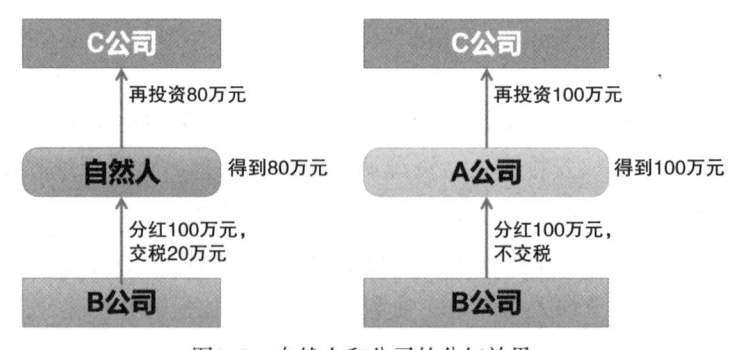

图3-3　自然人和公司的分红效果

理解了上面的逻辑，我们在股权架构设计中就可以巧妙地加杠杆来达成注册资本实缴和安排再投资资金来源。假设自然人先成立A公司，注册资本为10万元，并且一次性出资到位，接下来A公司投资成立B公司，B公司注册资本为100万元，此时A公司账上有10万元直接投资到B公司，B公司的注册资本还差90万元实缴。假设B公司次年实现利润分红给A公司90万元。由于居民企业之间分红免税，A公司收到90万元分红时不用缴税，随后A公司直接将这90万元返程投资给B公司。如此一来，A公司对B公司的注册资本100万元就实现了实缴，并不需要自然人再从自己的口袋拿出90万元实缴到B公司。通过以上路径，自然人只投入了10万元，就实现了A公司和B公司两家公司的注册资本实缴，A公司盈利分红的90万元不用缴税，A公司再投资B公司的资金来源安排得妥妥当当。如图3-4所示。

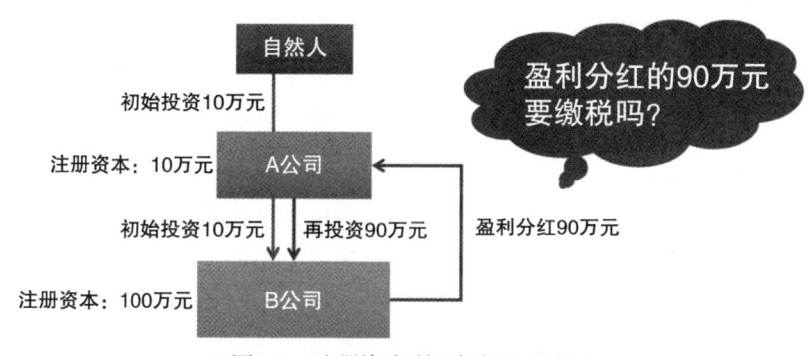

图3-4 注册资本利用杠杆达成实缴

3.1.4 股权架构设计的八字方针

笔者在培训和咨询时，经常接触到这样的老板：说起股权，没有哪个知识点是他不知道的，但要他画一张他的公司架构图，往往一脸茫然，画不出来。

原因在哪里？老板没有公司层级体系思维，将成立的几家公司和这些公司的股权结构两个内容混在一块。为了解决实务中的这一难点，我们创造性地提出了"股权架构设计的八字方针"框架并申请了著作权。

股权架构是公司所有权和控制权的结构安排，反映了不同公司、不同股东之间的权益关系和权力分配，包括公司架构和股权结构两项内容。相应地，股权架构设计包括公司架构设计和股权结构设计两方面的内容，其核心思想可以用八个字来概括："上下左右"和"内部比例"。真正理解了这八个字，你在股权架构设计时会高屋建瓴、轻车熟路，少走很多弯路，你再描绘你的公司架构图就轻松多了。"股权架构设计的八字方针"的逻辑框架如图3-5

所示。

股权架构设计内容
"八字方针"：上下左右、内部比例

```
           股权架构设计
          ↙          ↘
    公司架构设计      股权结构设计
   （公司之间的架构）  （公司内部的结构）
     上下左右问题      内部比例问题
```

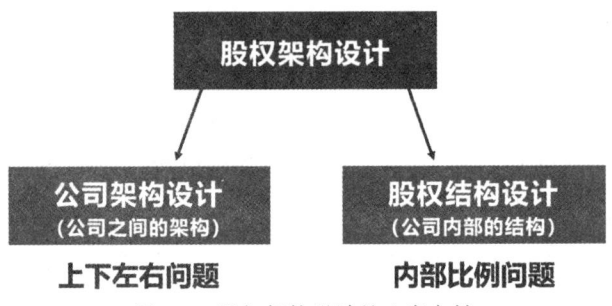

图3-5 股权架构设计的八字方针

公司架构设计，即公司之间的架构设计，主要研究存在多家公司时，公司的层级结构如何安排的问题，是"上下"关系还是"左右"关系，通俗地理解就是确定公司与公司之间是父子关系、爷孙关系还是兄弟姐妹关系，它们之间如何协作沟通。父子、爷孙关系涉及上下的问题，兄弟关系是平行关系涉及左右的问题。例如，顶层公司可能更侧重于家族传承或资本运作，而底层公司则更专注于具体的业务经营。你先别管具体的每家公司的股权结构问题，小股东占多少股份不管他，你就管有几家公司，你把你几家公司之间的关系画出来就OK了。你把这个上下左右关系梳理下来，那你的公司架构实际上就呈现了。

股权结构设计，亦即公司内部的股权结构设计，主要研究一家公司内部，各股东的构成及相互关系、自然人持股还是法人持股、股权比例如何安排的问题。简单理解，每一家公司内部各个股东占的比例是怎么安排的，就是"内部比例问题"。自然人持股还是法人持股决定了他们在公司分红或股权转让时的税负水平。股权比例决定了股东在公司中的权力和利益分配，不同的股权比例具有不同的法律意义和控制权效果。例如，持有67%股权的股东拥有公司的绝对控制权，可以决定公司的所有重大事项；而持有51%股权的股东则拥有相对控制权，可以对除了某些特定事项外的其他事项进行独立决策。

3.1.5 股权架构设计落地实施三部曲

股权架构设计真正落地实施要遵循三部曲：定战略，搭架构，做调整。具体而言如下。

第一步，定战略。在股权架构设计时，不要就股权而谈股权。需要首先对公司的战略定位和商业模式详细研讨，也就是前面我们说的设计的前提需要明确企业发展战略和商业模式。笔者常说一句话，"战略不定、模式不清，架构不明"。在股权架构设计的两个前提中，笔者详细讲解了战略定位和商业模式对股权架构设计的重大影响，在此不再赘述。

第二步，搭架构。想要把架构设计能够落到实处，执行到位，要以终为始，按照B点思维，从B点出发，根据公司的战略和商业模式研讨结果，基于公司的业务板块布局，考虑股权架构设计的八大因素（重点考虑控制权、节税筹划和风险规避三个因素），先设计公司架构，现在和未来成立几家公司，几家公司之间是什么关系，再在公司架构布局基础上，再规划每家公司内部的股权结构安排。

B点思维是一种以终为始的工作方法和思维方式，它强调站在未来看现在，并用未来的结果来引领今天的行为。具体来说，B点思维的人通常会先设定一个明确的目标或结果（即B点），然后逆向思考，思考为了达成这个目标需要哪些条件（即A点），并制订相应的计划和策略。这种思维方式能够帮助人们更加明确自己的目标，并促使人们采取行动去实现这些目标。

第三步，做调整。随着时间的推移，公司业务的推进或业务规模进一步扩张或者环境的变化，再适时调整相应的架构，以便更贴合公司战略和商业模式的需求。需要指出的是，规划图如同城市规划一样，要提前规划，要超前，不能想一步做一步，实际实施时要适时审视，不是说布局的几家公司全部必须提前注册成立放在那里。

股权架构设计落地实施三部曲实务中如何操作呢？比如，企业想上市也好，希望套现、赚钱、再投资和家族财富传承也好，这个战略先定下来，战略不一样，规划和布局就不一样。如果是套现目的，赚钱了退出，在股权结构安排时，持股主体的身份，考虑自然人的更多一些。如果考虑的是家族财富传承的问题，最上层的家族公司安排自然人持股后，接下来的各层级公司的股东往往不再用自然人身份持股，或者虽然自然人身份持股但只是少量持股，这样财富传承就会更方便，因为业务量大了，公司多了，假设下面有十几家、二十几家公司，如果采取"金字塔"式股权架构，每一家无须一家一家去办理股权转让，股东身份无须一家一家去变更，同时也节税。这些股权架构设计规划工作极其重要，小企业也好，初创公司也罢，一样要提前去思考，去规划。

3.2 公司架构设计

公司架构设计研究的是多个公司之间如何安排其持股身份、持股比例、业务分工及控制权考虑问题。集团化企业，存在多家公司、产业链和价值链复杂的企业，都需要首先研究公司与公司之间的架构安排问题。

3.2.1 六类主体公司架构

每类公司架构都有其适用的业务场景和优缺点，公司可以根据自身的发展阶段、业务特点和市场环境选择合适的架构类型。合理的公司架构能够使各公司之间形成有效的协作机制，确保资源的合理分配和充分利用。

1. 自然人直接架构

自然人直接架构，通常由1个或多个自然人股东直接投资设立有限责任公司，自然人直接持有公司的全部股份，不存在通过其他公司或机构间接持股的情况。如图3-6所示。

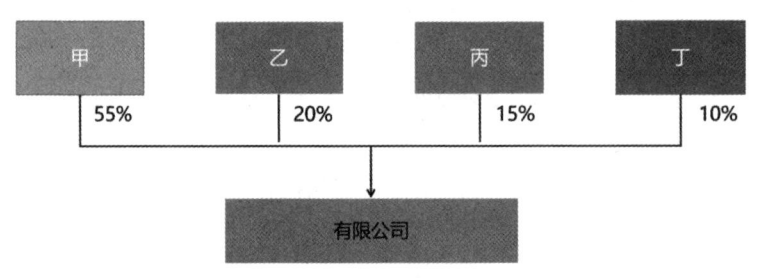

图3-6　自然人直接架构

自然人直接架构的优势是股权架构及企业的设立和解散相对简单，股权控制力强，股东对公司的经营情况有更为直接的了解和掌控，税负较低。但也存在显而易见的劣势，比如股权调整困难，不能隔离风险，控制权没有放大效应，股权重组时不能享受更多的优惠政策，税负会高。

2. 有限合伙架构

有限合伙架构是指成立有限合伙企业来间接持股投资的公司。有限合伙企业由普通合伙人（GP）和有限合伙人（LP）组成，合伙人数2～50人。普通合伙人负责有限合伙企业的日常运营和管理，享有合伙企业的决策权、管理权以及代表公司执行事务的权利，对合伙企业债务承担无限连带责任。有限合伙人不参与公司的日常运营和管理，对合伙企业债务责任仅限于其出资额。

股权比例方面，普通合伙人的股权比例通常较小，出资少，有限合伙人的股权比例往往根据其出资额来确定，是合伙企业资金的主要来源。比如，有限合伙企业，创始人甲（普通合伙人）占股1%，高管（有限合伙人）占股99%。如图3-7所示。

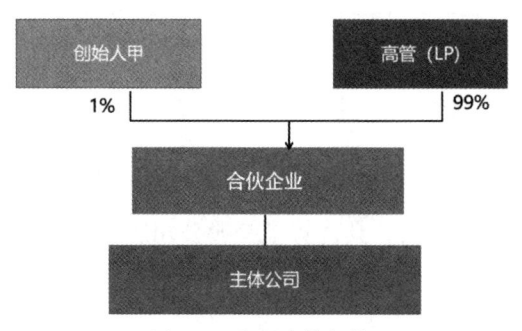

图3-7 有限合伙架构

有限合伙架构间接持股，既有优势，也有劣势。优势是控制权集中，普通合伙人掌握合伙企业的决策权和管理权，在税收方面有一定吸引力，合伙机制灵活，各合伙人在合伙企业入股退股方面比较方便，其进入退出不影响主体公司的股权结构变化，这对于需要频繁调整股权结构的企业提供了较为便捷的操作方式。劣势是普通合伙人风险较大，合伙人退伙可能引发其他合伙人之间的利益平衡问题，新合伙人的入伙也可能会改变原有的决策机制和利益分配格局，合伙稳定性相对较差，直接融资相对容易但间接融资（如银行贷款）相对较难。

股权投资或股权激励时，由于有限合伙企业独特的优势，选择有限合伙企业作为员工股、资源股或资金股的持股平台备受青睐，但企业是否选择有限合伙架构，要充分权衡其优劣势，根据自身的发展战略、持股目的等综合决策。需注意的是，合伙企业不是独立的纳税主体，各合伙人的分红、股权转让的税负较为特殊，税负是高还是低，不能一概而论（详细内容参见"8.6 合伙企业税务专题"）。

3.控股公司架构

控股公司架构是指成立一家控股公司来间接持股投资的公司。控股公司按控股方式，分为纯粹控股公司和混合控股公司。纯粹控股公司不直接从事生产经营，仅凭借持有其他公司的股份进行资本运营。混合控股公司除通过控股进行资本运营外，也从事一些生产经营业务。典型的控股公司架构如图 3-8 所示。

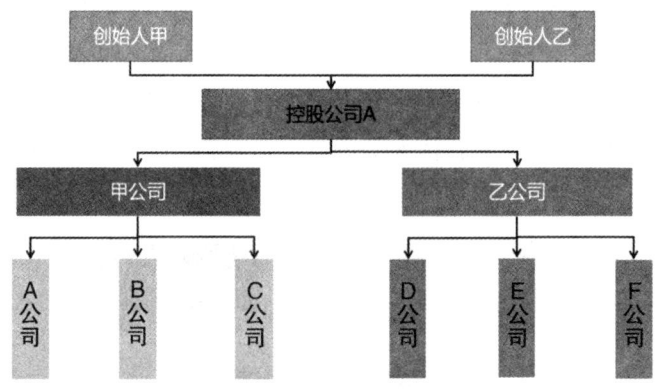

图3-8 控股公司架构

控股公司架构间接持股，其优势是控股公司股东的变化不影响所投资公司的股权结构变化，股权调整和重组方便，居民企业之间的分红免税可以用于再投资。劣势是股权转让所得税高，分红到最终个人股东时税负较高。

4. 混合股权架构

混合股权架构，顾名思义，公司股权的持股形态，既有自然人直接持股，也有有限合伙企业、控股公司持股。如图 3-9 所示。

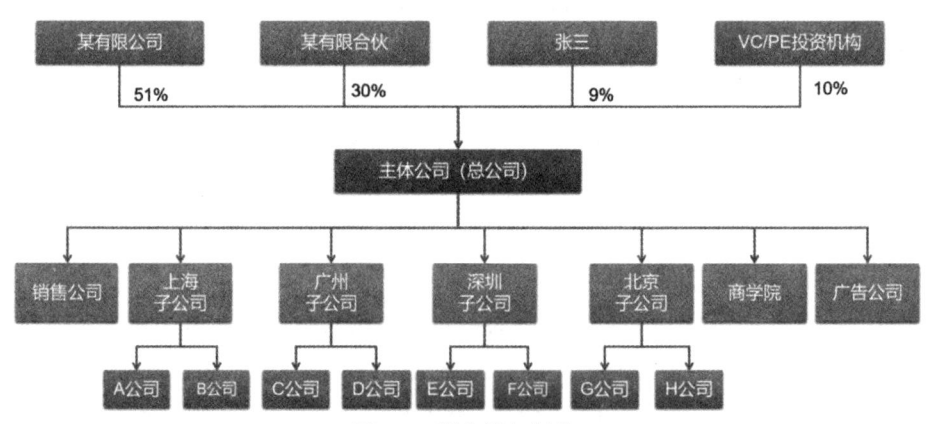

图3-9 混合股权架构

实务中，混合股权架构集中了自然人直接架构、有限合伙架构和控股公司架构的优点，融资融人及资本运作方便、备受青睐，但缺点是一般股权比较分散，单个股东对公司的控制力较弱，需要采用除股份数量控制外的其他控制方式才能对公司有绝对控制权。

5. 海外股权架构

海外股权结构是指境内个人或公司在境外搭建离岸公司,通过离岸公司来控制中国境内或者境外业务的股权架构。这种架构的搭建通常有多重目的,如为了境外上市、便于海外资本运作(如融资、并购等)、享受中国某些地区对外资企业的招商引资政策、便利海外资产配置的财富管理、利用海外架构避税以及为了开拓境外市场、拓展境外业务等。在搭建海外股权架构时,需要综合考虑多个因素,如税务环境、母国的税务规定、中间控股公司的选择、国别贸易壁垒、投资限制、投资风险分散和交易安排等。此外,还需要根据公司的具体情况和需求来选择合适的注册地,并搭建多层境外架构以实现税务优化和灵活运营等目标。

常见的海外股权架构包括以下三种:

红筹架构。境内公司或个人将境内资产或权益通过股权或资产收购、协议控制(VIE)等形式转移至在境外注册的离岸公司,然后通过境外离岸公司来持有境内资产或股权,最后以离岸公司名义申请在境外交易所挂牌交易。红筹架构主要有股权控制模式和VIE模式这两种模式。

对外直接投资。也叫"走出去"架构,指我国企业在国外及港澳台地区以现金、实物、无形资产等方式投资,并以控制境外企业的经营管理权为核心的经济活动。

返程投资架构。境内居民直接或间接通过特殊目的公司(SPV)对境内开展的直接投资活动,即通过新设、并购等方式在境内设立外商投资企业或项目,并取得所有权、控制权、经营管理权等权益的行为。

6. 契约型架构

契约型架构,是指投资人通过资产管理计划、信托计划、契约型私募基金等契约型组织间接持有所投资公司的架构,严格而言不是一种公司架构安排。这些契约型组织并没有工商登记的企业实体,而是依据相关法规(如《中华人民共和国证券投资基金法》《中华人民共和国信托法》《私募证券投资基金管理暂行办法》)通过一系列合同组织起来的代理投资行为。

契约型架构为投资者提供了一种间接持有实业公司股权的方式,投资者的权利主要体现在合同条款上,而合同条款的主要方面通常由基金法律所规范。此外,契约型架构中的持股平台信托计划、资管计划等均是由投资人(委托者)、受托者(管理人)、托管人三方构成。如图3-10所示。

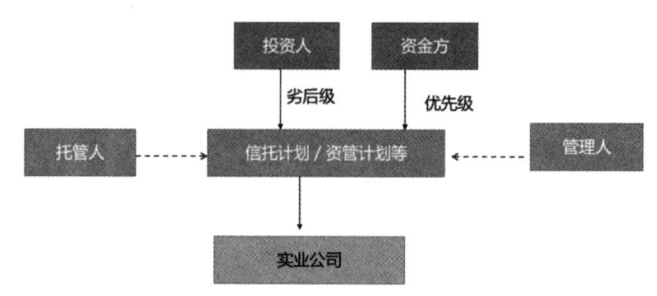

图3-10　契约型架构

3.2.2 公司架构设计3+2+1层次框架模型

上面所讲的六类主体公司架构，每类公司架构都有其适用的业务场景和优缺点。而公司架构设计研究的就是多个公司之间如何安排其持股身份、持股比例、业务分工及控制权考虑问题。

为此，财博仕财税提出了"公司架构设计3+2+1层次框架模型"。该模型共6层，包括控股层、投资层、持股层、资本层、产业层和业务层。前面的3指的是控股层、投资层、资本层（主体层），这也是很多公司布局的三层架构；中间的2指的是产业层和业务层，围绕产业生态、产业链、价值链和价值增值环节布局；后面的1指的是持股层，用于产业与资本的整合，融人融资融智，解决资金、资源与人才激励问题。如图3-11所示。

图3-11　财博仕公司架构设计"3+2+1"层次框架模型

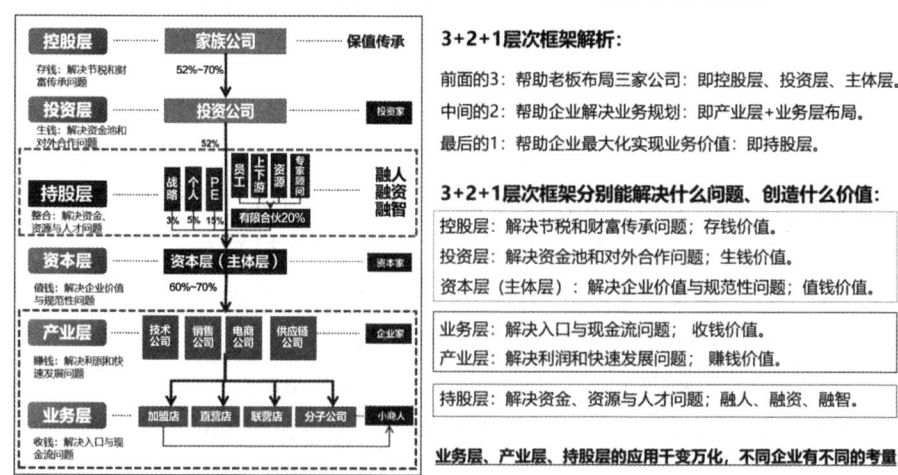

"公司架构设计3+2+1层次框架模型"中的六层公司，不同层次的公司有不

同的商业筹划和财税法律风险考量，功能不一样，创造价值不一样，且产业层、业务层与持股层公司如何设立，实务应用时千变万化，不同的企业有不同的考量。但万变不离其宗，这六层公司如何设立存在以下一些基本的逻辑。

1. 控股层

通常由公司的创始人和家族成员完全持股，负责控制旗下所有公司。这一层级一般是家族内部成员持股，没有外人，作用是存钱，解决节税和财富传承的问题。

2. 投资层

根据创始人的考虑和公司实际情况搭建，若有联合创始人时一般要增设此层，解决资金池和对外合作的问题。联合创始人或核心高管可以在投资层持股，通常持有股份 10%～33% 的比例较为常见。

3. 持股层

它的作用是融人、融资、融智，对内用于人才激励；对外用于资源整合、市场扩张、渠道裂变、人才激励、获得资金、获得技术、获得知识产权、获得智囊智慧等；确保公司有足够的资金和人才团队来支持其运营和发展，通过成立一个或多个有限合伙企业，解决钱权分离、"分股不分权"的问题。

4. 资本层（主体层）

它的作用是"值钱"，解决主体公司的企业价值与规范性问题。若考虑未来作为上市的主体公司，或虽不上市但也要做大做强的公司，往往布局在这个层次，通过资本运作来优化资源配置。这一层级由于需要有平台价值，特别需要重视"合规"。设计时需要考虑企业的战略目标、市场环境、行业特点等因素，以制定合适的资本运作策略。需要特别指出的是，如果老板存在业务运作性质完全不同、业务形态差别极大、与该产业链没有紧密关系的业务，则需要考虑是否成立第二家资本层公司。实务中，往往将这些资本层公司称为"××板块"。

5. 产业层

它的作用是"赚钱"，解决主体公司的利润来源和快速发展问题。这一层负责具体的产业运营，往往会考虑整个集团的产业链和价值增值环节等因素，设置诸如供应链公司、研发公司、销售公司、电商公司以及工程装修公司等。各公司需要与资本层密切协同，实现资源的优化配置和共享。

6. 业务层

即产业层下设的负责各业务板块运营的公司。它的作用是"收钱"，解决业务裂变扩张的入口和现金流问题。这一层级是公司架构中最基层的层级，负责具体的业务操作和执行，目标是确保各业务板块的有效运营和管理。我们通常听到的直营店、加盟店、联营店、分公司等，就是这一层级。这一层的公司需要密切关注市场动态和客户需求的变化，制定具体的业务策略，需要考虑裂变和复制的可能性，确保开展各类业务活动的市场竞争力。

"公司架构设计 3+2+1 层次框架模型"最核心的价值体现在，围绕股权架构设计的三个核心，老板可以实现对公司的有效控制、节税和风险控制。

（1）实现了对公司的控制权。处于第一层的控股层，事实上就是用小股来掌控大权。由于股权分层次，在稀释的过程中引入资本，通过加杠杆一层又一层来实现控制权，这是最核心所在。

（2）风险控制。设置多个层级多个公司，整个集团的经营风险、法律风险、财务风险将会大大降低。例如，经营风险方面，假设有某个公司到了寿命周期，就可以把这个公司注销或者出售，不会影响主体公司的其他业务。

（3）从"根"上进行节税规划。我们一直说股权架构顶层设计是税筹的"根"，从顶层设计出发去做税务规划，完全合理合法。市场上所谓的找票、税务洼地注册、财政返还等税务筹划方法，会面临政策和法律风险，挑战了中央的税收立法权。从 2021 年底开始，中央就一直在清理各个地方所谓的财政返还、税收洼地等政策，2024 年 5 月 11 日还发布了国务院令第 783 号文件《公平竞争审查条例》，目的是打破条块分割，打造全国公平统一的大市场，建立国内大循环。

3.2.3 公司架构的层级关系如何确定

了解了公司架构设计 3+2+1 层次框架模型，那么，接下来如何确定公司架构的层级关系呢？

笔者在 3.1.4 公司架构设计八字方针中提到的"上下左右"四个字，简明扼要地描述了公司架构中各公司之间的相互关系。层级关系是父子关系，是爷孙关系，还是兄弟关系？为什么要这样去界定？这样安排有什么内在逻辑？可以从以下四个角度来思考。

1. 产业链分工和价值链增值的业务维度

这点往往要结合公司的战略和商业模式设计，从业务出发，结合税务规划和风险规避，考虑业务的拓展和资源整合。比如，同行业，用总分；上下游，用母子；多元化，用兄弟。当然，这不是绝对的，同行业用子公司、分公司、母子公司都可以，需要根据实际情况结合下面所提到的其他角度通盘考虑。

2. 纵横延伸的目的

架构向上延伸主要考虑的是如何实现控制权和加杠杆，架构向下延伸和左右延伸主要考虑的是拓展业务和资源整合。架构从纵向方面描述了公司股权在垂直方向上的层次结构和相互关系，也就是我们通常理解的"父子关系"或"爷孙关系"。架构从横向方面描述了公司股权在平行方向上的相互关系，也就是我们通常理解的"兄弟关系"。

3. 保值、增值是获利目的

目的不同，决定了所成立公司的层级及持股结构不同。例如，为了实现增值，需要把一家公司考虑上市，等于"养儿子"，一定要有价值，财务要规范，可以设定为"资本层"。只是为了获利，做两三年之后有点起色时把它卖掉，"嫁闺女"，就可以设定为"产业层"或"业务层"公司。如果是家族企业，资产收益及现金流很稳定，没想着它有更大的增值，保值也行，"陪老婆"，就可以设定为"控股层"公司。顶层公司更侧重于家族传承、控股或资本运作，而底层公司则更专注于具体的业务经营。

4. 管理还是被管理关系

母公司通常拥有对子公司的控制权，可以通过持股、委派董事等方式对子公司进行管理和监督。而子公司则作为母公司的下属企业，在母公司的指导下开展业务活动，同时也享有相对独立的经营决策权。兄弟公司不管是从事同一行业还是不同行业，都拥有独立的经营权，相互没有管理或监督关系，往往受同一家上一级公司管理或监督。

公司架构布局中，不同的层级和实体（如自然人股东、投资平台、母公司、一级子公司、二级子公司等）之间通过全资、控股、参股等方式形成了一种复杂的股权网络，扮演着不同的角色。这种网络不仅反映了公司内部的股权分布和权力结构，也影响着公司的决策过程、资源分配和风险控制等方面。

3.2.4 公司架构的复制与拆分

什么是复制型公司呢？比如，某主体公司为 X 公司，假设高管和 X 公司再一起成立一家公司，这就属于复制型的公司。因为主体公司的商业模式已经形成，无论再成立多少公司都可以完全复制主体公司的模式。这个复制往往是涉及人的问题，公司需要给高管一部分股权。复制型的公司，主体公司股份占比一般较大，在 80% ~ 90% 左右。

什么是拆分型公司呢？拆分型公司通常是在原有公司的基础上进行业务拆分，形成多个独立运营的子公司或业务单元。这种架构有助于公司更好地专注于核心业务，提高运营效率，并降低风险。在拆分过程中，公司需要仔细规划拆分方式、资产分配和人员安排等问题。拆分后，各子公司或业务单元需要保持相对独立的运营和决策权，以便更好地适应市场变化和客户需求。拆分型的子公司需要发挥高管的能力，往往高管占股份比例达到30%～70%。

公司高管创业从事的如果是创新型公司，基于创新型公司的特点，作为主体公司，基于产业链整合需要，也基于风险考虑，往往以高管为主让他来持股，公司跟投和参股。

3.2.5 初创型企业如何应用 3+2+1 层次框架模型

初创型企业通常规模较小、资源有限，商业模式尚未真正成熟，直接套用"公司架构设计 3+2+1 层次框架模型"往往不合适，因此，初创阶段不一定成立多家公司。

初创阶段，创始人往往股份占比很大，在公司中拥有绝对的地位和话语权，甚至拥有公司的全部股权。若初创阶段没找合伙人，商业模式简单且单一，先只注册一家公司是可行的。若有合伙人，可以先成立一个公司作为家族公司，以家族公司作为股东，再与合伙人合作注册成立一家主体公司。这两家公司早期阶段都可以做业务，但要注意财务规范、关联交易和竞业禁止等问题。

初创期如何布局公司的股权架构呢？初创阶段就要有股权架构顶层设计思维，兼顾保值、增值和获利三个方面，兼顾公司的运营成本、效率、灵活性和未来成长潜力。具体而言，需要注意以下几点。

1. 早期规划

股权架构不要等到公司发展到一定规模时才考虑，应在创业初期就着手规划，避免后续出现难以调整或调整成本过高的问题。

2. 目标匹配

股权架构设计方案要与公司的战略目标和业务模式相匹配，适应企业的发展阶段，既能够支持公司的长期发展又不能过于"超前"，毕竟过于"超前"也是需要管理成本的。目标变了，股权架构也需要动态调整变化。

3. 股权平衡

合理分配创始人与其他人之间的股权，避免股权过于集中或分散，同时要考虑到未来可能引入的投资人和核心团队成员的股权安排。

4. 简单清晰

股权设计方案应尽量简单明了，避免过于复杂的股权结构和财税安排，以减少管理成本和潜在纠纷。

之后，等公司业务成熟发展壮大、公司的资源能力提升后，再按"第10章 股权架构调整"一章所述的架构调整的时机、原则和方法去调整架构。

3.2.6 集团型企业如何应用 3+2+1 层次框架模型

公司发展到一定的规模，必然会出现多个业务板块和许多家公司组合的复杂架构，形成一个公司集团。老板名下存在多家公司的，虽然大多数公司名称并未冠之以"集团公司"，但事实上需要按照集团公司管控模式去管理。集团公司管控，首要的是构建集团各公司之间的关系，也就是集团的公司架构安排问题。

"公司架构设计 3+2+1 层次框架模型"是一个通用模型，适用于存在多家公司、产业链和价值链复杂的集团企业或集团化企业。每个公司的发展阶段不一样，商业模式、资源能力、公司规模、团队成员、组织系统都不一样，需要根据自身的实际情况、行业特征和市场环境、业务的发展阶段等，明确各公司在各行业产品生产、研发、销售、营销策划、行政管理等各环节扮演的角色定位，灵活运用"公司架构设计 3+2+1 层次框架模型"，安排公司与公司之间的架构，使得各公司之间形成有效的协作机制。

实践中，绝大多数民营企业集团由于缺乏专业的规划，整个集团的公司架构杂乱无章，不仅增加了额外的管理成本和财务管控成本，还带来相当多的经营风险、税务风险和法律风险。例如，有些老板旗下有十几家公司，法定代表人和执行董事一律由老板本人担任，每一家公司都以个人名义持股，有些公司还交叉持股，公司与公司之间往往业务混同、资产混同，关系混乱。实际控制人滥用公司法人独立地位和股东有限责任，成立再多公司也不能隔离风险。各公司与实际控制人捆在一块，极易对"任一公司的债务"承担连带责任。

3.2.7 "防火墙"型架构还能"防火"吗

"防火墙"型架构逃废债务通常指的是一种企业策略或行为。企业通过建立复杂的股权结构、关联交易、资产转移等手段，试图在债务违约或面临法律诉讼时，将自身资产或利润转移到其他关联企业或个人名下，从而逃避或减轻自身的债务责任。这种策略可能涉及多个层面，包括但不限于以下三个方面。

1. 股权结构设计

通过设立子公司、孙公司等复杂的股权结构，将核心资产的直接所有权隐藏在多层级的股权结构中，使得债权人难以直接追索。

2. 关联交易

利用关联企业之间的交易，如虚构交易、高买低卖等，转移资产或利润，以降低企业的资产和盈利能力，进而降低债务偿还能力。

3. 资产转移

通过合法或非法手段，如将资产转移至海外、以非正常价格转让给关联企业或个人等，实现资产的隐匿和转移，逃避债务追索。

有些老板成立一个所谓的防火墙公司，注册资本金10万元，再以这家公司作为股东投资成立一家公司，注册资本1000万元，接下来他成立的这家公司的资产、利润、各项利益转移到所谓的防火墙公司，这防火墙公司能"防火"吗？

防火墙公司是为了做所谓的风险隔离而出现的，但随着2023年12月29日新公司法的出台，新公司法引入横向穿透原则，控股股东和实际控制人的责任进一步强化（有关新公司法针对公司治理的修订要点及控股股东或实际控制人的责任，笔者在第7章进一步详细讲解），防火墙公司的风险隔离功能大大弱化。

老板设立"防火墙"型架构目的是逃废债务的公司，需要特别思考以下几个问题：可不可以简单粗暴地设立一个所谓的"防火墙公司"来逃避债务？存量公司的公司架构和股权结构，如何适应新公司法的变化去调整？新公司法规定的注册资本5年认缴期，那么，公司的注册资本设定多少为好？小股东的权益怎么去维护？大股东的利益怎么去保障？怎样基于你的公司战略和商业模式，从业务出发，对整个公司架构和股权结构来做整体调整？

防火墙公司要真正做到风险的有效隔离，必须强化股权治理和财税治理，至少在以下几个方面要引起高度重视：防火墙公司不能粗暴地用来逃避债务；不能单独存在，要搭建三层或更多层架构；必须是有限责任公司，不能是有限合伙企业；注册资本必须实缴；公司之间的交易要规范，财税要合规，各公司之间真正做到"独立"。

3.3 股权结构设计

股权结构设计研究的是每个公司如何安排其股东的持股身份、持股比例、业务分工及控制权考虑问题。股权结构决定了公司的治理架构安排和股东的责权利，对公司的经营决策、发展方向和长期战略具有重要影响。

3.3.1 股权结构设计的一般问题

1. 股权结构设计的三类典型误区

股权设计不仅要考虑企业的当前状况，还需要考虑未来的发展变化，确保设计的灵活性和适应性。企业在股权设计时，考虑控制权很重要，但不是唯一的考虑，必须把控制权、税筹和法律风险结合起来，不但要有顶层思维去统观全局，还要增强财务合规和法律风险意识，避免走入以下三个典型误区。

第一，仅考虑控制权设计。老板们创业的目的，除了赚钱，很重要的考虑就是这家企业我能控制它。老板把股权、把钱分出去，做股权设计时如果只是聚焦在"控制权"这一点而不及其他，或者控制权是唯一考虑，这就不妥了，一定要有股权战略的设计思维，从企业的整体战略、长期目标和核心价值观出发，综合考虑企业的治理结构、股东权益、激励机制、融资策略，结合我们前面提到的税务规划、集团化、再投资等八大因素，构建一个既符合企业实际情况又能促进企业持续稳定发展的股权结构。

第二，股权税筹时点对点考虑，没有从"根"上考虑。不要听风就是风，听雨就是雨，跟风追热点。比如，有些企业就为高管注册个人独资企业或个体工商户来核定征收节税，有一些个人注册了七八家个人独资企业核定征收所谓的节税。有些老板听说哪里有财政返还，哪里有税收洼地，就急匆匆地去那里注册公司，也不考虑自己的业务和公司性质是否合适。这都是税筹误区。税务筹划，一定要结合税收征管方式，考虑企业的战略定位、商业模式和顶层设计，结合企业的产业链布局和价值链增值环节，在业务执行环节严谨落地。

第三，不顾及法律风险。企业经营时往往会涉及多个产业、多个行业，有些行业规定有准入资质，没有资质不能经营，在架构设计和业务活动时一定不能跟风追热点而不顾法律风险。比如，看医美行业赚钱，就想入医美这一行，建筑业有发展就想跃跃欲试，新冠疫情期间口罩紧缺就搞口罩生产加工销售。股权设计如果不顾及法律风险，可能会带来一系列严重的后果，这些后果不仅影响公司的运营和声誉，还可能对股东、客户、合作伙伴以及整个企业造成长期的负面影响，影响公司业务发展和市场竞争力。股权设计、股权激励、股权融资、股权治理方面，会存在相当多的法律风险，我们在第9章再详细讲解。

2. 股权结构设计的三大逻辑

股权结构设计的三大逻辑是：大而不独、先挣后给和优增后减。如图3-12所示。

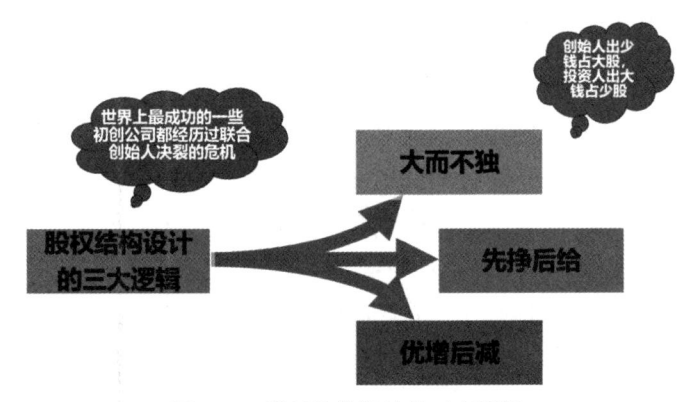

图3-12 股权结构设计的三大逻辑

（1）大而不独

意思是企业创始人出少钱占大股，投资人出大钱占小股。大股东占大股，但不要占得离谱，不要吃独食。

比如，初创企业找了一个投资人或一个高管持股，让对方占股1%或0.5%，这样对方的股权比例就太少了。如果你是一家初创公司，给的股份太少，谁来陪你耽误时间呢？有能力的高管不会看得上1%的股份，投资人更是如此。除非你是市值很大的企业，比如千亿级别的企业，给1%或0.5%的股份还可以。再或者是已经成熟的企业，也说得过去。当然，初创企业，作为大股东的股份最好超过52%，甚至达到67%以上。

在股权设计时避免吃独食，能避免股权过度集中在单一股东手中，实现股权的适度分散和多元化，这样对公司和股东都有多方面的益处：在公司治理中，有助于形成有效的制衡机制，确保不同股东之间的利益得到平衡，提高公司治理的透明度和公正性。公司融资时，分散的股权结构有助于吸引更多的投资者，更容易地获得外部融资，因为投资者往往更倾向于投资股权结构相对合理、风险相对较低的公司。

（2）先挣后给

意思是股权不应该是给出去的，而应该是自己挣来的。在股权设计之初就要让股东有一种意识：不要认为企业给自己多少股份，而是凭自己的能力挣来多少股份。这就要采取裂变式创业机制和动态股权激励机制等多种机制去解决合伙人之间股份分配不均的现实问题。

如果企业没有持续盈利没有价值，对于股东来说，拿多少股份都不觉得多。反之，如果股东不断给公司创造价值，公司不断盈利，老板在分出股份的时候才不会觉得肉痛。如果是新成立的公司，在吸引投资人或授予高管股份的时候，本身净利润不高的情况下，也可以采取对赌的协议进行股权设计。比如，通过高管的运营管理，从原本的年净利润 100 万元上升到了年 500 万元，相较之前增加的 400 万元可以拿出来多少给高管分股权，这样既能激发高管的积极性，也不至于让企业创始人觉得平白无故拿出股份觉得心疼。这就是先挣后给的股权设计逻辑。

（3）优增后减

意思是优先用增发股份的方式稀释大家的比例，用刚刚提到的"先挣后给"的逻辑授予新的相关人，而不是原先的创始人每个人让一点股份出来。有的创始人提前预留 10%～30% 的股权作为股权池也是很好的办法。

在公司运营过程中，股权优先增资和股权转让的决策取决于公司的具体情况和战略需要。如果公司需要筹集资金来扩大生产规模、改善财务状况或进行其他投资活动，可能会优先考虑增资。初创企业新股东加入公司往往优先考虑增资而不是股权转让，因为这时自然人持股的股权转让会涉及需缴纳 20% 的个税问题，同时一个不断发展的公司，往往还需要大量资金用来运营，自然人股权转让后收到的钱也会继续投入公司。然而，在某些情况下，股权转让可能是更好的选择。例如，如果公司需要引入新的战略投资者或合作伙伴，现有股东希望退出公司并获得资金回报，那么股权转让可能是一个更合适的方式。

3. 股权结构设计的"四得"

股权设计得好，股东皆大欢喜。股权设计得不好，会面临联合创始人或股东决裂的危机。无论是老企业还是初创企业，股权设计除了要遵循三大逻辑之外，同时也要遵循"四得"法则，分别是合得、分得、进得、退得。

"合得"。在股权设计中,要考虑如何促进股东之间的合作和协同。这包括建立有效的公司治理结构、制定明确的股东权利和义务、建立有效的沟通机制等。通过合理的股权设计,可以促进股东之间的合作和协同,提高公司的决策效率和执行力,推动公司的长期发展。

"分得"。在股权设计中,首先要明确股权的分配。这包括确定谁将持有公司的股份,谁是大股东,以及每个股东持有的股份比例。股份分配应该基于各方的贡献、投资额、风险承担等因素,进行公正合理的分配,以保障各方利益。

"进得"。在股权设计中,要考虑如何吸引新的投资者或合作伙伴进入公司。这包括制定明确的进入条件和程序,以及设置合理的估值和股份转让价格。通过合理的股权设计,可以吸引更多的投资者和合作伙伴,为公司的发展提供资金支持和战略资源。

"退得"。在股权设计中,要考虑股东如何退出公司。这包括制定明确的退出机制和程序,以及设置合理的退出价格和条件。通过合理的股权设计,可以确保股东在需要时能够顺利退出公司,减少潜在的纠纷和损失。

股权设计是一个复杂而重要的过程,需要充分考虑各方利益和需求,确保股份分配、进入、退出和合作等方面合理有效。通过合理的股权设计,可以为公司的发展提供稳定的资金支持和战略资源,促进公司的长期发展。

4. 股权结构设计的"五心"

股权结构设计的核心问题,实质归结到一点,到底是钱说了算,还是人的能力说了算?因为要有人说了算,所以就产生了控制权设计的问题及以下五个核心问题:股东风险的防范、搭建股东权利结构体系、依据价值贡献分股份、对股份比例进行确认与调整、设立进退及管理机制。希望大家基于这五个核心来做一些前瞻性的考虑,做好顶层规划和布局。

(1)股东风险的防范。我们在整个股权结构设计时都涉及这个问题,谁占多少股份比例?用自然人还是用公司去投资呢?如果是自然人来投资,有没有必要在这个公司投,要不要另外新成立一家公司去投?

(2)搭建股东权利结构体系。这一点太重要了,既然找了股东,找了合伙人,你的股东作为合伙人,他有表决权,有知情权,那怎么体现他的权利呢?参与公司的治理和公司的管理到哪个程度呢?他要不要参与公司的生产经营管理呢?要清晰划分股东分工,针对整个股东的权利结构做布局。

(3)依据价值贡献分股份。你的价值贡献大,股份就应该分得多一点,理论上是这样。实务上往往需要公司设定一些评价指标去评定谁的价值贡献大，还需要一定的时间去验证，有一定的难度。

（4）对股份比例进行确认与调整。无论我们现在考虑得多么完美，这只是基于现在的考虑。那现在的考虑有没有问题呢？之前的股份分好了，分得不合理，没有依据价值贡献来分，怎么办呢？这就涉及一个动态调整的问题。

（5）设立进退及管理机制。除了动态股权的调整之外，还有没有股东的进退机制和其他一些管理机制来保证股权结构稳定，并且总是依据价值贡献来分配呢？这就会涉及进退机制以及管理机制设计的问题。

5. 股权统筹的5条生命线

企业不同阶段的股权设计（如初创期、发展期、扩张期、成熟期等）对股权比例的关注点有所不同。股权统筹的生命线可以理解为确保企业股权的一致性和稳定性，以及通过全面统筹管理企业的资源，实现优化资源配置、提高企业效率和效益的目标。股权统筹有五条生命线，如图3-13所示。

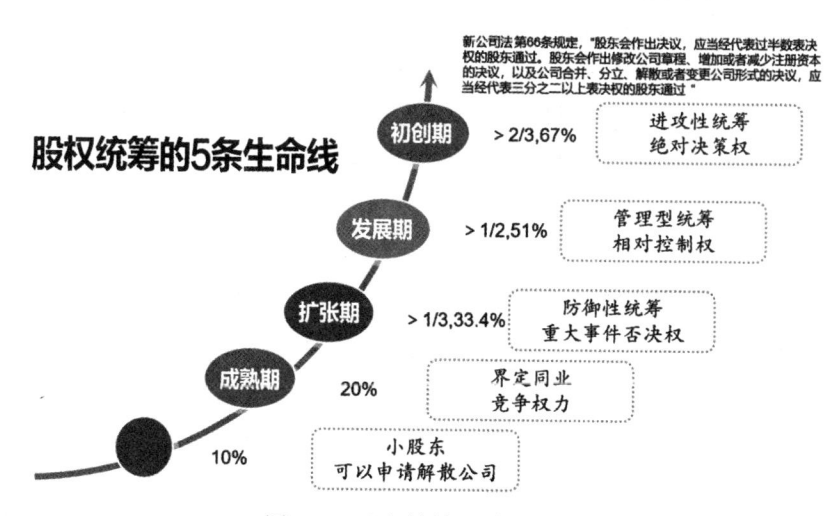

图3-13 股权统筹的5条生命线

（1）超过2/3，也就是超过了66.67%。这个时候采取的股权比例可以称为进攻型统筹，创始人有绝对的决策权，也就是能够完全自己说了算。新公司法第66条规定，"股东会作出决议，应当经代表过半数表决权的股东通过。股东会作出修改公司章程、增加或者减少注册资本的决议，以及公司合并、分立、解散或者变更公司形式的决议，应当经代表2/3以上表决权的股东通过"。一般企业在初创期的时候，所采用的股权统筹多为2/3以上。

（2）超过 1/2，也就是股权占 51%，企业发展期这个时候采取的股权比例可以称为管理型统筹，创始人拥有相对控制权。企业发展期需要融资融人，创始人往往需要稀释一些股份，但仍然享有管理上的主导权和控制权，有能力对公司的决策、运营和发展方向产生重大影响。

（3）超过 1/3，大约占股 33.4%，企业处于扩张期创始人多采用防御性统筹，虽然占股没有达到 66.67% 或 51%，绝对的决策权没有，相对的控制权也没有，但是超过了 1/3，有重大事件的一票否决权。重大事件否决权的具体内容和范围因公司章程、股东协议或相关法律规定而有所不同。一般来说，它可能涉及公司的股本结构变动、董事会变更、股份类别变动等重大事项。创始人拥有重大事件的一票否决权，可以确保创始人在公司的重大决策中拥有相当的发言权和影响力，对公司的重大决策产生重要影响。

（4）占股 20%，属同业竞争警示线。也就是说，如果你持有一家公司 20% 以上的股份，原则上你就不能够从事和本公司相近的并且有竞争性质的业务。这里涉及两个概念：关联企业和同业竞争。关联企业特指一个股份公司通过 20% 以上股权关系或重大债权关系所能控制或对经营决策施加重大影响的任何企业，包括股份公司控股股东或实际控制人的子公司、孙公司和联营公司等。同业竞争是指公司所从事的业务与其控股股东或实际控制人所控制的其他企业所从事的业务相同或近似，双方构成或可能构成直接或间接的竞争关系。

（5）10% 股份的股东有临时会议请求权，可以申请解散公司。新公司法第 62 条规定，代表十分之一以上表决权的股东可以申请召开股东会临时会议，第 114 条规定，单独或者合计持有公司 10% 以上股份的股东可以请求召开临时股东会会议。第 231 条规定，当公司经营管理发生严重困难，继续存续会使股东利益受到重大损失，且通过其他途径不能解决时，持有公司 10% 以上表决权的股东，可以请求人民法院解散公司。当然，股权比例 10% 以上的话，你有权利去申请，不是说你就可以随时要求解散公司。公司解散清算属重大事项，需要 67% 以上表决权通过。

6.股权分配的六大死局

股权分配的六大死局是：股权平分、按资人股、资源股东、股东众多、创始人缺位、小股东控制。如图 3-14 所示。

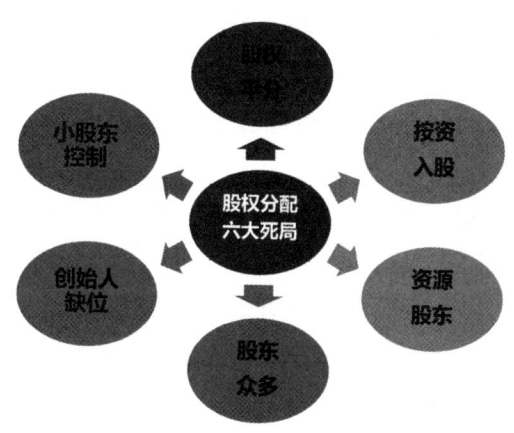

图3-14 股权分配的六大死局

（1）股权平分

也就是我们常说的平均主义，即平均分配。为什么说股权平分有问题呢？在股权平分的情况下，每个股东都有相同的决策权，这可能导致公司治理结构不清晰，缺乏明确的责任和权力分工，导致在重要决策上若产生分歧会使决策无法通过、决策过程缓慢和低效，公司运营不畅。同时，股权平分，会让投资者感到不安，降低投资者对公司的信任度，影响公司的融资能力。他们可能担心没有一个股东能够代表公司与他们进行谈判，没人说得上话。

（2）按资入股

就是单纯地考虑按出的钱来给一个人股份，你出100万元，我出500万元，那我们的股权比例就按照这出资的比例这样来分，这样的股份分配会有瑕疵。他没有考虑能力的问题，也没有考虑管理的问题。按资入股主要关注投资者的资金投入，但往往忽略了投资者可能提供的其他重要资源，如技术支持、市场资源、管理才能等，也会忽视投资者之间良好的合作关系。这些非资金贡献对于公司的成功同样重要，甚至在创新型公司或轻资产公司更为重要。但在按资入股的模式下，这些贡献往往无法得到充分的体现和回报。

（3）资源股东

由于资源的价值往往难以精确量化，如人脉、技术、品牌、专利等，对于贡献资源的股东，股份如何给往往也会出现问题。另外，资源股东承诺的资源不一定能够完全兑现或按照预期的时间表兑现。如果资源未能如期到位，可能会影响公司的运营和发展，甚至对已经分配的股权产生质疑。由于资源的价值可能随时间变化，如何根据资源的实际贡献和变化来动态调整股权比例是一个挑战。如果未能及时调整,可能导致股份分配与实际贡献不符。如果资源股东的股权比例过高,可能导致公司的股权结构不稳定。一旦资源股东发生变化(如退出、转让等),可能会对公司的经营和股权结构产生较大影响。

(4)股东众多

当股东数量过多时,股东之间的沟通与协调会变得困难,可能导致股东之间难以达成共识,甚至产生矛盾和冲突,公司治理的复杂性会显著增加。不同的股东可能来自不同的行业、地区和背景,他们的利益诉求和观点可能存在很大差异,这可能导致在董事会或股东大会上的决策过程变得复杂和冗长,使决策陷入僵局,无法达成共识,这将对公司的运营和发展产生不利影响。股东数量的增加也意味着公司需要处理更多的股东关系和股东事务,这可能导致公司需要投入更多的资源和时间来与股东进行沟通、协商和解释。

(5)创始人缺位

创始人在公司的发展过程中通常起着至关重要的作用,他们往往有着清晰的公司愿景和战略方向,在公司中拥有较高的权威和影响力。如果创始人缺位,公司可能会缺乏明确的战略指导,决策流程变得复杂和冗长,决策效率低下,错失市场机遇,无法形成有效的竞争优势。企业在初创期和成长期,具有领导力和影响力的创始人对公司尤为重要。如果创始人缺位,可能会导致股东之间的权力斗争加剧,特别是在股权结构复杂、股东数量较多的情况下,缺乏一个能够平衡各方利益的领导者,可能会使股东关系更加紧张。在融资过程中,投资者往往看重公司的创始人和核心团队。如果创始人缺位,可能会使投资者对公司的信心下降,影响公司的融资能力。

(6)小股东控制

小股东持有的股份相对较少,他们在公司决策中的话语权一般有限,容易受到大股东或公司管理层的侵害。但若股份分配比例不当,大股东又没有其他有效的控制措施,大股东要联合小股东时才有发言权时,可能导致公司容易受小股东控制,造成事实上的创始人缺位问题,公司股东之间容易内斗,无法形成有效的决策。

除了以上股份分配的六大死局之外,还有一些常见的股权设计问题需要引起创业者重视:

- 没有契约,只凭口头承诺。
- 股权债权没分清,引发秋后糊涂账。

- 进入退出规则不清晰,没有设定违约机制,权责利不明确。
- 股权转让规则不清晰,税务负担不明确。
- 没有裂变式创业机制和动态股权激励机制。

7. 股权分配的参考方案

通过前面的分析,那么股权分配究竟怎么分呢?这里根据股东数量提供一个参考方案。如图 3-15 所示。

股权分配的参考方案

股东数量	划分原则	避免的划分方案	合理的分配方案
2名股东	避免均分 老大要清晰	50%:50%(股权均分) 65%:35%(博弈型,小股东可一票否决) 99%:1%(大股东吃独食)	67%:33% 51%:49%
3名股东	1>2+3 (既大股东比例要大于二、三股东之和)	40%:40%:20% 50%:40%:10% 33.4%:33.3%:33.3%	70%:20%:10% 60%:30%:10%
4名股东	2+3+4>1	25%:25%:25%:25%	40%:25%:20%:15%

图3-15 股权分配的参考方案

两名股东的情况下,划分原则是避免均分,老大要清晰。划分方案上要避免 50%:50%(股权均分);65%:35%(博弈型,小股东可一票否决);99%:1%(大股东吃独食)。合理的分配方案是 67%:33% 或者 51%:49%。

三名股东的情况下,划分原则为:1>2+3(即大股东比例要大于二、三股东之和);避免采用的划分方案为:40%:40%:20%;50%:40%:10%;33.4%:33.3%:33.3%。合理的分配方案是 70%:20%:10% 或 60%:30%:10%。

四名股东的情况下,划分原则为:2+3+4>1。避免的划分方案是:25%:25%:25%:25%。合理的分配方案是 40%:25%:20%:15%。

在实际工作中,很多企业采用的是平分股份,这取决于公司的状态。如果企业拥有比较稳定的股权结构,业务量不大或没有太大波动,也没想扩张,不投资新的产业,平均分也可能没问题。假设公司处于剧烈扩张时期,有的股东求稳,有的激进,如果平分股份,一旦产生分歧,很容易双方僵持不下,达不成一致。

在股权稀释过程中,公司应根据其实际情况和业务需求,制订合理的股权稀释计划，并在必要时进行调整。股权稀释的程度应寻找一个合理平衡点，平衡公司、原有股东和新增股东之间的利益，确保利益相关方的利益得到保障，避免过度稀释导致原有股东失去对公司的控制权。作为初创企业，要考虑股权池的问题。可以预留一部分股权，创始人代持20%，剩余80%的股份用来分配。

3.3.2 创业合伙人如何分配股权

1. 组建合伙人团队必须考虑的十大因素

所谓合伙就是"合在一起成为伙伴"，共同赚钱。一旦合不好，散伙也会成为常态。如今的合伙，不仅要打破传统的层级模式，更重要的是变成生态模式，从合作到合伙，是一个资源互补、事业共创、风险共担和利益共享的过程，也是一个从制定规则到享受规则、最后完成彼此蜕变成长的过程。只有这样才可以说合伙是成功的，才能保证共同的事业基业长青，哪怕总有一天会走到"天下没有不散的筵席"这样的结局，彼此也能够做到"合作是伙伴"，不合作依然是"朋友"。所以，在组建合伙人团队时有以下十个因素要考虑。

（1）合伙文化。合伙人对共同目标、价值观和原则都认同和接受，所有合伙人共享一个清晰、具体且鼓舞人心的目标和愿景，共同承担风险、责任和义务，共同创造价值、贡献智慧和力量，共同分享成果、收益和荣誉。这种基于"共识、共担、共创、共享"的文化，有助于增强合伙人之间的信任和凝聚力，减少决策过程中的冲突，能推动合伙事业的长期稳定发展。

（2）共同梦想。团队就像一支球队，如果都抱着打进决赛获得奖牌的梦想，往往发挥起来就更加充满激情。一个合伙团队中，有的人想要发展，有的人只想求稳，这就不是共同的目标和梦想。

（3）相互信任。合在一起赚钱和共事，基础和前提是要彼此信任。没有信任的合伙，风险就已经存在，日后在涉及股东分红、利益共享时难免产生更大的矛盾。

（4）资源互补。组建一个合伙团队时，确保合伙人之间的资源互补是至关重要的一步。资源互补意味着合伙人各自拥有不同的优势资源，如资金、技术、市场、管理经验等。这些资源相互补充，会提升整个团队的竞争力和成功机会。

（5）能力互补。在合伙团队里共事，会有分工的问题，所以能力要互补。合伙团队中需要有具备丰富管理经验和领导力的成员，能够指导团队的战略规划、组织管理和人才培养。这些能力对于团队的长期发展至关重要，有助于确保团队在竞争激烈的市场中保持领先地位。

（6）性格互补。合伙做生意的过程也是一个彼此共事的过程，如果性格不合，做事就不会顺畅，对问题的看法就会产生分歧，最终影响公司的发展。尤其强势的人可以找一些性格温和的人，或者性别方面的互补等。

（7）性别互补。男女具有不同的思维方式，男性通常更倾向于逻辑思维和理性分析，较为强势和权威，女性往往更擅长感性思维和直觉判断，处理人际关系更细腻更亲和，男女搭配在合伙人关系方面能够带来更多的优势。

（8）年龄互补。一个团队中不能全是老骨干，还要加入年轻的新鲜血液，老中青三结合形成一个梯队。

（9）要有老大。团队中一定要有领头人物，要有人当老大，不能平均分配吃大锅饭。这个人是团队的灵魂和领袖，要有一个能带领大家的人。

（10）交钱交心。组建团队要出资，多少都可以，但不能不出资。合伙不出资等于没有交心，随时都能撤人跑路的状态，是无法与大家拧成一股绳的。

2. 引进合伙人之前做好"三件事"

引进合伙人之前，需要做好以下"三件事"，以防患于未然。

（1）控制权设计。在引进合伙人之前，需要明确各合伙人的角色和职责，确保控制权在创始人手上，这就要提前考虑和规划股权架构设计的问题，前期如何设计，后期怎么发展，按照我们前面所讲的股权架构设计的原则，具体部署和规划。引进合伙人后，股权会稀释，创始人如何确保控制权，笔者在"7.4.1 股权的九种控制权设计工具"中再详细讲解。

（2）税务筹划。引进合伙人之后，不像平时单纯的雇用关系，公司有了利润第一时间会考虑到给股东进行分红，合伙人进入退出会涉及股权转让，分红和股权转让就涉及缴税问题。所以，在引进合伙人之前，需要了解并合理利用相关的税收政策，严格遵守税法规定，从"根"上进行税务筹划，合理合法规划企业和个人的税务负担。此点笔者在"第8章赚钱篇：股权税筹"中再详细讲解。

（3）风险防范。在引进合伙人之前，需要对合作伙伴进行充分的调查和评估，了解其经营能力、信誉状况以及合规性等方面的情况，避免与不良合作伙伴合作。为了保护企业的商业秘密和知识产权，需要与合作伙伴签订保密协议，应明确约定保密信息的范围、保密期限以及泄密责任等事项。设立风险基金、购买保险等方式，来设定风险分担机制，以确保合伙人之间能够共同承担潜在的风险。定期对企业的经营状况、财务状况以及市场环境等方面进行风险评估，及时发现并应对潜在的风险。特别需要提醒的是，在股权架构设计时就要注意风控，在经营中要规范公司治理，实现财务合规，对此笔者在"第9章赚钱篇：股权风控"中再详细讲解。

3. 四类人不能成为合伙人

创业公司的价值是经过公司所有合伙人一起努力一个相当长的时期后才能实现。因此，合伙人一旦签署协议合伙，如果中途退出或由于其他原因不得不开除某人，会对整个公司的发展造成一些不利的影响。所以，要搞清楚什么样的人不能成为合伙人。一般不能成为合伙人的有以下四类。

第一类，早期员工。合伙创业的人首先是有创业能力的人才。早期员工对企业愿景和目标还不谙熟，更无法与企业其他成员形成统一的价值观，不适合给予早期员工股份，可以安排一些其他的奖励。

第二类，短期资源提供者。短期资源提供者一般只是提供了一次性资源，无法持续提供。这次提供，下次也许就没有了。针对短期资源提供者，可以采用合同模式，提供多少资源就给予多少股份，既公平又对双方都有制约。

第三类，种子投资人。种子投资人作为投资人身份，多数只是出钱，而少有人能够参与企业的经营管理。他们所追求的是变现和投资回报，而企业要找的是合伙创业的人，所以种子投资人只要约定给予多少回报即可。

第四类，兼职工作人员。工作人员兼职，说明他们还有其他工作岗位，他们还没有一心一意投入公司的工作。而一个公司的合伙人是要实现共创、共享、共赢的目标，这个时候兼职工作人员成为合伙人就不科学了。

当然，不能成为合伙人并不是说不能给股份。假设公司聘请有财务顾问或者法律顾问，顾问作为一个智慧型的股东，可以享有一定的股份安排，但是不能成为合伙人。这里所说不能成为合伙人，不是说不给股份，这是两个概念。

4. 创业合伙分股的四种情形

创业合伙的股份分配方面，一共有四种情形，分别是出钱不出力、出力不出钱、既出钱又出力、既不出钱又不出力。如图3-16所示。

（1）出钱不出力

这个情形一般用来区分资金股东和经营者（如CEO、总经理等）的角色。此类股东出资后，并不参与公司的日常管理和运营，日常管理和运营交由专业的经营者或团队负责。股份分配时，不能完全根据出资额大小分配，还要考虑人力股问题。资金股东可以保留其股权和分红权,但将决策权和执行权交给其他人。

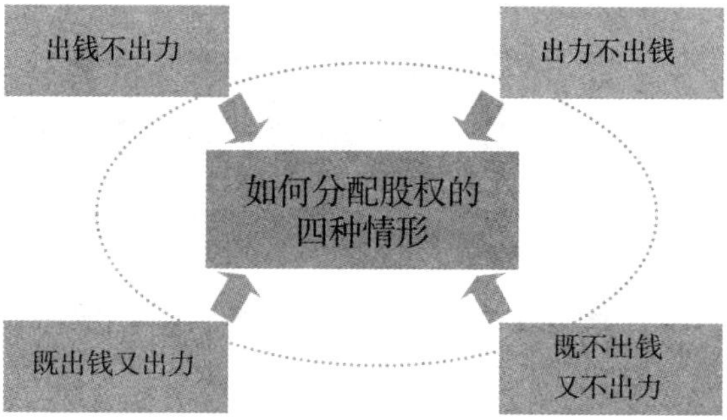

图3-16 如何分配股权的四种情形

（2）出力不出钱

对于出力但不出钱的股东或员工,可以与他们进行协商,设定股权激励计划,根据他们的贡献和评估结果来确定他们在公司中的股权比例,以奖励他们的贡献和努力。股权激励计划可以包括股票赠与、股票期权、股票购买计划等形式,允许他们在未来以较低的成本获得公司股权。

（3）既出钱又出力

根据综合贡献的大小,确定每个股东或员工在公司中的股权比例。这个比例应该能够反映他们出资和出力的价值。如果股东或员工在不同阶段对公司有不同的贡献,那么在股份分配时需要考虑时间因素。早期出资和出力的股东或员工可能会得到更多的股权,因为他们承担了更大的风险。除了初始股份分配外,公司还可以制订激励计划,以奖励那些既出钱又出力的股东或员工。对于没钱出资的核心员工,还可以设计年终奖如何转为股权出资。

（4）既不出钱又不出力

在股份分配中,对于既不出钱又不出力的情形,处理起来可能相对复杂,因为这种情况下,该个人或实体并没有直接为公司提供资金或劳动力上的贡献。然而,这并不意味着他们不能获得股权。如果这个人有独特的创意、专利或技术、人脉资源或品牌影响力,可能在未来为公司做出重大贡献,可以根据实际贡献的价值来分配股权。

5. 创业合伙分股的"五大原则"

合伙人之间的股份分配是一个复杂而重要的问题,需要综合考虑多个因素。一般遵循五个原则,分别是控股原则、互补原则、激励原则、预留原则和收放原则,如图3-17所示。

图3-17 合伙人分股五大原则

（1）控股原则

控股原则主要涉及如何确保合伙人之间在股份分配上既能体现公平和激励，又能确保公司的稳定和控制权。在股份分配时，应确保公司的创始人或核心团队拥有足够的股权或控制权（例如，签署一致行动人协议等方式），以保持对公司的控制，确保公司战略的稳定执行和决策的高效性。控股分为相对控股与绝对控股。相对控股指某股东持有的股权比例超过50%，绝对控股通常指的是股东持有公司67%或以上的股权。

（2）互补原则

互补原则主要强调的是合伙人之间在能力、资源、技能和经验等方面的互补性，以确保公司能够稳定发展。例如，一个合伙人擅长技术研发，另一个合伙人擅长市场营销，通过股份分配让他们各自负责自己的领域，实现能力的互补。一个合伙人拥有大量的启动资金，而另一个合伙人则拥有广泛的人脉关系，通过股份分配实现资源的互补。一个合伙人在某个行业有深厚的经验，而另一个合伙人则擅长团队管理，通过股份分配实现技能和经验的互补。

（3）激励原则

激励原则主要关注如何通过股份分配来激发合伙人的积极性、创造力和责任感，以共同推动公司的长期发展。股权的分配应该基于合伙人的贡献，包括公司创建、运营、管理、市场开拓等方面的具体贡献，给予贡献大的合伙人更多的股权，激励他们为公司的发展做出更大贡献。除了过去的贡献，合伙人的能力和潜力在分配股权时可以适当参考。股份分配应该具有长期激励的效果，即将合伙人的利益与公司的长期发展紧密绑定在一起，增强合伙人的责任感和忠诚度。这可以通过设置股权的持有期限、转让限制等方式来实现。

（4）预留原则

股份分配时，应预留一部分股份用于未来吸引新的投资者、人才引进、员工激励、融资等未来需求，保证未来股权方面足够的灵活性，或进行其他战略调整。在预留股份时，公司应该明确预留股份的用途和管理方式。例如，可以设定一定的条件或时间限制，以确保预留股份的合理使用和避免滥用。

（5）收放原则

股权的分配并非一成不变，需要根据公司的实际情况，在合伙协议中规定股权进入退出的条件和程序，例如根据公司的发展阶段、业务规模、市场状况以及合伙人的资格与贡献等因素，进行动态调整，适时增减合伙人的股份份额，确保股权结构与公司的发展需求相匹配，以避免未来因股权变动而引发纠纷。股权收放过程中，应充分考虑风险控制的因素，避免股份给出去后，收不回来。同时，也应避免频繁调整股权结构，以降低对公司稳定性的影响。

6. 创业合伙分股的"六大规则"

创业合伙分股的"六大规则"是出钱规则、出力规则、分钱规则、进入规则、退出规则和罢免规则。如图3-18所示。

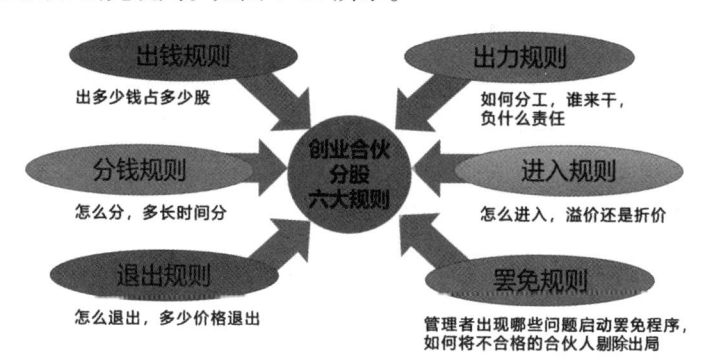

图3-18 创业合伙分股的"六大规则"

（1）出钱规则

也就是出钱多少占多少股。创业离不开资金，想要合伙，出资是第一位的，所以大部分合伙是出多少钱占多少股，按照出资额占注册资本金的比例来计算。具体来说，股份分配比例=出资额÷注册资本金。例如，如果公司的注册资本为100万元，股东A出资50万元，那么股东A的股权比例就是50%。

（2）出力规则

指公司管理如何分工，谁来干，负什么责任？一个公司的运作不能单靠资金，还需要有人力的参与和运作。如果是重资产公司，资金占比会大一些，轻资产公司，人的比重就会更大。在很多情况下，股权的分配不能仅仅基于出资额，还要考虑到技术、资源、管理等其他因素。

（3）分钱规则

创业合伙的最终目的是赚钱，企业一旦赚了钱，该如何分钱呢？多长时间分，是一年分一次，还是分两次？在什么时间分，每年的4月份还是5月份？这个需要提前明确。

（4）进入规则

在招募新合伙人时，要设计怎么进入，是溢价还是折价还是平价进入，需要提前约定。这里涉及两个概念：股权溢价和股权折价。

股权溢价是指投资者在购买股权时，愿意支付的价格高于股权的实际价值或账面价值。这种情况通常发生在投资者对目标公司或项目的未来前景持乐观态度，或者目标公司具有某种特殊优势（如技术、品牌、市场地位等）时。股权溢价反映了投资者对目标公司或项目未来增长潜力的认可，并愿意为此支付额外的成本。股权折价则是指投资者在购买股权时，所支付的价格低于股权的实际价值或账面价值。这种情况可能发生在目标公司面临经营困难、市场前景不明朗、股权流动性差等不利因素时。股权折价反映了投资者对目标公司或项目当前价值的认可程度较低，或者对未来前景持悲观态度。

（5）退出规则

就是股权何时退出，多少价格退出的规定。股权的退出时间及价格并没有固定的规定，而是根据公司的实际情况、股东的意愿和市场环境等多种因素来确定的。

股东之间可以在股东协议中约定特定的退出时间或条件，如达到一定的业绩目标、触发某种事件等。如果公司成功上市，股东可以通过在二级市场上出售股票来退出。如果公司被其他公司收购，股东可以在并购交易完成后获得相应的现金或股票作为退出回报。股权的退出涉及估值问题。

一般来说，公司估值越高，股权的退出价格也会越高。股权估值有多种方法，这一点笔者在"第4章融钱篇：股权融资"中再详细讲解。

（6）罢免规则

就是股东出现了哪些问题可以启动罢免程序，如何将不合格的合伙人剔除出局。规则明确后，到时候就可以依规则办事，否则会出现一些不必要的纠纷或争议，甚至吃官司。

3.3.3 资金股、资源股、人力股如何分配股权

资源、人才和资金，是企业经营的三大核心瓶颈，企业经营离不开资源、人才和资金这三个核心要素。人才又分为外部智慧型人才和内部管理型人才。它们是企业运营和发展的重要支撑，对企业的发展和竞争力有着决定性的影响。资金股、资源股、人力股如何分配股权呢？

1. 资金型股东——溢价进入

资金型股东的"溢价进入"通常指的是这类股东在投资入股时，所支付的资金超过公司按照某种方式（如净资产、市盈率等）所估算的正常价值或面值。这种现象在股权投资中较为常见，尤其是在初创企业、高增长行业或热门项目中。常见的股权投资、风险投资、天使投资人或机构，社会上拥有闲散资金者、客户、亲朋好友，这些都属于资金型股东。

资金是企业运营和发展的基础。无论是研发新产品、扩大生产规模、开拓市场还是进行品牌建设，都需要充足的资金支持。企业需要制订合理的财务计划和资金筹措策略，确保资金的充足和有效使用。同时，企业还需要加强财务管理和风险控制，确保资金的安全和稳健。

2. 资源型股东——量化进入

资源型股东的"量化进入"指的是在资源方成为公司的股东时，不是仅仅基于他们所提供的资源本身的价值，而是需要将这些资源的价值转化并将其量化，确定其贡献度，并据此确定他们在公司中的股权比例。例如协会、商会、上下游及产业链的客户等。

资源型股东的核心风险是资源无法变现或变现达不到预期，不能长期带来价值，资源型股东的资源不能真正转化为我的"资源"。因此，如何准确评估资源的价值，资源型股东的价值如何量化，量化业绩指标如何设定的问题，公司需要在双方的合同中明确相互的权利和义务，以避免潜在的风险和纠纷。

资源是企业生产经营所必需的各种物质和非物质要素的总和，包括原材料、生产设备、技术、信息、市场等，也包括那些拥有特定关系、渠道、审批权或签字权的人。资源的有效获取和利用，对于企业的生产效率、产品质量和市场竞争力至关重要，对企业的发展和利润贡献具有重要影响。没有资源的加持，企业很难实现由汽车的速度到飞机的速度，更别提火箭的速度的跨越发展。

资源型股东的量化进入是实务中的一个难点，笔者有四条建议：股权比例一般不要超过10%；不要一次性把股权给完；不要直接给注册股，达到要求后

再给；能不给股权就不给股权，最好给分成。

3. 智慧型股东——对赌进入

智慧型股东的对赌进入是指当智慧型股东（通常指具备专业知识、经验、技术或创新能力的股东）参与公司的股权投资时，他们与公司或其他股东之间签订一种对赌协议。这种对赌协议通常涉及公司未来业绩、市场表现或其他特定目标的实现情况。例如财务专家、法律专家、营销专家、技术专家等。

在对赌协议中，智慧型股东可能会承诺在未来一定时间内，利用自己的专业知识、技术或创新能力帮助公司实现特定的业绩目标。如果公司成功实现了这些目标，智慧型股东可能会获得额外的股权、现金奖励或其他形式的利益。相反，如果公司未能达到预定的目标，智慧型股东可能需要承担一定的责任，如减少股权、不支付或降低咨询费用等。

4. 管理型股东——全职进入

管理型股东的全职进入是指企业内部管理人员需要在公司全职工作才可以被公司授予股份，不能兼职。公司授予股份的形式有多种，可以向全职员工提供股权激励，如股票期权、股票增值权等，制订员工持股计划，全职员工在满足一定条件后以一定的价格行使这些权利，成为公司的股东；或现有股东将其持有的股份转让给全职员工；或者采取增资扩股形式，成立有限合伙企业作为员工持股平台。这种方式常用于激励公司的中高层管理人员和关键岗位员工。例如市场部、客服部、财务部、技术部、人力资源部、行政部等部门的员工。

在知识经济时代，人才是企业最宝贵的财富。优秀的人才能够为企业带来创新的思维、高效的管理和卓越的业绩。企业要想在竞争中立于不败之地，就必须吸引和留住人才，为他们提供良好的工作环境和发展机会。这种方式旨在增强员工的归属感和忠诚度，激励员工更加积极地为公司创造价值，让员工分享公司的发展成果。

3.3.4 合伙人股权分配不均的解决思路

合伙人股权分配不均，会影响到合伙人的工作积极性和创造力，严重时还会导致合伙人散伙，公司的持续经营都会受到影响。如何解决合伙人股权分配不均的问题？在此，我们先探讨合伙人股权分配不均产生的原因，继而提出合伙人股权分配不均的解决思路：两个机制，三份协议。

1. 合伙人股权分配不均产生的原因

合伙人股权分配不均，可能源于创业初期的不同投入、个人贡献差异以及公司发展过程中的变化等多种因素。随着公司发展和市场环境的变化，原来的合伙人的职责和贡献也因公司的战略定位、商业模式和资源能力三个方面的变化相应地发生变化。

战略定位的变化。公司需要定期进行市场研究，了解行业趋势和市场需求的变化，识别新的市场机会和潜在威胁，对竞争对手进行深入分析，了解竞争对手的战略定位、产品特点、市场份额等，评估自身在资源、技术、人才等方面的能力，通过对比自身与竞争对手的优势和劣势，公司需要调整之前的战略定位。公司的战略定位发生变化，对合伙人的能力和职责要求会不一样。

商业模式的变化。随着市场环境和客户需求的变化，企业需要不断调整和优化商业模式，通过引入新技术、开发新产品、拓展新市场等方式，寻求与其他行业或公司的跨界合作，整合各方资源，实现优势互补，共同拓展市场，打破传统商业模式的束缚，实现商业模式的创新。公司的商业模式发生变化，对合伙人的能力和职责要求也会随之发生变化。

资源能力方面的变化。资源是公司内外各种要素的组合，是企业竞争力的源泉，是创造价值的基础，包括有形资源和无形资源。能力是公司有形资源、无形资源和组织资源等各种资源有机组合的结果，包括内部业务运作能力和外部资源整合能力。公司的资源和能力发生变化，对合伙人的能力和职责要求也会不一样，原合伙人能力可能不适应公司的变化，其股权分配若过多或过少，需要调整。

2．两个机制

两个机制包括裂变创业机制和动态股权激励机制。

裂变创业机制是一种通过迅速复制、扩展和分支的方式，实现创业项目的快速增长和多元化发展的策略。这种机制的核心在于创造一种病毒性传播的机制，使得创业项目可以通过现有用户或客户快速传播。

动态股权激励机制是一种根据员工的业绩和贡献度，对原分配的股权进行动态调整，以股权形式给予其激励和回报的制度。这种机制旨在形成强有力的激励、约束和竞争机制，实现公司价值的最大化。

3．三份协议

包括：裂变式创业协议、保密和竞业禁止协议、动态股权激励协议。

裂变式创业协议是在采用裂变式创业模式时，各方（包括原公司、新成立的创业公司或团队、投资者等）之间就新项目公司达成的各方权利义务的法律安排。

保密和竞业禁止协议可以在裂变式创业时，保护公司的核心技术、客户信息、经营策略等重要商业秘密不被泄露，减少市场压力，维护竞争优势。

动态股权激励协议是公司为了激励员工、吸引和留住优秀人才、提高公司绩效，根据合伙人或员工的贡献，对公司和合伙人双方的股权如何进行动态调整的安排。

3.3.5 如何建立动态股权激励机制

股权分配的重中之重，就是解决赚钱怎么分的问题，提前设计，制度化解决出钱和干活的两个矛盾：出钱的要有钱赚，否则企业不存在；干活的要更有钱赚，否则没人干活。动态股权激励机制应运而生。

动态股权激励机制是基于预先划定的团队核心成员所享有的静态股权比例（初始股权比例），并根据成员所负责业务（项目）给公司带来的绩效表现和贡献度，实行按资分配与按绩分配相结合，对初始股权进行动态调整的一种激励方法。这种机制的优点，可以形象比喻：自行车两个圆轮着地，在静态下是很容易倒掉的，若是骑行起来你会发现，不但不倒反而比你预想的跑得快。

动态股权分配比例可按年度、按绩效完成情况、按业绩里程碑授予，不同授予方式具有不同优缺点。如表3-1所示。

表3-1 动态股权分配三种方式的优缺点比较

方式	优势	劣势
按年度分批授予	周期3~5年 操作简单，约束股东	缺少激励作用
按绩效完成情况分批授予	按贡献值分权， 创造价值分增量	难点在于如何才能设定合理的绩效标准
按业绩里程碑	不同类型合伙人都适用	贡献度难量化易产生争议

按年度分批授予的方式进行，其优势是周期3~5年，操作简单，能够起到约束股东的作用，但劣势则是缺少激励作用，每年都根据团队成员当年的贡献计算一次，是对当年业绩的直接回馈，而不能延续到下一年使用。这种机制主要受股东的时间投入、资金投入、人脉资源、知识产权、不同岗位性质与绩效等因素的影响。按照绩效完成情况分批授予的方式进行，其优势是按贡献值分权，激励合伙人创造价值分增量，但需要设定科学合理的绩效标准。按照业绩里程碑授予的方式进行，优势是不同类型合伙人都适用，但贡献度难以量化易产生争议。

前面我们提过创业合伙分股的四种情形、五大原则、六大规则，很显然，完全按照出资额分股是不合理不公平的。但现实中，老板往往没有动态股权分配的意识，都是想着"按资分配"，按出资额分配股权。

上面所讲的动态股权激励方法适用于团队核心成员。若是合伙创业，创始人团队如何灵活运用动态股权方案呢？我们用一个案例来加以说明。假如，两人合伙，公司注册资金200万元，王先生出资50万元，全职运营公司，占股70%；张先生出资150万元，不参与运营，占股30%。如何设计分配其股权？

第一步，设置资金股和人力股的权重。两人合伙创业是否成功主要取决于王先生的技术和管理能力，因此人力股的权重设置要高一些。这里设定资金股的权重为40%，人力股的权重为60%。

第二步，计算资金股的股权分配。公司注册资金200万元，王先生出资50万元，占总出资比例为25%，张先生出资150万元，占总出资比例为75%。资金股的权重为40%。所以，资金股的股权比例分配为：王先生占股25%×40%=10%，张先生占股75%×40%=30%。

第三步，计算人力股的股权分配。王先生全职参与公司运营，占人力比例为100%，张先生只出资不参与运营，占人力比例为0%。人力股的权重为60%，所以，人力股的股权比例分配为：王先生占股100%×60%=60%，张先生占股0%×60%=0%。

第四步，汇总计算资金股和人力股的股权分配。王先生资金股占股10%，人力股占股60%，合计占股70%。张先生资金股占股30%，人力股占股0%，合计占股30%。

计算过程及结果如图3-19所示。

1. 资金股的权重为40%

股东	出资金额	占出资比例	资金股权重	总股权比例
张先生	150万元	75%	40%	75%*40%=30%
王先生	50万元	25%	40%	25%*40%=10%

2. 人力股的权重为60%

股东	人力部分	占人力比例	人力股权重	总股权比例
张先生	不参与	0%	60%	0%
王先生	全职	100%	60%	60%

3. 合计

股东	资金部分比例	人力部分比例	总股权比例
张先生	30%	0%	30%
王先生	10%	60%	70%

图3-19 两人合伙的动态股权解决方案

若是三人合伙呢？若是合伙人还有资源股呢？计算的逻辑一样，读者可以参照上面的分配计算过程自行计算。

上面的分配计算过程，只是反映了股权分配的最终结果。但在股权分配实务中还存在以下管理问题：假如王先生拿了股权不干活，怎么办？实务上可以对人力股设置股权成熟期、将表决权与分红权分离、资金股可以优先分红。

掌握以上动态股权分配方法，会减少合伙人的很多矛盾，避免合伙人散伙。合伙创业初期股权如果分配不合理，可以积极应用动态股权激励机制调整股权结构。假如，众所周知的"罗辑思维"合伙人之间如果应用动态股权分配方案，双方不一定会分道扬镳。2012年4月，申音、罗振宇和另二人共同创办独立新媒公司，申音、罗振宇股权比例为55%：15%。2013年另二人退出，股权比例变为申音82.35%，罗振宇17.65%，独立新媒公司开始运营"罗辑思维"、"蛮子文摘"和"凯子日"等几个项目。2013年底，"罗辑思维"运营收入达1000万元，商业估值达1亿元，而"罗辑思维"的主要利润创造者是罗振宇不是申音，罗振宇股权却只有不到20%。显然，双方分手是情理之中的事。

第4章
融钱篇：股权融资

股权融资，"卖身"的风险与艺术！

本章导读

股权融资和债务融资不同。债务融资的本金需要归还,还需承担固定的利息支出。股权融资是股东和公司出让部分股权引进新的股东来融资。股权融资金额不用归还,但新股东一般有较高的回报预期,融资后也会改变之前的股权结构和治理结构。

股权融资前后都要想明白一个问题:土豪巨富的女儿嫁给穷小子,给穷小子带来财富的同时,这个家未来谁来当?因此,老板在股权融资前,都必须思考要不要股权融资的问题,股权融资时怎么融、股权融资节奏如何把控的问题,提前对自身的股权战略、公司估值、股权融资流程等环节有清晰的认知,做好股权融资的各项准备工作。

4.1 融资前

股权融资前，必须缜密思考要不要股权融资，采取哪种方式进行股权融资，股权融资时考虑哪些因素，接下来去怎么融的问题。

4.1.1 股权融资的两种方式

股权融资包括股权转让与增资扩股两种方式。这两种方式都是企业调整其股权结构、筹集资金或引入新股东的方式，都涉及企业所有权的变更。但两者在目的、过程、纳税、资金流向、对企业及股东的影响等方面都存在明显的不同。

1. 目的不同

股权转让是指公司股东依法将自己的股东权益有偿转让给他人，使他人取得股权的民事法律行为。其主要目的是通过转让股权实现资金的流入，或者优化股东结构、引入战略投资者等。增资扩股则是企业向社会募集股份、发行股票、新股东投资入股或原股东增加投资扩大股权比例。其主要目的是扩大企业规模、提高竞争力、优化资本结构或满足特定业务需求。

2. 过程不同

股权转让通常涉及转让方与受让方之间的协议签订、股权变更登记、支付转让款等步骤。在这个过程中，原股东将其持有的股权转让给新的股东，而公司的注册资本和总股本并不发生变化。增资扩股则需要公司制订增资方案、召开股东大会并经过三分之二以上股东的同意、向新股东发行股份、办理注册资本变更登记等步骤。在这个过程中，公司的注册资本和总股本会增加，新股东将投入资金购买公司的股份。

3. 纳税不同

股权转让中，原股东通过出售股权若获得收益，需要缴纳个人所得税或企业所得税。增资扩股中，原股东一般情况下没有所得，无须纳税，但若增资没有按公允价格，名义上是增资实际是股权转让的可能会涉税。

4. 资金流向不同

股权转让中，原股东通过出售股权获得资金，实现退出或收益，资金流向原股东。增资扩股中，原股东的股权比例会因新股东的加入而稀释，增资扩股的资金是投入公司，原股东并不直接收钱。企业发展需要资金时往往采用增资扩股方式。

5. 对企业及股东的影响不同

股权转让主要影响企业的股东结构和治理结构，可能改变企业的控制权和经营权。增资扩股则主要影响企业的资本结构和规模，通过增加注册资本和总股本，为企业带来更多的资金，支持其业务发展和扩张，提高公司的实力。

总之，股权转让与增资扩股是两种不同的股权融资或企业资本运作方式，各有其特点和适用范围。企业和股东应根据自身的发展需要、市场环境和税务规划选择合适的股权融资方式。

4.1.2 股权融资的三个前提

股权融资，需要综合考虑公司战略、商业模式以及具体的股权架构设计问题，这是股权融资的前提。只有制订清晰的发展规划和战略目标，设计合理的商业模式，构建合适的股权架构，才有可能确保股权融资的成功并为企业带来长期价值。

1. 公司战略

公司要分析自身所处的市场环境和竞争态势，确定企业在市场中的定位和发展方向，制订公司战略规划，包括战略目标、战略实施的步骤和计划，根据公司的战略规划，明确融资的具体目的（如扩大生产规模、研发新产品、拓展市场等），确定要不要股权融资。若需股权融资，确定融资所需的规模和融资方式，向投资者清晰地宣传公司的发展方向、市场潜力和增长前景、未来投资价值。

2. 商业模式

公司要关注企业的产品或服务创新，评估其市场潜力和竞争优势，分析企业的盈利模式，确定企业的收入来源和成本结构，向投资者宣传公司的盈利能力、增长潜力和市场地位，公司是如何为客户和股东创造价值的。这样才可能吸引到投资者并且以合适的估值去股权融资，实现公司价值最大化。

3. 股权架构设计

创始人在股权融资前，要提前设计合理的股权架构，确定在哪个公司做股权融资，股权融资后公司的治理结构如何安排，确保股权融资后创始人依然保持对企业的控制权和经营决策权。

4.1.3 股权融资的四个注意事项

1. 重视估值但不"唯估值论"

有些创始人直接拿注册资本、实收资本或净资产来直接估值，这是不科学的。注册资本和估值是两个概念，很多公司的注册资本虚高，并没有实缴。用净资产估值，或直接按股份比例来出资，往往没有考虑创始人的无形资产和人力资本的价值，对创始人不公平。

初创企业股权融资的早期阶段，不要太在意估值。不是说估值无所谓，而是说公司太在意估值可能会错失不错的投资人，尤其是公司要钱比较着急时或投资人有资源时。

公司估值要有一个由低到高逐步增加的过程。早期阶段投资者承担的风险较大，投资者对企业的认识和了解有一个过程，公司的商业模式和产品服务也会随着公司的发展逐渐成熟，公司估值一开始不要过高。

同时，不要单纯地"谁的估值高、溢价高就让谁来投资"，其他的投资人一概排除在外。比如有些投资人故意把估值拉高，把其他投资人排挤出去后，就只剩下了他本人，接着他压低你的估值，你即使内心不接受但急需钱，没有这笔钱现金流会断掉，你也可能会不得不接受投资人苛刻的条件。

2. 控制融资的节奏

股权融资要"掌握节奏，够用就行"。公司选择在哪个时段卖股权至关重要，比如是现在卖还是将来卖，是一次性卖还是分阶段卖，都很有讲究。不能"见钱眼开"，是个投资人的钱都接受。按照前述的融资的考虑因素，根据企业的战略布局和实际业务需要，对资金需求量有一个预测，分阶段、多批次融资到位，够用就好，不要期望一下子能够融到五年十年都够用的资金。

3. 控股权/控制权

在融资之前就要做好股权架构顶层设计，要做到分股分钱但还掌握控制权，不能因为融资吸纳投资人而失去公司的控制权。这点，笔者在"第3章 值钱篇：股权架构"中有详细的讲解，接下来在"第7章 分钱篇：股权治理"中还会单设一节详细讲解控制权如何设计。

4. 创始人回购条款

专业的投资人往往在股权投资协议中设置有回购条款，保护投资人的利益。同样的道理，创始人也需要在股权融资时考虑这个问题。初创期，往往是天使人投资或亲戚朋友同学同事战友投资，需要考虑是否回购或是大家直接承担投资收益或损失的问题；若合伙人中途退出，出现特定情形时，创始人需考虑如何回购股权以及回购价格如何约定的问题。当然，也不用像风投对赌协议约定得那么苛刻那么复杂。回购价格通常以投资人的投资款为基准，加上约定的年化利率，或承担必要的费用和损失；或者直接按某个时点的净资产。

4.1.4 股权融资的五个阶段与融资对象

公司发展会经历五个阶段：种子期、初创期、成长期、成熟期和资本期、衰退期。不同阶段，股权融资的特点与融资对象不同；不同的融资对象具有不同的特点和优势。如图4-1所示。

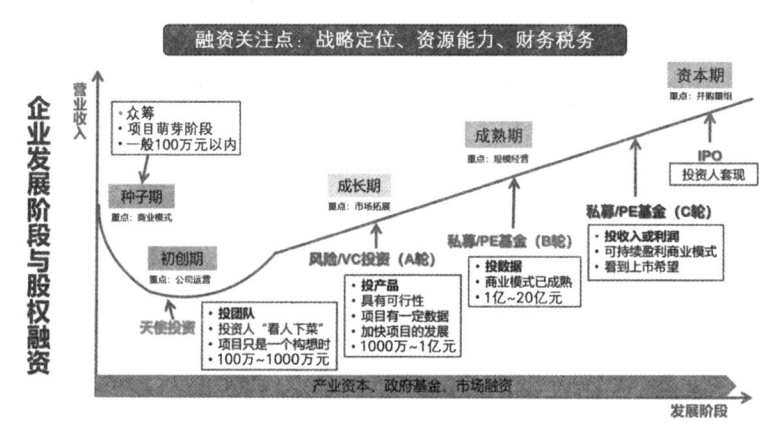

图4-1 股权融资的五个阶段与融资对象

在选择股权融资对象时，公司需要根据自身的实际情况和需求，根据自己的发展阶段、行业特点、融资需求和战略目标等因素，来综合考虑选择合适的融资对象；清晰把控股权融资的节奏，避免早期阶段过度融资稀释股份；了解不同融资对象的投资偏好、风险承受能力和投资回报要求等信息，以便更好地与它们进行沟通和合作。

1. 常见的股权融资对象

（1）风险投资公司（VC）和私募股权公司（PE）

这些公司专门投资于初创企业和具有高增长潜力的中小企业。它们提供资金、管理支持和战略指导，帮助企业成长和扩张。通常，VC和PE会要求较高的股份比例，并期望在企业成功上市或被收购后获得高回报。

（2）天使投资人

天使投资人是个人投资者，他们用自己的资金投资于初创企业。天使投资人通常具有丰富的商业经验、行业知识和人脉资源，可以为初创企业提供宝贵的支持。与 VC 和 PE 相比，天使投资人可能要求的股份比例较低，但也会对企业的运营和发展提出建议和指导。

（3）战略投资者

战略投资者是与企业有业务往来或行业相关的公司。它们通过投资可以获得企业的股份，同时与企业建立更紧密的业务合作关系。战略投资者通常期望通过投资实现双方的互利共赢，共同推动企业发展。如果引入的战略投资者或新股东能够带来先进的管理经验、技术或市场资源，将有助于企业的长期发展。

（4）公众投资者

公司上市会面向公众投资者进行融资。公众投资者通过购买公司的股票成为股东，享有企业的部分所有权和分红权。上市可以为企业带来大量的资金，并提高企业的知名度和信誉度，但同时也需要承担更多的监管和信息披露责任。

（5）政府基金和金融机构

一些政府部门或金融机构设有专门的基金用于支持中小企业和创业企业的发展。这些基金通常具有较低的融资成本和较长的融资期限，可以帮助企业度过初创期或成长期的资金困难。

2. 企业发展的五个阶段与股权融资特点

（1）种子期

这是创业项目生根发芽的起始阶段。在这个阶段，创业者开始构思创意、组建团队、进行市场调研，并寻求初始的资金支持。创业者需要迅速适应创业环境，快速找到合适的市场机会和产品定位，初步确定其商业模式。

这个阶段的股权融资，可以采取"众筹"模式，融资金额也不大，一般100万元以内，有启动资金即可。

（2）初创期

初创期是创业企业成立的最初阶段。这个阶段，公司需要投入大量资金进行产品开发、市场推广和基础设施建设，面临未知的市场环境和竞争对手，通常资金、人力资源等方面都比较有限，需要创业者承担较高的风险，但运营机制通常较为灵活，能够迅速做出决策和调整战略。为了获得资金，创始人可能需要出让较多的股份，这可能导致创始人或核心团队失去部分控制权，影响企业的决策。

此阶段最核心的任务是验证其商业模式、市场定位是否可行，因此需要寻找愿意承担这种风险，不仅提供资金支持，还可能带来行业经验、人脉资源和战略指导，主要是"投团队"的投资者。天使投资、风险投资或政府创业基金可能是合适的融资对象，融资金额一般在100万~1000万元以内。

（3）成长期

成长期是创业企业在初创期之后的发展阶段。这个阶段，公司的市场份额扩大，知名度和影响力逐渐增强，竞争变得更加激烈，公司需要大量的资金用于扩大生产、增强研发能力和进一步开拓市场。

此阶段，公司的商业模式得到进一步验证，产品具有可行性，运营的重点放在拓展市场方面。股权融资的主要目的是帮助公司实现快速扩张，提升市场份额，因此，可以选择"投产品"的风险投资机构，作为A轮融资，融资金额一般1000万~1亿元。

（4）成熟期

成熟期，公司已经具有较高的市场占有率和稳定的盈利能力，拥有良好的市场地位和一定的市场份额，能够实现相对稳定的盈利增长。公司可以进一步整合资源和优化产业链，通过产品多元化、市场多元化等方式拓展业务，降低风险，提高市场竞争力。

此阶段，公司的商业模式已成熟，股权融资的主要目的是实现规模化经营，可以选择"投数据"的私募基金作为B轮融资，融资金额一般1亿~20亿元。

（5）资本期

企业发展阶段中并没有一个明确的"资本期"阶段。在企业发展的不同阶段，都需要有效地运用资本，以支持企业的扩张、研发和市场竞争。

这里单独列出"资本期"，主要是强调这一个时期，公司会进行并购、重组、引入战略投资者等大量的资本运作，最后达成公司上市IPO目标，之前的投资人套现退出。

这个阶段，公司形成了可持续盈利的商业模式，投资人看到了上市希望，股权融资可以选择"投收入或投利润"的私募基金作为C轮融资。

（6）衰退期

衰退期，公司的产品和服务逐渐失去竞争力，营收增长缓慢甚至出现负增长，市场份额逐渐减少，利润大幅下滑甚至亏损，内部管理问题也随之凸显。企业需要转型升级，业务运作时需要找到"第二增长曲线"。

此时，股权融资的目的要明确是用于企业转型升级、偿还债务还是维持日常运营。企业应关注行业趋势和市场需求，谨慎选择有能力的战略投资者帮助公司转型，走出困境。

总体而言，从种子期到衰退期，每个阶段都有其特定的挑战和机遇。以上所描述的各阶段选择的股权融资机构及融资金额，并不是绝对的。公司需要根据自身的发展阶段和市场需求，制定相应的发展战略和股权融资策略。

4.1.5 股权融资需要考虑的六个因素

1. 企业发展路径

企业发展路径有两条，一条是内生型增长，一条是外延型增长。内生型增长，依靠企业内部的资源和能力，如技术创新、管理优化，增加收入规模、降低成本、提高生产效率，获得生产经营利润和所需要的资金，靠自己不断滚动去发展，一般发展速度较为缓慢，需要时间较长。而外延型增长，通过战略联盟、资源整合或上下游并购等外部手段，短时间把规模做上去，发展速度快，但涉及复杂的法律、财务和整合问题，需要支付高额的收购和整合成本，存在一定的风险。

融资上市或快速扩张，不会是所有企业的目标。不拿投资，相当于你选择了按自己的节奏成长，你可以选择做一个挣钱的公司，而不是按照投资人和大家的期待去变成一家值钱的公司。一旦你拿了投资，就一定会背负期待，要让自己变成一个市值不断上升的公司，从此你在为这个期待而工作了，而且很可能你要签"对赌协议"，赌输的概率也会极大。

两种增长方式不一样，动力不一样，风险不一样，对企业的影响也不一样。企业到底选择什么样的发展路径，对股权融资会有影响。企业选择内生型增长发展路径来获取资本的原始积累，一般很少会考虑股权融资。外延型增长，股权融资时要进行长远规划，首先做好股权财税法顶层设计。

2. 企业发展阶段

如前所述，公司发展会经历五个阶段：种子期、初创期、成长期、成熟期和资本期（或衰退期）。企业所处的发展阶段不一样，对股权融资的需求也不一样。

公司需要综合考虑不同的融资对象的特点和优势，结合自身所处的发展阶段和股权融资需求，选择合适的股权融资对象。

3. 股权融资目的

股权融资的目的主要是为企业提供资金支持、分散风险、优化资本结构、引入战略投资者、提高公司治理水平和实现资本增值等。公司需要结合自身的股权融资目的，选择合适的股权融资对象。常见的股权融资目的如下。

（1）资金、资源需求的迫切性。这既与企业的发展阶段有关，也与企业的商业模式相关。企业的商业模式如果早期是"烧钱"模式，资金的需求量大，单靠创始人的资金往往难以满足需求，这时往往也会考虑股权融资。

（2）拓展业务版图或战略转型。股权融资是企业筹集资金的一种重要方式。通过向投资者出售公司股份，企业可以迅速获得大量资金，用于支持其日常运营、扩大生产规模、开展新业务或进行技术研发等，快速拓展业务版图或转型线上业务，重构企业的产业链和价值链，实现业务的快速增长和盈利能力的提升。

（3）优化资本结构。股权融资可以减少从银行等金融机构间接融资的成本，改善企业的资本结构，降低企业的财务风险。通过增加企业的所有者权益，降低负债比例，企业可以提高自身的偿债能力和抵御风险的能力。

（4）提高公司治理水平。股权融资可以推动企业完善公司治理结构，提高公司治理水平。新股东加入后，可能会对企业的发展方向、战略规划等方面产生不同的看法，企业将面临更多的监督和约束，需要更加规范地运作和管理。这将有助于企业建立健全风险控制体系，提高决策效率和透明度。

（5）引入战略投资者。股权融资可以吸引具有战略意义的投资者加入企业。这些投资者可能拥有丰富的行业经验、技术资源或市场渠道，能够为企业提供宝贵的支持和帮助。通过与战略投资者的合作，企业可以加速自身的发展步伐，提升竞争力。

（6）分散风险。股权融资可以将企业的风险分散到众多投资者身上。通过引入新的股东，企业可以与投资者共同承担经营风险，降低单一股东或管理层承担的风险压力。这有助于企业更加稳健地运营和发展。

4. 股权融资影响

股权融资后，新股东加入公司，对公司的治理结构、管理模式、控制权、经营决策都会产生影响。不同的股权融资对象的投资回报期望值和合作要求也不一样。有关公司治理的布局及控制权的设计，笔者在"第7章分钱篇：股权治理"中再详细讲解。

公司在股权融资过程中，需要充分了解自身的需求和风险承受能力，在特定的公司发展阶段，根据公司的战略目标，综合考虑选择合适的融资对象与融资方式，确保融资活动的顺利进行并为企业的发展提供有力支持。

5. 未来资金预测

如果公司资金极度紧缺了，有时会慌不择路，只要有人给钱就卖，这不是一个正常逻辑。股权融资之前要对未来资金需求有一个预测，以便在适当的时间、以合适的成本、向合适的对象融到资。常见的资金预测表,如表4-1所示。

表4-1 资金预测表

	年度预算合计	1季度	2季度	3季度	4季度
期初现金余额					
现金流入合计					
现金流出合计					
现金多余或不足					
期末现金余额					

6. 融资成本考虑

在考虑股权融资成本时,企业需要全面分析多个因素,以确保选择最优的融资方案。影响公司融资成本的因素主要有以下六个方面。

(1)市场利率水平。市场利率是决定融资成本的重要因素。一般来说,市场利率越高,企业融资成本也会相应增加。因此,企业需要关注市场利率的变动趋势,并据此调整融资策略。

(2)融资期限。融资期限的长短会对融资成本产生影响。一般来说,融资期限越长,融资成本越高。这是因为长期融资需要承担更高的利率风险和流动性风险。因此,企业需要根据自身的资金需求和还款能力,选择合适的融资期限。

(3)融资方式。不同的融资方式具有不同的融资成本。例如,股权融资需要支付股息和红利,债务融资需要支付利息和本金。此外,不同的融资渠道(如银行贷款、债券发行、股权融资等)也会产生不同的融资成本。因此,企业需要根据自身的融资需求和条件,选择最适合的融资方式和渠道。

(4)公司信用评级。企业的信用评级也会影响融资成本。信用评级较高的企业更容易获得低成本的融资,因为它们的还款能力和信誉度更高。因此,企业要注重自身信用建设,提高信用评级,以降低融资成本。

(5)抵押品和担保方式。提供的抵押品和担保方式也会影响融资成本。有时,提供充足的抵押品或采用适当的担保方式可以降低融资成本。因此,企业需要根据自身情况选择合适的抵押品和担保方式。

(6)税收和法规政策。税收和法规政策也会对融资成本产生影响。例如,政府可能提供税收优惠或财政补贴以鼓励企业融资,或者对特定融资方式施加限制。因此,企业需要关注税收和法规政策的变化,以便在融资过程中获得更多优惠和便利。

4.2 融资中

股权融资时,要遵循股权融资的一般流程和注意事项;要以合适的价格卖给合适的人,这就涉及股权估值和投资人审查的问题。有关股权融资常见的风险,笔者在第 9 章 "9.4 股权融资相关的股权风险" 这一节中再详述。

4.2.1 股权估值方法

当我们谈及股权估值时,首先要明白一个至关重要的原则:股权价值并非仅仅基于公司的历史或现状,而是深深扎根于它的未来。评估一家公司的价值时,我们不能仅满足于审视它的过去表现或现有的资产规模,因为真正决定一家公司价值的,是这家公司的商业模式、现在的赚钱能力和未来持续稳定的成长性。当然,最终估值多少实际上就是你跟投资人都同意的数字。

1. 股权估值的基本元素

股权估值有八个基本元素:商业模式、产品/核心技术、创始人/管理团队、财务管理、项目订单、知识产权、品牌、渠道资源。

"公司估值高,四个维度保。"高估值公司会从四个关键维度去衡量,分别是:商业模式、产品/核心技术、创始人/管理团队、财务管理。

2. 美国博克斯初创企业估值方法

股权估值方面,美国博克斯初创企业估值方法值得参考。一个初创企业一般可以估值 500 万美元,包括:优秀的主创团队 100 万美元、产品前景广阔 100 万美元、好的创意 100 万美元、商业模式 100 万美元、优秀的董事会 100 万美元。如图 4-2 所示。

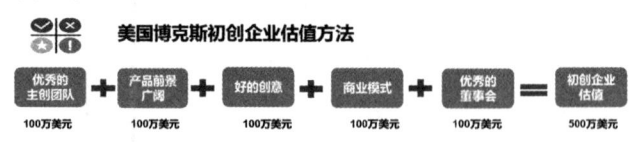

美国博克斯初创企业估值方法

优秀的主创团队(100万美元) + 产品前景广阔(100万美元) + 好的创意(100万美元) + 商业模式(100万美元) + 优秀的董事会(100万美元) = 初创企业估值(500万美元)

图4-2 美国博克斯初创企业估值方法

3. 中国投资圈初创公司估值方法

和"美国博克斯初创企业估值方法"类似,中国投资圈曾流行的初创公司的两种估值方法,看似简单粗暴,实则非常有效。

一是"经验项相加法"。估值方法为:单笔天使投资不超过 500 万元,其中项目商业模式 100 万元、团队 100 万元、技术/专利 100 万元、现有产品数据及增长情况 100 万元、其他关键因素 100 万元。先对每一项打分，再把每项对应的金额乘以相应折扣，最后汇总加起来就是公司的估值。

二是"净资产加净利润调整法"。估值方法为：公司估值 = 净资产 + 三年净利润的平均值 ×5+20% 的品牌价值 +20% 的渠道价值。

4. 其他常用的专业估值方法

另外，市面上常用的专业估值方法有以下五个。

（1）资产基础法。通过对目标企业的所有资产、负债进行逐项估值的方法，包括重置成本法和清算价值法。

（2）相对价值法。主要采用乘数方法，如 P/E（市盈率）、P/B（市净率）、P/S（市销率）等。这些方法通过比较同行业或类似企业的市场价值来确定目标企业的股权价值。

（3）收益折现法。包括 FCFF（公司自由现金流折现法）、FCFE（股权自由现金流折现法）和 EVA（经济增加值）折现等。这种方法通过预测公司未来的现金流并将其折现到当前时点来确定股权价值。

（4）市场比较法。通过比较类似企业或行业内的其他企业的市场价值来确定目标企业的股权价值。

（5）其他方法。如期权定价模型、实物期权法等，在某些特定情况下适用。

4.2.2 股权融资的一般流程

每个公司具体情况不一样，对股权融资对象的要求会有所不同，在实际股权融资流程中需要根据具体情况灵活调整。公司股权融资的一般流程如下。

1. 明确融资目的和金额

首先需要明确融资的目的，是为了扩大业务规模、研发新产品、进入新市场，还是为了偿还债务、引入战略投资者等。同时，根据企业的实际需求和融资目的来设定融资金额。

2. 评估企业价值

进行股权融资前，企业需要对自己的价值进行评估。这可以通过聘请专业的评估机构进行，或者企业自行根据财务数据、市场前景等因素，参考上一节介绍的估值方法进行估算，作为确定融资价格的重要依据。

3. 制订融资方案

根据融资目的、金额和企业估值，制订详细的融资方案。这包括确定融资方式（如私募股权、风险投资、上市等）、融资对象（如机构投资者、个人投资者等）、融资期限、融资条件等。

4. 完善资料准备

企业需要准备一系列的资料，包括企业简介、财务报表、市场分析报告、商业计划书、法律文件等。这些资料将用于向投资者展示企业的实力、市场前景和盈利能力，吸引投资者的兴趣。

5. 组建专业团队

股权融资涉及复杂的法律、财务和谈判等方面的工作，企业需要有专业的人员或组建一支专业的团队来负责。这包括财务团队、法务团队、业务团队和谈判团队等。

6. 寻找投资者

通过各种渠道寻找潜在的投资者，如银行、券商、投资基金、行业协会等。同时，也可以利用社交媒体等互联网工具来扩大寻找范围。

4.2.3 卖给对的人：如何审查投资人

股权融资不是凭空找个什么人都可以拉来入股，也不是不加甄选地把股权卖出去，卖给谁还是要挑一下。这个投资人是不是我想要找的投资人？他是不是能帮我的企业更进一步成长，而不是来捣乱的？

因此，公司股权融资前需要对投资人有一个大致画像并在融资时审查：投资人的基本信息，投资人对本公司的产品和技术的了解，投资人行业偏好、风险偏好、管理风格、背景信誉、专业领域、资金实力，投资人所拥有的资源能否变现，投资人的进入退出方式等，选择适合你的投资人。

在审查股权投资人时，可以从以下几个关键方面进行考量。

（1）投资人的背景和基本信息。可以通过工商网站、国家企业信用信息公示系统或其他可靠的信息查询平台，核实投资人的公司背景、注册信息、经营范围等，了解投资人在业界的声誉、过往投资记录和法律纠纷。

（2）投资人的专业领域和投资偏好。考察投资人是否专注于你所在的行业或领域，以及他们对该领域的了解程度。分析投资人的投资偏好，包括投资阶段偏好（如种子期、初创期、成长期等）和投资项目偏好。

（3）投资人的资金实力和投资能力。了解投资人的资金规模和管理资产的能力，以确保他们有足够的资源来支持你的项目。询问投资人的投资策略和风险控制措施，以评估他们的投资专业性和稳健性。

（4）投资人的附加价值。考虑投资人除了提供资金外，还能为你的项目或企业带来哪些附加价值，如行业资源、管理经验、市场渠道等。了解投资人是否愿意在必要时提供战略指导或业务支持。

（5）合同条款和投资人权利。仔细审查投资合同中的条款，特别是关于股份分配、管理权、退出机制等方面的内容，确保合同条款公平合理，并符合项目或企业的长期发展目标。观察投资人在沟通过程中的专业性和透明度，以及他们是否能够尊重你的意见和决策。了解投资人的决策流程和时间表，以确保双方合作能够高效顺畅地进行。

4.3 融资后

任何时候，公司治理和财税合规都是公司可持续发展的基石。股权融资后，更加要规范公司治理，实现财税合规，确保公司可持续发展。

4.3.1 规范公司治理

股权融资引入新股东，有助于增强公司的透明度，促进公司的内部监督和管理机制的改进，提升公司的决策质量，推动公司管理科学化，专业股东在决策和战略规划方面还可以提供更多宝贵的建议。

为适应公司股权结构的变化和公司治理结构的调整，创始人要提前筹划股权架构的顶层设计，优化治理结构，推动公司采取诸如完善股东权益保护制度、建立治理机制等治理措施。

如何推进公司治理规范，笔者在"第7章分钱篇：股权治理"中再详细讲解。

4.3.2 实现财税合规

财税合规的体系复杂，涉及公司运营管理的各个方面和各个环节，需要由高管牵头，全员参与，长期投入，在实践中不断完善。股权融资后，创始人和公司更加需要强化财税合规的意识，将股权治理和财税治理紧密联系起来，建立财务风险管理体系和预警机制，加强财税合规管理，提高公司财务信息的透明度，确保公司合法合规地运营。

如何实现财税合规？财博仕股权财税法顶层设计"一核两翼"框架，为企业提供了合规经营的思路。从股权财税法顶层设计开始阶段，就要明确结合股权架构顶层设计这一翼，加强财税治理顶层设计另一翼，比翼双飞，在财税治理层面实现合规目标，最终实现"经营主体规划、产权结构清晰、业务流程清晰、资产归属清晰、资金通道清晰"的合规经营目标。

首先，需要从公司战略与商业模式出发，梳理企业现有及未来规划的业务，设计优化企业经营主体与股权架构。经营主体和股权架构不同，财务及税收影响截然不同。其次，经营主体及股权架构清晰后，结合财税全局考量，回过头来再优化重构业务布局，打通业务链条，规划未来业务扩张的路径和方法。再次,经营主体及股权架构明确了,业务布局好了,还要根据资产持有目的,明确资产的主体权属(例如房产土地是个人持有还是公司持有,由哪家公司持有),以隔离风险。经营主体和股权架构清晰了,业务流程和资产归属也清晰了,这时就要根据企业发展的资金需求和合规考虑,规划好各经营主体"钱进钱出"的资金流向,优化规范从公司赚的钱到老板口袋的资金通道。在遵守独立性要求、不滥用股东权利侵犯其他股东权益的前提下,既实现避免法律风险,又不交"冤枉税"的目标。以上流程要形成一个闭环,反复研讨规划方案,再将方案执行落地。

具体如何实现财税合规落地?可以参照财博仕财税构建的"一核、两观、四梁、八柱"财税治理体系框架("1.2 股权与财税法的关联"这一节有简要的介绍),在财务管理、会计核算、资金管理、成本控制、财务预算、经营财务分析、风险控制等方面,逐步实现财务体系化和规范化,不断改进和完善财税治理体系。

第5章
融钱篇：股权投资

不能做赌博式生意，
不能做自杀式投资。

本章导读

股权投资和股权融资实际上是"一体两面"。股权融资,相对方就是股权投资;股权投资,相对方就是股权融资。

股权投融资都遵循"钱出钱进,钱进钱出"的通用逻辑:投资的时候要知道怎么做才能把钱拿回来,融资的时候要知道怎么做才能把钱还回去。股权融资的理念在股权投资方面都用得上。

"无股权不富,无股权不负。"不是你投资了就有话语权,就有分红权,因为还有承担债务的责任。设计好了叫股权,设计不好了很可能变成债务!

有钱人财产迅速缩水的四种方式(乱投资、瞎借款、担保和离婚),最快的方法就是"乱投资",从富有变成负翁。踏入一个自己不熟悉的领域创业,成功的概率不到5%。你所知道的那些成功的创业经历,要么是自己摸爬滚打十几年的行业,要么就是那可怜的5%。股权投资又何尝不是如此呢!投资往往投的不是小钱,很容易血本无归。无论被投资者吹得多么天花乱坠,投资人对风险一定要重视。

股权投资,包括两层含义:一是对内,投资成立分子公司;二是对外,直接投资于目标企业或通过购买股权类金融产品间接投资持有目标企业的股权。本章所阐述的股权投资,特指对外直接投资于目标企业的行为。

5.1 股权投资的一些常识

5.1.1 投不投资取决于两点

股权投资决策前要考虑两点，一是投资风险，二是投资回报率。这两点通常是影响投资决策的最关键因素。投资最大的禁忌是情况不明决心大，事实不清信心足，然后拍脑袋决策、拍胸脯保证，没有经过充分研究、分析和评估，仅凭直觉或一时冲动做出投资决策。

投资风险指的是投资的实际结果与预期结果之间的不确定性或偏离程度。包括市场风险（如整体市场波动）、信用风险（如借款人或发行人违约的风险）、流动性风险（如难以在需要时出售资产）、通货膨胀风险等。投资者通常会根据自己的风险承受能力、投资目标和时间框架来评估和管理风险。

股权投资的风险是多方面的：

1. 投资决策风险。在投资决策过程中，由于信息不对称、市场变化等因素，可能导致投资者做出错误的决策。错误的投资决策可能导致投资失败，甚至损失全部投资本金。

2. 企业经营风险。被投资企业的经营状况会直接影响投资者的收益。企业的经营风险包括市场风险、管理风险、财务风险等。如果被投资企业经营状况不佳，甚至破产清算，投资者可能面临投资损失的风险。

3. 资本市场风险。资本市场风险是指由于市场环境、政策变化、投资者情绪等因素导致股价波动，从而影响投资者收益的风险。资本市场风险可能导致投资者无法按预期价格出售所持有的股权，甚至可能面临长期套牢的风险。

4. 法律风险。在股权投资过程中，可能涉及的法律风险包括合同风险、诉讼风险等。这些风险可能由于法律法规的变化或对方违约等原因导致。法律风险可能导致投资者面临经济损失，甚至可能涉及刑事责任。

5. 执行风险。执行风险是指投资者在投资过程中可能遇到的操作性风险，如资金划转、股权过户等过程中的风险。执行风险可能导致投资者在投资过程中遇到阻碍，甚至可能导致投资失败。

投资的风险和收益成正比。风险越大回报越高，企业在股权投资方面一定要谨慎。考虑了风险以后，第二点就要考虑投资回报率的问题。投资目的就是赚钱，如果回报率不如预期，投资也等于白忙活。一定要理解"钱出钱进"理论：股权投资，把钱投进去，怎么让钱出来并且能够盈利才是投资的正确逻辑。

投资回报率（ROI）是投资者从投资中获得的收益与投资成本之间的比率。投资者通常会寻求在可接受的风险水平下实现最高的投资回报率。有关投资回报率的计算，笔者在"5.4 股权投资的财务分析"这一节中详述。

在投资决策中，投资者需要在风险和回报率之间找到平衡，通过分散投资（即投资于不同类型的资产或行业）来降低整体风险，并寻求具有潜在高回报率的投资机会。此外，投资者在投资决策时还可能考虑其他因素，如税收影响、交易成本、管理成本、市场趋势和宏观经济因素等。

5.1.2 控制投资风险的三种方式

控制投资风险，常见的有三种方式，分别是对赌、回购和反稀释。对赌协议中常见的条款、风险、注意事项及案例详见"9.4.4 对赌协议"。

1. 对赌协议

对赌协议，又称估值调整协议，是投资方与被投资方（通常是被投资公司的股东或实际控制人）在股权融资过程中为确保各自的利益达成的一种特殊协议。其主要目的是解决交易双方对目标公司未来发展的不确定性、信息不对称以及代理成本等问题。

对赌协议，本质上是一种"打赌"机制，即投资方与融资方对未来某种结果进行约定，用于解决双方对公司的不同估值预期分歧的工具，为被投资企业在接受投资后的业绩规定一个标准。若达到此标准，就依据高估值计算投资款或持有股权；反之，则根据低估值计算投资款或者退回部分投资款，或者调整投资款在被投资企业中所占的股权数额。

2. 回购条款

回购交易是金融市场中一种常见的交易方式，它是指在一定期限内，卖方将证券出售给买方，并约定在未来某个时间点按照约定的价格买回的交易方式。

回购交易在股权投资中可以作为一种风险管理工具，帮助投资者管理市场风险。当投资者认为市场存在不确定性或风险时，可以通过回购交易锁定投资成本，降低市场波动带来的风险。回购条款如何设计呢？例如，可以约定，在未来 3~5 年内没有达到上市标准的，融资人可以按照加 ×% 年利率回购股份；达到了上市标准但无法上市的，融资人可以按照"投资额加未付股利"来回购股份。

3. 反稀释条款

股权投资协议中的反稀释条款，通常用于保护早期投资者的利益，防止因后续融资导致早期投资者的股权被稀释。

反稀释条款可以确保早期投资者在后续融资中保持其股权比例或获得一定的补偿。在股权投资中，当被投资企业需要后续融资时，经投资方确认后，被投资企业有权将股份卖给第三方，但要保证卖给第三方的股价不能低于卖给投资方的股价。如果低于投资方的股价，必须将价差还给投资方。

5.1.3 投资四"主义"的对比

在投资领域，投资心态很重要。一些不科学、不理智的投资心态往往会伴随着较高的投资风险，要尽量避免诸如投资的冒险主义、经验主义和极端主义，而导之以投资的长期主义，做时间的朋友。

1. 投资冒险主义

投资者倾向于追求高风险、高回报的投资机会，愿意承担较大的损失风险以换取潜在的巨大收益，往往忽视了风险管理的重要性。"成败荣辱在此一举，身家性命系于一线！"过度集中投资于某个市场、行业或公司。

2. 投资经验主义

投资者过度依赖过去的投资经验，认为过去成功的投资策略在未来同样适用，靠感觉投资。他们往往忽视市场环境和投资条件的变化，坚持使用过去的经验来指导投资决策。

3. 投资极端主义

投资者在投资决策时容易走向极端，他们可能过于乐观或悲观地看待市场走势，从而做出不切实际的投资决策。极端主义投资者往往忽视了市场的复杂性和不确定性，过度自信地认为自己能够准确预测市场走势，在市场波动时盲目跟风或过度反应，"前脚踩油门，后脚踩刹车"。

4. 投资长期主义

投资者在投资时不追求短期利益，不被短期市场情绪所左右，能够忍受短期市场波动和可能的亏损，聚焦于 5 ~ 10 年甚至更长时间范围内的价值增长。巴菲特就被认为是长期主义投资理念的重要代表和践行者。

总之，投资冒险主义、经验主义和极端主义都是不利于投资者实现长期稳健收益的投资心态或策略。投资者应保持理性、敏锐的市场洞察力，关注市场环境和投资条件的变化，加强风险管理，综合考虑包括市场趋势、行业前景、公司基本面等多种因素，制定合理的投资策略，坚持投资的长期主义。

5.1.4 投资秘诀：听、参、决

投资秘诀"听、参、决"，三个字概括了投资的智慧，包含三个步骤：听取多数人的意见、参考少数人的专业建议以及最终自己做决定。

1. 听取多数人的意见

市场的共识通常基于一些基本事实和逻辑，群众的声音往往反映了市场的普遍情绪和预期。通过了解大多数人的看法，投资者可以获得市场的整体趋势和预期，避免一些明显的陷阱和误区。然而，仅仅依赖多数人的意见是不够的，因为市场也可能会受到错误的信息、情绪化的反应或投机行为的影响。

2. 参考少数人的专业建议

投资者应该寻找并倾听那些具有专业知识和经验的少数人的意见。这些专家可能来自金融机构、研究机构或独立分析师等。他们通常能够提供更深入、更全面的分析，揭示市场的内在逻辑和潜在风险。参考这些专业建议可以帮助投资者更好地理解市场，发现被大众忽视的机会，并避免一些潜在的风险。

3. 最终自己做决定

每个人的投资目标、风险承受能力和时间规划都不同，没有一种通用的投资策略适合所有人。投资者在投资决策时应保持开放的心态，既要听取多数人的意见以了解市场趋势和预期，又要参考少数人的专业建议以获取更深入的分析和洞见。在收集了足够的信息和建议后，投资者应该结合自己的实际情况，权衡利弊，根据自己的判断做出最适合自己的投资决策。

5.2 股权投资策略

股权投资策略，用一句话来形容就是：好项目 + 好价格 = 好投资。投资者在做出股权投资决策前应进行充分的市场调研和风险评估，了解投资项目的真实情况，以及可能面临的风险和回报，保持应有的谨慎和理性，根据实际情况和可行性来制订投资计划和策略。

5.2.1 股权投资"六看"

股权投资前，对被投企业要做尽职调查。什么是尽职调查呢？尽职调查是指投资人在与目标公司达成初步合作意向之后，经协商一致，投资人对目标公司一切与本次投资有关的事项进行现场调查资料分析的一系列活动，包括业务尽职调查、财务尽职调查以及法务尽职调查。尽职调查的基本内容如图 5-1 所示。

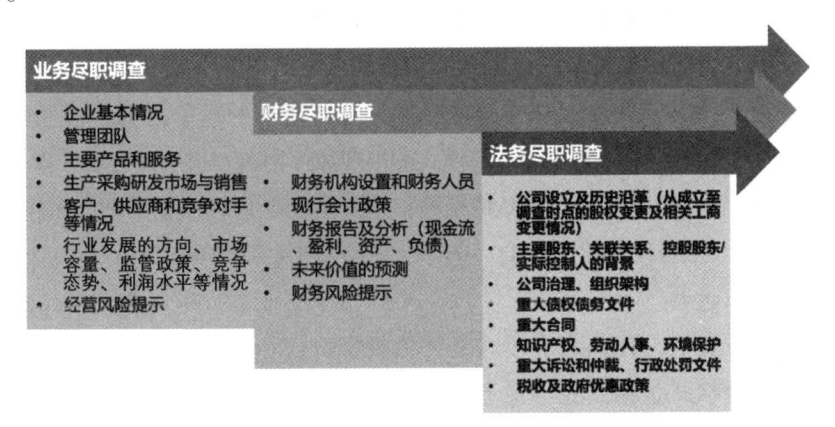

业务尽职调查
- 企业基本情况
- 管理团队
- 主要产品和服务
- 生产采购研发市场与销售
- 客户、供应商和竞争对手等情况
- 行业发展的方向、市场容量、监管政策、竞争态势、利润水平等情况
- 经营风险提示

财务尽职调查
- 财务机构设置和财务人员
- 现行会计政策
- 财务报告及分析（现金流、盈利、资产、负债）
- 未来价值的预测
- 财务风险提示

法务尽职调查
- 公司设立及历史沿革（从成立至调查时点的股权变更及相关工商变更情况）
- 主要股东、关联关系、控股股东/实际控制人的背景
- 公司治理、组织架构
- 重大债权债务文件
- 重大合同
- 知识产权、劳动人事、环境保护
- 重大诉讼和仲裁、行政处罚文件
- 税收及政府优惠政策

图5-1 尽职调查的基本内容

例如，想成立一个房地产中介咨询公司，有两种方法，第一种是自己注册成立，第二种是买市场上这样的公司。如果你买过来，公司是你的了，有了问题和责任就需要你来担，比如公司之前有担保的债务那就牵涉你和现在公司的责任。因此，买不买这个公司，你要做尽职调查后再定。

股权投资前的尽职调查，有六个方面特别重要，笔者称之为"六看"：看行业和赛道、看商业模式、看创始人和团队、看技术优势和壁垒、看治理水平、看财务能力。如图 5-2 所示。

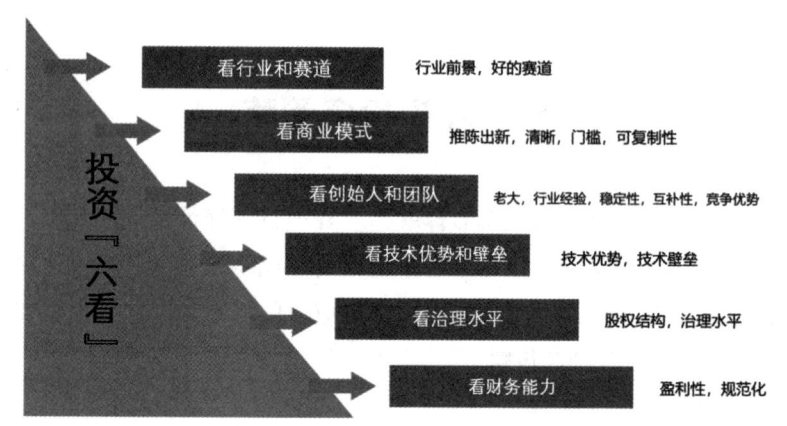

图5-2 股权投资"六看"

投资"六看":
- 看行业和赛道 —— 行业前景,好的赛道
- 看商业模式 —— 推陈出新,清晰,门槛,可复制性
- 看创始人和团队 —— 老大,行业经验,稳定性,互补性,竞争优势
- 看技术优势和壁垒 —— 技术优势,技术壁垒
- 看治理水平 —— 股权结构,治理水平
- 看财务能力 —— 盈利性,规范化

1. 看行业和赛道

股权投资中,选择正确的行业和赛道是至关重要的。首先,要关注行业的发展趋势,了解哪些行业正在快速发展或具有持续增长的潜力,政府出台了哪些相关政策重点扶持这些行业,消费者的需求有哪些变化,行业的未来发展潜力如何。例如,健康科技、在线教育、医疗健康、人工智能与大数据、绿色能源等行业都是当前和未来具有广阔发展前景的领域。

在赛道选择时,要考虑赛道的成熟度,分析赛道的竞争格局,关注赛道的发展趋势,了解新技术、新应用、新模式的出现如何影响赛道的发展,了解主要竞争者的市场份额、技术实力、产品特点等,判断在该赛道中的竞争地位和优势,把握赛道未来的发展方向和投资机会,选择具有成长潜力和竞争优势的赛道。

2. 看商业模式

在股权投资中,评估商业模式是评估投资价值和潜力的关键因素之一。一个完整的商业模式包括定位、业务系统、盈利模式、关键资源能力、现金流结构和企业价值六个要素。好的商业模式,能为公司构建独特的竞争力,交易成本更低,客户价值更大,经营效率更高,风险更低。商业模式决定了公司的盈利方式、成长潜力(市场规模和用户)和市场地位,进而影响股权投资的价值。

3. 看创始人和团队

在股权投资中,对创始人和团队的评估是极其重要的环节。一个优秀的创始人往往具备较强的战略规划能力,能够把握行业发展趋势,整合行业资源,特别是"连续创业者"。团队成员若具备相关的背景和工作经验,参与过创业项目，技能经验和性格互补，则团队的凝聚力强，积极性高。一个优秀的团队往往能为公司带来强大的竞争力和持续的发展动力。

4. 看技术优势和壁垒

在股权投资中，技术优势和技术壁垒也是评估一个公司或项目是否值得投资的重要因素。技术优势能为公司带来持续的竞争力和增长潜力、更高的产品附加值、更高的利润空间和市场份额，具有技术优势的公司更容易开发出符合市场需求的产品，满足消费者需求，从而获得更多的市场份额和利润。公司拥有的专利数量、质量以及技术成果，都是技术壁垒的重要体现，大规模生产能力也是技术壁垒的一种表现形式。技术壁垒决定了公司在行业中的竞争地位和市场份额。公司在行业中的地位越高，技术实现的难度越高，竞争对手的进入门槛越高，技术壁垒就越高。

5. 看治理水平

在股权投资中，治理水平是评估投资价值和风险的重要考量。公司的治理水平首先与股权结构相关。股权结构合理，意味着公司权力分配较为均衡，不会出现一股独大、独断专行的情形，股东内部矛盾会较少，投资人退出也方便。

一个健全的股权治理结构（股东权利义务明确，董事会成员具备多元化的背景、专业知识和经验，监事会成员能够有效监督董事会和管理层），高效的公司治理水平（公司的信息披露与透明度高，建立健全了内部控制体系和合规管理体系），能够保障公司的稳定运营和长期发展，增加股权投资的价值。投资人要关注公司的股份分配、董事会结构、监事会设置以及高级管理层的激励与问责机制等，以评估公司的治理结构和治理水平。

6. 看财务能力

股权投资中，观察公司的财务能力包括两方面：财务营利性和规范化。财务营利性和规范化是两个相互关联且重要的评估维度。财务营利性反映了公司的盈利能力和投资价值，是衡量股权投资价值的直接指标。财务规范化是公司治理水平和管理能力的直接体现，对于保障股权投资的安全具有重要意义。

5.2.2 股权投资"七定"

股权投资前通过"六看"，了解是否可以投资这个公司。接下来，正式决定股权投资时，还需要确定七个方面：投资目的、投资条件、投资规模、投资比例、投资方式、控制方式和退出方式。

1. 投资目的

也就是明确投资这家公司的目的是什么，是单纯地通过持有公司股权获得公司分红和资本增值的收益，还是为了整合供应链上下游资源？投资者要不要获得公司的资产控制权，参与公司的经营决策？投资目的不同，将会决定其他六个方面的考虑都不一样。

2. 投资条件

既然要投资，投资人肯定在内部要预设一些条件，达到这个条件才纳入可投资范围。设定的投资条件如：行业和赛道，业绩目标与市场份额，股东会和董事会结构，投资人权益保障（如优先认购权、反稀释条款、优先清算权），管理团队的约束条件（业绩考核机制、竞业禁止），退出时间，财务治理规范化要求。

3. 投资规模

投资不要盲目，更不能贪快求大，在规模上有一定的选择和控制。对所投资领域的规模做一些限定，也是预防风险的好办法。以确保万一这个投资项目失败了，风险在可承受能力范围内。一般机构的股权投资金额为100万元起。

4. 投资比例

我们常说投资不要把鸡蛋放在一个篮子里，要分散投资风险。早期投一点、中期投一点、长期的投一点，逐渐投，不要一次性投。常见的投资比例为：早中期：10%～15%；成长期：70%～80%；IPO阶段：10%～15%。若不是考虑控制权或控股权，投资所占股权比例一般不超过20%。

5. 投资方式

也就是怎么投，是用现金投资还是用股权、实物资产、知识产权等非货币资产投资？这一点要结合税务安排和风险考虑提前规划。

6. 控制方式

控制方式有两个，一个从经济因素方面考虑，包括对赌协议及拖售权条款的拟定；一个从控制因素方面考虑，比如争取董事会席位或一票否决权。

一票否决权如果有多个，遇到重大事项或股东有分歧扯皮时，公司可能会瘫痪，难以做出有效的决策。如果投资者的目标是长期持有被投资公司的股份，并希望对公司运营有更大的控制权，那么争夺一票否决权可能有必要，否则就不要争夺一票否决权了。如果公司的治理结构存在缺陷或投资者对公司的运营存在担忧，那么争夺一票否决权可能有必要，否则也不要争夺一票否决权了。

若是单纯的财务投资，目的只是获得公司分红和资本增值的收益，一般不会考虑控制权问题，也不会直接参与所投公司的管理，参与管理也只是限于公司治理层面，比如在股东会、董事会、监事会里面发挥作用。

7. 退出方式

股权投资如果没有合适的退出机制，没有约定退出形式，会带来不确定性和风险，股权投资就等于是一张废纸。股权投资的退出方式主要有：新三板挂牌、IPO（首次公开发行股票）、并购、股转、创始人或大股东回购、协议转让等。

5.2.3 股权投资的联合、分段与组合

股权投资常见的投资策略有联合投资、分段投资与组合投资。

1. 联合投资

指不同地区、不同部门、不同所有制的法人组织或自然人按一定的协议或章程联合出资进行的一种投资活动的形式。这种投资方式能够弥补单家投资公司在风险鉴别能力和资本实力上的不足，通过共同决策和控制，降低投资风险。例如，某创业投资公司的资本规模是1亿元，对单个公司的投资不得超过总资本的20%，即2000万元。若某家公司的投资额是5000万元，则显然需要与其他投资公司进行联合投资。

2. 分段投资

投资者将资金分阶段投入某个项目或公司中，而不是一次性投入全部资金。这种方式可以使投资者根据项目的进展情况和市场环境，将资金分阶段逐步投入，避免资金闲置和浪费，降低投资风险。

3. 组合投资

投资者通过组合投资，可以将资金分散到不同的投资品种和项目中，合理配置资产，降低单一投资品种或项目的风险，在保证安全性的同时，追求更高的投资收益。

5.2.4 股权投资前后需要关注异常信号

股权投资的前后都需要关注一些异常信号，比如，异常的业务变化、异常的股权转让、异常的财务报表、异常的政府姿态。

1. 异常的业务变化

比如公司的业务突然之间就有井喷式的增长；原来是做新零售的，忽然转行去做新能源了。这些业务的变化和异常的行动，需要关注。人是有短板和所

擅长领域的。只有在一个行业沉淀的时间长，才能成为某个领域的专家。如果在短时期内转换领域和行业，很可能只是跟风的门外汉。

2. 异常的股权转让

异常的股权转让是指在股权转让中出现的不符合正常商业逻辑或法律法规要求的情形。比如，股权转让价格明显高于或低于市场合理价格，或与公司实际价值严重背离，可能其背后就有特殊的交易安排；股权转让双方存在关联关系或出现神秘买家或卖家，可能让人对其交易目的产生质疑；交易条件异常（如特殊的付款方式）可能会存在风险。

对异常的股权转让要综合分析其背后隐藏的逻辑，股东为何要异常股权转让，是不是经营情况异常了，是不是股东想要快速变现抽身而走。

3. 异常的财务报表

在投资前后对异常财务报表情况有所警觉，也能规避一些潜在的风险。比如，偿债能力指标、运营能力指标、盈利能力指标、增长能力比率等财务比率出现异常波动，可能表示公司财务状况不稳定或存在潜在风险。此点笔者在"5.4 股权投资的财务分析"一节中再详细阐述。

4. 异常的政府姿态

在股权投资之前，要关注政府的姿态，政府的姿态对投资者而言是一个非常重要的信号。政府支持的领域和行业才具有投资价值和红利；反之，政府不支持甚至打压的行业和领域，就不要轻易投资。

比如，2017年针对房地产这一块，政府的姿态很明确，要求房地产公司降负债，为房地产公司画了红线，这时候有不少公司觉得机会来了，在房地产市场上加大了投资力度，加大杠杆，结果很多房地产公司频繁出现爆雷。

5.3 哪些情况下不适合股权投资

5.3.1 不可以投资什么人

1. 创业者不愿拿低薪

不愿意拿低薪的创业者，往往会有眼高手低之嫌，尤其刚刚开始创业，就想拿高薪，说明没有韬光养晦的心胸和格局。投资者需要了解创业者不愿意接受低薪的具体原因，是因为他们认为自己的技能和经验值得更高的薪资，还是因为他们认为创业项目的成功将带来丰厚的回报？了解这些原因有助于投资者制定更有针对性的策略。

2. 兼职创业者

这样的人等于脚踏两只船，相当于墙头草两边倒。他自己都不看好的项目，别人敢去投吗？

兼职创业者需要在全职工作和创业项目之间分配时间和精力，这可能导致他们难以全身心投入创业项目中，缺乏专注可能会影响项目的进展和成功率。兼职创业者通常无法像全职创业者那样获得大量的资源支持，如资金、团队、市场渠道等，这可能会限制他们的发展速度和规模。由于兼职创业者通常已经有稳定的全职工作收入，他们可能对创业项目的风险承受能力有限，这可能导致他们在面对挑战和困难时缺乏足够的决心和毅力。

3. 无来由跨行业创业者

跨行业创业者通常缺乏目标行业的专业经验和知识，这可能导致他们在面对行业特有的挑战和问题时，难以做出准确的判断和决策。据相关报道显示，跨行业创业失败的概率往往较高，尤其是在互联网环境下。跨行业创业者可能需要重新建立与目标行业相关的供应链、客户网络和合作伙伴关系，这不仅需要花费大量时间和金钱，还可能面临行业内部已有的强大竞争者的压力。

4. 职业经历只被金钱驱动者

这样的人没有理想，没有信仰，做什么事只是一切为了钱。一个只看重金钱而不顾及其他方面的创业者可能会忽视员工的权益、忽视产品质量或服务，会损害公司的品牌和声誉。

只看重金钱的人往往更关注短期利益，容易忽视长期发展。他们可能更倾向于采取投机性的行为，而不是专注于建立稳定、可持续的业务模式。没有职业信仰的人可能缺乏对事业的责任感和使命感，这可能导致他们在面对挑战和困难时缺乏足够的决心和毅力。他们可能更容易放弃或逃避责任，从而给投资者带来风险。

5.3.2 不可以投资什么团队

1. 一股独大

一股独大，既指占股份大，比如一个人掌握了85%的股权，也指团队中占据绝对优势的某个成员或某小群成员在决策、影响力、资源控制等方面具有显著的优势或支配地位。

一股独大的成员在团队决策中拥有更大的话语权和影响力，掌握着团队所需的关键资源，如资金、技术、信息等，对团队的整体方向和策略产生决定性影响。如果这些人的判断出现偏差或失误，可能导致整个团队的决策风险增加。

2. 股份均分

如果说一股独大有风险，但股份均分依然不可取。在股份均分的团队中，每个股东都拥有相等的投票权，缺乏一个明确的领导者。这可能导致决策变得冗长低效甚至出现重大分歧，影响团队的凝聚力、运营效率和响应市场变化的能力。

投资者通常更喜欢具有明确领导者和清晰决策机制的团队，因为这样的团队更有可能实现他们的投资目标。股份均分的团队无法给投资者提供足够的信心，难以吸引外部资金。

3. 大公司内部孵化项目

大公司通常拥有多个业务线和项目，内部孵化项目可能只是其中的一部分。这可能导致公司的资源和精力被分散，无法充分集中在孵化项目上，从而影响项目的成功率和效果。孵化项目往往涉及技术创新和新产品开发，这些领域本身就存在较高的市场风险和商业失败的风险。与独立创业公司相比，大公司的决策流程更加复杂和缓慢，可能导致孵化项目反应速度不够快，错失市场机遇。

由于孵化项目的风险较高，其投资回报也具有较大的不确定性。投资者在评估大公司内部孵化项目时，需要充分考虑项目的市场前景、盈利能力以及公司的战略发展方向等因素。

4. 团队临时拼凑

临时拼凑的团队往往缺乏长期合作基础和共同目标，缺乏稳定性和应对风险挑战的经验和能力，成员之间的默契和信任程度较低，出现风险时缺乏相互支持和协作，对于项目执行过程中可能出现的问题缺乏充分的准备和应对措施。临时拼凑的团队在稳定性、决策效率、风险承担能力等方面的不足，可能导致项目的执行效果不佳，甚至投资失败。

5. 团队有明显分歧

团队分歧意味着团队成员在目标、价值观或策略上存在不一致，难以就关键问题达成共识，决策过程漫长且充满不确定性，可能导致团队士气低落，在合作过程中频繁出现摩擦和冲突，影响团队的凝聚力和协作效率，缺乏创新和进取精神，难以应对项目中的挑战和困难，甚至导致项目失败。

投资者在评估项目时需要考虑团队的分歧程度和潜在风险，并采取相应的措施来降低投资风险。例如，可以与团队进行深入的沟通和交流，了解分歧的根源和解决方案；或者要求团队在投资前解决分歧，达成一致意见。

5.3.3 不可以投资什么公司

1. 分公司

分公司不具有独立的法人资格，只是总公司的一个组成部分，这意味着它不能以自己的名义独立承担法律责任，无法进行独立的投资和经营决策，所有行为和债务最终都由其所属的总公司承担，所有财产和资金都归属于总公司。因此，从法律角度来看，投资分公司实际上是在投资其总公司，而不是分公司本身。

分公司没有独立的法人资格和财产，其经营和财务状况与总公司紧密相连。如果总公司出现经营问题或财务危机，分公司也会受到波及和影响。这使得投资分公司面临着较高的风险，一旦总公司出现问题，投资者的投资可能会遭受损失，无法实现资产增值和财富增长的目标。

2. 个人独资企业

个人独资企业是由一个自然人投资设立，财产为投资人个人所有，投资人以其个人财产对公司债务承担无限责任的经营实体。个人独资企业的法律形式，决定了投资人不可能投资于此类企业。投资人一般投资于有限责任公司或股份有限公司这两类经营实体。

3. 合伙企业

不可以投资合伙企业，是站在专业股权投资者立场而言的；若站在成立持股平台的角度则另当别论。在股权投资时，专业股权投资者往往避免投资合伙企业，这是由合伙企业的一些特性和潜在风险决定的。

合伙企业设置有GP（普通合伙人）和LP（有限合伙人），GP代表合伙企业对外执行合伙事务，并且合伙企业往往是间接投资于项目公司，可能导致投资者难以了解到所投资项目的财务和经营情况。如果投资者希望保持对投资决策的单独支配权，合伙企业不是最佳选择。

由于合伙企业的盈利能力和稳定性受到多种因素的影响（如市场变化、合伙人变动等），投资者可能难以预测其投资回报，也使得投资者对合伙企业持谨慎态度。另外，合伙企业的纳税方式也有其特殊之处（笔者在"8.6 合伙企业税务专题"再详细讲解）。

5.4 股权投资的财务分析

股权投资一定要懂得如何做好经营分析和财务分析,如何将经营分析和财务分析结合起来,全面了解企业的经营情况,预测企业的未来发展趋势,及时识别企业的重大风险,评估企业价值。

5.4.1 老板必学必会的十个财务指标

财务往往是老板的短板。老板毕竟不是财务专业人员,说起专业财务术语往往会云里雾里。但老板还是要必学必会以下十个财务指标,了解这十个财务指标的含义和计算方法。

1. 净资产收益率(return on equity,ROE)

净资产收益率,也称股东权益报酬率,或权益净利率,反映企业为股东创造投资回报的能力。对于投资人来说,该指标具有非常好的综合性,概括了企业的全部经营业绩和财务业绩。该比率越高,说明企业为股东创造的投资回报越多。

计算公式:净资产收益率=净利润÷股东权益×100%

2. 总资产报酬率(return on assets,ROA)

总资产报酬率反映企业利用全部资金为股东创造收益的能力。该比率越高,说明企业利用全部资金为股东创造收益的能力越强。

计算公式:总资产报酬率=净利润÷资产总额×100%

3. 毛利率

毛利是营业收入超过营业成本的金额,毛利率是毛利占营业收入的比率。该指标体现了企业因产品或服务的盈利特点创造收益的能力。

计算公式:毛利率=毛利÷营业收入×100%

4. 净利率

净利率是指净利润占营业收入的比率。该指标是公司盈利能力的核心指标,反映企业通过经营活动取得最终盈利的能力。

计算公式:净利率=净利润÷营业收入×100%

5. 税负率

税负率是指税收负担占营业收入的比率。该指标反映企业的税收负担程度。

税负率高低对企业的经营决策有重大影响，税负率高表明企业可能需要进一步优化税务管理或成本结构。

计算公式：税负率 = 企业实际缴纳的各项税费 ÷ 当期营业收入 × 100%

6. 费用率

费用率是指企业在一定时期内，各项费用支出占营业收入的比率。费用率反映企业在经营过程中的成本控制和管理效率水平。

计算公式：费用率 = 费用总额 ÷ 营业收入 × 100%

7. 流动比率

流动比率是公司流动资产与流动负债的比值，反映公司短期偿债能力的粗略估计。公司需要确保流动比率保持在合理水平，以避免流动性风险。

计算公式：流动比率 = 流动资产 ÷ 流动负债

8. 资产负债率

资产负债率是负债总额占资产总额的百分比，反映公司长期偿债能力，衡量公司在清算时保护债权人利益的程度。不同公司的资产负债率不同，与其持有的资产类别有关。分析时需要关注资产负债率的变动趋势、与行业的比较。

计算公式：资产负债率 = 负债 ÷ 资产 × 100%

9. 偿债保障比率（现金流量债务比）

偿债保障比率也称现金流量债务比，是指经营活动产生的现金流量净额与负债总额的比率。该比率是从企业持续经营的动态角度来看待长期偿债能力的指标，比率越高，承担债务总额的能力越强。

计算公式：偿债保障比率 = 经营活动现金流量净额 ÷ 负债总额

10. 经营周期

经营周期是指从取得存货开始到销售存货并收回现金为止的这段时间。经营周期的长短反映了企业的运营效率和资金周转速度。企业可以通过优化供应链管理、加强客户信用管理等措施来缩短经营周期，提高企业的盈利能力。

计算公式：经营周期 = 存货周转期 + 应收账款周转期

当然，除了以上财务指标外，老板还需要关注如市场份额、客户满意度等其他非财务指标，以便更全面准确地评估投资回报。公司真正值钱的是难以会计计量的表外资产，这些表外资产才是股权为什么会有高溢价的核心原因。

5.4.2 如何做好经营财务分析

公司经营一手资料，既包括财务资料，也包括业务资料；既包括内部管理运营信息，也包括外部行业产业信息。公司财务分析不能只是停留在财务层面，要"跳出财务看财务"，将财务分析视野延伸至战略、商业模式、绩效评价等经营领域，进一步与经营结合，剖析公司价值创造的过程和结果以及驱动因素。什么是经营财务分析？如何做好经营财务分析呢？

所谓经营财务分析，是指以企业经营为对象，以财务报告作为分析入口，运用各种财务技术手段和管理工具，全面剖析企业的战略与绩效、资源与能力、前景与风险等价值管理和价值创造的过程和结果以及驱动因素的一种管理活动。

经营财务分析要以"经营"为核心，将现有的战略学、管理学、财务会计学理论的各种工具加以融合，综合运用战略、商业模式、价值链与价值网、平衡计分卡、卓越绩效评价模式、公司治理、营销、投融资、财务、会计、税务、法律、人力资源等知识，对企业的经营情况进行"解剖"。

针对经营财务分析，笔者提出了经营财务分析八要素理论，构建了财博仕八要素经营财务分析模型。八要素是：财务报告、战略、绩效、资源、能力、前景、风险、价值创造。财博仕八要素经营财务分析模型如图5-3所示。

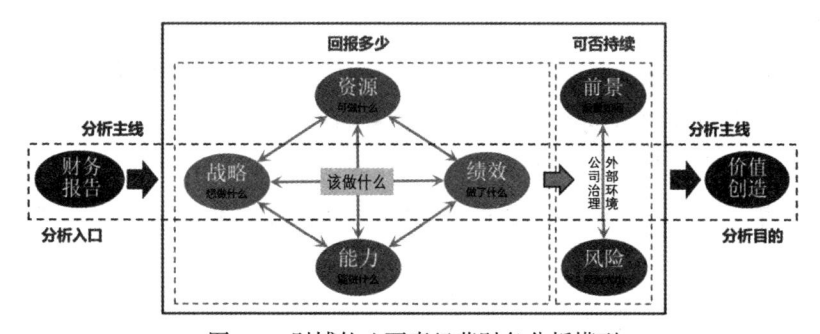

图5-3 财博仕八要素经营财务分析模型

因篇幅所限，笔者对该模型仅简要介绍其逻辑主线。财博仕八要素经营财务分析模型，分析逻辑和方法可以总结为三句话：一条分析主线，一个分析侧重点，一个分析关注点。

分析主线：财务报告—战略—绩效—价值创造。以财务报告作为分析入口，以价值创造作为分析目的，以战略与绩效作为过程分析的重点。针对公司的战略规划和业务执行，分析公司想做什么（战略）、该做什么（战略、资源与能力匹配下的业务计划）、做了什么（绩效）三者之间的差异，考虑内部治理和外部环境来评价经营的效率和效果指标。

分析侧重点：回报多少。回报多少是分析的侧重点，包括战略、绩效、资源和能力四个要素的分析。这里的"回报"是广义概念，既包括经济回报，也包括社会价值回报；既包括有形的物质财富回报，也包括无形的如商誉、品牌、团队能力建设等回报。回报多少的分析，要求分析人员在分析过程中贯彻价值创造理念，以战略为支点，以绩效为驱动，考虑资源和能力的约束，将战略规划、资源调配、能力建设、绩效考评四个主要管理过程融为一体。

分析关注点：可否持续。可否持续是分析的特别关注点，包括前景和风险两个要素的分析。对企业的经营"回报多少"分析后，还需要结合财务数据和业务资料，考虑内部治理及外部环境，评估战略及业务的前景如何，风险大小，资源和能力是否能承载，市场和顾客是否能认同，是否能实现可持续发展。

以下是一些结合经营的财务分析示例：

资产负债表固定资产占资产总额的比重异常增加或减少，可能意味着公司正在进行大规模扩张或收缩，或者存在资产转移、虚增资产等风险。存货占资产总额比重过大或波动异常，可能意味着产品积压、销售不畅或存在存货计价不当等问题。短期借款或长期借款大幅增加，可能表示公司资金紧张，存在偿债风险。

利润表营业收入大幅减少或波动异常，可能表示市场需求下降、竞争加剧或存在收入确认不当等问题。费用占比异常如销售费用、管理费用或研发费用占营业收入比重异常增加，可能表示公司运营效率下降或存在费用虚增等问题。净利润大幅下降或波动异常，可能表示公司盈利能力下降或存在利润操纵问题。

现金流量表异常如净额大幅下降或持续为负，可能表示公司"造血"能力下降，存在资金链断裂的风险。投资活动现金流量异常，如大额投资支出或收回投资金额异常，可能表示公司正在进行大规模投资或资产处置，需要关注投资回报率和风险。筹资活动现金流量异常如大量借款或偿还债务，可能表示公司资金紧张或存在偿债压力。

5.4.3 投资回报的计算与分析

上面所讲的"老板必学必会的 10 个财务指标"，是站在企业运营角度而言的。企业的利益毕竟与投资人或股东的利益不一样。

站在投资人角度，如何对投资项目进行评价，计算和分析投资回报呢？有两类指标：一类是非折现指标，包括静态投资回收期、静态投资回报率，没有考虑时间价值因素；一类是折现指标，包括动态投资回收期、动态投资回报率、净现值、内含报酬率（或内部收益率 IRR），考虑了时间价值因素。

从事股权投资的朋友们，至少要了解静态投资回收期、静态投资回报率这两个非折现指标的含义和计算方法。

1. 静态投资回收期

静态投资回收期是指在不考虑资金时间价值的情况下，以项目的净收益回收其全部投资所需要的时间。该指标代表收回投资所需要的年限。投资回收期越短，收益越高，风险相对较小，投资方案越有利。静态投资回收期法，计算简便，容易为投资人所理解，缺点在于忽视了资金的时间价值，也没有考虑回收期以后的收益。一般用来测定方案的流动性而非盈利性。

计算公式：静态投资回收期 = 累计净现金流量开始出现正值的年份数 − 1 + 上一年累计净现金流量的绝对值 ÷ 当年净现金流量

【示例】假设一个项目初始投资为 100 万元，第一年净现金流量为 10 万元，第二年为 30 万元，第三年为 40 万元，第四年为 50 万元。则：第一年累计净现金流量为 −90 万元（−100 +10）；第二年累计净现金流量为 −60 万元（−90 + 30）；第三年累计净现金流量为 −20 万元（−60 + 40）；第四年累计净现金流量为 30 万元（−20 + 50）。则静态投资回收期 = 4 − 1 + 20 ÷ 50 = 3.4 年。

2. 静态投资回报率

静态投资回报率是指在不考虑资金时间价值的情况下，投资者从投资中获得的收益与投资成本之间的比率。该指标用于衡量投资的盈利能力。静态投资回报率越高，说明项目的盈利能力越强，回收投资的速度越快。但静态投资回报率没有考虑资金的时间价值，投资回报的时间跨度对分析结果有很大影响。

投资者通常会寻求在可接受的风险水平下实现最高的投资回报率。在评估投资回报率时，需要关注投资项目的稳定性和可持续性，考虑宏观经济环境、行业发展趋势、政策变化、投资期限等因素，结合其他评估指标（如公司的盈利能力、估值水平、现金分红及风险状况等）进行综合分析。

计算公式：静态投资回报率 = 年平均净收益 ÷ 初始投资总额 × 100%

公式中，年平均净收益是指项目在运营期内每年的净收益的平均值。净收益通常是指项目的收入减去成本和费用后的余额。初始投资总额是指项目开始时投入的全部资金，包括固定资产投资、流动资金等。

【示例】假设一个项目的初始投资总额为 100 万元，运营的五年内每年的净收益分别为 10 万元、11 万元、12 万元、13 万元和 14 万元，那么，年平均净收益 = （10 + 11 + 12 + 13 + 14）÷ 5 = 12 万元。静态投资回报率 = 12 ÷ 100 × 100% = 12%。

5.5 股权投资流程

5.5.1 投资流程的"5W1H"

公司投资流程通常包括一系列关键环节，这些环节共同构成了投资决策和实施的全过程。投资流程真正要解决的问题就是钱进去到钱出来，转一圈以后实现增值的过程。

投资流程和关键环节上有一个"5W1H"原则，分别是 What 投什么、Why 为啥投、Where 投哪里、When 何时投、Who 谁来投、How 如何投。如图 5-4 所示。

图5-4 公司投资流程和关键环节的"5W1H"原则

1. 投什么？就是投资的具体目标是什么，是为了获取长期稳定的分红收益还是实现资产增值？目标明确之后才有可能接下来识别和筛选投资项目。

2. 为啥投？投资之前要根据自身的战略规划和市场需求，思考投资的具体原因和动机（如供应链的整合需要），增强投资的决心和动力。

3. 投哪里？确定投资哪个行业或领域的哪个项目或公司，对项目进行初步筛选，寻找投资标的，系统地了解所投项目的主营业务、核心竞争力等。

4. 何时投？考虑投资的时机选择问题，要选择合适的时间，确定是一次性投资到位还是分阶段投资。

5. 谁来投？明确用自己的哪家公司来投，要不要成立专门的投资公司来投资。这又牵涉到股权架构顶层设计问题了。

6. 如何投？综合考虑各种因素，制订具体的投资策略和方案，对投资的全流程进行规划，做好风控，确定投资流程如何落地。

5.5.2 股权投资具体流程

投资是一个复杂而系统的过程，需要不断学习和总结经验，也需要公司有这方面的专门人才。企业能力欠缺时可以聘请专业的投资顾问或财税顾问参与。

专业投资机构的股权投资的流程是这样：首先是寻找项目资源，接着经过项目初审，项目初审之后组织项目评审，评审之后觉得可以初步过了，接下来做尽职调查，尽职调查之后还有一个投委会去决策，投委会决策之后才能投资，后续会涉及投后管理和服务的问题。

公司一般的股权投资流程如图 5-5 所示。

1. 确定投资目标

根据公司战略，确定投资的总体方向和目标后，通过各种渠道，如创业大赛、创投会议、投资论坛、推荐人介绍、行业研究等，寻找潜在的投资项目。

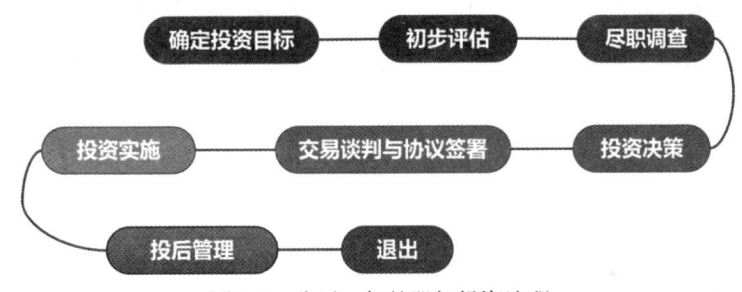

图5-5　公司一般的股权投资流程

2. 初步评估

收集潜在投资目标的信息，包括公司的业务模式、财务状况、管理团队、市场竞争力等，与目标公司管理层交流，之后对收集到的信息进行初步分析，评估投资的可行性和潜在风险。主要关注目标公司的盈利能力、成长潜力、行业前景等方面。

3. 尽职调查

对选定的投资项目进行全面深入的尽职调查，包括业务、财务和法律等方面。根据调查结果撰写详细的尽职调查报告，对投资项目的风险和价值进行全面评估。尽职调查是投资决策的重要依据。

4. 投资决策

在充分评估项目的可行性和风险后，根据公司的决策流程，对投资项目进行审批。审批权限通常根据投资金额和重要程度进行划分，重大投资项目可能需要经过董事会或股东大会的批准。

5. 交易谈判与协议签署

与投资对象进行谈判，就投资金额、估值方法、股权比例、治理结构、退出机制等关键事项谈判达成一致后，起草并签订正式的投资协议，明确双方的权利和义务。同时，还可以根据需要签署保密协议、竞业禁止协议等附属协议。

6. 投资实施

按照投资协议的约定，支付投资款，办理股权变更登记手续，修改投资项目的公司章程，明确股东权利和治理结构。

7. 投后管理

对投资项目进行全面管理，要求投资项目公司定期提供财务报表和经营报告，对投资项目的风险进行持续监控，及时发现并应对潜在风险。

8. 退出

根据投资协议的约定到期退出，或满足既定的退出条件时退出，或在退出时机成熟时退出，收回投资。退出方式可以包括创始人回购、股权转让给其他投资人、上市退出、并购重组等。

第6章
分钱篇：股权激励

股权激励的本质是：
  分未来的增量！
  分未来创造的价值！

本章导读

2015年《财富》杂志报道，世界500强公司中有85%的公司使用过股权激励。随着信息化时代的到来，人才裂变出现了三化趋势：公司平台化，部门公司化，员工创客化，人力资本的股权化时代已经加速到来。

在中国，互联网高科技公司如阿里、华为、腾讯，股权及期权支付产生了巨大的财富效应。社会代际更替下，对于"80"/"90"/"00"后而言，传统的待遇留人、感情留人、事业留人的激励方式，已经不是最有效的激励方法，股权激励呼之欲出。

6.1 股权激励概述

股权激励之前，一定要先理解股权激励的原则和本质，了解股权激励有哪些环节，先做好哪些准备工作。创始人没有股权激励基本的理念和认知，没有做好股权激励的准备，还没有布局好股权架构设计，还没有公司治理、财税合规的意识，笔者的忠告是：千万不要做股权激励。

6.1.1 股权激励的概念

股权激励就是激励单位通过授予激励对象股权，让激励对象享有股东层面一定的经济利益，为公司的发展服务的一种长期激励方式。

看一个清朝晋商山西平遥票号的银股和身股的案例。平遥票号设立了银股和身股，银股就是金融资本、东家。身股是谁呢？就是人力资本，就是掌柜的、账房先生和伙计们。年底分红的时候，平遥票号的银股分50%，身股中的掌柜和账房先生（相当于管理骨干和技术人员）分25%，伙计们（即广大员工）分25%。这应该是最早的员工股权激励的案例。

现代意义上的股权激励起源于20世纪50年代的美国。1952年，美国菲泽尔公司设计推出了世界上第一个股权激励计划，初衷是为了有效避免高管过高的现金工资带来的高额个人所得税，于是将高管薪酬进行拆分，变成"现金+股权"，降低现金薪酬金额，从而有效降低个人所得税。1956年，美国的路易斯·凯尔索设计了员工持股计划。他认为财富是由劳动和资本创造，因此劳动和资本应该共同分享财富。凯尔索认为员工持股，可以产生大量稳定的中产阶级，解决贫困危机。随后，高管股权激励、员工持股激励模式逐渐扩散开来。

6.1.2 为什么要做股权激励

随着人才裂变"三化"趋势的出现，人力资本的股权化时代加速到来，股权激励至少有以下几方面的好处。

1. 促进业绩增长。股权激励是有别于季度奖、年终奖的另外一种长期性的物质激励。通过股权激励，有突出贡献的员工、合作伙伴能分享到公司成长的果实，激发大家的积极性和创造力，促进业绩增长。

2. 提升团队的工作积极性，吸引和留住人才。在人才竞争激烈的整体环境下，让激励对象成为公司的股东，激励对象的利益会与公司利益捆绑起来。尤其是高端人才，他们更看重公司的长期发展和潜在收益。这样会有效提升团队工作积极性，减少关键员工的流失，增加员工对公司的忠诚度。

3. 降低成本。对于现金流不是非常充裕但成长性非常好的公司，公司给予员工的激励和回报采用现金＋股权的形式，可以有效减少前期的现金支出，节省成本。例如，员工不给股权需要发薪每月2万元，有了股权就可以月薪1万元＋股权，这样每月就会节省下1万元的成本。

4. 解放老板。在给员工做了股权激励之后，这些员工既是股东也是员工，他们会为了股权分红而加倍努力，会把公司的业绩和盈利问题当成自己的问题，使得受股的人员更有主人翁意识，由此，老板也会得到解放。

5. 优化公司的治理结构。股权激励可以使激励对象站在股东角度去思考问题，让他们参与到公司的决策过程中，促进公司治理结构的完善。

6. 平衡股东关系。不同股东会有不同的利益诉求和关注点。股权激励，可以增强中小股东的话语权，防止大股东过度控制公司决策，增加所有股东的决策共识，在股东之间起到平衡和协调的作用，股东之间的利益更加趋同。

7. 提高投资者信心。股权激励会将激励对象的利益与公司利益捆绑，激励对象的利益与公司利益一致性增强，有利于减少激励对象的短期行为，公司运营更加稳健，决策机制也更加优化，投资人对公司的信心也会相应增加。

8. 实现上下游产业链的整合。上下游产业链也可以通过股权激励绑定，强化双方的长期合作关系，促进上下游企业之间的信息共享、资源互补，共同拓展市场，形成利益共同体。

6.1.3 股权激励的误区、原则和本质

1. 股权激励常见的误区

股权激励如果直接凭感觉给或直接给注册股，进入没有条件，退出没有标准，没有绩效考核，股权只做减法，不懂做加法，将会导致股权激励过程中出现一系列问题，甚至激励失败或产生负激励的效果。股权激励的常见误区有哪些呢？

（1）长期激励就是股权激励。长期激励不只是股权形式，也可以是非股权形式激励，如果某非上市公司以股权激励有难度，可以考虑业绩奖励形式。

（2）股权激励就是股权奖励。股权奖励是对奖励对象过去贡献的认可，涉及过往价值如何衡量的问题。股权激励是对激励对象未来价值创造的一种鞭策，

解决未来价值如何兑现的问题。股权奖励侧重于过去，股权激励侧重于未来，出发点和立足点不一样。

（3）全员参与，人人有份。股权激励并不是大锅饭，需要用有限的资源激励最核心的人才，比如管理、技术、营销的骨干人员等，不能搞人人有份的大锅饭。对于岗位职级也不能搞一刀切，股权激励时要体现绩效、能力的差异。

（4）谋福利免费给，不设约束条件。股权激励需要注意激励与约束并存，激励力度过大以及不设条件的免费午餐都是不合理的。

（5）缺乏对各种纠纷机制的约定。对公司所有权变化、组织架构变化、员工职位变化、离职、退休、离职、死亡、工伤等各种情况没有事先约定，导致不仅没有达到长期激励效果，还引发各种纠纷。

2. 股权激励的原则

股权激励原则是在设计和实施股权激励计划时需要遵循的一系列指导原则。

（1）为公司战略与业务发展服务。股权激励的核心在于激励未来，其激励模式与方法要服从和服务于公司发展战略。

（2）以公司的业绩增长为前提。业绩增长可以是侧重合同订单的签署、销售额的增长或其他指标，如用户的增长等。

（3）业绩导向为主，稳定和吸引人才。关键核心人才是公司核心竞争力，通过股权激励可以吸引外部人才的加入，留住内部人才。

（4）激励和约束并重，权利义务对等。股权激励既是激励也是对对象的约束。拟激励对象签署股权激励协议后，需承担公司和个人业绩考核承诺以及离职惩罚性约定的约束。

（5）激励要有梯度和差异化。个人激励数量和规模应根据岗位和业绩大小拉开差距，而非一味追求公平、大锅饭原则。

3. 股权激励的本质

股权激励的本质是什么？它一定不是分存量，分过去的钱，它一定是分未来的增量，分未来创造出新价值的钱。如果股权激励做成分存量，那很可能就失败了，因为谁都没有创造性，谁都不愿意去努力。一个公司是要推行奋斗者文化的，人人都不去努力了，又哪里来的增量？没有增量和收益，股权激励也就失去了意义，成了"无源之水，无本之木"。

所以，股权激励有两个关键词，一是贡献，二是增量。"贡献"通常指的是员工对公司发展、业绩提升、技术创新等方面所做的努力和取得的成果。"增量"通常指的是公司业绩的增长、利润的增加、市值的提升等。增量业绩直接反映了公司的价值创造成果，也是股权激励考核机制的关键环节。

"贡献"和"增量"两个方面相互关联、相互促进。通过股权激励，公司可以激励那些为公司做出突出贡献的员工，员工也能通过股权激励分享到公司成长的果实，从而增强员工的归属感和忠诚度，激发员工的积极性和创造力，促进公司的持续发展和价值创造，实现公司与个人的共赢。

4. 股权激励特别注意事项

（1）打造"回购机制"和"退出机制"。股权回购时可以约定由创始人回购，创始人再转让给其他符合条件的员工。这样，公司就可以为股权流通创造分配公平、进退有据的"内部交易市场"。

（2）一开始就搞实股模式，请神容易送神难。建议先在公司用"虚拟股"形式试运行，取得经验后再用实股形式。

（3）虚拟股或在职分红要特别注意防范法律风险。激励分红容易和工资混为一谈。激励分红如果也算工资的组成部分，员工离职计算补偿金时会高很多。

（4）注意激励过度或不足的风险。股权激励的额度要仔细测算，额度给多了激励成本过高，额度给少了员工没有感觉。另外，股权激励比例过少时，可以代之以股份数量，看起来就不那么少了。

6.1.4 股权激励方案的实施步骤

股权激励涉及公司战略、股权架构设计、公司治理、公司估值、节税筹划、人力资源管理等管理领域，是一项复杂的系统工程。股权激励方案不能参照市场案例直接复制，需要根据每家公司的具体情况"量身定制"。

上市公司和非上市公司操作流程略有不同，多几个流程。这是因为，上市公司治理要更加健康，监管更加严格，要组建薪酬委员会，激励方案还要向证监会备案，抄报交易所并公开披露。

以非上市公司为例，股权激励一般要经过如下几个步骤。

1. 股权培训。在开始制订股权激励方案之前，首先需要对公司内部的相关人员包括但不限于股东、董事会成员、高级管理人员、人力资源部门等，进行股权培训。培训的目的是让他们初步了解股权激励的基本原理以及可能带来的效果。

2. 完善公司治理。股权激励的实施需要建立在良好的公司治理结构之上。确保公司治理的完善，包括明确公司的决策机制、监督机制、激励机制等，是股权激励成功实施的基础。

3. 制订股权激励方案。在充分理解和考虑公司战略、人力资源状况、市场情况等因素的基础上，制订适合公司的股权激励方案。方案应明确激励对象、激励方式、股票（股份）价格和数量、行权条件、退出机制等关键要素。

4. 董事会和股东会审批。将制订的股权激励方案提交给董事会和股东会进行审批。审批过程中，需要对方案的合理性、可行性、风险等进行充分评估。

5. 方案培训。在方案获得批准后，需要对激励对象进行方案培训。培训的目的是让他们了解股权激励方案的具体内容、操作流程、注意事项等，确保他们能够正确地理解和执行方案。

6. 签署协议。激励对象与公司签署股权激励协议，明确双方的权利和义务。

7. 业绩考核。根据股权激励方案中的行权条件，对激励对象的业绩进行定期考核。考核的结果将直接影响激励对象是否能够行权并获得相应的股权收益。

8. 方案执行。根据业绩考核的结果，按照股权激励方案的规定执行相应的激励措施，包括向激励对象授予股票（股份）或相关权益、支付股权收益等。

如果是中小微企业，实施股权激励有不一样的地方。作为大型公司，要考虑上市，股权或期权是值钱的，但是中小微公司，股权值钱吗？还看不到。中小微企业有必要做股权激励，要捆绑员工，具体怎么去做？可以适当简化流程，不要太复杂，建议分三步走：先吹风（大事多吹几个月，小事少吹几天，想入股的写申请）→试运行（明确试运行时间和具体人员）→逐步完善（总结调整，标准化落地生根）。

简单理解就是：先调查一下有没有谁想入股？也就是说看员工有没有主动性，对股权要求是否强烈。接着对股权激励进行试运行，公司不同的部门和职位，选个重点岗位先做试验。比如制造型公司，研发的核心关键人才需要捆绑，激励就先从研发部门开始，之后再来总结推广到营销、财务岗位，这样整个公司股权激励标准化就落地生根了，并且在实施的过程中逐渐完善。

6.2 股权激励体系：四步十问闭环法

股权激励体系实际上就是围绕"进入机制、分配机制、考核机制、退出机制"这四类机制如何去构建的问题。笔者构建的"财博仕股权激励体系：四步十问闭环法"，清晰地反映了股权激励这四类机制如何构建的整体逻辑（以下重点围绕员工股权激励阐述）。如图6-1所示。

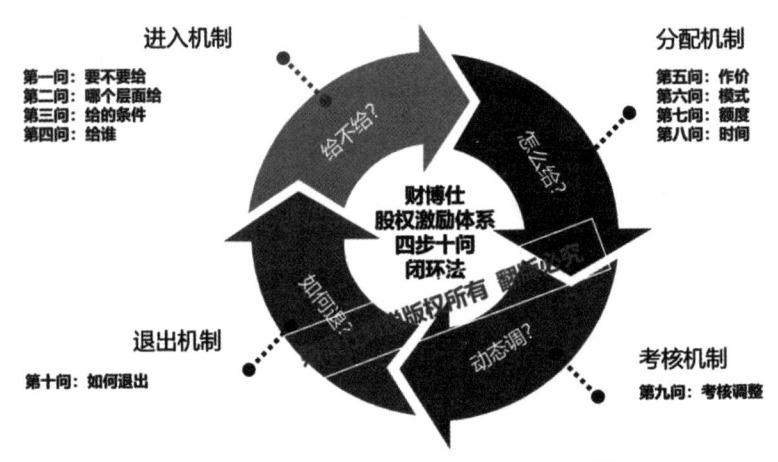

图6-1 财博仕股权激励体系：四步十问闭环法

6.2.1 第一步：进入机制

股权激励的进入机制，包括两方面：一是获得公司股权的条件和对象，二是公司应在股权激励前做好股权架构设计的准备。包括以下四个问题。

1. 第一问：要不要给

要不要给，也就是公司要根据自己的实际情况来分析，到底要不要做员工股权激励。员工激励有很多种形式，不是所有的公司都需要做股权激励。要不要推行股权激励要结合公司的行业属性、发展前景、市场竞争、人员流动性和时机，结合公司对人才的依赖程度、员工的人品和能力等因素综合考虑，需要两个巴掌才能拍响，需要老板和员工"你情我愿"才行。如图6-2所示。

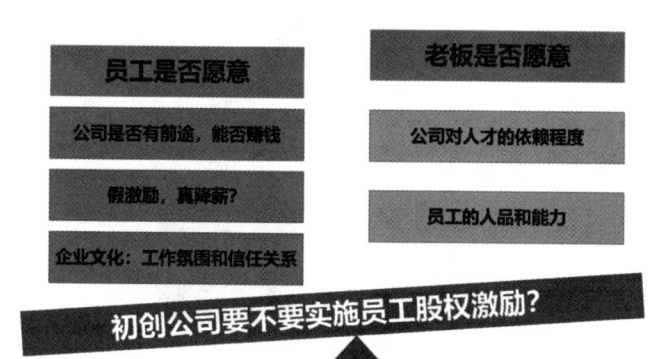

图6-2 初创公司要不要实施员工股权激励

比如，某公司计划成立有限合伙企业作为员工持股平台，针对有限合伙人入伙，规定应具备的条件是：

- 认同公司的企业文化和经营理念。
- 应出资金额按协议要求全部按时实缴到位。
- 亲自参与组织、建设、运营公司的一家分子公司的优先。
- 从事管理咨询、财税咨询的创始人本人优先。
- 会计师事务所、律师事务所合伙人优先。
- 各地市级及以上商会协会的会长、执行会长、秘书长优先。
- 为公司推介客户总收费超过100万元的单位或个人优先。
- 咨询服务收费超过100万元的客户优先。
- 其他拥有企业老板人脉资源并能直接推介转化的单位或个人。

2. 第二问：哪个层面给

哪个层面给，指的是老板一定要思考通过哪个公司来给股权激励。这个可以说是股权激励的前提，是股权架构顶层设计的理念在实务中的具体应用，不提前布局这个问题会后患无穷。在"第3章值钱篇：股权架构"中，笔者开宗明义就指出，创始人只要拥有两家或两家以上的公司，都涉及股权架构顶层设计的问题，都必须拥有一个合适的公司架构和股权结构。

激励对象既可以持有公司股份来捆绑长期利益，也可以持有项目股份实行短期股权激励。到底在哪个层面持股，甚至两个层面都持股，要根据激励目的、激励效果和激励对象的能力、贡献度等综合确定。如图6-3所示。

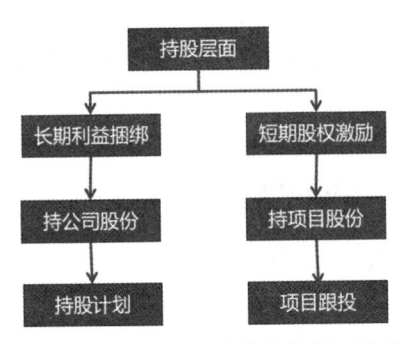

图6-3 股权激励对象的持股层面考虑

3. 第三问：给的条件

给的条件，指的是股权激励对象要符合条件才给，不能搞人人有份的"免费午餐"。给的条件一般根据员工的职级、岗位价值、业绩贡献、服务年限、分期成熟等方面进行考量。

4. 第四问：给谁

给谁，也就是哪些人应该成为公司的激励对象。股权激励的全部对象包括：上游供应环节，包括源头供应商产业从业者、渠道分销商平台合伙人等；下游需求环节，包括经销商（生态合伙人）、大客户（战略合伙人）等；外部资源合作伙伴，包括财务顾问、技术顾问、资金方、行业资源、政府资源等；内部公司运营人员，如股东（创始合伙人）、中高层（事业合伙人）、业务板块（运营合伙人）、业务单元（一线合伙人）等。如图6-4所示。

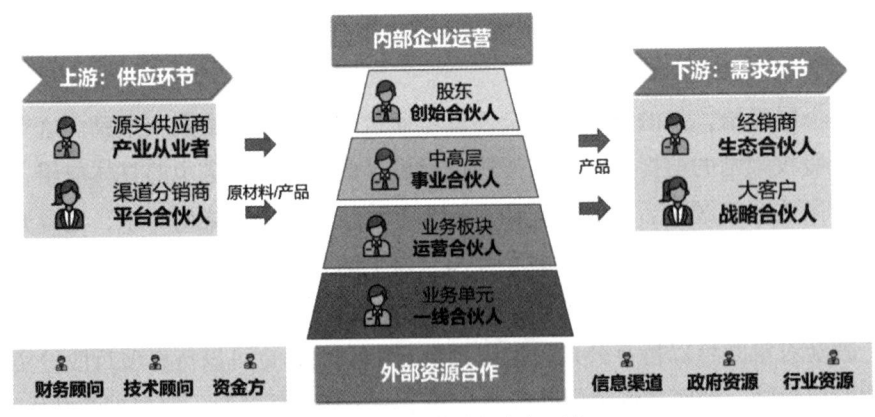

图6-4 股权激励的全部对象

员工股权激励对象的确定，要根据公司发展阶段，先从技术部门入手，再覆盖所有部门，注意比例要有所差异：初创期侧重激励技术人员；发展期拓宽激励人员范围，包括技术人员、营销人员和管理人员；成熟期多侧重激励管理人员。

6.2.2 第二步：分配机制

股权激励的分配机制，也就是根据激励对象的身份类别（股东、员工还是合作伙伴），确定股权给多少，在什么时间、按什么价格、以什么形式给。分配时要切合公司的发展阶段来分，不要搞"平均主义"，要有动态调整方案，要做到"人在股在，人走股灭，股随岗走"。

5. 第五问：作价

作价，也就是股权以什么样的价格给到员工。这涉及股权估值问题，有关股权估值问题，详见"4.2.1 股权估值方法"这一节的讲解。员工要不要出钱？员工不愿意出钱怎么办？员工有没有钱出，愿意出多少钱？对此，老板要心中有数。

（1）股权激励员工是否出钱？一定要出钱，不出钱就搞成"免费的午餐"了，不出钱也不会珍惜这份股权，会没有任何激励的效果。

（2）员工不愿意出钱怎么办？老板要分析员工为什么不愿意出钱，是员工觉得股权没有价值还是员工没有钱出。若是员工觉得股权没有价值，老板也要反思是激励对象不对，还是员工不了解公司的价值？可以通过沟通和培训解决这一问题。

（3）若是员工没有钱出，有多种办法解决这一问题，比如员工的年终奖发放后奖金转为股本金，或是员工向老板打借条，老板先借钱给员工，员工日后归还。

6. 第六问：模式

模式就是以什么样的形式给，是现金+股权，还是虚拟股或是实股。常见的股权激励模式有实股（实现股权激励的长期化）、期股（解决一次性支付款不足的问题）、受限股（有效管控激励对象）、虚拟股（将所有权和收益权分离）、股票增值权（通过股票增值获得收益）、业绩股（推动经理人冲刺更高目标）、干股（只有分红权的股权激励形式）、管理层收购（实现经营者持股经营）、员工持股（利益捆绑每个员工）等。如图6-5所示。

其中，股票（股权）期权是指公司给予激励对象在一定期限内以事先约定的价格购买本公司股票（股权）的权利。限制性股票是指公司按照预先确定的条件授予激励对象一定数量的本公司股权，激励对象只有工作年限或业绩目标符合股权激励计划规定条件的才可以处置该股权。

有关各种激励模式的特征、优缺点，限于篇幅不作详细介绍。

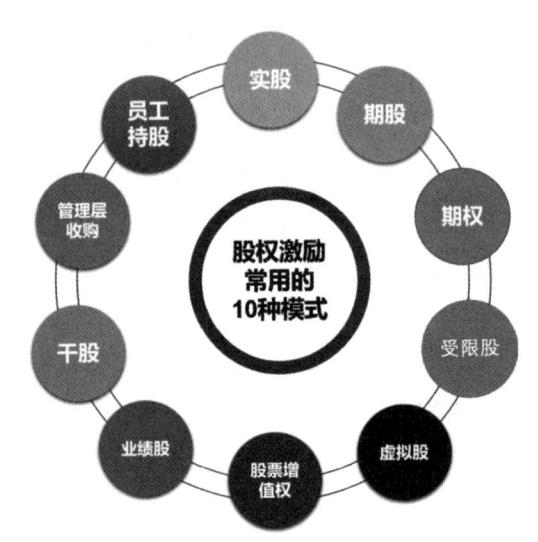

图6-5 股权激励常用的10种模式

7. 第七问：额度

额度也就是给多少，需要考虑给的流程与比例问题。先确定总额度预留股权激励池，再将总额度分解到各层级、各部门，考虑绩效考核指标确定系数，最后动态调整。如图6-6所示。

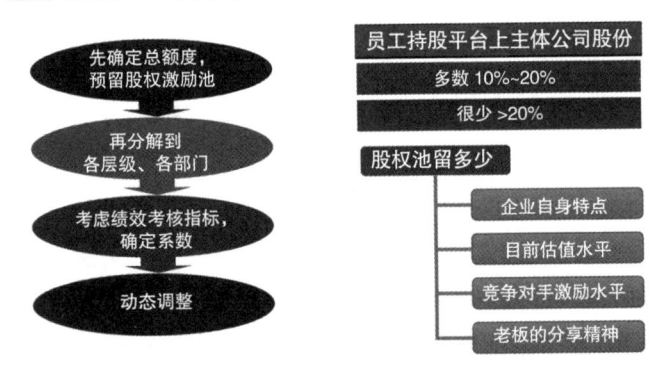

图6-6 给多少：流程与比例股权

关于股权池留多少的问题，要根据公司自身特点、目前估值水平、竞争对手激励水平、老板的分享精神来综合考量。一般而言，员工持股平台占主体公司股份，多数为10%～20%，很少大于20%的。

8. 第八问：时间

时间指的是在什么时候给，是一次性给完，还是分期分批授予？这需要根据公司的发展阶段，考虑构建的是利益共同体、命运共同体还是事业共同体，是短期激励、中期激励还是长期激励，激励对象是基层员工、中层员工还是高层员工，来综合确定。如图 6-7 所示。

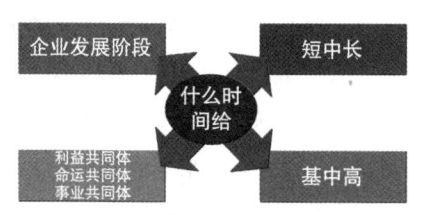

图6-7 股权激励什么时间给的考虑因素

6.2.3 第三步：考核机制

为了确保股权激励计划的有效性和公平性，公司需要建立考核调整机制。

9. 第九问：考核调整

考核调整有两个关键词：考核和调整。考核涉及组织绩效评价和个人绩效评价两个评价问题。同时，股权授予往往不会一步到位，在执行过程中发现的问题要进行动态调整，使其更符合公司的实际情况。

当下企业存在两难：赚钱难，分钱难。为什么会出现"分钱难"呢？这与我们的财务规范化和人力资源机制有关。财务都算不出来赚了多少钱，如何分钱？考核机制不成熟，绩效评价不合理，如何按贡献值分钱？有关个人绩效评价和组织绩效评价的关系及绩效 PDCA 循环，如图 6-8 所示。

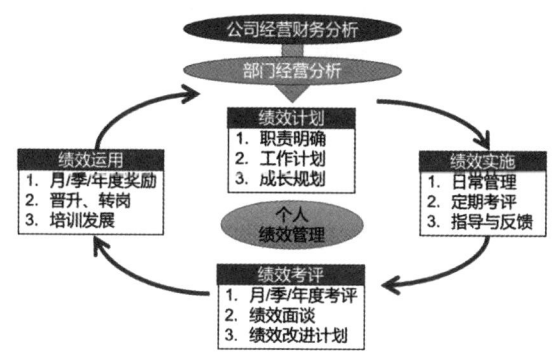

图6-8 个人绩效评价和组织绩效评价的关系及绩效PDCA循环

公司的人力资源部需要建立定性、定量、多维度的绩效考核指标体系，按"收益、效率、成长、安全"四个类别提炼 KPI 指标。建立了动态股权激励机制的公司，可以按各项 KPI 指标，对之前授予的和将要授予的股权进行动态调整。

6.2.4 第四步：退出机制

股权激励的退出机制对于员工和公司都非常重要。一个完善的退出机制可以保障员工的权益，确保公司的利益不受损害，有效地规避法律风险。

10. 第十问：如何退出

股权有进入就要有退出，这样才能形成一个良性的循环机制。股权退出的可能情形包括未离职退出、离职或离休退出、考核不达标退出、期满退出、违规退出、死亡退出、离婚退出、丧失行为能力退出等。出现这些退出情形时就要有合适的退出方案。股权退出的详细情形，参见"9.2.4 股权退出"。

员工股权分配，有一个重要原则：人在股在，人走股灭，股随岗走。也就是说，谁在这个岗位上，谁就拿这个岗位相对应的股份；你在这个岗位你就有，你不在就没有，你调整到其他岗位就拿其他岗位的股份；没有完成规定的业绩，哪怕之前授予了股份，也要调整甚至退出。这也是退出机制的形象化表述。如图 6-9 所示。

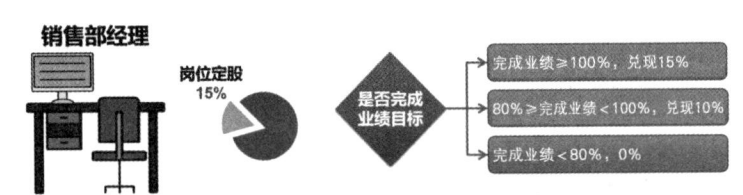

图6-9　身股：股随岗走

股权退出机制的核心是确定回购价格以及由谁回购，这一点特别重要，约定不明确很容易扯皮发生争议。退股时还要约定双方的责任，如退股后不能挖公司的墙角，不能同业竞争。

股权回购人一般是创始人或大股东。股权回购价格可以根据退出的各种情形来设定无偿回购、折价回购、原价回购、按当下估值回购、按净资产回购等。

比如，严重违反公司制度，贪污受贿、营私舞弊，给公司造成损失，泄露公司机密和关键数据，给公司造成重大损失，诋毁、诽谤公司，损害公司声誉，在职期间在外兼职，投资或创立与本公司具有竞争性的公司，严重违反国家法律法规，被追究刑事责任等损害公司利益的事，可约定无偿回购及要求其赔偿损失。若是自然人死亡时，其股份就可以设定由创始人回购，回购金额为该股东的股价当下估值或净资产份额。

6.2.5 如何应用"四步十问闭环法"

财博仕股权激励"四步十问闭环法"如何应用呢？笔者以主体公司和产业公司（二级公司）层面的股权激励为例，来说明应用"财博仕股权激励体系：

四步十问闭环法"的整体思考逻辑。

首先，我们思考要不要给。假设根据企业的发展阶段、行业竞争情况和高端人才既难招到也难以留住的现实状况，公司决定启动员工股权激励，要给股权。

接下来，面临一个决策问题：在哪个层面给股权？经董事会讨论研究，决定在主体公司和产业公司层面都给股权。由于激励对象众多，公司决定所有激励对象不以自然人身份直接在主体公司和产业公司持股，提前布局股权架构设计，在主体公司和产业公司层面各成立一家有限合伙企业，将激励对象全部装进来。

那么，哪些员工装进来作为本次股权激励的对象呢？经董事会研究确定，激励对象的条件和人员明确如下：在公司工作 3 年以上的正式员工，3 个年度平均绩效考核成绩都达到了 90 分，主体公司职能部门总监、产业公司负责人、职能部门的优秀员工、产业公司层核心团队和骨干员工。关于激励对象的条件和人员，先由总经办在集团发布通知，符合条件有意愿的员工可以向公司申请，最终激励名单需待董事会讨论通过。

进入机制明确了，接下来是如何分配的问题。先考虑股权作价和激励模式。按照前面第 4 章所讲的股权估值方法作价后，董事会研究确定，主体公司层面给期股，产业公司层面给干股。期股通过业绩考核成绩来享受分红和增值，启动上市计划时再转为实股，期股授权时不需要出资，行权时按行权价去出资。

再考虑如何分配的额度问题。额度包括总量和个量的确定。先确定总量。主体公司安排 10% 期股，产业公司安排干股 30%，再确定个量怎么去分配。个量根据岗位重要性和之前的贡献、之后的业绩来调整。董事会讨论确定，主体公司的职能部门总监、产业公司负责人共 6 人，这 6 人来分确定的期股总量 10%，产业公司的核心团队有 4 人，这 4 人来分确定的干股总量 30%。个量分配时，主体公司和产业公司的带头人分多一点，因为项目行不行，全靠带头人。

如何分配还有最后一个问题：激励时间。什么时间给股权呢？经研究，在公司 10 月底的年度经营计划会议上宣布启动股权激励，主体公司的期股设立锁定期，解锁期 3 年，每年解锁 1/3。产业公司的干股，当年 4 月底分红只发 70%，下年 4 月底再发 30%。

以上进入机制和分配机制确定了，最后是两个重要机制的设定：考核调整和退出机制。这些需要结合业务运营、绩效管理、财务管理，在股权激励协议、股权激励管理制度中去特别约定，本节从略。

6.3 股权激励的"进阶机制"

股权激励的"进阶机制",包括两个层面的进阶:公司不同发展阶段的股权激励,多层次多层级多模式的股权激励。

6.3.1 公司不同发展阶段的股权激励

股权激励方法不是孤立的,需要结合公司的发展阶段综合应用。一般而言,公司创业早期阶段,可以先"恋爱",采用超额分红、在职分红、虚拟股形式,之后条件成熟了再"同居",采用期权、期股、股份代持形式,最后再步入"结婚"阶段,采用实股形式。实股激励,也要切合公司发展阶段和激励对象而定。

公司不同发展阶段,股权激励策略因公司目标、规模和资源状况的差异而有所不同。

1. 初创期的虚拟分红。公司初创期,主要采用虚拟分红,用于激励创业团队,迅速把公司"做活"。公司初创期的管理、流程和制度建设可能尚未完善,公司的主要目标是生存和快速成长。创始人和联合创始人往往既是管理者也是大业务员,需要集中力量拉业务、产生现金流,并描绘公司发展愿景以增强员工信心。此时,公司通常没有明确的估值或估值较小,股权激励的方式通常是采用虚拟分红、股票期权或股票奖励计划,以吸引和留住优秀的人才。

2. 发展期的实股和超额分红。创业发展期,主要针对优秀业务人员及相关部门负责人的激励,采用实股和超额分红,把公司"做稳"。发展期,公司的目标是提高利润和占有市场份额。此时,公司的组织架构更加完善,业务规模也随之扩大,已经实现了相对稳定的盈利。公司通常已经有了一定的规模和估值,因此股权激励的方式通常是通过实股和超额分红以激励和留住核心员工和高管。公司可以设定利益目标,如果超额实现,实行超额奖励。比如,假设2023年净利润实现的是500万元,考虑自然增长逻辑,2024年能正常增长到700万元,实现了1000万元,则较700万元超出了300万元,超出的这部分拿出30%甚至50%做超额利润分红。

3. 扩张期的上下游激励。公司扩张期,主要针对分、子公司负责人和上下游供应链进行股权激励,把公司"做大"。扩张期,可以采取多种策略以促进公司与供应商和客户的深度合作，加强上下游合作伙伴的关系，形成紧密的供应链和客户群体，共同应对市场挑战。根据上下游合作伙伴对公司的贡献，以股权方式（最好通过有限合伙企业的形式将大部分上下游装进来）奖励给上下游。

4. 成熟期的股权置换。公司成熟期，可以进行重组，将分、子公司的股权和总部进行置换，把公司"做强"。成熟期，总部通常具有更强的资源整合能力和市场竞争力，资产增值空间更高，股权增值潜力更大。将分、子公司的股权和总部置换，有助于分、子公司打破与总部之间的业务壁垒，各级管理层与总部管理层的利益更加趋于一致，实现更紧密的业务整合与协同。

5. 上市资本期的期权激励。进入 IPO 上市资本期，主要实行按贡献比例分红，实行期权激励。上市资本期，公司的估值已经较高，股权的价值已经凸显，期权激励是吸引优秀人才和留住核心员工的有力工具。通过期权激励，激发员工的工作积极性，提升公司的业绩和估值后，将公司的估值与员工利益紧密联系在一起，员工在公司上市后可以通过行权获得可观的收益；对于公司而言，早期也无须支付大量现金，以节约现金流。

6.3.2 多层次多层级多模式的股权激励

多层次多层级多模式的股权激励，是指根据员工的职位职级和贡献度的大小，在不同层次的公司选择不同的股权激励模式。这个模式有两个特征：一是三个"多"，二是"进阶式"。多层次指公司层次，如业务公司、产业公司、主体公司；多层级指员工职位职级，如职员、经理、总监、总经理；多模式指激励的模式，比如虚拟股、超额利润分红、实股等。进阶式，指的是激励方式和激励公司层次逐步升级。如图 6-10 所示。

进阶式股权激励：多层次公司，多层级职位，多模式组合
——员工职业生涯规划与自我价值实现路径完美结合

层级	激励模式
主体公司	➢ 实股 ➢ 期股期权奖励
产业公司	➢ 超额+在职 ➢ 产业公司注册股 ➢ 主体公司期权期股
业务公司总经理	➢ 超额+在职 ➢ 业务公司注册股 ➢ 产业公司期权期股
总监	➢ 超额+在职 ➢ 业务公司期权期股
经理	➢ 超额+在职
职员	➢ 超额分红

图6-10　多层次多层级多模式的股权激励

比如一般职员，采取超额分红就行了，这个时候不需要考虑虚拟股、注册股。对经理级而言，可能在考虑超额利润分红之外，还要考虑在职分红的问题。对总监级而言，还要考虑注册股和期权期股。

进阶式股权激励，实现了员工职业生涯规划和自我价值实现路径的完美结合。一个员工从入职公司开始，不断升职是需要年限的。采用多层次多层级多模式的股权激励方式，对于员工而言，不仅有清晰的职业晋升通道，还可以通过员工自身的努力与贡献度得到相应的股权激励。对于公司而言，员工进入公司，就将员工的职业生涯和公司捆绑起来，有利于吸引和留住优秀人才。

第7章
分钱篇：股权治理

权力系统的布局一定要做到：
"权利、责任、利益、风险、能力"五平衡！

本章导读

"法治是最好的营商环境。"新公司法的修订,将为公司的所有股东创造更加公平合理的制度环境。

股权架构设计要考虑新公司法的变化。新公司法新增的横向穿透原则(第23条)、股东出资5年内实缴(第47条)、股东失权规则(第52条)、出资加速到期规则(第54条)、"影子董事、影子高管"条款(第192条)这五个条款,进一步强化了控股股东和实际控制人的责任,对股权架构设计思路及具体执行层面有重大影响,要引起老板的足够重视。对于老板而言,有限责任公司要真正只承担"有限责任",一定要规范公司治理、实现财税合规。

为何有些人合伙做生意,最后却不欢而散?为何很多企业内斗不止、纷争不断?为何不少企业的效益不错,却发展受限?为何企业做强做大后,创始人却发现没有话语权?为何企业上市了,创始人反而被踢出局了?这些现象的背后原因,就是企业的股权结构设计不合理,公司治理不规范或根本没有公司治理的意识导致的。

"无规矩不成方圆。"公司治理是公司能否健康有序、快速发展的基石。公司治理机制越合理,基础构思越全面,公司运营越健康,成长潜力越能发挥。公司治理体系设计的关键点在于,如何界定公司内"三会一层"(股东会、董事会、监事会、管理层)的权责利关系。

7.1 新公司法的主要修订内容

2023年底前公司制度的创新实践，存在大量的如大股东或实际控制人滥用股东权利、滥用公司的有限责任、小股东的权益很难保护等市场乱象。

有鉴于此，新公司法做了大量的修订，新增和修改了228个条文，其中实质性修改112个条文，是迄今规模最大的一次修订。此次修订是基于过去多年中国企业实践的经验和教训总结，对于优化营商环境、加强产权保护、促进资本市场健康发展、完善中国特色现代企业制度、推动经济高质量发展具有重要意义。

7.1.1 新公司法的核心变化点

新公司法完善了公司资本制度的规定、优化了公司组织机构的设置、强化了控股股东和经营管理人员的责任、完善了公司设立与退出制度、加强了对中小投资者以及债权人合法权益的保护，公司监督制衡、责任追究机制进一步完善，公司设立、退出机制更加灵活，将有效地降低公司运行成本，维护公司、股东、债权人的合法权益，为所有股东创造更加公平合理的制度环境。

与老板创业、找合伙人息息相关的新公司法核心变化点，基于实务，笔者概括为以下五点：实出资，慎转股，保弱势，连带赔，会开会。如图7-1所示。

图7-1 新公司法的核心变化

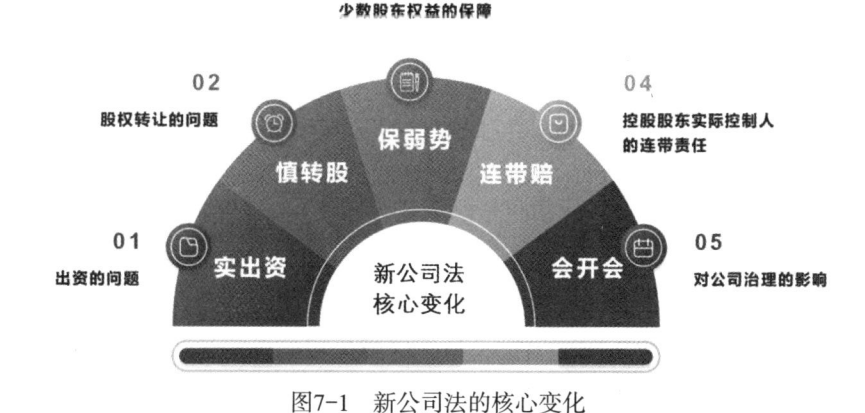

保弱势（少数股东权益保护的五个强化措施）、连带赔（股东、控股股东或

实际控制人的连带责任），涉及股东的权责利问题，内容很多，为避免重复，笔者在"7.3 股东与董监高的权责利"这一节详细介绍。

1. 实出资

出资问题，既涉及股权问题，也涉及财务管理问题。既涉及法律风险问题，也涉及税务规划问题。既是公司治理问题，也是公司运营管理问题。出资，是股权财税的核心和起点。以下只是对涉及出资的新公司法规定进行梳理，"9.2.1 股东出资"这一节，笔者再集中探讨股东出资实务中的常见问题。

在新公司法施行之前，注册资本从 2014 年开始施行的"认缴制"导致了很多"乱象"，大量公司是一个空壳。例如，天眼查信息显示，安徽玉龙地智慧餐饮有限公司，2015 年 7 月 1 日注册，注册资本为 50000.20 亿元（当时是 3 个腾讯的估值），截至 2024 年 12 月 3 日实收资本仍为零。一家海南公司将注册资本填写为手机号码，注册资本明显偏离企业的实际需要，不符合常识。

新公司法直接冲击了防火墙公司的风险隔离功能，强化了对公司资本真实性的监管，强调实际出资，出资要实，体现在如下几个方面。

（1）出资期限问题

新公司法实施的是"认缴+限期"即限期认缴制，出资责任更严格，明确股东认缴的出资额（包括公司设立阶段和增资环节）需自公司成立之日起 5 年内缴足。还配套规定了催缴出资、股东失权以及出资加速到期等规则。

新公司法第 51 条、第 52 条新增了催缴出资和股东失权规则。有限责任公司的股东未按照公司章程规定的出资日期缴纳出资，公司可以发出书面催缴书催缴出资。催缴书应当载明缴纳出资的宽限期（宽限期自公司发出催缴书之日起，不得少于 60 日）。宽限期届满，股东仍未履行出资义务的，公司经董事会决议可以向该股东发出书面失权通知。通知发出之日起，该股东丧失其未缴纳出资的股权。丧失的股权应当依法转让，或者相应减少注册资本并注销该股权；6 个月内未转让或者注销的，由公司其他股东按照其出资比例足额缴纳相应出资。股东对失权有异议的，应当自接到失权通知之日起 30 日内，向人民法院提起诉讼。如图 7-2 所示。

如果股东不按时出资，可能导致公司资金短缺，影响公司的正常运营。股东失权规则可以促使股东履行出资义务，保障公司的正常运转，避免因资金问题而延误项目、其他股东的权益受损，保护其他股东和公司债权人的利益，维护公司资本充实原则。另外，鉴于实践中很多股东总是拖拖拉拉不及时出资，出资的股东将其他不出资的股东踢出公司，又多了一个容易操作的办法。

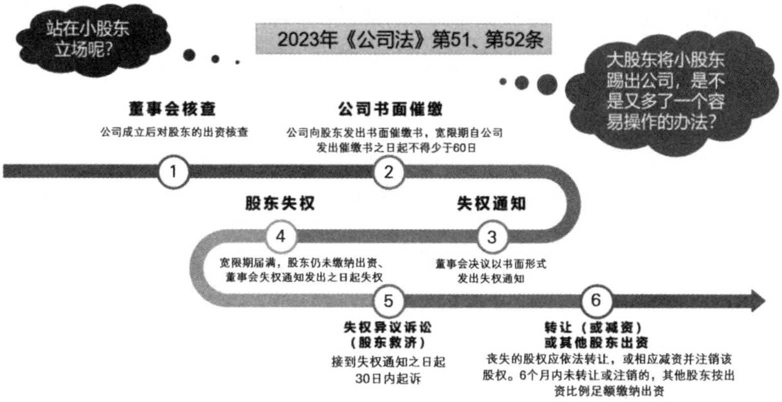

```
站在小股东           2023年《公司法》第51、52条          大股东将小股东
立场呢？                                              踢出公司，是不
                                                    是又多了一个容
         董事会核查              公司书面催缴           易操作的办法？
      公司成立后对股东的出资核查   公司向股东发出书面催缴书，
                              宽限期自公司
                              发出催缴书之日起不得少于60日
              ①                    ②
                股东失权              失权通知
                  ④                    ③
          宽限期届满，股东仍未缴纳出资、    董事会决议以以书面形式
          董事会失权通知发出之日起失权        发出失权通知
                              ⑤                    ⑥
                      失权异议诉讼            转让（或减资）
                       （股东救济）           或其他股东出资
                     接到失权通知之日起      丧失的股权应依法转让，或相应减资并注销该
                        30日内起诉         股权。6个月内未转让或注销的，其他股东按出
                                        资比例足额缴纳出资
```

图7-2　欠缴股东的催缴出资与股东失权

新公司法第54条规定（俗称"股东出资加速到期规则"），"公司不能清偿到期债务的，公司或者已到期债权的债权人有权要求已认缴出资但未届出资期限的股东提前缴纳出资"。这条规定有两层含义，原告既可以是债权人，也可以是公司。一是假如对方公司欠你钱不能还，他就享受不了5年出资的期限利益，你可以要求对方股东连1年都不用等了，现在就要提前出资还钱。如果还是不出资还钱，那就可以直接向法院起诉。当债权人作为原告时，债权人有权选择起诉众多的认缴股东中的一人或者多人。当被告仅为其中一名认缴股东时，该被告无权主张认缴出资占全体认缴比例承担责任。这样在其承担提前缴纳出资义务后，基于公司内部所建立的认缴出资协议及股权平等原则，其有权向其他认缴股东进行追偿。至于追偿的比例，公司章程有规定的，从其规定；公司章程没有规定的，按各自认缴的出资占全部认缴出资的比例分担。二是公司欠钱没钱还，公司也可以要求还没出资的股东提前出资。在公司作为原告提起的股东出资加速到期之诉中，即使公司只起诉其中一名认缴股东，或者公司经法院释明后仍拒绝追加其他认缴股东，被判决承担责任的认缴股东有权提出只按其认缴的出资比例承担提前缴纳出资。

（2）出资金额问题

初始出资问题。有限责任公司实行5年的限期认缴制，可以5年内分期出资。但股份有限公司的出资有特殊规定。股份有限公司发起人应当在公司成立前按照其认购的股份全额缴纳股款；以募集设立方式设立股份有限公司的，发起人认购的股份不得少于公司章程规定的公司设立时应发行股份总数的35%；

发起人认购的股份缴足前，不得向他人募集股份。

增资认缴问题。新公司法第 227 条规定，"有限责任公司增加注册资本时，股东在同等条件下有权优先按照实缴的出资比例认缴出资。但是，全体股东约定不按照出资比例优先认缴出资的除外。股份有限公司为增加注册资本发行新股时，股东不享有优先认购权，公司章程另有规定或者股东会决议决定股东享有优先认购权的除外"。新公司法第 228 条规定，"有限责任公司增加注册资本时，股东认缴新增资本的出资，依照本法设立有限责任公司缴纳出资的有关规定执行。股份有限公司为增加注册资本发行新股时，股东认购新股，依照本法设立股份有限公司缴纳股款的有关规定执行"。

（3）出资流程问题

出资流程涉及初始出资流程、增资认缴流程和减资流程。股东以货币出资的，应当将货币出资足额存入有限责任公司在银行开设的账户；以非货币财产出资的，应当依法办理其财产权的转移手续。

股东合伙注册成立公司时，初始出资应按照公司章程的规定缴纳。有限责任公司成立后，应当向股东签发经法定代表人签名并由公司盖章的出资证明书。股份有限公司向社会公开募集股份的股款缴足后，应当经依法设立的验资机构验资并出具证明。

增资减资都属于公司重大变更事项。增资、减资决议要注意表决权的比例规定。有限责任公司的增资减资决议需经代表三分之二以上表决权的股东通过，股份有限公司的增资减资决议需经出席会议的股东所持表决权的三分之二以上通过。虽然都是说的"三分之二"，但一个是代表的表决权比例，一个是出席会议的表决权比例，两者的基数不一样。同时，减资还要特别关注流程问题，流程不对，股东小心承担赔偿责任。新公司法第 224 条规定，"公司应当自股东会作出减少注册资本决议之日起 10 日内通知债权人，并于 30 日内在报纸上或者国家企业信用信息公示系统公告。债权人自接到通知之日起 30 日内，未接到通知的自公告之日起 45 日内，有权要求公司清偿债务或者提供相应的担保"。

（4）出资方式问题

2021 年 4 月出台的《市场主体登记管理条例》法规政策层面，已明确允许股权/债权出资。新公司法从法律层面进一步确认了股权/债权出资的合法性。新公司法第 48 条规定，股东可以用货币出资，也可以用实物、知识产权、土地使用权、股权、债权等可以用货币估价并可以依法转让的非货币财产作价出资。

2. 慎转股

慎转股的意思是股权转让要慎重。新公司法在股权转让方面有很多细致的规定，主要涉及两个方面：流程问题和连带责任问题。"慎转股"还涉及税法层面，也就是股权转让前就应做好股权架构设计，股权转让时要考虑哪种税负更低（此点笔者在"8.3 股权转让的税负"一节中将详细讲解）。

流程问题。有限责任公司股东向股东以外的人转让股权的，转让方股东负有通知其他股东的义务，同时应当书面通知公司以取得公司的配合，请求公司变更股东名册和向登记机关办理变更登记。公司拒绝或者在合理期限内不予答复的，转让人、受让人可以依法起诉公司。股份有限公司的股东转让其股份，一般在证券交易场所进行。公司公开发行股份前已发行的股份，自公司股票在证券交易所上市交易之日起一年内不得转让。股份在法律、行政法规规定的限制转让期限内出质的，质权人不得在限制转让期限内行使质权。

连带责任问题。新公司法第 88 条第一款规定，"受让人未按期足额缴纳出资的，转让人对受让人未按期缴纳的出资承担补充责任"。针对新公司法第 88 条第一款是否溯及适用，2024 年 12 月 24 日最高人民法院批复（法释〔2024〕15 号）规定，"2024 年 7 月 1 日起施行的《中华人民共和国公司法》第 88 条第一款仅适用于 2024 年 7 月 1 日之后发生的未届出资期限的股权转让行为。对于 2024 年 7 月 1 日之前股东未届出资期限转让股权引发的出资责任纠纷，人民法院应当根据原公司法等有关法律的规定精神公平公正处理"。第二款规定，转让人瑕疵出资（未按期缴纳或用非货币财产虚假出资或者低价出资）的股权转让的，转让人与受让人在出资不足范围内承担连带责任（受让人不知道且不应当知道瑕疵出资情形的除外）。

3. 会开会

此处的"会开会"涉及两层意思：一是"三会"如何布局的问题（详见"7.1.2 公司治理'三会一层'的修订要点"），二是指"三会"的会议召开程序和流程要符合公司法规定。

股东会会议时间与表决。有限责任公司召开股东会会议，应当于会议召开 15 日前通知全体股东（公司章程另有规定或者全体股东另有约定的除外），股东会由股东按照出资比例行使表决权（公司章程另有规定的除外），股东会做出决议应当经代表过半数表决权的股东通过。股份有限公司召开股东会会议，应当将会议召开的时间、地点和审议的事项于会议召开 20 日前通知各股东；临时股东会会议应当于会议召开15日前通知各股东。股东会不得对通知中未列明的事项做出决议，股东会做出决议应当经出席会议的股东所持表决权过半数通过。不管是有限责任公司还是股份有限公司，公司为公司股东或者实际控制人提供担保的，应当经股东会决议，且该股东或者实际控制人支配的股东不得参加表决，表决由出席会议的其他股东所持表决权的过半数通过。

董事会会议时间与表决。不管是有限责任公司还是股份有限公司，董事会会议应当有过半数的董事出席方可举行。董事会决议的表决，不是看谁的股份多少，是看人头，一人一票，经全体董事的过半数通过。股份有限公司的董事会规定每年度至少召开两次会议；有限责任公司的董事会会议次数没有明文规定（实践中可以随时召开）。

监事会会议时间与表决。监事会决议的表决，一人一票，经全体监事的过半数通过。但有限责任公司监事会每年度至少召开一次会议，股份有限公司监事会每6个月至少召开一次会议。

7.1.2 公司治理"三会一层"的修订要点

公司法是公司的合规治理指南，明确了治理合规必须遵守的一些规则，以及股东、董事、监事、高管等所有参与主体的基本权利义务和法定约束机制。

新公司法的修订亦体现了公司治理模式的变化，从过去的股东会中心主义转变为董事会中心主义，突出了董事会在公司治理中的地位和作用。新公司法对公司治理"三会一层"（股东会、董事会、监事会、高管层）的主要修订要点如下。有关股东、董监高的责任与义务，详见"7.3 股东与董监高的权责利"。

1. 股东会

名称统一。新公司法不再区别有限责任公司的股东会与股份有限公司的股东大会，统称"股东会"。

一人公司形式放宽。2018年公司法下一人公司的形式仅限于有限责任公司，而新公司法允许股份有限公司也可以由一人设立，且一人公司中由单一股东行使股东会权利。

临时提案权方面。新公司法将股份有限公司股东行使临时提案权对股东持股比例的要求从单独或合计持有3%以上下调到单独或合计持有1%以上，扩充了享有临时提案权的中小股东的范围，并且强制性地规定公司不得提高享有临时提案权的股东的持股比例要求，有利于提升部分中小股东通过临时提案参加股东会的积极性。

2. 董事会

成员人数。2018年公司法规定，有限责任公司董事会成员为3至13人，股份有限公司董事会成员为5至19人。新公司法规定，有限责任公司董事会成员为3人以上，其成员中可以有公司职工代表。职工人数三百人以上的有限责任公司，其董事会成员中应当有公司职工代表。此规定意味着没有职工代表董事的比例要求。

不设董事会情形。规模较小或者股东人数较少的有限责任公司和股份有限公司，都可以不设董事会，只设一名董事，董事可以兼任经理。

授权资本制。新公司法规定，公司章程或者股东会可以授权董事会在三年内决定发行不超过已发行股份50%的股份，但以非货币财产作价出资的应当经股东会决议。董事会依照前款规定决定发行股份导致公司注册资本、已发行股份数发生变化的，对公司章程该项记载事项的修改不需再由股东会表决。公司章程或者股东会授权董事会决定发行新股的，董事会决议应当经全体董事三分之二以上通过。以上规定赋予了董事会在一定条件下决定股份发行的权力，简化了公司增资的程序，提高了资本运作的效率。

特定情形公司合并事项决定权。新公司法规定，公司与其持股90%以上的公司合并，被合并的公司不需经股东会决议；公司合并支付的价款不超过本公司净资产10%的，可以不经股东会决议，但公司章程另有规定的除外。公司依照前两款规定合并不经股东会决议的，应当经董事会决议。此规定扩大了董事会在特定情形下公司合并事项的决定权，而2018年公司法中未明确此类情形下董事会的相关权力。

单层制&双层制治理模式。新公司法引入了单层制治理模式，除了传统的双层制（设有董事会和监事会）外，公司还可以选择单层制（只设董事会，不设监事会，董事会同时具有经营管理和监督职能）。这种改变丰富了公司治理结构的多样性，给予公司更大的自主权来选择适合自身的治理模式，以满足不同公司的实际需求，提高治理效率和灵活性。

3. 监事会

公司法实践中，初创公司监事岗位通常是由创始人找亲戚朋友挂名注册，早已形同虚设。新公司法，监事会的机构设置更加灵活，这些规定尊重了现实，降低了初创公司成本。

公司的监事会和监事不再是必设机构，其职能可由董事会下设的审计委员会行使。有限责任公司的审计委员会成员没有设置人数要求，股份公司的审计委员会成员为3名以上，且过半数成员不得在公司担任除董事以外的其他职务，不得与公司存在任何可能影响其独立客观判断的关系（即股份公司的审计委员会中外部董事应该过半数）。公司可以根据自身情况选择保留监事会或监事，也可以选择设置审计委员会，或者两者并存。

不过，股份公司的监事会/监事和审计委员会必须至少设其一，而有限责任公司规模较小/人数较少的，经全体股东一致同意，也可以不设监事，但审计委员会是可以设置的，这意味着允许存在既没有监事会/监事，也没有审计委员会的有限责任公司。

4. 经理

新公司法取消了经理职权的法定限制，只是规定"经理对董事会负责，根据公司章程的规定或者董事会的授权行使职权"。

经理有哪些职权，下放给公司章程和董事会决定。部分董事会的权力可以下放到经理层面，部分经理层面的权力也可以上收到董事会层面，公司根据自身实际管理需求进行安排。

5. 法定代表人

新公司法第10条规定，法定代表人按照公司章程的规定由代表公司执行公司事务的董事或者经理担任。这个规定明确了法定代表人有身份限制，不能随便拉一个人来当，必须由代表公司执行公司事务的董事或经理担任。实践中，有些公司的法定代表人往往"找一个人"来担任。找人担任法定代表人之前，您一定要明白：法定代表人执行职务的法律后果由公司来承担，这个人如何执行职务，您能不能控制住？公司法会穿透到实际控制人，找"代理"法定代表人逃避责任一样会追究行政责任、民事责任与刑事责任，逃避法律的监管和制裁在新公司法下更加不可能。

新公司法第11条规定，法定代表人以公司名义从事的民事活动及法律后果由公司承受。法定代表人因执行职务造成他人损害的，由公司承担民事责任。公司承担民事责任后，依照法律或者公司章程的规定，可以向有过错的法定代表人追偿。这条规定，明确了法定代表人的职务损害赔偿责任。

工商变更法定代表人不签字，怎么办？法定代表人与股东闹矛盾了，想换新的法定代表人，还得要原法定代表人签字？死循环怎么破？还得诉讼？新公司法第35条规定，公司变更法定代表人的，变更登记申请书由变更后的法定代表人签署。这个规定解决了实务中的一个痛点：实践中经常会发生法定代表人变更后，原法定代表人不配合公司签署变更登记文件的情形。

以上陈述的只是涉及公司治理方面的核心修订要点。还有一些修订内容，要结合本章的其他各节和新公司法条文去进一步理解。

7.1.3 上市公司治理方面的特别规定

上市公司是一种特殊类型的股份有限公司，其股票在证券交易所上市交易。上市公司在公司治理方面有一些特殊规定。

1. 股份代持

上市公司应当依法披露股东、实际控制人的信息，相关信息应当真实、准确、完整。禁止违反法律、行政法规的规定，代持上市公司股票。

2. 交叉持股

上市公司控股子公司不得取得该上市公司的股份。上市公司控股子公司因公司合并、质权行使等原因持有上市公司股份的，不得行使所持股份对应的表决权，并应当及时处分相关上市公司股份。此规定禁止上市公司控股子公司交叉持股，将保障公司内外部有效治理。

3. 股份收购

上市公司收购本公司股份，将股份用于员工持股计划或者股权激励、转换公司发行的可转换为股票的公司债券、为维护公司价值及股东权益所必需，这三种情形应当通过公开的集中交易方式进行。

4. 上市公司章程

上市公司的公司章程除载明股份有限公司章程的一般规定外，还应当依照法律、行政法规的规定载明董事会专门委员会的组成、职权以及董事、监事、高级管理人员薪酬考核机制等事项。

此外，上市公司在公司其他治理方面如独立董事、董事会秘书、董事会下设专门委员会、股份转让等方面，还有一些特殊规定。

7.2 公司治理的布局与章程协议

权力系统的布局一定要做到"权利、责任、利益、风险、能力"五平衡，公司治理的"三会一层"布局是实现"产权利平衡稳定"的重要手段。

7.2.1 公司治理的基本原则

1. 股权明晰。公司应确保股东的股权权属清晰明确，避免股权纠纷对公司治理造成干扰。

2. 权利平等。所有股东包括中小股东，不论其持股比例大小，在公司治理中享有平等的基本权利，如知情权、表决权等。少数股东权益受到大股东侵犯时，可通过法律途径维护自身权益。

3. 权力制衡。公司的决策权、执行权和监督权应相互分离、相互制衡，内部监督机制要有效独立。为避免权力过度集中，一些公司可能会限制董事会成员和管理层之间的交叉任职，如董事长和总经理不由同一人担任。

4. 客观独立。董事会应保持一定的独立性，审计委员会等专业委员会也应独立行使职权，独立董事应独立于公司的管理层。

5. 责任追究。公司应明确责任主体，当出现问题或者未能达到预期目标时，相关责任人应承担包括赔偿和罚款的责任。董事会对公司的战略决策、管理层的监督等方面承担相应的责任，管理层对股东和其他利益相关者负有责任。

7.2.2 公司治理如何布局

公司治理系统是一个复杂且多维度的体系，利益相关者涉及创始人、股东、员工、渠道、客户。公司治理就是围绕这些利益相关者的"产权利"进行的布局安排，旨在确保公司高效、公平的运营，同时保护各利益相关者的权益。产，即所有权问题。公司属股东所有，股东的资产或股份要在安全的同时实现增值。权，即控制权，就是股东会、董事会、日常经营管理三个层面的权力如何安排，股权如何布局和统筹，如何各司其职。利，即收益权，就是如何利他聚人，如何安排一套机制激励大家共创共享共赢。产权利三者的关系要平衡稳定。

公司治理问题，简单而言，就是一个决策问题。公司的决策又有层级和权限。公司治理无非围绕决策的层级和权限，解决前瞻性决策和执行性落地的关系这个核心点去布局。前瞻性决策一般由股东会或董事会决定，执行性政策一般由经理层执行落地。公司治理的实质就是通过资本设定来维护所有股东的权益，最终体现为"三会一层"的权力结构安排问题。

1. 如何通过资本设定维护所有股东的权益

公司既有大股东也有占股较小的小股东，二者的权益往往不同。大股东持有公司较多的股份，在公司中通常拥有更高的话语权和控制权，可以影响公司的重大决策，如召集股东会、提出议案、选择管理者、参与公司经营管理、决定资产分配方案等。小股东持有较少的股份，在公司中的决策权较小，但仍然享有基本的股东权利，如投票权、分红权等。此外，公司章程和其他相关法律法规也可能对大小股东权益的实现产生影响。

实践中，公司治理结构应该合理安排，通过资本设定来确保大小股东的权益平衡，所有股东的权益得到保护，以确保公司的稳定发展。如何通过资本设定来维护所有股东的权益呢？

（1）公司需要明确注册资本，并确保所有股东按照约定出资。注册资本是公司运营的基础，也是股东权益的保障。

（2）公司在存续过程中，应经常保持与其资本额相当的财产，确保公司的资本稳定。包括在亏损时先行弥补、提取法定公积金、无利润不得分配股利等。

（3）设立合理的股权结构。公司应根据股东的出资比例、贡献等因素，合理分配股权，确保股东之间的权益平衡，避免大股东对小股东权益的侵害。

（4）公司应定期向股东披露财务报告、经营情况等重要信息，确保股东对公司的运营情况有充分的了解。这有助于股东行使监督权，保护自身权益。

（5）公司可以建立股东权益保护机制，如设立独立董事、监事会等机构，对公司的经营决策进行监督，确保公司决策符合股东利益。同时，公司还可以制定相关制度和规定，明确股东权益的保护措施和救济途径。

（6）公司可以通过公司章程、股东协议等方式，对大股东的权利进行限制，防止大股东滥用权力。例如，可以设置表决权限制、关联交易限制等，确保大股东在行使权力时不会损害小股东的利益。

（7）公司可以通过设立股东大会、股东代表制度等方式，鼓励小股东积极参与公司治理，参与公司决策过程，提高他们的参与度和话语权。

2. "三会一层"的权力结构安排

股东会是公司的权力机构，负责选举和更换董事监事，审议批准董事会和监事会的报告，审议批准公司的利润分配方案和弥补亏损方案，变更公司形式、增资、减资、修改公司章程等。

董事会负责召集股东会会议，向股东会报告工作，执行股东会的决议，负责公司的经营决策，如决定公司的经营计划和投资方案、决定公司内部管理机构的设置、聘任或解聘公司高级管理人员、考核高层管理班子等，一般不直接参与日常经营管理。

监事会负责独立地行使监督权，监督董事会和管理层的行为，对董事和高级管理人员的违规行为及时发现并提出纠正意见，确保权力不被滥用。

高管层将股东会和董事会前瞻性方向性决策执行落地，其决策也可以称之为运营性决策。高管团队落实股东会和董事会的决策，接受董事会和监事会的监督，负责如产品、市场、流程、技术平台、人员、业绩等运营的实时把控。高管层在经营管理中若出现决策失误、违规操作等问题，应根据具体情况承担责任。

公司治理的"三会一层"布局是实现"产权利"平衡稳定的重要手段。这些布局安排，股东之间要商讨，股东之间的商讨就涉及股东合作协议的问题。股东合作协议的主要意志通过公司章程来体现。有关股东合作协议及公司章程的制定，以下专项详述。

7.2.3 拟定股东合作协议

股东的基本信息、股权比例与出资方式、股东之间合作的条件、公司治理、运营管理、利润分配、股权转让与退出机制、争议解决机制，甚至股权的动态调整机制等，不能只是口头约定，口头约定是说不清楚这么复杂的股权安排的，一定要通过股东合作协议（或股权投资合同、投资协议等）来加以明确。股东合作协议的核心就是约定好股东的权、责、利三件事。

1. 权利方面

股东按照其持有的股份比例享有公司的资产收益、参与重大决策和选择管理者等权利。股东有权了解公司的经营状况和财务状况，包括查阅公司章程、股东会会议记录、董事会会议决议、监事会会议决议和财务会计报告等。股东有权在股东会上就公司的重大事项进行表决，如选举董事、监事，审议公司的经营计划和投资方案等，有权按照法律和公司章程的规定转让其持有的股份。在某些情况下，股东可能享有优先购买权、优先分红权等优先权。

2. 责任方面

股东应当遵守公司章程、法律法规和公司股东会、董事会的决议，不得损害公司和其他股东的合法权益。股东应当按照公司章程的规定足额缴纳所认缴的出资额，不得抽逃出资。股东应当保守公司的商业秘密和机密信息，不得泄露给任何第三方。股东不得滥用其权利损害公司或其他股东的利益，如不得恶意串通、损害公司利益等。

3. 利益方面

股东有权按照其持有的股份比例享有公司的利润分配。在公司清算时，股东有权按照其持有的股份比例分配公司的剩余财产。随着公司的发展和壮大，股东所持有的股份可能会增值，从而获得更高的投资回报。如前所述，股东可能享有的优先购买权、优先分红权等优先权，也会为股东带来利益。

需要注意的是，以上内容仅为股东协议中可能约定的权责利的一般性描述，具体条款应根据公司的实际情况和股东的需求进行定制。风投机构的股权投资合同往往设计的特别复杂，约定的特别详细，长达40页甚至50页。一般企业的股东合作协议，至少要考虑到上述权责利内容，在股东合作协议中做出约定。同时，股东协议应当遵循法律法规的规定，确保合法性和有效性。

7.2.4 制定公司章程

1. 公司章程的地位

公司章程是公司的"宪法"，规定了公司的治理结构、组织结构、股东权利义务等方面的内容，是公司设立的最基本法律文件，是明确股东之间权利义务关系和公司对外经营交往的基本依据，是最主要的解决股权纠纷问题的证据。

公司章程可以比法律规定更严格，针对"三会一层"的权力和责任做个性化规定，比如可以将董事会的一些权力下放到高管层，或者将高管的某些权力上收到董事会甚至股东会。在不违背公司法强制性规定的前提下，优先适用公司章程。只有公司章程没有规定的部分，才适用公司法。

2. 需要全体股东"一致决"的事项

新公司法规定了需要全体股东"一致决"的八类事项。如表7-1所示。

表7-1 全体股东"一致决"的八类事项

事项	条款	内容
章程制定	第45条	设立有限责任公司，应当由股东共同制定公司章程
	第94条	设立股份有限公司，应当由发起人共同制定公司章程
有限公司股权会职权	第59条	对本条第一款所列事项股东以书面形式一致表示同意的，可以不召开股东会会议，直接作出决定，并由全体股东在决定文件上签名或者盖章

续表

事项	条款	内容
有限公司股东会会议	第64条	召开股东会会议，应当于会议召开十五日前通知全体股东；但是，公司章程另有规定或者全体股东另有约定的除外
有限公司不设监事	第83条	规模较小或者股东人数较少的有限责任公司，可以不设监事会，设一名监事，行使本法规定的监事会的职权；经全体股东一致同意，也可以不设监事
定向分红	第210条	公司弥补亏损和提取公积金后所余税后利润，有限责任公司按照股东实缴的出资比例分配利润，全体股东约定不按照出资比例分配利润的除外；股份有限公司按照股东所持有的股份比例分配利润，公司章程另有规定的除外
定向减资	第224条	公司减少注册资本，应当按照股东出资或者持有股份的比例相应减少出资额或者股份，法律另有规定、有限责任公司全体股东另有约定或者股份有限公司章程另有规定的除外
定向增资	第227条	有限责任公司增加注册资本时，股东在同等条件下有权优先按照实缴的出资比例认缴出资。但是，全体股东约定不按照出资比例优先认缴出资的除外 股份有限公司为增加注册资本发行新股时，股东不享有优先认购权，公司章程另有规定或者股东会决议决定股东享有优先认购权的除外
简易注销	第240条	公司在存续期间未产生债务，或者已清偿全部债务的，经全体股东承诺，可以按照规定通过简易程序注销公司登记

另外，需要全体股东"一致决"的，还有2个事项体现在新公司法颁布之前的司法解释或法院判例中。

（1）关于同业竞争的司法解释。2017年8月25日，最高人民法院关于适用《中华人民共和国公司法》若干问题的规定（四）第八条规定，"股东自营或者为他人经营与公司主营业务有实质性竞争关系业务的，但公司章程另有规定或者全体股东另有约定的除外"。

（2）关于修改股东出资期限的法院判例。（201（9）沪02民终8024号判决认为：股东的出资期限利益，是公司资本认缴制的核心，系公司各股东的法定权利，如允许公司股东会以多数决的方式决议修改出资期限，则占资本多数的股东可随时随意修改出资期限，从而剥夺其他中小股东的合法权益。如有法律规定的情形需要各股东提前出资或加速到期，系源于法律规定，而不能以资本多数决的方式，以多数股东意志变更各股东之间形成的一致意思表示。

3.公司章程的自行约定

公司法条款如有"由公司章程规定""按照公司章程的规定""依照法律或

者公司章程的规定""公司章程另有规定的除外"等字眼的，都是公司章程可以自行约定的。新公司法中带有以上字眼、可以自行约定的条款共63条（并不是说公司章程只有这些条款才可自行约定），笔者罗列如下（加下画线的9条要特别重视），见表7-2。具体内容大家结合新公司法条款去学习。

表7-2　新公司法可自行约定的63个条款

第9条	第10条	第11条	第15条	第24条	第27条	第47条	第49条	第50条
第51条	第52条	第59条	第62条	第64条	第65条	第66条	第67条	第68条
第69条	第70条	第73条	第74条	第76条	第77条	第78条	第81条	第84条
第88条	第89条	第90条	第97条	第103条	第110条	第113条	第115条	第117条
第121条	第126条	第130条	第132条	第142条	第144条	第146条	第152条	第157条
第160条	第161条	第162条	第167条	第182条	第183条	第184条	第188条	第190条
第202条	第209条	第210条	第215条	第219条	第224条	第227条	第229条	第232条

制定公司章程时，要充分注意上述可以自行约定条款的合理运用。例如，有限公司的股东表决权设置，新公司法第65条规定："股东会会议由股东按照出资比例行使表决权；但是，公司章程另有规定的除外"。制定公司章程时，就要根据公司的实际情况，进一步明确是按实缴出资比例、认缴出资比例还是其他约定方式来表决。利润分配时也要明确是按实缴出资比例还是认缴出资比例分配，否则股东之间极易产生矛盾与分配不公的现象。

4. 制定公司章程的注意事项

制定公司章程时，要谨慎直接使用市场监督管理局的模板。笔者常讲，除非公司没有找合伙人，不涉及股权融资，只有自己一个股东，否则千万不要直接使用市场监督管理局的章程模板。市场监督管理局的章程模板，导向是"出多少钱，占多少股"，是一种静态股权分配观，重视存量价值保护，适用于劳动密集型和资本密集型组织。

修改章程模板时，应新增一些股东之间的个性化约定，要有"动态股权观"（笔者在3.3.5节阐述过"如何建立动态股权激励机制"这一问题），股权设计及分配要导向"贡献多少价值，分配多少股权"，以奋斗者为本，重视增量价值创造。

股权如何退出以及股东失权规则的制定，是公司章程制定的核心内容之一。详见"9.2.4 股权退出"。

具体章程的修改可以参考本书其他各章节的内容，或直接找您的咨询顾问做专业化个性化的章程定制。

7.3 股东与董监高的权责利

股东既然有权利，就必须承担相应的责任，股东权责利要对等。董事、监事、高管需要勤勉尽责，否则也可能会承担赔偿或罚款责任。有关股东的行政责任、刑事责任，为免重复，笔者在"9.7 公司治理相关的股权风险"一节专项探讨。

7.3.1 股东的六大核心权利

在日常工作和生活中，经常会遇到朋友说自己是某一公司的股东，公司成立之初投了钱，但是不了解公司的经营情况，几年下来也没有任何收益，对自己作为股东拥有什么权利一无所知。更糟糕的是，自己想通过法律途径维护权益时，才知道自己根本不是什么股东，而是"借钱给公司"的债权人而已。

那么，作为股东有哪些核心权利呢？

1. 身份权。这是指股东基于其出资而取得的公司股东资格，是股东权利存在的基础。股东身份权主要包括姓名、名称记载权，股份转让权、股份出质权和剩余财产分配请求权等。股东有权向第三方出售或转让自己所持有的股份，这是股东实现投资回报和退出公司的一种途径。

2. 知情权。股东有权查阅、复制公司章程、股东名册、股东会会议记录、董事会会议决议、监事会会议决议和财务会计报告等，以了解公司的经营情况和财务状况。2018 年公司法规定股东有权查阅、复制财务会计报告，可要求查阅公司会计账簿，但未提及会计凭证。新公司法新增规定，股东可以要求查阅公司会计凭证。股东要求查阅公司会计账簿、会计凭证的，需向公司提出书面请求并说明目的，公司若认为股东查阅有不正当目的且可能损害公司合法利益，可拒绝提供查阅，并应在股东提出书面请求之日起 15 日内书面答复并说明理由，股东对公司拒绝查阅的决定不服，可向法院提起诉讼。

3. 表决权。表决权是股东参与公司重大决策的权利，如选举董事、表决合并和收购、审批利润分配方案、决定公司的重大经营事项等。如果不做特定的设计，表决权通常与股东持有的股份数量成正比，即一股一票。如果只有一个股东，表决权就是 100%。当股东是多个的时候，人人表决，就需要有人拍板决策（决策权往往掌握在大股东手上）。跟决策权相关的权利，是股东最为核心的权利。同时，决策权可以和经营权脱离，也可以不脱离。比如资金股股东，不参与公司经营管理，那就不需要经营权，只需要资产的收益权和表决权。

4. 经营权。虽然股东是公司的所有者，但日常的经营活动通常由董事会或高管层来执行。然而，股东可以通过选举董事会成员、执行董事或董事长来间接影响公司的经营。在某些情况下，如股东持有较大比例的股份或公司章程有特别规定，股东可能直接参与公司的经营管理。

5. 资产收益权。股东有权按照实缴的出资比例或者公司章程规定的其他方式分取红利，分红的金额和方式通常由公司股东会根据公司盈利情况决定。公司解散清算后，股东还有权按照出资比例或者公司章程的规定分配剩余财产。新公司法新增规定，股东会作出分配利润的决议的，董事会应当在股东会决议作出之日起6个月内进行分配。同时，公司章程或股东会决议可以对利润分配时间作出限制性约定，但不得超过6个月的法定期间。

6. 决策权。决策权是股东参与公司重大决策的权利，如修改公司章程、增加或减少注册资本、合并或分立等。这些决策通常需要经过股东会的特别决议，即需要达到一定比例的股东同意才能通过。股东有权监督公司的经营行为，确保公司管理层遵守法律法规、行使职责，保护股东的利益。

此外，根据公司法和公司章程的规定，股东还享有其他权利，如被选举为董事或监事的权利、提请法院撤销股东会、董事会决议的权利等。这些权利的具体内容和行使方式因公司类型和章程规定而有所不同。

创始人在公司引入合伙人时，要结合上面所述的股东六项权利，全面评估，提前做好相应的控制权设计工作（具体参见7.4控制权设计的三个层面）。作为投资人，也要详细了解股东所具有的各项权利，通过股东合作协议或章程条款保护自身权益。

7.3.2 连带赔：股东、控股股东或实际控制人的连带责任

近年来，公司法的创新实践存在大量的乱象，比如成立所谓的"防火墙"，将自身资产或利润转移到其他关联企业或个人名下，逃避债务责任。这种做法严重干扰了市场经济运行的秩序。

新公司法针对类似"防火墙"公司这种市场乱象，规定了股东、控股股东或实际控制人承担连带责任的很多情形。

1. 股东连带责任的一般规定

股东连带责任的一般规定，见表7-3。

表7-3 股东连带责任的一般规定

责任项	条款	内容
滥用股东权利	第21条	公司股东应当遵守法律、行政法规和公司章程，依法行使股东权利，不得滥用股东权利损害公司或者其他股东的利益。 公司股东滥用股东权利给公司或者其他股东造成损失的，应当承担赔偿责任
公司设立	第44条	有限责任公司设立时的股东为设立公司从事的民事活动，其法律后果由公司承受。 公司未成立的，其法律后果由公司设立时的股东承受；设立时的股东为二人以上的，享有连带债权，承担连带债务。 设立时的股东为设立公司以自己的名义从事民事活动产生的民事责任，第三人有权选择请求公司或者公司设立时的股东承担。 设立时的股东因履行公司设立职责造成他人损害的，公司或者无过错的股东承担赔偿责任后，可以向有过错的股东追偿
按期出资	第49条	股东应当按期足额缴纳公司章程规定的各自所认缴的出资额。 股东以货币出资的，应当将货币出资足额存入有限责任公司在银行开设的账户；以非货币财产出资的，应当依法办理其财产权的转移手续。 股东未按期足额缴纳出资的，除应当向公司足额缴纳外，还应当对给公司造成的损失承担赔偿责任
出资不足	第50条	有限责任公司设立时，股东未按照公司章程规定实际缴纳出资，或者实际出资的非货币财产的实际价额显著低于所认缴的出资额的，设立时的其他股东与该股东在出资不足的范围内承担连带责任
抽逃出资	第53条	公司成立后，股东不得抽逃出资。 违反前款规定的，股东应当返还抽逃的出资；给公司造成损失的，负有责任的董事、监事、高级管理人员应当与该股东承担连带赔偿责任
转让出资	第88条	股东转让已认缴出资但未届出资期限的股权的，由受让人承担缴纳该出资的义务；受让人未按期足额缴纳出资的，转让人对受让人未按期缴纳的出资承担补充责任。 未按照公司章程规定的出资日期缴纳出资或者作为出资的非货币财产的实际价额显著低于所认缴的出资额的股东转让股权的，转让人与受让人在出资不足的范围内承担连带责任；受让人不知道且不应当知道存在上述情形的，由转让人承担责任

续表

责任项	条款	内容
发起人出资	第99条	发起人不按照其认购的股份缴纳股款，或者作为出资的非货币财产的实际价额显著低于所认购的股份的，其他发起人与该发起人在出资不足的范围内承担连带责任
公司分立	第223条	公司分立前的债务由分立后的公司承担连带责任。但是，公司在分立前与债权人就债务清偿达成的书面协议另有约定的除外
违法减资	第226条	违反本法规定减少注册资本的，股东应当退还其收到的资金，减免股东出资的应当恢复原状；给公司造成损失的，股东及负有责任的董事、监事、高级管理人员应当承担赔偿责任
违法注销	第240条	公司在存续期间未产生债务，或者已清偿全部债务的，经全体股东承诺，可以按照规定通过简易程序注销公司登记。 通过简易程序注销公司登记，应当通过国家企业信用信息公示系统予以公告，公告期限不少于二十日。公告期限届满后，未有异议的，公司可以在二十日内向公司登记机关申请注销公司登记。 公司通过简易程序注销公司登记，股东对本条第一款规定的内容承诺不实的，应当对注销登记前的债务承担连带责任

2. 控股股东或实际控制人的连带责任特别规定

新公司法针对控股股东或实际控制人压实了其责任，新增了横向法人人格否认制度和只有一个股东公司的举证责任倒置规则（第23条）、"影子董事、影子高管"条款（第192条）、控股股东滥用股东权利时的股权收购条款（第89条第四款）。前两者体现了控股股东或实际控制人的侵权责任。

控股股东或实际控制人的连带责任特别规定，详见表7-4。

表7-4 控股股东或实际控制人的连带责任特别规定

责任项	条款	内容
关联关系	第22条	公司的控股股东、实际控制人、董事、监事、高级管理人员不得利用关联关系损害公司利益。 违反前款规定，给公司造成损失的，应当承担赔偿责任
人格否认	第23条	公司股东滥用公司法人独立地位和股东有限责任，逃避债务，严重损害公司债权人利益的，应当对公司债务承担连带责任。 股东利用其控制的两个以上公司实施前款规定行为的，各公司应当对任一公司的债务承担连带责任。 只有一个股东的公司，股东不能证明公司财产独立于股东自己的财产的，应当对公司债务承担连带责任
股权收购	第89条第四款	公司的控股股东滥用股东权利，严重损害公司或者其他股东利益的，其他股东有权请求公司按照合理的价格收购其股权

续表

责任项	条款	内容
影子董事、影子高管	第192条	公司的控股股东、实际控制人指示董事、高级管理人员从事损害公司或者股东利益的行为的，该董事、高级管理人员承担连带责任

（1）新公司法第22条和第23条第一款的内容，在2018年公司法中就存在，但新增了第23条第二款的横向法人人格否认制度（横向穿透原则），即"股东利用其控制的两个以上公司"滥用公司法人独立地位和股东有限责任的相关规则，以横向人格否认制度回应实务中股东经常逃避债务的行为。

如果股东成立两家或两家以上公司，通过防火墙公司结构，不公平交易或逃避债务来损害公司利益，股东控制的所有相关公司都需要共同承担还债责任。也就是说，本来有限公司应该承担有限责任的，现在并非如此，现在股东逃避债务的多家公司要承担连带责任。这就对股东提出了要求，公司与公司之间要独立，如果不合规不独立搅在一起，大股东通过操纵或利益转移，侵害小股东利益，就是权利滥用，股东权利滥用就需要承担连带责任。因此，成立所谓的防火墙公司，不再无条件地能提供风险隔离功能，股东必须更加审慎地管理公司资本和债务，强化公司治理和财务合规。

（2）新公司法删除了原2018年公司法中关于"一人有限责任公司的特别规定"这一节（包括"一人有限责任公司应当在每一会计年度终了时编制财务会计报告，并经会计师事务所审计"的规定），第23条第三款增加了一人公司的举证责任倒置规则。即：只有一个股东的公司，股东你要自己证明公司财产与你股东自己的财产独立，你自己证明不了的，你就应当对公司债务承担连带责任。这就解决了实务中举证责任的难题。

为什么新公司法不对"一人有限公司"设置专节来规定了呢？因为，"只有一个股东的公司"已经涵盖了"一人有限责任公司"的表述且外延更广，股份有限公司也可以只有一个股东。

（3）"影子董事、影子高管"条款。新公司法第192条，被业内称为"影子董事、影子高管"条款。如果公司的控股股东、实际控制人虽然不是董事、高级管理人员，但其在幕后操纵，指示董事、高级管理人员从事损害公司或者股东利益行为的，控股股东、实际控制人与该董事、高级管理人员承担连带责任。

这个条款极其有针对性，控股股东或实际控制人想通过操纵台面上的人来逃避责任不可能了，新公司法将这种可能性排除了，不规范的操作别想了。

（4）控股股东滥用股东权利时的股权收购。有限公司股东退出转让渠道十分狭窄，过往规定股东退出事由也较难实现，小股东退出极难，想打官司也不是一朝一夕能够实现的。比如公司连续五年不分红条款，只要公司在第五年进行少量分红即可轻松规避。

新公司法第89条第四款关于控股股东压制情形的引入，压实了控股股东的责任，给中小股东退出提供了新的渠道，对保护中小股东利益及完善公司退出机制具有重大意义。小股东如果发现大股东滥用权利，可以援引第89条规定，请求公司按照合理的价格收购其股权。

以上关于控股股东或实际控制人连带责任的规定，穿透到实际控制人。因此，控股股东或实际控制人要避免连带赔偿责任，必须合法经营、慎用权力、财务规范、勤勉敬业。

3."九民纪要"关于滥用行为的认定

新公司法规定的股东、控股股东或实际控制人承担连带责任的情形中，反复出现了一个词"滥用"。

什么情形属于"滥用"？可以参考2019年11月8日最高人民法院印发的《全国法院民商事审判工作会议纪要》（法〔2019〕254号，俗称"九民纪要"）。"九民纪要"是最高人民法院为统一裁判思路、规范自由裁量权发布的规范性文件，虽不是司法解释不能直接援引，但在裁判时可以适用。

常见滥用情形包括：人格混同（包括人员混同，业务混同，财产混同，且无法区分）、过度支配与控制、资本显著不足。

（1）人格混同

认定公司人格与股东人格是否存在混同，最根本的判断标准是公司是否具有独立意思和独立财产，最主要的表现是公司的财产与股东的财产是否混同且无法区分。常见情形有：

- 股东无偿使用公司资金或者财产，不作财务记载。
- 股东用公司的资金偿还股东的债务，或者将公司的资金供关联公司无偿使用，不作财务记载。
- 公司账簿与股东账簿不分，致使公司财产与股东财产无法区分。
- 股东自身收益与公司盈利不加区分，致使双方利益不清。
- 公司的财产记载于股东名下，由股东占有、使用。
- 其他混同情形的性质。

在出现人格混同的情况下，往往同时出现公司业务和股东业务混同、公司员工与股东员工混同（特别是财务人员混同）、公司住所与股东住所混同等情况。但人民法院在审理案件时，关键要审查是否构成人格混同，而不要求同时具备其他方面的混同，其他方面的混同往往只是人格混同的补强。

（2）过度支配与控制

公司控制股东对公司过度支配与控制、操纵公司的决策过程，使公司完全丧失独立性，沦为控制股东的工具，严重损害公司债权人利益。常见情形有：

- 母子公司、子公司之间进行利益输送。
- 母子公司、子公司之间进行交易，收益归一方，损失却由另一方承担。
- 先从原公司抽走资金，然后再成立经营目的相同或者类似的公司，逃避原公司债务。
- 先解散公司，再以原公司场所、设备、人员及相同或者相似的经营目的另设公司，逃避原公司债务。
- 过度支配与控制的其他情形。除了上述列举的情形外，如果控制股东或实际控制人控制多个子公司或者关联公司，滥用控制权使多个子公司或者关联公司财产边界不清、财务混同、利益相互输送，丧失人格独立性，沦为控制股东逃避债务、非法经营甚至违法犯罪的工具，也可以认定为过度支配与控制。

（3）资本显著不足

指控股股东恶意利用公司独立人格和股东有限责任把投资风险转嫁给债权人。

公司设立后在经营过程中，股东实际投入公司的资本数额与公司经营所隐含的风险相比明显不匹配。股东利用较少资本从事力所不及的经营，表明其没有从事公司经营的诚意，实质是恶意利用公司人格和股东有限责任把风险转嫁给债权人。需要注意的是，在判断资本是否显著不足时，要综合考虑公司的经营规模、业务性质、行业特点等因素。

4. 实务中如何收集证据证明公司存在人格混同

实务中可以从人员、业务、财务等方面收集证据证明公司存在人格混同。

（1）人员混同方面的证据

高管人员任职文件与会议记录证据。收集公司内部的任命书、董事会决议等文件，证明两家或多家公司的董事、监事、高级管理人员存在相互兼任人员混同的情况。公司的股东会、董事会会议记录如果显示相同的人员参与了多家公司的决策过程，也可以作为人员混同的证据。

员工劳动合同与社保缴纳记录。若发现员工同时与多家公司签订劳动合同，或者虽只与一家公司签订合同，但实际为多家公司工作，可证明人员混同。社保缴纳信息显示多家公司为同一批人员缴纳社保，或者存在公司之间代为缴纳社保的情况，可能说明公司人员关系混乱，存在人员混同的可能。

员工通信录、工作邮件及工作记录。公司的内部通信录中显示相同的人员出现在多家公司的名单中，或者员工在工作中使用的通信方式（如电话号码、电子邮箱等）同时用于多家公司的业务联系，可作为人员混同的辅助证据。员工的工作邮件、工作日志等记录中，如果涉及同时为多家公司处理业务、汇报工作等内容，能够证明人员在不同公司之间的工作界限不清晰，存在人员混同的情形。

（2）业务混同方面的证据

业务合同与交易凭证。对比多家公司与同一客户或供应商签订的业务合同，若合同的格式、条款、签订流程等高度相似，甚至部分合同的签订人相同，可证明业务混同。发票、送货单、验收单等交易凭证，如果显示多家公司在同一业务交易中的角色混淆，或者交易的货物、服务在多家公司之间流转且无法明确区分，可作为业务混同的证据。

业务宣传资料与广告投放。公司的宣传册、产品目录、网站宣传等资料中，如果同时宣传多家公司的产品或服务，且未明确区分各公司的业务范围和特点，说明公司在业务宣传上存在混同。多家公司共同进行广告宣传，或者在广告中同时提及多家公司的名称和业务，且广告费用的支付和承担方式不明确，可作为业务混同的证据。

客户信息与业务渠道。如果多家公司共用一套客户信息管理系统，或者客户信息在多家公司之间随意流转、共享，表明公司在业务上缺乏独立性，存在业务混同。若多家公司使用相同的销售渠道、采购渠道或合作对象，且在业务拓展过程中没有明确的区分和界限，可以证明业务混同。

（3）财务混同方面的证据

银行账户与资金往来证据。获取公司的银行开户信息，若发现多家公司使用同一银行账户，或者公司股东、高管的个人账户与公司账户混用，是财务混同的重要证据。银行转账记录、支票存根、汇款凭证等资金往来凭证，如果显示公司之间或公司与股东之间存在频繁的、不合理的资金往来，且没有明确的业务往来背景或财务记载，可证明财务混同。

财务报表与会计账簿。资产、负债、收入、利润等财务数据在多家公司之间相互转移、混淆，或者财务报表的编制方法、会计政策不统一，可作为财务混同的证据。若账簿记录混乱，多家公司的账目相互交织，或者存在虚假记账、账外账等情况，能够证明财务混同。

资产产权证明与费用支付凭证。公司的固定资产（如房产、车辆、设备等）的产权登记在股东或其他公司名下，但实际由该公司使用，或者多家公司的资产产权界限不清，可证明公司财产与股东财产或其他公司财产混同。公司的费用支付凭证（如水电费、物业费、办公费等）显示多家公司共同支付或分担某一项费用，且费用的分摊方式不明确或不合理，可作为财务混同的证据。

5.人格混同的两个案例

【案例1】徐工集团工程机械股份有限公司诉成都川交工贸有限责任公司等买卖合同纠纷案

成都川交工贸有限责任公司（以下简称"川交工贸公司"）、成都川交工程机械有限责任公司（以下简称"川交机械公司"）、四川瑞路建设工程有限公司（以下简称"瑞路公司"）存在人员、业务、财务等方面的高度混同。比如三个公司经理、财务负责人、出纳会计、工商手续经办人均相同，其他管理人员亦存在交叉任职的情形，属于典型的"一套人马，三块牌子"。在业务方面，三个公司实际经营中均涉及工程机械相关业务，且共用销售手册、经销协议等。财务上，三个公司使用共同账户，资金往来频繁且不作明确区分。川交工贸公司拖欠徐工集团工程机械股份有限公司（以下简称"徐工机械公司"）货款，徐工机械公司遂起诉。

法院经审理认为，川交工贸公司、川交机械公司、瑞路公司人格混同，严重损害债权人徐工机械公司的利益。根据相关法律规定，判决川交机械公司、瑞路公司对川交工贸公司的债务承担连带清偿责任。

【案例2】上海浦东发展银行股份有限公司深圳分行诉深圳市中油器材进出口有限公司等金融借款合同纠纷案

深圳市中油器材进出口有限公司（以下简称"中油器材公司"）与上海浦东发展银行股份有限公司深圳分行（以下简称"浦发银行深圳分行"）签订了金融借款合同，浦发银行深圳分行按约向中油器材公司发放了贷款。然而，借款到期后，中油器材公司未能按时偿还借款本息，产生违约。在追讨债务过程中，发现中油器材公司与其他关联公司存在业务经营范围和实际经营活动、业务渠道和客户资源、业务合同和交易文件的业务混同情况。

中油器材公司和其关联公司深圳市中油管道燃气有限公司（以下简称"中油燃气公司"），在业务经营范围上都涉及石油相关产品的进出口和销售业务。在实际经营活动中，两者在对外业务开展过程中没有明确的区分界限。例如，在与国外供应商的交易中，有时是以中油器材公司名义签订进口合同，但实际负责接收货物、销售以及后续客户服务的却是中油燃气公司。这两家公司共用销售渠道和客户资源，在销售石油产品时，向相同的客户群体推销产品，并且在与客户沟通、签订合同以及售后服务等环节没有明确区分各自的角色。例如，公司的销售人员在与客户洽谈业务时，同时代表中油器材公司和中油燃气公司，使用相同的销售话术和业务资料，客户也难以分辨自己到底是在和哪一家公司进行交易。从业务合同和交易文件来看，部分合同的签订主体虽然是中油器材公司，但合同的履行过程涉及中油燃气公司，并且交易文件（如发货单、验收单等）上同时出现两家公司的名称或者信息混乱。例如，一份石油产品销售合同是以中油器材公司名义签订，但发货单上的发货单位却标注为中油燃气公司，验收单上又有两家公司的盖章，使得整个交易过程中公司主体的界限模糊不清。

法院经审理认为，中油器材公司和中油燃气公司存在明显的业务混同情况。这种业务混同使得两公司在经营活动中丧失了独立性，严重损害了债权人浦发银行深圳分行的利益。根据相关法律规定，判决中油燃气公司对中油器材公司在金融借款合同项下的债务承担连带责任。

7.3.3 保弱势：少数股东权益保护的五个强化措施

公司中少数股东处于弱势地位。尽管2018年公司法有一些规定，但维权成本高。针对少数股东权益的保护，新公司法出台了五个强化措施。

1. 决议瑕疵制度的完善

新公司法规定了决议无效、决议可撤销、决议不成立以及公司决议瑕疵的法律后果，使公司决议瑕疵效力规则更加精细化和科学化，有利于提升公司治理的规范性和严谨性，促使公司提高决策的透明度和信息披露的充分性，增强少数股东在公司中的话语权。

（1）公司股东会、董事会的会议召集程序、表决方式违反法律、行政法规或者公司章程，或者决议内容违反公司章程的，股东自决议作出之日起六十日内，可以请求人民法院撤销。但是，股东会、董事会的会议召集程序或者表决方式仅有轻微瑕疵，对决议未产生实质影响的除外。也就是说，新公司法明确非实质性程序瑕疵，如股东会召集程序仅存在轻微瑕疵，且对决议未产生实质影响，不影响决议效力的，法院可以驳回股东撤销决议的请求。如会议召集时间存在重大瑕疵，则不适用该制度。公司决议撤销的裁量驳回制度，在保障股东权利的同时，也在一定程度上避免了因股东过度维权而导致公司决策陷入僵局的困境，保障了公司运营的连续性和稳定性。

（2）新公司法规定，未被通知参加股东会会议的股东自知道或者应当知道股东会决议作出之日起60日内，可以请求人民法院撤销。自决议作出之日起一年内没有行使撤销权的，撤销权消灭。这一规定既考虑到了少数股东可能因不知情而错过撤销权行使期限的情况，又符合公司法稳定商事关系的理念。

（3）新公司法明确了公司股东会、董事会的决议不成立的四种典型事由，包括未召开股东会、董事会会议作出决议；会议未对决议事项进行表决；出席会议的人数或者所持表决权数未达到本法或者公司章程规定的人数或者所持表决权数；同意决议事项的人数或者所持表决权数未达到本法或者公司章程规定的人数或者所持表决权数。并且删去了原司法解释中"导致决议不成立的其他情形"的兜底条款，使决议不成立的情形更加简明扼要且边界清晰。

（4）新公司法规定公司根据股东会、董事会决议已办理变更登记的，人民法院宣告该决议无效、撤销该决议或者确认决议不成立的，公司应当向公司登记机关申请撤销变更登记。同时明确公司依据该决议与善意相对人形成的民事法律关系不受影响，保护了与公司交易的善意第三人的合法权益，也降低了他们寻求法律支持的成本。

2.股东的知情权与查账权

（1）新公司法规定，有限责任公司和股份有限公司的股东均有权查阅、复制公司章程、股东名册、股东会会议记录、董事会会议决议、监事会会议决议和财务会计报告。

（2）几个人合伙做生意，难免有纠纷。特别是有的人只出钱，有的人负责公司实际经营，这就更容易产生利益纠葛。如果你怀疑你的合伙人中饱私囊，侵吞你们共同的公司财产，转移到他自己名下。但你没有证据，怎么办呢？

2018年公司法框架下，作为不参与经营的小股东，虽然也有权利查账，但是法律对于是否能够查阅会计凭证并没有直接在条款中规定，就算打赢了股东知情权官司，股东直接查公司的会计凭证的诉讼请求也很难得到法院的支持，只能查阅公司财务会计报告、会计账簿，维权的目标就打了折扣。

新公司法第 57 条直接在条文中规定了股东有权查阅会计凭证。比如发货单、进货单、发票、报销单据、银行转账记录等，都属于会计凭证，这才容易发现问题，找到证据。但股东查阅公司会计账簿、会计凭证，有限责任公司和股份有限公司规定有所差异。

有限责任股东要求查阅公司会计账簿、会计凭证的，应当向公司提出书面请求，说明目的。公司有合理根据认为股东查阅会计账簿、会计凭证有不正当目的，可能损害公司合法利益的，可以拒绝提供查阅，并应当自股东提出书面请求之日起 15 日内书面答复股东并说明理由。公司拒绝提供查阅的，股东可以向人民法院提起诉讼。股东甚至可以不用亲自去查，而是委托一个会计事务所、律师事务所、咨询公司等中介机构查阅。在这种级别的专业人士调查下，原本那些不容易被发现的小动作，更加无处隐藏。

股份有限公司的股东要求查阅公司的会计账簿、会计凭证或委托中介机构查阅的，新公司法第 110 条规定"连续 180 日以上单独或者合计持有公司 3% 以上股份的股东"才可以（公司章程对持股比例有较低规定的，从其规定）。

（3）2018 年公司法框架下，对于公司全资子公司，由于股东并没有直接在全资子公司持股，只是间接持股，少数股东查阅、复制公司全资子公司相关材料往往实践中不可能。新公司法解决了这个难题，对于公司的全资子公司，股东还可以按上述规定查阅、复制公司全资子公司相关材料，权利一样。

3. 提案权的保障

对于有限责任公司而言，新公司法并没有明文规定股东的提案权，股东可以在公司章程或者股东会议事规则中自行约定相关内容。

对于股份有限公司而言，新公司法规定，单独或合计持有公司 1% 以上股份的股东，可以在股东会议召开 10 日前提出临时提案，并书面提交董事会。临时提案应当有明确议题和具体决议事项。公司不得提高临时提案股东的持股比例，股东会不得对通知中未列明的事项做出决议。这些规定，有利于少数股东参与公司治理，体现了对少数股东权益的保障。

4. 异议股东回购权的保障

新公司法针对异议股东回购权的保障主要有以下规定：

（1）有限责任公司和股份有限公司法定回购的三种情形

新公司法第 89 条第一款规定，"有下列情形之一的，对股东会该项决议投反对票的股东可以请求公司按照合理的价格收购其股权:公司连续五年不向股东分配利润,而该公司5年连续盈利,并且符合本法规定的分配利润条件的;公司合并、分立、转让主要财产的;公司章程规定的营业期限届满或者章程规定的其他解散事由出现,股东会会议通过决议修改章程使公司存续的。自股东会会议决议通过之日起60日内,股东与公司不能达成股权收购协议的,股东可以自股东会会议决议通过之日起90日内向人民法院提起诉讼"。

股份有限公司纳入了上述有限责任公司法定回购的三种情形,但明确公开发行股份的公司除外,因为公开市场可作为股东回购请求权的等值救济手段,无须公司法提供股权回购规则作为特殊的退出机制。不过,公司合并、分立情形下的回购请求权不受此限制,所有的股份公司股东在该情形下均享有回购请求权。

(2)有限责任公司新增了股东压制情形下的回购救济

新公司法第89条第三款规定,"公司的控股股东滥用股东权利,严重损害公司或者其他股东利益的,其他股东有权请求公司按照合理的价格收购其股权"。

股份有限公司未规定控股股东压制情况下的回购权,因立法考虑到股份有限公司资合性更强,股东转让股权的限制相对较少。

(3)库存股的处理

无论是有限责任公司还是股份有限公司,因上述情形收购的本公司股权(或股份),均应当在6个月内依法转让或者注销。

如果公司不同意异议股东的回购请求,异议股东可以通过收集公司的财务报表、审计报告、股东会决议记录等证据证明符合法定回购情形,或者收集控股股东进行的不当关联交易、侵占公司资产、违反公司章程等行为的证据材料证明自己的权益受到侵害,但要注意在规定时间内行使权利和诉讼时效规定。

5.双层股东的代位诉讼(即双重股东代表诉讼)

"双层股东"是指在公司中存在不同层级的股东结构。代位诉讼,全称为债权人代位权诉讼,是一种有效的债的保全措施。具体是指,因债务人怠于行使其债权,对债权人造成损害的,债权人可以向人民法院请求以自己的名义代位行使债务人的债权,但该债权专属于债务人自身的除外。

为便于理解双重股东代位诉讼的概念,笔者用一个浅显的例子说明如下:假设张三和李四开了一家甲公司,张三占股80%是大股东,李四占股20%是小股东。张三由于是大股东，对甲公司有控制权，指使甲公司的高管通过不合理的咨询服务收费或关联交易低价变卖公司资产等方式抽逃甲公司资产，李四发现后要求公司的董事、监事起诉第三人但得不到回应，那么他就可以代公司起诉第三人，这是单层的股东代位诉讼。后来张三通过甲公司又开了一家乙公司，以各种不合规方式继续转移乙公司资产，此时按照新公司法的双重股东代位诉讼规定，李四可以跳过甲公司直接以乙公司的名义代位诉讼第三人。

在新公司法施行之前，我国司法唯一支持的双层股东代位诉讼的案例：（2016）陕民终 228 号判决书的赵小海与海航控股公司等损害公司利益责任纠纷案。我们简单地分析下这个案例。赵小海和海航控股公司都是海航投资公司的股东，赵小海为原告占海航投资公司 40% 的股份，海航控股公司为被告占海航投资公司 60% 的股份，皇城酒店是海航投资公司的 100% 子公司。如图 7-3 所示。

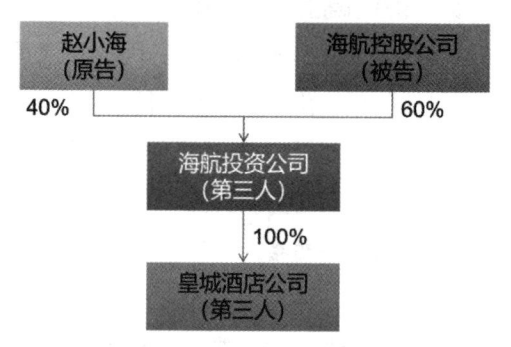

图7-3 赵小海和海航控股公司合作的股权结构

海航控股公司滥用权利对子公司皇城酒店公司实际控制，并进行了一系列包括处置闲置子公司财产、未经决议动用子公司资产为他人提供担保、利用子公司名义为他人贷款等手段来损害子公司利益，将公司掏空。赵小海作为小股东的权益也受到了损害。在新公司法实施之前，2018 年的公司法状态下，赵小海不是皇城酒店公司的股东，查皇城酒店公司账是不可能的。赵小海多次提醒未果，最终提起诉讼。在这个案件中，二审法院明确支持了双层股东的代位诉讼。

新公司法第 189 条关于双层股东的代位诉讼的规定如下：

（1）适用主体。适用于公司全资子公司的董事、监事、高级管理人员侵犯公司利益，或者他人侵犯公司全资子公司合法权益造成损失的情况。在此情形下，符合持股要求的母公司股东有权代表全资子公司提起诉讼。这里的母公司股东需满足有限责任公司的股东、股份有限公司连续 180 日以上单独或者合计持有公司1%以上股份的条件。

（2）前置程序。一般情况下，股东需先书面请求全资子公司的监事会、董事会向人民法院提起诉讼。存在"监事会或者董事会收到股东书面请求后拒绝提起诉讼，或者自收到请求之日起30日内未提起诉讼，或者情况紧急、不立即提起诉讼将会使公司利益受到难以弥补的损害的"等特殊情形时，股东可以豁免前置程序，直接以自己的名义向人民法院提起诉讼。

这一制度的设立为股东提供了更为有力的维权工具，增强了对公司管理层的监督约束，有利于保护公司及股东的合法权益。如果股东胜诉，所得赔偿归全资子公司所有。同时，法律也可以为胜诉股东设置合理的费用补偿和奖励机制，以激励股东积极参与公司治理，监督管理层行为。

7.3.4 赔偿与罚款：董监高的连带责任

董事、监事、高管应尽到忠实勤勉义务，若因故意或重大过失导致公司遭受损失，应承担相应的包括赔偿或罚款的连带责任。

新公司法强化了公司董事、监事、高级管理人员的义务与责任，增加了董事、监事、高级管理人员对第三人的直接责任。

1. 董监高的连带民事责任——赔偿

董监高的连带民事赔偿责任，详见表7-5。

表7-5 董监高的连带民事赔偿责任

责任项	条款	内容
关联关系	第22条	公司的控股股东、实际控制人、董事、监事、高级管理人员不得利用关联关系损害公司利益。 违反前款规定，给公司造成损失的，应当承担赔偿责任
催缴义务	第51条	有限责任公司成立后，董事会应当对股东的出资情况进行核查，发现股东未按期足额缴纳公司章程规定的出资的，应当由公司向该股东发出书面催缴书，催缴出资。 未及时履行前款规定的义务，给公司造成损失的，负有责任的董事应当承担赔偿责任
抽逃出资	第53条	公司成立后，股东不得抽逃出资。 违反前款规定的，股东应当返还抽逃的出资；给公司造成损失的，负有责任的董事、监事、高级管理人员应当与该股东承担连带赔偿责任

续表

责任项	条款	内容
董事会决议	第125条	董事会会议，应当由董事本人出席；董事因故不能出席，可以书面委托其他董事代为出席，委托书应当载明授权范围。 董事应当对董事会的决议承担责任。董事会的决议违反法律、行政法规或者公司章程、股东会决议，给公司造成严重损失的，参与决议的董事对公司负赔偿责任；经证明在表决时曾表明异议并记载于会议记录的，该董事可以免除责任
违法财务资助	第163条	公司不得为他人取得本公司或者其母公司的股份提供赠与、借款、担保以及其他财务资助，公司实施员工持股计划的除外。 为公司利益，经股东会决议，或者董事会按照公司章程或者股东会的授权作出决议，公司可以为他人取得本公司或者其母公司的股份提供财务资助，但财务资助的累计总额不得超过已发行股本总额的10%。董事会作出决议应当经全体董事的三分之二以上通过。 违反前两款规定，给公司造成损失的，负有责任的董事、监事、高级管理人员应当承担赔偿责任
职务违规	第188条	董事、监事、高级管理人员执行职务违反法律、行政法规或者公司章程的规定，给公司造成损失的，应当承担赔偿责任
职务侵权	第191条	董事、高级管理人员执行职务，给他人造成损害的，公司应当承担赔偿责任；董事、高级管理人员存在故意或者重大过失的，也应当承担赔偿责任
违法利润分配	第211条	公司违反本法规定向股东分配利润的，股东应当将违反规定分配的利润退还公司；给公司造成损失的，股东及负有责任的董事、监事、高级管理人员应当承担赔偿责任
违法减资	第226条	违反本法规定减少注册资本的，股东应当退还其收到的资金，减免股东出资的应当恢复原状；给公司造成损失的，股东及负有责任的董事、监事、高级管理人员应当承担赔偿责任
违法清算	第232条	董事为公司清算义务人，应当在解散事由出现之日起15日内组成清算组进行清算。清算组由董事组成，但是公司章程另有规定或者股东会决议另选他人的除外。清算义务人未及时履行清算义务，给公司或者债权人造成损失的，应当承担赔偿责任
违法清算	第238条	清算组成员履行清算职责，负有忠实义务和勤勉义务。清算组成员怠于履行清算职责，给公司造成损失的，应当承担赔偿责任；因故意或者重大过失给债权人造成损失的，应当承担赔偿责任

另外，董事也可以维护自身的合法权益，还可为自己投保责任险。新公司法第71条规定，股东会"无正当理由，在任期届满前解任董事的，该董事可以要求公司予以赔偿"；第193条规定，"公司可以在董事任职期间为董事因执行

公司职务承担的赔偿责任投保责任保险"。

2. 董监高的连带行政责任——罚款

董监高的连带行政罚款责任，详见表7-6。

表7-6 董监高的连带行政罚款责任

责任项	条款	内容
虚报注册资本	第250条	违反本法规定，虚报注册资本、提交虚假材料或者采取其他欺诈手段隐瞒重要事实取得公司登记的，由公司登记机关责令改正，对虚报注册资本的公司，处以虚报注册资本金额5%以上15%以下的罚款；对提交虚假材料或者采取其他欺诈手段隐瞒重要事实的公司，处以5万元以上200万元以下的罚款；情节严重的，吊销营业执照；对直接负责的主管人员和其他直接责任人员处以3万元以上30万元以下的罚款
公示责任	第251条	公司未按照规定通过国家企业信用信息公示系统公示有关信息或者不如实公示有关信息的，"由公司登记机关责令改正，可以处以1万元以上5万元以下的罚款。情节严重的，处以5万元以上20万元以下的罚款；对直接负责的主管人员和其他直接责任人员处以1万元以上10万元以下的罚款"
虚假出资	第252条	公司的发起人、股东虚假出资，未交付或者未按期交付作为出资的货币或者非货币财产的，由公司登记机关责令改正，可以处以5万元以上20万元以下的罚款；情节严重的，处以虚假出资或者未出资金额5%以上15%以下的罚款；对直接负责的主管人员和其他直接责任人员处以1万元以上10万元以下的罚款
抽逃出资	第253条	公司的发起人、股东在公司成立后，抽逃其出资的，由公司登记机关责令改正，处以所抽逃出资金额5%以上15%以下的罚款；对直接负责的主管人员和其他直接责任人员处以3万元以上30万元以下的罚款
违法清算	第256条	公司在进行清算时，隐匿财产，对资产负债表或者财产清单作虚假记载，或者在未清偿债务前分配公司财产的，由公司登记机关责令改正，对公司处以隐匿财产或未清偿债务前分配公司财产金额5%以上10%以下的罚款；对直接负责的主管人员和其他直接责任人员处以1万元以上10万元以下的罚款

3. 董事高管对第三人的直接责任

董事、高级管理人员因职务侵权对第三人承担直接责任的基本规则，体现在新公司法第191条。第191条规定，"董事、高级管理人员执行职务，给他人造成损害的，公司应当承担赔偿责任；董事、高级管理人员存在故意或者重大过失的，也应当承担赔偿责任"。

对第三人承担赔偿责任的前提条件是：董事、高级管理人员以公司名义行使职务、执行职务的行为给他人造成了损害。主观要件是：董事、高级管理人员存在故意或者重大过失，如果只是疏忽大意一般过失或者没有主观过错，通常不承担对第三人的直接责任。对于超越履职（如董事通过教唆、控制公司等）损害第三人权益的，则其与公司属于共同侵权，应适用民法典关于共同侵权的规定。

4. 董监高的其他责任规定

董监高的其他责任规定，详见表7-7。

表7-7 董监高的其他责任规定

责任项	条款	内容
遵规守纪	第179条	董事、监事、高级管理人员应当遵守法律、行政法规和公司章程
忠实勤勉	第180条	董事、监事、高级管理人员对公司负有忠实义务，应当采取措施避免自身利益与公司利益冲突，不得利用职权谋取不正当利益。 董事、监事、高级管理人员对公司负有勤勉义务，执行职务应当为公司的最大利益尽到管理者通常应有的合理注意。 公司的控股股东、实际控制人不担任公司董事但实际执行公司事务的，适用前两款规定
忠实义务	第181条	董事、监事、高级管理人员不得有下列行为：侵占公司财产、挪用公司资金；将公司资金以其个人名义或者以其他个人名义开立账户存储；利用职权贿赂或者收受其他非法收入；接受他人与公司交易的佣金归为己有；擅自披露公司秘密；违反对公司忠实义务的其他行为
自我交易	第182条	董事、监事、高级管理人员，直接或者间接与本公司订立合同或者进行交易，应当就与订立合同或者进行交易有关的事项向董事会或者股东会报告，并按照公司章程的规定经董事会或者股东会决议通过。董事、监事、高级管理人员的近亲属，董事、监事、高级管理人员或者其近亲属直接或者间接控制的企业，以及与董事、监事、高级管理人员有其他关联关系的关联人，与公司订立合同或者进行交易，适用前款规定
禁止篡夺商业机会	第183条	董事、监事、高级管理人员，不得利用职务便利为自己或者他人谋取属于公司的商业机会。但是，有下列情形之一的除外：向董事会或者股东会报告，并按照公司章程的规定经董事会或者股东会决议通过；根据法律、行政法规或者公司章程的规定，公司不能利用该商业机会

续表

责任项	条款	内容
竞业禁止	第184条	董事、监事、高级管理人员未向董事会或者股东会报告,并按照公司章程的规定经董事会或者股东会决议通过,不得自营或者为他人经营与其任职公司同类的业务
关联回避	第185条	董事会对本法第182条至第184条规定的事项决议时,关联董事不得参与表决,其表决权不计入表决权总数。出席董事会会议的无关联关系董事人数不足3人的,应当将该事项提交股东会审议
违法所得	第186条	董事、监事、高级管理人员违反本法第181条至第184条规定所得的收入应当归公司所有

5. 康美药业董监高承担连带赔偿责任案例

康美药业财务造假案受到广泛关注。2015年至2018年,马兴田伙同他人违规筹集大量资金,利用实际控制的股票交易账户自买自卖、连续交易,操纵康美药业股票价格和交易量。同时,马兴田还组织、策划、指挥公司相关人员进行财务造假,向公司股东和公众披露虚假经营信息,故意隐瞒控股股东及关联方非经营性占用资金116亿余元不予披露。此外,2005年至2012年,马兴田为康美药业谋取不正当利益,向多名国家工作人员行贿。

2021年11月17日,广东省佛山市中级人民法院在康美药业一审民事诉讼案中,对康美药业原董事长、总经理马兴田等12人操纵证券市场案公开宣判。马兴田因操纵证券市场罪、违规披露、不披露重要信息罪以及单位行贿罪数罪并罚,被判处有期徒刑12年,并处罚金人民币120万元。康美药业原副董事长、常务副总经理许冬瑾及其他责任人员11人,因参与相关证券犯罪被分别判处有期徒刑并处罚金。

在此之前的2021年11月12日,广州中院对康美药业证券特别代表人诉讼作出一审判决。在这起诉讼中,康美药业承担5.5万名投资者损失总额24.59亿元。并且判决明确了其他各被告尤其是实控人、时任董监高等应承担的责任比例。其中,康美药业的五名独立董事(其中包括4名大学教授)也被判承担不同程度的民事赔偿连带责任:江镇平、李定安、张弘承担10%连带责任,约2.459亿元;郭崇慧、张平承担5%连带责任,约1.2295亿元。

这意味着如果康美药业交不出24.59亿元,教授独董们就要承担巨额赔偿。如今,董事监事也变成了"高危"职业!康美药业财务造假案的判决对上市公司治理和独立董事制度的完善产生了重要影响。

7.4 控制权设计的三个层面

公司控制权包括三个层面：股权控制权、董事会控制权、日常经营管理控制权。这三个层面共同构成了公司治理的框架，确保公司稳定运营和持续发展。

股权控制是公司控制权的基础。通过股权控制，股东可以影响董事会成员的安排和公司的重大决策。董事会控制权是公司治理的核心，它确保公司的战略方向符合股东利益，并通过对管理层的监督来保障公司的日常运营。日常经营管理控制权则是公司治理在执行层面的具体化，它通过执行股东和董事会的战略策略方针，努力实现股东和董事会的战略目标，实现公司价值最大化。

7.4.1 股权的九种控制权设计工具

股权控制是指通过拥有或控制公司股份，以实际掌控公司经营活动的能力。在股权控制模式中，控股股东通常具有对公司决策和资源配置的最终决定权。股权控制有助于公司实现合理的股份分配、控制权的集中以及激励机制的设计，对于公司的战略决策、资源配置以及投资者保护具有决定性影响。此外还涉及投资者之间的潜在冲突和权利保护问题。

股权控制的手段通常是实现股权数量上的绝对控股或相对控股，其他还有如表决权委托、一致行动人协议、公司章程的一票否决权等共九种工具。这些工具各有特点，公司可以根据自身的实际情况选择性运用。同时，这些工具也是上市公司抵御外部"野蛮人"入侵、在二级市场恶意收购公司股份的有效手段。

1. 数量统筹控制

数量统筹控制是股权控制的基础。创始人在公司成立、找合伙人、股权激励等环节进行股份分配时，就考虑如何实现绝对控股（66.7%）或相对控股（51%）。详见"3.3 股权结构设计"一节。

大股东为了掌握公司控制权，往往要控制绝对多数的股权，但为激励或平衡其他股东，可以采用其他股东多分红的方式。如果不按股权比例分红的，必须明确每个股东的分红比例。而增资时优先认缴的比例也需另行明确约定。公司章程还可以规定，若股东会或董事会表决出现僵局时，主持会议的董事或股东享有第二次表决的权利。

2. 有限合伙架构

普通有限合伙企业中的合伙人身份有两类，一类是有限合伙人，一类是普通合伙人。有限合伙人（LP）对合伙公司债务承担有限责任但不负责合伙事务，普通合伙人（GP）虽承担无限连带责任但负责合伙事务，代表合伙企业。普通合伙人往往是实际控制人。这样，有限合伙企业的表决权就集中在实际控制人了，没有分散，实现了"分股不分权"。

3. 控股公司架构

控股公司架构通过成立一家控股公司来间接持股投资的公司，通常涉及多个层级的公司架构，通过层层持股、多层嵌套的金字塔架构，掌握各公司的决策权，实现控制权的集中。

4. 优先股

优先股是一种具有特殊权利的股票，通常享有优先于普通股股东的股息分配和剩余财产分配的权利。优先股股东一般不参与公司日常经营决策，一般无投票权或仅在涉及优先股股东利益的变更事项时才拥有投票权。因此，实际控制人通过授予其他股东优先股，既保持公司控制权，又可以有效融资。

5. AB股模式

AB股模式，也称双层股权结构，是一种同股不同权的股权结构，其中A股通常一股一票，而B股则可以一股代表多个投票权。通过这种结构，创始人、管理层可以持有较少的股份（主要是B股）掌握公司较大比例的投票权，不至于因股权稀释而失去对公司的控制权。这种模式在很多知名的科技型企业和创新型企业中被广泛应用。

6. 股权代持

股权代持是指实际出资人委托他人代为持有公司股权的行为。这种模式下，隐名股东不出现在股东名册和工商登记中，其表决权由显名股东行使。这种方式可以用于规避一些法律或监管的限制，或者用于激励员工和合作伙伴，但风险较大。若采用股权代持，需要在代持协议、出资环节、公司章程等层面精心设计。

7. 表决权委托

表决权委托是指股东通过签订表决权委托协议，将所持股份对应的表决权委托给其他人行使。这在创始人或管理团队希望集中控制权时特别有用，可以确保他们的决策得到支持。

8. 一致行动人协议

一致行动人协议是股东之间约定在出现某些特定事项时采取一致行动的协议。当一致行动人在特定事项表决方面产生意见分歧时，相互采取一致行动。这种协议有助于增强控制力，确保创始人或管理团队在重大决策上的话语权。

但一致行动人协议有一定的局限性，主要体现在：存在违约的风险、对第三方没有约束力、协议有期限。一致行动人协议说到底还是协议，如果利益足够大，即使违约方承担违约责任，也会对实际控制权产生影响。一致行动人协议对第三方没有约束力，签署一致行动人协议的股东的股权被继承，此时需要股东与继承人重新达成协议，否则继承人可以不受约束。一致行动人协议有期限，在期限届满后，协议将自动失效。所以，一致行动人协议并非最好的控制权工具，建议将一致行动人协议作为一种过渡方式，并在之后进行股权设计时利用其他更好更稳定的方式牢牢掌握实际控制权。

9. 一票否决权

这里的一票否决权是指股东层面（董事会层面的一票否决权下一节详述）。控股股东通过精心设计公司章程，在公司章程中规定一票否决权的具体事项和行使人、行使程序，来实现控制权的集中和股东权利的分配。

7.4.2 董事会的十种控制方式

董事会控制权是指董事会通过投票权或其他管理权限对公司的经营和发展方向进行决策和监督。董事会作为公司最高决策机构，是公司日常运营和战略决策的核心。创始人拥有董事会控制权，可以确保公司治理结构的稳定性和有效性，防止内部人控制和外部恶意收购。

公司章程中关于董事会权力的设计应综合考虑公司的实际情况和治理需求，确保董事会能够高效、合规地运作，同时保护公司和股东的利益。创始股东要精心设计公司章程，在公司章程中布局董事会人数、董事资格、董事长的产生办法等董事会权力事项，设计董事会的结构，确保创始人股权稀释后仍能保证董事会的控制权。董事会控制权设计有以下十条"锦囊妙计"。

1. 表决权控制

董事会表决权一般采取一人一票制表决，这和股权不一样。因此，公司章程中可以规定，某些关键决策需要全体董事一致通过或特定多数通过（如三分之二以上董事同意）方为有效，确保己方在关键问题上的决策权。

2. 议程设置权

控制董事会会议的议程，决定哪些议题可以被讨论以及会议讨论的先后顺序，引导董事会的决策方向。董事会会议由董事长主持，保留董事长席位将有助于设置董事会的会议议程。

3. 董事资格限制

公司章程明确列出不得担任董事的人员范围，如无民事行为能力或限制民事行为能力的人、有经济犯罪前科的人等，甚至列出年龄、语言、学历、婚姻等限制。

4. 限制董事更换

公司章程中可以规定每年更换的董事人数上限，如不超过董事会总人数的四分之一，或规定创始股东的当然董事长席位。

5. 限制提名董事人数

公司章程中可以对股东提名的董事人数加以限制，通过提名权限制确保符合股东利益的董事会结构。例如，创始股东可以对独立董事的提名和选聘施加影响。

6. 控制董事产生方式

公司章程提前规定董事的产生方式，规定董事的提名条件和程序。董事的产生通常通过股东会选举产生，也可以由股东提名或推荐。董事的任期在章程中应明确规定，通常为三年，并可连选连任。

7. 董事会席位分配

公司章程中可以规定创始股东所拥有的董事会席位人数，或规定其他股东在股东会中提名董事人数的上限，或进行董事会席位的谈判，以对董事会决策施加影响。

8. 董事会下设专门委员会

可以在董事会下设立专门委员会，由己方人员来主导专门委员会的运作，从而实际控制董事会专门委员会的决策过程。

9. 董事会一票否决权

董事会的一票否决权是指在董事会决策时，特定董事在某些关键事项上对董事会决议具有一票否决的权利。此外，公司章程还可以规定在董事会讨论的事项中，如果双方人数相同但争执不下，董事长可以再投一票作为决定票。

10. 股东会层面控制

公司章程将董事会的部分职权上收由股东会行使，或者不设董事会，在股东会层面控制决策权。新公司法第75条规定，"规模较小或者股东人数较少的有限责任公司，可以不设董事会，设一名董事"。

7.4.3 日常经营管理控制权的四种方式

日常经营管理控制权指的是公司在经营过程中对公司经营财产、投资和其他事项所享有的支配、管理权，通常由负责公司的日常运营和战术决策的公司管理层或执行团队行使。常见的控制方式有以下四类。

1. 担任法定代表人

选择谁担任法定代表人非常重要。法定代表人对公司的日常经营管理控制权存在重大影响，比如可以掌管公司印章、合同、财务资料；代表公司起诉、应诉、撤诉；代表公司签署各类合同；以及公司章程规定的其他职权。

在经营管理控制中，股东争取自己或安排自己信得过的人担任法定代表人，有以下四个好处：能对外代表公司进行各种民事活动，掌控公司代表权（如签订重要合同）；以公司名义从事的民事活动及法律后果由公司承受，确保公司的重大决策和经营方向符合自身利益和战略规划；更方便地将自己的意志贯彻到公司日常经营活动中，使公司的运营管理符合自己的期望；能够直接接触和掌握公司的第一手信息，及时了解公司的业务动态和财务状况，有效监督公司运营管理。

实务中，往往很多人混淆法人、法定代表人、法定代表这三个概念。举一个例子大家就清楚了。例如，郝德仁作为创始人和大股东，创立了广东财博仕财税有限公司，广东财博仕财税有限公司就是"法人"，其"法定代表人"由郝德仁本人担任。公司指派总经理助理小谭去市场监督管理局现场办理相关事宜，小谭就是办理工商变更登记的"法人代表"。

2. 管理层任命权

管理层任命权是指创始人或控股股东凭借其控股地位，有权直接任命或通过董事会任命被控制公司的高级管理人员，如总经理、财务总监、生产总监、研发总监等。这些管理层人员直接负责公司的具体业务运营，由谁任命往往被视为"谁的人"，因此，争取到管理层的任命权，经营管理的控制效果会显而易见。

公司初创阶段，在公司层级不多、业务规模不大情形下，创始人往往会兼任公司的董事长、总经理和法定代表人，以实现对公司日常经营管理的控制。收购一家公司，收购成功后，收购方为什么要换总经理、财务总监这些人呢？就是尝试对收购的公司经营管理实际控制，总经理、财务总监要换成己方信得过的人。

3. 证照印鉴控制

公司的证照印鉴，是公司对外进行法律行为的重要凭据。妥善保管和使用公司的证照印鉴，既能保证交易的合法性，防范法律风险，又体现了公司内部的权力分配、治理结构安排和授权体系，十分重要。

公司治理体系不够健全，创始人一定要自己本人或安排自己信得过的人保管和控制证照印鉴（如营业执照、公章、合同章、法人印章等）。

例如，2020年4月，当当网创始人李国庆和俞渝夫妇因家庭矛盾起诉离婚爆发的抢夺公章事件，应给所有老板一些启示。4月26日，李国庆带着早晚读书公司员工一共4人"闯入当当办公区抢走几十枚公章、财务章"，李国庆"独自保管这些章，白天绑在裤腰带，晚上放被窝里"。当当网俞渝回应称，李国庆发布违法、无效的股东会决议，抢夺公章，侵害其他股东利益。

4. 知识产权控制

如何使用商标、专利、著作权等知识产权控制公司呢？创始人可以提前布局，由本人或自己的家族公司申请注册商标、专利、著作权等知识产权，之后根据情形签署合同，授予、许可或转让主体公司使用。这将最大化知识产权的经济价值，并能实现对主体公司经营管理的实际控制，收放自如。

例如，2014年8月，阿里巴巴发布的招股说明书中披露了一项极为重要的潜在交易安排。根据当时的协议，蚂蚁金服每年需向阿里巴巴支付知识产权及技术服务费，金额相当于蚂蚁金服税前利润的37.5%；同时，在条件允许的情况下，阿里巴巴有权入股并持有蚂蚁金服33%的股权，并将相应的知识产权转让给蚂蚁金服时，上述分润（即分享利益）安排同步终止。

第8章
赚钱篇：股权税筹

解决股权财税问题的根本途径
是股权财税法顶层设计与落地运营，
是税务和业务、财务、法务、股权的"五融合"，
是财税股法效"五位一体"！
是从"根"上进行税务规划！

本章导读

税筹的整体环境变化与政策趋势总体呈现的是减税降费加上严密监管，软的更软，硬的更硬。税务筹划总体目标是合法合规前提下降低企业整体税负。股权税筹是基于对股权未来价值和收益的预期，通过优化公司架构、股权结构和股权交易结构及方式来实现节税目标。

8.1 股权税筹的基本原理

在了解股权税筹的基本原理之前，我们先要了解国家针对税收征管和税制结构的整体政策趋势，了解税务筹划的基本原理，基于股权税筹的特征和价值出发，来学习股权税筹的基本原理与核心要点。

8.1.1 税收征管的政策趋势

2021年3月24日，中共中央办公厅、国务院办公厅印发了《关于进一步深化税收征管改革的意见》，主要目标是要做到"四精"：精确执法、精细服务、精准监管、精诚共治。到2022年，在税务执法规范性、税费服务便捷性、税务监管精准性上取得重要进展。到2023年，基本建成"无风险不打扰、有违法要追究、全过程强智控"的税务执法新体系，实现从经验式执法向科学精确执法转变；基本建成"线下服务无死角、线上服务不打烊、定制服务广覆盖"的税费服务新体系，实现从无差别服务向精细化、智能化、个性化服务转变；基本建成以"双随机、一公开"监管和"互联网+监管"为基本手段、以重点监管为补充、以"信用+风险"监管为基础的税务监管新体系，实现从"以票管税"向"以数治税"分类精准监管转变。到2025年，深化税收征管制度改革取得显著成效，基本建成功能强大的智慧税务，形成国内一流的智能化行政应用系统，全方位提高税务执法、服务、监管能力。《关于进一步深化税收征管改革的意见》中，"征管"出现了13次，"风险"出现了11次，"服务"出现了34次，"数据"出现了26次，"监管"出现了28次。这些高频词其实已经基本勾画出了税务部门的改革方向和重点，也共同指向了对纳税人的核心要求：合规。

2022年10月召开的二十大，针对财税管理体制改革，提出了以下举措：健全现代预算制度，优化税制结构，完善分配制度，加大税收、社会保障、转移支付等的调节力度，完善个人所得税制度，规范收入分配秩序，规范财富积累机制，保护合法收入，调节过高收入，取缔非法收入。

2023年2月15日，中共中央办公厅、国务院办公厅印发了《关于进一步加强财会监督工作的意见》，其中提出的主要目标：到2025年，构建起财政部门主责监督、有关部门依责监督、各单位内部监督、相关中介机构执业监督、行业协会自律监督的财会监督体系；基本建立起各类监督主体横向协同，中央与地方纵向联动，财会监督与其他各类监督贯通协调的工作机制；财会监督法律制度更加健全，信息化水平明显提高，监督队伍素质不断提升，在规范财政财务管理、提高会计信息质量、维护财经纪律和市场经济秩序等方面发挥重要保障作用。严厉打击财务会计违法违规行为。坚持"强穿透、堵漏洞、用重典、正风气"，从严从重查处影响恶劣的财务舞弊、会计造假案件，强化对相关责任人的追责问责。

2024年7月召开的党的二十届三中全会，明确了关于财税管理体制改革的目标。在税制方面，要健全有利于高质量发展、社会公平、市场统一的税收制度，优化税制结构，研究同新业态相适应的税收制度。全面落实税收法定原则，规范税收优惠政策，完善对重点领域和关键环节支持机制。

通过以上四个政策层面的文件梳理，我们要理解国家对于税制结构提出的调整改革目标，理解整体的财税监管环境和政策法律环境，知道企业的税务规划方向在哪里。总体上，减税降费加上严密监管，软的更软，硬的更硬，这是国家税务监管的政策趋势。

自2021年新一轮税收征管改革以来，一人一户式监管，一直是改革的主要方向之一。所谓"一人一户式"监管，是以自然人（身份证号）为对象，将其个人的所有税务信息，包括个人的收入信息、纳税申报信息、专项附加扣除信息、税收优惠信息等进行集中管理。"一人一户式"管理可以让税务部门更好地掌握自然人的纳税情况，加强对个人所得税等税种的征管。由于实行"双随机、一公开"（随机抽取检查对象，随机选派执法检查人员，抽查情况及查处结果要及时向社会公开）的税务检查政策，税务实行"一人一户式"监管，企业以后想走灰色地带或暴力逃税都将面临极大的税务风险。大数据下，执法部门可以做到在你企业经营的过程中精准监管，精确执法。因此，企业财税合规在当下被提到了无比重要的高度。

我们经常听到金税三期和金税四期这两个概念。金税三期是一个网络硬件和基础软件的统一平台，是国税地税数据合并的统一，是税务系统的数据打通了，这是金税三期的核心点。金税四期不仅仅是税务方面，还纳入"非税"业务，对企业相关人员个人信息、企业注册登记信息、生产经营信息（包括采购、生产、销售、社保、医保、水电费、企业及个人账户、企业上下游信息等）等进行全方位的信息核查，搭建了各部委以及银行等参与机构之间信息共享和检查的通道，实现全方位、全业务、全流程、全智能监管的"智慧税务"和"云化"打通。金税四期在金税三期基础上智慧进一步提升，功能强大的金税四期智慧税务，实现了从"以票管税"到"以数治税"的分类精准监管的转变。智慧税务面前，每一个铜板是透明的，赚钱的每一个细节是透明的，每一家企业都是透明的。

8.1.2 税务筹划的基本原理

税法遵循"无偿性、固定性、强制性"三性原则，税务筹划必须遵循"合法性、事前筹划和全局性"三原则。税务筹划方法要有明确的法律依据，事前从股权、业务、财务、人员等多维度做好全局性谋划。如果业务已经发生，那么就会产生相应的纳税结果，税务筹划也就失去了意义。

1. 税务筹划的总体原则

既要考虑成本，又要考虑收益，还要顾及风险，这就是税务筹划的总体原则。企业在税务筹划前要对成本和收益进行详细的分析。成本包括缴纳的税费、办税成本、税务对经营的影响。收益包括直接收益和间接收益，直接收益指直接带来的应纳税额的减少、税负的降低，间接收益包括延迟纳税的资金时间价值和企业管理水平的提升。风险包括违规对经营的影响、行政责任与刑事责任。

过度降低税务成本会导致税务风险升高，过于控制税务风险会导致税务成本上升。企业在税务筹划方面要最终达成税务收益、成本与风险平衡，不能走极端。如图 8-1 所示。

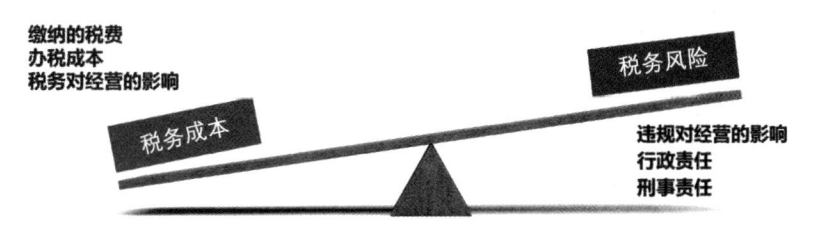

图8-1 税务筹划需要收益与风险平衡

税务筹划存在两个理念两种路径。一个是单点思维，点对点直接解决当前的税负问题，不顾后期的税务风险。一个是系统思维，提前做好股权财税法顶层设计，从业务出发，结合公司战略和商业模式，从企业的全生命周期角度来做税务筹划，同时解决税负和风险问题。企业不能为了节省所谓成本，不顾税务风险，采用收入不入账、虚假开票等点对点方式直接解决税负问题。如图 8-2 所示。

图8-2　税务筹划的两个理念两种路径

若税务筹划不合法不合规,等到被税务稽查时,原本收到的钱可能会以三倍的量吐出去。为什么会是三倍？一是补税,企业原来若少缴了1000万元,现在要补1000万元。二是滞纳金,每天万分之五,一年就是18.25%。假设5年之后被稽查补税的话,是不是5年就翻倍了？三是罚款,一般是0.5~5倍,比方说罚一倍,那是不是补税滞纳金罚款就三倍了？当三倍吐出来时,前期赚的还能算赚吗？如果企业前期本身就是微利甚至亏损,企业不就快速被搞垮了？

2. 税务合规的两个基本点

避税安排有两个明显的特征：以获取税收利益为唯一目的或者主要目的；以形式符合税法规定,但与其经济实质不符的方式获取税收利益。《中华人民共和国企业所得税法》(以下简称"企业所得税法")和《中华人民共和国个人所得税法》(以下简称"个人所得税法")都有反避税条款的规定。

企业所得税法第47条规定,"企业实施其他不具有合理商业目的的安排而减少其应纳税收入或者所得额的,税务机关有权按照合理方法调整"。

个人所得税法第8条规定,有以下情形之一的,税务机关有权按照合理方法进行纳税调整：个人与其关联方之间的业务往来不符合独立交易原则而减少本人或者其关联方应纳税额,且无正当理由；居民个人控制的,或者居民个人和居民企业共同控制的设立在实际税负明显偏低国家（地区）的企业,无合理经营需要,对应当归属于居民个人的利润不作分配或者减少分配；个人实施其他不具有合理商业目的的安排而获取不当税收利益。

因此,公司要做到税务合规,根本性的两点,一是实质性运营,是真公司不是假公司,是真企业不是假企业；二是筹划时一定要具有合理的商业目的,不能自欺欺人,掩耳盗铃。这是根本性的两点,要自始至终贯穿到股权架构设计层面。

(1) 实质性运营

财政部、税务总局《关于海南自由贸易港企业所得税优惠政策的通知》(财税〔2020〕31号),在税收的法律法规文件中首次提到了"实质性运营"概念。"所谓实质性运营,是指企业的实际管理机构设在海南自由贸易港,并对企业生产经营、人员、账务、财产等实施实质性全面管理和控制。"

实质性运营包括以下几个方面:

①生产经营场所。生产经营场所,是实际注册还是虚拟注册,有没有生产、运营、财务、人事等一些决策条件、流程、程序。

②配备必要的人员。这些人员的工资发放渠道是怎样的,是通过银行、微信转账还是现金发放,发工资的渠道不一样也会在税务方面有一些不同,有些规定还有累计居住天数的限制。

③财务独立核算。公司财务要独立核算。税务稽查的时候,需要有基础的数据和资料,即使请代理记账,也要有账册报表等会计档案材料。有些规定还有基本存款账户和主营业务结算的银行账户限制。

④生产经营资产。企业有开展生产经营活动而持有必要的资产。从业务运营层面来说,有了这些资产风险相对就降低了,基本上是符合实质性运营的。

(2) 合理商业目的

关联交易安排的本质是利用税负差异,获取税收利益。税法规定,对企业实施的不具有合理商业目的而获取税收利益的避税安排,实施特别纳税调整。因此,交易安排一定要具有合理商业目的,商业逻辑上说得通,有正常的商业理由。

3. 税务筹划的基本原理

用一句话总结税务筹划的基本原理就是:优化商业方式,可以大幅度少缴税,或者不缴税。

商业模式、交易模式、业务模式决定了税务结果,税务结果无非是用会计语言与税务语言翻译业务活动。想要达成节税的税务结果,就需要提前倒推设计商业、交易、业务模式,在商业模式、交易模式、业务模式设计之初就要考虑其如何纳税。因此,税务筹划一定是从业务出发,结合业务,而不是"无中生有"虚构业务、虚假开票、收入不入账等"掩耳盗铃"式的所谓"税筹"。

有关商业模式与税务结果的相互关系,如图8-3所示。

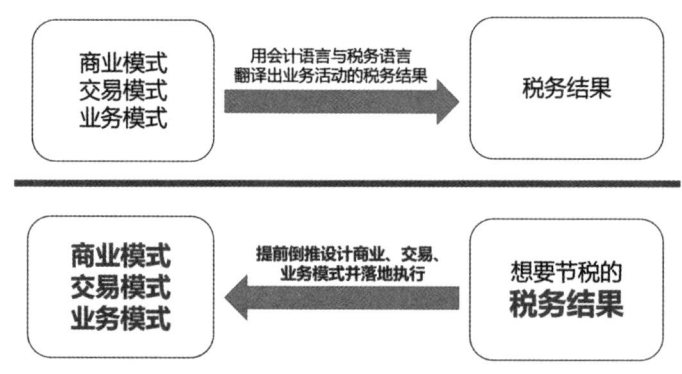

图8-3 商业模式与税务结果的相互关系

4. 税务筹划的五类方法

税务筹划，就筹划的手段而言，有五类方法：布商业、享税优、转性质、核定减、开票冲。如图8-4所示。

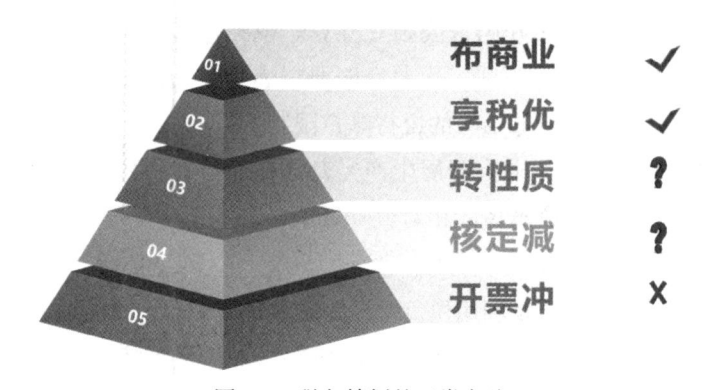

图8-4 税务筹划的五类方法

（1）布商业。通过合理规划业务模式，对某些可能产生高税负的交易进行调整或优化业务流程，避免一些不必要的商业行为带来过高税负，以降低税务成本。通过商业布局来做税筹，是笔者一直强调的股权财税法顶层设计带来的价值所在。

（2）享税优。充分了解各种税收优惠的适用范围和条件，利用国家和地方针对特定行业、地区或企业类型的税收优惠政策，享受税收减免获取税收利益。

（3）转性质。根据企业实际情况，转变企业的性质或业务性质，如将企业从一般纳税人转为小规模纳税人，或者调整业务类型以适用不同的税率等。业务发生前就要筹划如何转换收入性质，业务发生后再考虑转换收入性质会有风险。

（4）核定减。对于会计核算不健全、无法准确核算成本费用的小规模纳税人（如部分个体工商户、个人独资企业），可申请核定征收以降低企业税负。中央政府为了促成全国统一大市场的形成，促进国内大循环，各地核定征收的政策都趋紧，筹划"核定减"方法时要注意各地政策方面的变化和执行稳定性。

（5）开票冲。要合法合规地开具发票，确保企业的成本和费用能够得到充分抵扣，防止虚开发票、找发票等违法行为带来税务风险。

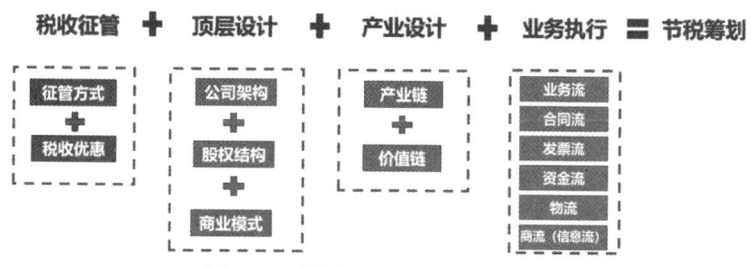

5. 财博仕节税筹划万能公式

税务筹划是在纳税义务发生之前对经营、投资、理财等活动进行的规划与安排，是一项综合性的工作。实际上，无论哪类企业，无论何种业务，其实际应交多少税可归结为一个公式：应纳税额 = 基数 × 适用税率 − 减免税。企业税务筹划就是围绕这个公式，在合法合规前提下，根据自身的实际情况，制订节税规划方案，并在实施过程中不断调整和优化，以实现降低税负的目标。

从商业逻辑和业务出发，将上述公式进行细化展开，就诞生了笔者原创的财博仕节税筹划万能公式。之所以叫万能公式，是因为这个公式涵盖了所有的节税筹划思路和方法。财博仕节税筹划万能公式从四个方面进行考量：税收征管、顶层设计、产业设计和业务执行。如图8-5所示。以下详述。

节税筹划的底层逻辑
——财博仕节税筹划万能公式

税收征管 + 顶层设计 + 产业设计 + 业务执行 = 节税筹划

- 征管方式 + 税收优惠
- 公司架构 + 股权结构 + 商业模式
- 产业链 + 价值链
- 业务流 / 合同流 / 发票流 / 资金流 / 物流 / 商流（信息流）

图8-5 财博仕节税筹划万能公式

（1）税收征管层面。包括税收的征管方式和税收优惠两方面。

①税收征管方式包括查账征收和核定征收。要关注税务机关的征管重点和趋势，加强税务风险管理，及时调整自身的税务管理策略。对于一些符合条件的企业，可以申请核定征收降低税负。例如，某些小型企业或个体工商户，在成本难以准确核算的情况下，核定征收可能更为有利。

②国家为了鼓励特定行业或行为，会出台一系列税收优惠政策。企业应关

注税收优惠的时效性和变动,充分利用国家和地方的税收优惠政策实现节税。例如高新技术企业实行减按15%的税率征收企业所得税。又如,小型微利企业(资产总额≤5000万元、从业人数≤300人,年应纳税所得额≤300万元)享受企业所得税优惠(应纳税所得额减按25%、按20%的税率,实际税负5%)。还有,小规模纳税人增值税优惠,研发费用加计扣除政策,残疾人就业税收优惠,农业生产者销售的自产农产品免征增值税,等等。

(2)顶层设计层面。包括公司架构、股权结构和商业模式三个方面。

①合理设计公司架构。根据不同的业务需求和税收政策,按照财博仕"公司架构设计3+2+1层次框架模型"选择设立子公司、孙公司、兄弟公司或分公司。公司架构税务筹划时,可以采用拆分或重组合并的方法,拆分时又可采取按主体拆分、地域拆分、人员拆分或业务拆分的方法。有关公司架构如何拆分,详见"8.1.4 其他涉及股权税筹的几个问题"。

②优化股权结构,合理安排股东的持股比例和方式。不同的股东身份(如自然人、有限公司、合伙企业),分红及股权转让的税负不同,税收优惠政策不同,税务风险不同。股权转让和重组过程中,还可以利用特殊性税务处理等税收政策进行筹划,降低股权转让的税负。

③创新商业模式,寻找税收优惠的切入点。例如,一些互联网企业采用平台模式,通过整合资源和优化业务流程,降低税负。在创新商业模式的同时,要考虑商业模式的可持续性和合法性,避免税务风险和刑法风险。

(3)产业设计层面。包括产业链和价值链两方面。

①产业链分析。通过调整产业链的布局即业务模式,调整集团内部各企业之间、企业与外部各企业的链接方式进行税务筹划,例如,与客户的销售关系、服务关系、租赁关系,与供应商的买卖关系、加工关系,员工招聘是全职还是临时工、派遣、外包服务等。分析产业链上下游的税收情况,优化产业链布局,合理安排生产、销售和服务环节,寻找节税机会。例如,与上下游企业可以享受税收优惠的企业合作,降低自身的采购成本和税负;将生产环节放在税收优惠地区;或者将销售环节分离出来成立独立的销售公司。

②价值链分析。价值创造有两类活动,一是基本活动,二是辅助活动。基本活动是设计产品的物质创造及其销售、转移给买方和售后服务的各种活动,辅助活动是辅助基本活动并通过提供外购投入、技术、人力资源以及各种公司范围的职能以相互支持。企业通过分析价值链的增值环节,优化业务流程可以

降低税负。例如，对于一些高附加值的研发和设计环节，可以将其由企业的一个部门升级，单独成立研发公司，享受税收优惠。对于销售产品同时提供安装服务的业务，可考虑将安装服务单独成立一个公司或业务外包。

（4）业务执行层面。包括业务流、合同流、发票流、资金流、物流、商流（信息流）六流一致。

几乎所有企业，只要是真实业务，上述六流是一致的，是可以相互印证的，但也不要将其绝对化。例如存在委托收款情形时资金流就不一致，商家指定厂家直接发货客户时物流就不一致。财务上要严格按照会计准则和税法规定进行处理，留存好税务申报相关资料，以备税务机关检查。

①业务流。前述顶层设计和产业设计的规划需要落实到具体业务流程环节，合理安排业务活动的流程、交易的时间和方式。

②合同流。签订合同时，合理安排合同金额和收款方式（一次性收款、分期收款、预收货款等），清晰规定双方的权利义务，避免因合同约定不明确而产生纠纷。同时，企业内部建立合同执行跟踪机制，监督合同的履行情况。

③发票流。加强发票管理，确保发票的真实性、合法性和有效性。合同中清晰地约定发票的开具时间、发票类型（增值税专用发票还是普通发票）、税率、含税价格或不含税价格、税款的承担方等，严格按照税收法规的要求开具和取得发票，做好发票存档管理，避免因发票问题导致税务风险。

④资金流。依据合同约定的付款方式和付款时间收款，合理安排资金的收付，优化资金管理。实践中常有"卖房卖地来缴税"情形！因此，务必要考虑纳税义务的发生时间，提前做好资金规划，确保及时缴纳税款，避免产生滞纳金或其他法律后果。退款时，退款资金的流向应与原收款路径一致。

⑤物流。物流配合合同流和发票流，与合同和发票相互印证，能为税务合规提供真实性的证据。物流发货时要与合同内容匹配，依据合同发货，准确填写发货单，发货单信息要和发票上的货物名称、数量等信息一致。收货时，及时核对货物数量、质量等情况，确保与收货单、采购发票、采购合同一致。

⑥商流（信息流）。信息流也要配合合同流和发票流，与合同和发票相互印证。客户下单后，及时生成订单确认信息并与合同、发票衔接，通过电子邮件、即时通信工具方式及时与客户确认。合同文本及时传递给相关部门，如财务部门用于开具发票，物流部门用于安排发货。建立客户信息管理系统，记录从订单生成、合同签订、发票开具到货物交付的全过程信息。

6. 财博仕节税筹划万能公式的应用

财博仕节税筹划万能公式看懂并不难，难在哪里？难在结合实务的应用层面。按排列组合公式，$C_5^3=10$，$C_8^3=56$，意思是如果5个选项中挑3个进行组合，有10种组合方式，8个选项中挑3个进行组合，就有56种组合方式了。财博仕节税筹划万能公式中，若业务执行环节的"六流"算一个选项的话，总共也有8个选项了，真正税务筹划时方案"千差万别"需要个性化定制。当然，作为老板，能看懂万能公式的解释，能理解这个公式就可以了。

具体如何应用财博仕节税筹划万能公式，笔者举两个案例来加以说明。

（1）税收征管方式、税收优惠、商业模式对税务筹划的影响

我们看一个案例：《国家税务总局关于明确二手车经销等若干增值税征管问题的公告》（国家税务总局公告2020年第9号）针对垃圾、污泥、污水、废气等废弃物进行专业化处理适用增值税税率有以下规定：

纳税人受托对垃圾、污泥、污水、废气等废弃物进行专业化处理，即运用填埋、焚烧、净化、制肥等方式，对废弃物进行减量化、资源化和无害化处理处置，按照以下规定适用增值税税率：

（一）采取填埋、焚烧等方式进行专业化处理后未产生货物的，受托方属于提供《销售服务、无形资产、不动产注释》（财税〔2016〕36号文件印发）"现代服务"中的"专业技术服务"，其收取的处理费用适用6%的增值税税率。

（二）专业化处理后产生货物，且货物归属委托方的，受托方属于提供"加工劳务"，其收取的处理费用适用13%的增值税税率。

（三）专业化处理后产生货物，且货物归属受托方的，受托方属于提供"专业技术服务"，其收取的处理费用适用6%的增值税税率。受托方将产生的货物用于销售时，适用货物的增值税税率。

以上公告规定，专业化处理后未产生货物的，其收取的处理费用适用6%的增值税税率，没有疑义。但专业化处理后产生货物，若货物归属权不一样，适用的增值税税率就不一样了：货物归属委托方的属"加工劳务"，增值税税率是13%，货物归属受托方的属"专业技术服务"，增值税税率是6%。两者的税率差异很大，筹划就有空间了，这个空间的产生就是业务运作模式带来的。

按照笔者前面所讲述的"税务筹划的基本原理"，想要达成节税的税务结果，就需要提前倒推设计商业、交易、业务模式。因此，对于受托方而言，货物归属我自己，此环节交的税少，但后期销售增值税税率要按13%；对于委托

方而言，货物归属我自己，此环节交的税多，但解决了票的问题，进项还可抵扣。当然，双方最终如何决策，不单单要计算损益平衡点，考虑税如何交，缴税是否划算，还需要结合货物本身的价值、供应链的安排、业务的便利度等多种因素综合确定。

（2）某新零售公司的信息技术部，分离出来单独成立科技开发公司

例如，某新零售公司，属于批发零售行业，该公司成立的信息技术部，研发力量大，研发投入多，但不能享受软件行业的增值税即征即退优惠政策（实际增值税税负为3%），也不能享受研发费用加计扣除的所得税优惠政策。因此，公司基于节税筹划和业务上的考虑，将原信息技术部分离出来单独成立软件业的科技开发公司，科技开发公司即享受税收优惠政策了。

结合"财博仕节税筹划万能公式"，上面的决策路径是这样的：首先，从税收征管来看，将研发部分离出来成立科技开发公司，能享受国家软件业的税收优惠和研发加计扣除的政策支持。其次，从产业设计来看，将此部门业务单独剥离，业务上是可行的，是符合公司未来发展规划的。再次，从顶层设计来看，剥离业务成立新公司，作为新零售平台公司的全资子公司或在子公司考虑研发人员的股权激励都可以。最后，就是在业务执行环节，从业务流程、关联方往来、集团资金管控等方面实施集团公司管控了。其分析逻辑如图8-6所示。

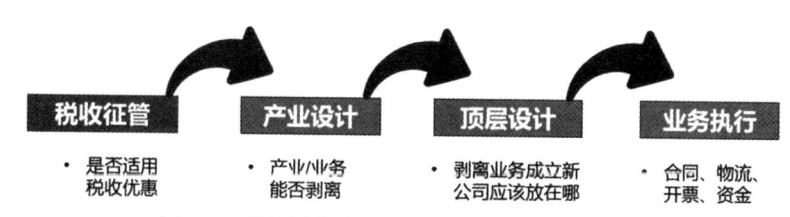

图8-6　某新零售公司的研发部门分离决策逻辑

7. 税负率指标计算公式

常见的三个税负率指标，计算公式如下：

（1）总体税负率 = 实际缴纳的各项税费 ÷ 当期营业收入 ×100%。总体税负率反映百元销售收入的税费负担水平，这个比率可以直观地反映企业的税负状况。税负率高低对企业的经营决策有重大影响，税负率高表明企业可能需要进一步优化税务管理或成本结构。"实际缴纳的各种税费"包括企业缴纳的增值税、消费税、企业所得税、增值税附加、印花税等所有税费的总和，是企业在经营过程中实际向税务机关和其他政府部门缴纳的金额。

（2）增值税税负率＝本期应纳增值税额÷当期营业收入×100%。通过将企业实际税负率与同行业平均税负率对比，若明显低于行业均值，可能存在少计收入或多抵进项等税务风险。

（3）企业所得税税负率＝本期应纳企业所得税额÷当期营业收入×100%。该指标用于衡量企业所得税负担情况，税负率异常波动可能暗示企业成本费用列支不合理或收入确认存在问题，需要查找税负率异常波动的原因。

8.1.3 股权税筹的原理与方法

笔者在"第3章值钱篇：股权架构"中讲到股权架构设计的意义时，曾提到，股权架构是控制的"核"，是税筹的"根"，是风控的"魂"。股权架构设计是从"根"上进行税务筹划，股权税筹贯穿整个股权架构设计与调整的全过程。

1. 股权税筹的底层逻辑

企业运营过程中，税收是一个不可忽视的重要因素。假企业是这样"避税"的："空壳企业"成为虚开发票主要载体，虚开企业进行虚假纳税申报或不进行申报，简单粗暴地对外虚开成为虚开主要方式，"走逃失联"成为逃避打击主要方法。一些公司选择在维京群岛（BVI）、开曼群岛等地注册成立"离岸公司"现在要慎重了。随着近年来国际税制改革及加强金融监管的趋势，离岸公司"上岸"成为趋势。例如，欧盟地区近年来开始将BVI企业列入"欧盟税务不合作清单"，开曼群岛亦已落实企业要在当地有实质经营的要求。

企业缴税通常要交三层，包括流转税（增值税、消费税、关税）、企业所得税和个人所得税。股权架构设计会直接影响到这三层的税负。公司产生利润时分配给股东，或股权转让、公司清算时，作为自然人股东和法人股东，其分红和股权转让的所得税，税负差异很大。

股权税筹的底层逻辑在于充分利用税收政策，在企业出生时做"优生策划"（股权架构设计），发展壮大成年后做"成年优化"（股权架构调整），在企业的不同发展阶段合理安排企业的股权结构和运营方式，通过对股东身份、持股比例、利润分配等方面的精心设计，实现税务优化目标。这都是股权架构顶层设计层面要实现的价值。

用一句话总结，股权税筹的底层逻辑，就是"优生优育"。如图8-7所示。

"优生"即在成立公司的时候进行精心策划。这个阶段，股东身份和持股比例的确定尤为关键。不同的股东身份会带来不同的税收待遇。例如，自然人股东和法人股东在分红和股权转让时的个人所得税和企业所得税就有所不同。合理确定股东身份和持股比例，可以为未来的分红和股权转让提前规划好税收路径。

企业交税要交三层：流转税（增值税，消费税，关税），企业所得税，个人所得税（利润分配时）

筹划核心：（分红、股权转让）个人所得税、企业所得税

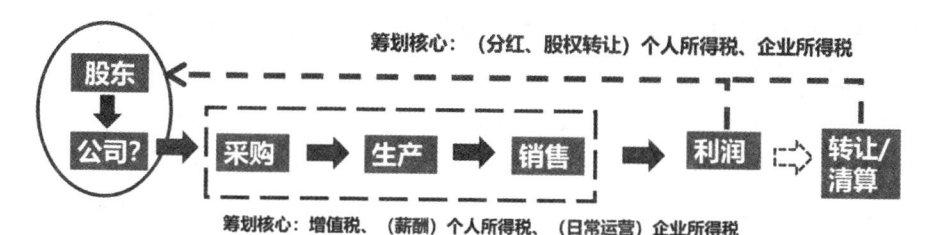

股东 → 公司？ → 采购 → 生产 → 销售 → 利润 ⇒ 转让/清算

筹划核心：增值税、（薪酬）个人所得税、（日常运营）企业所得税

图8-7　股权税筹的底层逻辑：优生优育（优生策划和成年优化）

公司成长壮大后，"优育"就显得尤为重要。企业是发展的，发展是动态的。要根据企业的发展阶段，结合持股目的，考虑如何调整企业的股权架构，实现持有税务成本和退出税务成本最优化。

老板只有明白了股权税筹的底层逻辑，才会有意识地前瞻性布局股权架构设计时的税务问题。这一点对于企业发展和股东利益至关重要。

2. 股权税筹的三个重点环节

公司架构和股权结构，是节税的"根"，是节税的七寸。股权税筹，需要从股权财税法顶层设计出发，站在企业全生命周期高度，考虑企业的实际情况，提前规划布局。同时，股权布局阶段，就要考虑将来的股权退出和股权投资事项。因此，股权税筹的核心在于，考虑持股目的、持有税务成本和退出税务成本三个方面，并综合考虑优化商业方式与控制风险，在股权布局、股权转让和股权投资这三个重点环节做好股权财税法顶层设计工作。

股权布局结果，很大程度上决定了股权转让和股权投资的税务筹划结果。企业注册时就决定了企业未来的"钱"景！您的公司架构和股权架构设计，决定了您将来的分红和股权转让的个人所得税。因此，必须从股权架构顶层设计层面去考虑税务筹划事宜，公司成立一开始就做好股权布局，从"根"上做好税务筹划，不要简单粗暴地只是考虑通过注册个人独资企业或个体户转换收入性质去偷逃税，或不加分析地采用洼地注册、园区财政返还等税收政策不稳定有风险的方法去避税。或者，"蚂蟥听不得水响"，听说海南自贸区有税收优惠，不管这些税收优惠适不适合自己，立马在海南注册一家公司去"开票"。

因此，创业者在创业时决策要成立个体户还是有限公司，是现在成立有限

公司还是将来成立有限公司，如何安排公司之间及各公司内部股权结构的相互关系，就要搞清楚有限公司和个体户的经营管理差异、税务风险和法律风险，搞清楚哪个风险大，哪个能赚钱，税怎么交，目前创业者的资源和能力是否适合成立有限公司。若考虑成立有限公司，有限公司的股东身份是自然人还是法人股东，要不要先成立自己的家族公司，作为法人股东来控股将要成立的公司，等等。

持股目的不同，决定持股主体的设计不一样，在设计时需要多维度考虑。在实践上，老板往往将这两种持股身份结合起来平衡考虑。若单从税务筹划角度考虑，如果以分红为目的，想落袋为安，应优先以自然人身份持股；如果分红后还需要用分红款再投资，应优先以法人身份持股。如果以转让股权套现为目的，应优先以自然人身份持股；如果是以长期控股为目的，应优先以法人身份持股。

3. 股权税筹需要考虑五大要点

股权税筹需要综合考虑分红的税负、转让套现的税负、增值税税负、所得税税负以及风险大小五大要点，通过合理规划公司架构和股权结构，实现合法合规且有效的税务筹划，降低企业和个人的税负。如图8-8所示。

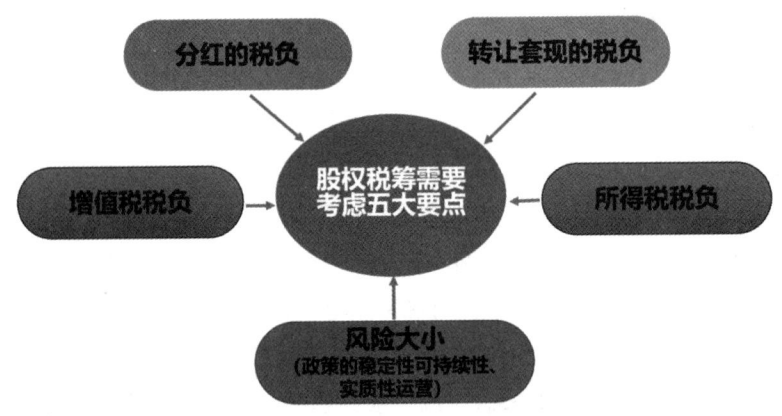

图8-8 股权税筹需要考虑五大要点

（1）分红的税负。分红是股东从企业获取收益的一种重要方式。个人股东的股息红利所得需要缴纳个人所得税；企业股东收到的分红，符合条件的免征企业所得税。进行股权税筹时，要选择合适的纳税主体，充分利用居民企业的分红免税政策，通过合理规划公司架构和股权结构，利用杠杆来达成注册资本实缴或安排再投资资金来源。

（2）转让套现的税负。股权转让套现是股东实现股权价值的常见方式，但股权转让所得需要缴纳个人所得税或企业所得税,具体税率根据转让方的股东身份和转让情况而定。为降低转让套现的税负,可以采取多种策略,如合理确定转让价格,利用特殊交易安排降低当期的转让收入。

(3)增值税税负。一般情况下,股权转让不征收增值税,但在特定情况下,如转让的股权涉及金融商品等,可能需要缴纳增值税(详见表8-(1))。股权税筹时,要关注国家税收政策的变化,考虑股权持有的目的,合理规划股权架构,避免涉及增值税的交易环节。

(4)所得税税负。个人股东的股权转让所得需要缴纳个人所得税;企业的股权转让所得、股息红利所得等都可能涉及企业所得税(详见表8-(1))。股权架构设计之初,就要根据股权持有的目的,合理规划企业的股权结构和业务布局,考虑所得税如何交,交多少。例如,将企业的利润合理分配到不同的子公司,利用不同子公司的税收政策差异,降低整体的企业所得税税负。

(5)风险大小。包括政策的稳定性、可持续性及实质性运营。税收政策可能会随着国家经济形势的变化而调整;本着享受地方性税收优惠投资成立子公司时,地方性税收优惠是否稳定、可持续是投资决策考虑的一个重点因素。股权税筹时要充分考虑税收政策的变化风险,还要满足企业实质性运营要求以避免税务风险。

不同的持股主体,股权分红和股权转让纳税差异如表8-1所示。

表8-1 不同的持股主体,股权分红和股权转让纳税差异表

持股主体		分红	转让增值税		转让所得税
			转让非上市公司股权	转让上市公司股权	
自然人		20%	×(不征)	×(免征)	20%
个人独资企业		20%			5%~35%
有限合伙企业	自然人	20%	不属于金融商品转让,非增值税应税范围	√	5%~35%
	公司	25%		√	25%
公司		×(符合条件的免征)		√	25%

注:1. 以上为一般规定,还有一些税收优惠政策,在股东分红和股权转让两节详细讲解。

2. 转让新三板的股权暂不征收增值税,见厦门国税2018发布的《12366营改增热点问题（二十九）》。

3.金融商品转让的增值税率，一般纳税人为6%，小规模纳税人为3%。应交增值税＝（卖出价－买入价）÷（1＋增值税率）×增值税率。

4.股权税筹对股权架构设计的影响

股权税筹会对公司架构、股权结构和股权交易设计产生重大影响，既可能影响公司层级和股东身份的选择，也会影响股权交易设计，还会影响股权集中度和股权的流通性。

（1）对公司层级的影响。增加公司层级实现税收屏蔽，简化公司层级提高管理效率和降低税务风险。例如，在多层嵌套的公司架构中，企业可以利用地区间的税收差异，在低税负地区设立中间层的公司留存利润，再免税分红给上层公司。复杂的公司层级虽然在某些方面有利于税务筹划，但也可能带来管理成本上升和税务风险增加的问题。因此，企业可能会对公司层级进行简化，合并或撤销部分层级，使股权架构更加清晰，降低税务风险。

（2）对股东身份的影响。由于不同的持股主体，股权分红和股权转让纳税存在差异，公司架构实行多层嵌套时，各层级公司往往通过法人股东来持股，因为法人股东中的居民企业之间能享受分红税收优惠。由于自然人股东分红和股权转让税负相对较低，因此，若以转让股权套现为目的，往往以自然人身份持股。合伙企业作为股东，实行"先分后税"的税收原则，税负是高还是低，需要具体问题具体分析。对于有跨境业务的企业，可以考虑设立海外控股公司，利用不同国家和地区的税收差异进行税务筹划，但需注意跨境架构的复杂性和合规性要求，确保符合各国的税收法规和反避税规定。

（3）对股权交易的影响。复杂的交易结构可能带来税务筹划空间，但也会增加管理成本和潜在的税务风险。股权交易结构应基于企业战略和业务特点，考虑对税筹进行优化。例如，企业重组时享受税收优惠政策，要精确掌握不同重组类型（如股权收购、资产收购、合并等）的适用条件，包括股权支付比例、被收购股权或资产比例、连续经营时间等要求，以降低整体税负。

（4）对股权集中度的影响。分散股权以享受税收优惠，集中股权以实现税收控制。例如，为了满足小型微利企业税收优惠条件，企业可能采取分散股权结构，缩小公司规模。在集团公司架构中，为了更好地统筹税务安排，将子公司的股权集中到母公司或特定的控股公司，在集团内部进行利润分配、成本分摊等税务筹划操作，避免子公司各自为政带来的税务成本增加。

（5）对股权流通性的影响。提高股权流通性会促进税收优化，限制股权流通性会保障税务筹划效果。例如，上市公司的股权流通性较好，企业为了利用这一优势，通过股份制改造、引入战略投资者等方式，使股权结构更有利于资本运作和税务筹划，增加股权的可交易性和流动性。相反，若为了确保税务筹划的稳定性和效果，企业可能通过公司章程、股东协议等方式一定程度上限制股权转让。

5. 股权架构设计实现税务筹划的方法

股权架构在税务筹划中扮演着重要的角色。通过合理的股权架构设计，企业可以有效地降低税负。以下是一些通过股权架构设计实现税务筹划的方法。

（1）多层公司架构设置。若目标企业的股权价值已经提高，直接平价或低价转让目标企业股权可能会面临较大的税收风险。此时，可以在目标企业股权之上再架设控股公司，通过转让控股公司股权来达到合理的平价或低价转股的效果。这种方式能够避免直接对高价值股权进行转让，从而降低税负。

（2）合理安排股东持股比例。在股权架构设计时，合理安排不同股东身份的持股比例也是实现税务筹划的一种手段。例如，成立子公司时，安排自然人身份持股少量比例，法人股东身份持大股，就可以综合平衡套现和再投资的需要。

（3）业务流程再造，新设或重组公司。比如梳理业务流程，将一些研发环节独立出来新成立公司。在遵循独立交易原则的基础上，对关联企业之间的商品、服务等交易实行合理的转移定价策略。

（4）利用区域税收优惠政策成立公司。例如，对注册在海南自由贸易港并实质性运营的鼓励类产业企业，减按15%的税率征收企业所得税。对在海南自由贸易港设立的旅游业、现代服务业、高新技术产业企业新增境外直接投资取得的所得，免征企业所得税。在股权架构设计时，可以考虑将某些业务分离单独在这些税收优惠地成立公司，以获取税收优惠和财政奖励。

（5）利用行业或产业税收优惠政策成立公司。从事农、林、牧、渔业项目的所得，可以免征、减征企业所得税，软件产业有税收优惠。在股权架构设计时，将涉及农、林、牧、渔业产业的业务分离成立公司，以获取税收优惠。

（6）利用投资抵免政策。例如，创业投资企业采取股权投资方式投资于未上市的中小高新技术企业、创业投资企业和天使投资直接投资于种子期或初创期科技型企业满2年以上的，税收上有按投资额的70%抵扣应纳税所得额或抵扣分红的优惠政策。公司若有创投业务时，可以对照相关优惠条件，成立创投企业。

（7）利用小规模纳税人、小型微利企业、高新技术企业等税收优惠政策。例如，小规模纳税人和一般纳税人增值税征收差异较大，若季度营业额一般不超过 30 万元，当然选择小规模纳税人身份更好；如果业务进项抵扣较多，使用一般纳税人身份纳税可能反而更划算，这需要专业测算才能确定。比如，在股权架构设计中，业务分离单独成立的公司，若符合小型微利企业条件，可以享受税收优惠（执行期限至 2027 年 12 月 31 日止）。

（8）亏损弥补政策。企业发生的亏损可以用以后年度的所得弥补。在股权架构设计中，若集团内有盈利企业和亏损企业，可以考虑通过股权关系，通过合理的业务整合等方式将它们合理关联，减少应纳税所得额。

需要注意的是，通过股权架构实现税务筹划，需要企业充分了解相关税收法律法规和政策，确保筹划活动的合法合规。同时，企业应根据自身实际情况和经营管理需求，选择合适的税务筹划方法。

8.1.4 其他涉及股权税筹的几个问题

1. 股权投资、股权转让要开发票吗？

很多老板朋友将开发票的概念泛化了，股权投资、股权转让是不需要开发票的，因为这类业务属于投资，属于资本性支出，而非普通商品或服务的交易。

如果涉及的是具体的有形资产转让，可以在合同中约定开具发票，开发票的时间点可按照合同约定来处理。

2. 新业务是否一定要单独成立公司？

对公司架构进行税务筹划时，可以采用拆分或重组合并的方法，拆分时又可采取按主体拆分（成立有限公司或分公司、合伙企业、个体独资企业、个体户）、地域拆分（结合项目所在地及所在地的税收优惠政策，考虑注册公司还是分公司）、人员拆分（分股东、员工和自由职业者）或业务拆分（涉及产业链、价值链，是否业务剥离新成立销售、采购、研发、电商公司）的方法。如图 8-9 所示。

图8-9 公司架构的"拆分法"

业务如何分离设立新公司呢？比如一家制造业企业，现在生产一个喷雾泵，业务高速运转，但是不符合高新技术企业申报的销售收入和人员学历的比例要求，这时可以考虑把研发部门分离出来，分离出来的部门人员都是本科毕业的，至少是大专毕业的，本专科的学历人数可以控制，接下来这家计划成立的公司仅生产销售高技术产品，这样销售收入比例也可以控制了。对照高新技术企业的申报要求去满足它，缺啥补啥，既合法合规，又能享受税收优惠政策。

以上思路是仅从税务筹划角度出发考虑的，新业务是否一定要单独成立公司呢？不一定，还至少需要考虑以下几个方面。

①业务的关联性与可拆分性。是否真的构成一项单独的业务。

②是否涉及后续不可控风险。用新主体将各种不确定性风险进行风险隔离，不影响企业原业务及生态的正常持续开展。

③是否涉及产权登记。若能单独申请产权登记，后续转让股权或资产时会更加便利，收购重组时便于享受特殊性税务处理的优惠政策。

④投资方对主体的特别要求。投资方为避免承担不必要的过往经营风险和债务风险，往往会对投资的主体有特殊要求。

⑤是否有以前年度亏损。若存在以前年度亏损，可以进行盈亏互抵节税，降低新业务前期的税负，此时不一定立即成立新公司。

⑥新业务是否有融资需要。新主体背景干净，有发展前景，有价值，可用该主体进行债权融资或股权融资。比如房地产企业，面临国家政策的限制性规定多，融资困难，往往还设立有劳务公司、绿化公司、工程建筑公司等来融资。

3. 新业务是成立子公司还是分公司？

新业务是成立子公司还是分公司，需要了解子公司和分公司的管理特点、税务差异和风险，综合平衡后决策。从税务差异来看，子公司具有独立法人资格，独立纳税，可以享受当地的税收优惠政策；分公司则不具有独立法人资格，其经营成果并入总公司合并纳税，在一定程度上可以平衡总公司的税负。

如果总公司处于高税负地区，在低税负地区设立子公司，可利用子公司的税收优惠政策降低整体税负；而如果是临时性的外地经营，设立分公司可能更便于汇总纳税，减少税收成本。需要注意的是，集团公司内部的利润分配和转移定价应在合理的范围内，避免被税务机关认定为避税行为。

4. 偷逃税后注销公司可以高枕无忧吗？

新公司法规定了在原有的公司普通注销制的基础上，明确了简易注销制并增加了强制注销制，为市场主体的退出提供了便利性。

根据市场监管总局、国家税务总局等五部门修订的《企业注销指引》规定，企业终止经营活动退出市场，通常需要经历决议解散、清算分配和注销登记三个主要过程。普通注销制情形下，纳税人应当向税务机关提交相关证明文件和资料并缴清税款、缴销发票及登记证件，经税务机关核准后办理税务注销登记。简易注销制情形下，企业的全体股东书面承诺经营主体未发生债权债务或债权债务已清偿完毕，即可免予办理清税证明，直接向市场监督管理部门办理注销登记。

实践中，税务机关发现已注销的企业在存续期间存在欠税或偷逃税情形的，可能会通过以下方式向已注销的企业追缴税款，亦可能向其股东或投资人追缴税款：下达税务事项通知书要求企业补缴税款；恢复已注销企业的工商登记或税务登记，再要求其补缴税款；直接向股东下达税务事项通知书追缴税款；提起民事诉讼向股东或投资人主张债权；若发现企业存在虚开发票、逃税罪等情形的，移送司法机关。

企业注销后，税务机关向企业及股东追缴税款的方式不一，并不存在企业偷逃税，注销公司后，就可以"逃之夭夭"高枕无忧了。

5. 个人股权变动及股权交易的报告

根据《股权转让所得个人所得税管理办法（试行）》（国家税务总局公告2014年第67号）规定，个人股权变动及股权交易的报告，一般分为三个阶段：事前报告、纳税申报和事后报告。

事前报告要求扣缴义务人应于股权转让相关协议签订后，5个工作日内将股权转让的有关情况报告主管税务机关。被投方应在董事会或股东会结束后5个工作日内向主管税务机关报送股权变动事项相关的董事会决议、股东会决议或会议纪要等资料。纳税申报环节，如果发生了股权转让，在次月15日内向主管税务机关申报纳税。被投方发生个人股东或者个人股东所持股权变动的，应在次月15日内向主管税务机关报送含有股东变动信息表以及股东变更的情况说明。

6. 个体户解决采购无票和公司缺钱的筹划思路

据市场监管总局统计，截至2024年9月底，全国登记在册个体工商户达1.25亿户，个体工商户平均从业人数为2.68人，带动了近3亿人的就业。为鼓励就业，国家针对个体户的税收优惠政策相当多，力度也特别大。

在税收方面，个体工商户不缴纳企业所得税，只需缴纳个人所得税，其经营所得适用5%～35%的超额累进税率。对达不到建账管理暂行办法规定设置账簿标准的个体工商户定期定额征税。

财政部、税务总局《关于进一步支持小微企业和个体工商户发展有关税费政策的公告》（财政部、税务总局公告2023年第12号），执行期限至2027年12月31日止。根据文件规定，对个体工商户年应纳税所得额不超过200万元的部分，减半征收个人所得税。从事国家非限制和禁止行业的小型微利企业，同时符合以下三个条件：年度应纳税所得额不超过300万元、从业人数不超过300人、资产总额不超过5000万元的，减按25%计算应纳税所得额，按20%的税率缴纳企业所得税政策（实际税负5%）。

实务中经常存在这样的情形：公司采购时，供应商由于各种原因无法开具发票；公司缺钱时老板往往直接借钱给公司，老板频繁地借钱给公司既会引发"老板的钱从何而来，有没有私收账款"的质疑，也会产生关联交易的税务风险。

如何解决此类问题？可充分利用个体户的优势，业务运营时引入个体户，解决采购无票和公司缺钱的问题。例如，一家灯饰企业经常需要采购五金件，由于五金件要经过很多特定工序（如电镀工序就有环保的要求），大公司不愿意做，往往要从小作坊工厂采购。小作坊工厂往往在城郊接合部租一块地方加工五金件，管理上往往不规范，不能满足环保要求，也做不大，甚至没有注册登记，采购往往无法开票，也可能为了减少风险不敢开票。这种情形如果是偶尔一单两单，影响不大，纳税调增能解决问题。如果多了，接下来净利润会因没有成本票而大量虚增。本来一年只赚了100万元，结果年底"账面上赚了"1000万元。

遇到以上这种情况，有一个聪明的老板，让自己的表妹成立一个个体户，租一个门店主营五金销售，有仓储有物流有存货，实实在在做五金生意。老板需要采购五金件时，由个体户向该供应商采购后向公司供货开票，公司设置一定的账期，一段时间后才向个体户付款。结果，采购无票和公司缺钱的两个大难题，通过引入个体户筹划圆满解决了。整体筹划的过程及思路如图8-10所示。

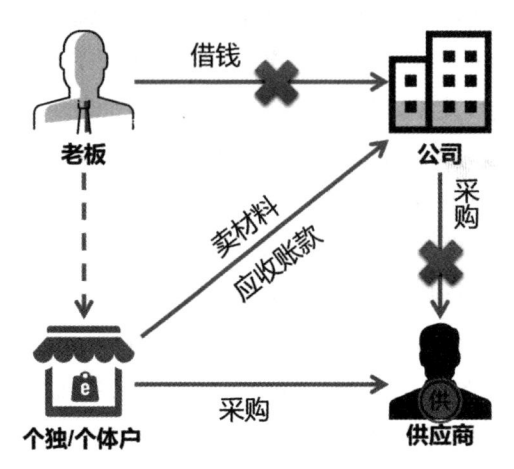

图8-10　个独、个体户解决采购无票和公司缺钱的筹划思路

以上筹划的核心在于，个体户有税收优惠，税负并不高，不是虚假注册，在实质性运营，是真实的个体户，有针对除老板之外的市场真实交易，不是老板的"空手套"，实际控制人也并不是老板本人，并不存在所谓的资金回流问题。

最后总结下，个体户解决采购无票和公司缺钱的筹划核心有四点：有税收优惠、要实质性运营、无关联关系、不资金回流。在整个股权税筹设计中，小微企业或个体工商户也要考虑税负和经营成本问题。不要觉得多交一分钱税就是损失，不想交一分钱税，这是一种极其错误且风险极大的思维。

7.【案例】供应商中存在大量个体工商户遭深交所问询

某拟上市企业A公司主要从事饲料添加剂产品研发、生产和销售。随着产品技术的不断成熟，其已成为国内相关饲料添加剂行业的主要生产企业，并已向深交所申请上市。因企业的供应商中存在大量个体工商户，且与个体户之间的交易金额巨大，其相关主体存在"闪设闪销"的情况，遭到深交所发函问询并最终终止上市。

深交所要求企业充分说明以下问题：供应商中存在较多个体工商户的合理性；说明与个体户供应商采购相关货物流、发票流、资金流情况；同时对于个体户供应商存在的"闪设闪销"问题进行说明。拟上市企业回应如下：

（1）供应商中存在多家个体工商户的主要原因系经销商的投资人为享受小规模纳税人税收优惠而成立非公司制经营主体。

（2）公司将个体工商户供应商按照同一实控人合并计算的模式进行管理，

相关货物流、发票流、资金流与公司制供应商采用相同的管理方式：

①公司与个体工商户供应商签订采购合同后，根据合同约定的发货时间进行安排，无论是个体工商户供应商送货或是由公司自提，均以附有与合同相对方相同的发货人送货单据作为结算单据的附件；

②在结算时，公司根据原材料入库、化验情况与合同相对方确认某时间段内采购/运输数量、采购/运输单价、结算金额后，由合同相对方开具相应的发票；

③公司按照合同约定，将采购价款按期向合同相对方名义开立的账户支付货款。

（3）部分个体工商户供应商系公司制供应商的投资人以及亲属为享受小规模纳税人税收优惠政策而在公司制主体之外投资设立的经营主体。因工商登记的经营者个人原因不再从事相关业务，以及经营主体超过小规模纳税人的认定限额等事由会选择注销该经营部，因此个体户供应商存在"闪设闪销"的情况。

8. 什么是居民企业、非居民企业、居民个人、非居民个人？

作为自然人，在个人所得税汇算清缴或银行账户开户时，都要声明是居民个人还是非居民个人。非专业人士往往对这几个概念会有点陌生。接下来几节要讲到的股东分红的税负、股权转让的税负，都涉及这几个概念问题。

涉及非居民企业、非居民个人要缴预提所得税，具体税率需要看中国与相关国家是否签署了避免双重征税协定。2023年10月17日，我国已与114个国家和地区签订了对所得消除双重征税和防止逃避税的协定，涵盖了我国对外投资的主要目的地以及来华投资的主要国家和地区。值得注意的是，协定中往往还有"反滥用"条款。例如，《内地和香港特别行政区关于对所得避免双重征税和防止偷漏税的安排》第五议定书（自2019年12月6日起生效）就享受安排优惠的资格判定，规定"如纳税人相关安排或交易的主要目的之一是获得《内地和香港特别行政区关于对所得避免双重征税和防止偷漏税的安排》优惠待遇，则不得享受《内地和香港特别行政区关于对所得避免双重征税和防止偷漏税的安排》优惠待遇"。

（1）居民企业。居民企业是指依法在中国境内成立，或者依照外国（地区）法律成立但实际管理机构在中国境内的企业。例如，一家在我国工商局注册登记的企业就是依法在境内成立的居民企业；如果一家外国企业，它的实际管理机构（如对企业的生产经营、人员、账务、财产等实施实质性全面管理和控制的机构）在中国，那它也属于居民企业。居民企业应当就其来源于中国境内、境外的所得缴纳企业所得税。这意味着居民企业对其全球收入都有纳税义务，国家对其全球所得征税。

（2）非居民企业。非居民企业是指依照外国（地区）法律成立且实际管理机构不在中国境内，但在中国境内设立机构、场所的，或者在中国境内未设立机构、场所，但有来源于中国境内所得的企业。比如，一家注册在国外，实际管理机构也在国外的企业，但是它在中国设有工厂（这就是机构、场所），那它就是非居民企业；或者一家外国企业，没在中国设机构、场所，但它有来源于中国的特许权使用费收入，这种企业也属于非居民企业。这种分类主要基于属地原则，对非居民企业来源于中国境内的经济活动征税，维护中国的税收利益。

（3）居民个人。居民个人是指在中国境内有住所，或者无住所而一个纳税年度内在中国境内居住累计满183天的个人。比如，有中国户籍并且长期在国内生活的人就是在中国境内有住所的居民个人；一位外国人在2024年1月1日来到中国，到7月1日还没离开，这就满足一个纳税年度内在中国境内居住累计满183天，他也算居民个人。这种分类基于属人原则，国家对居民个人来源于中国境内和境外的全部所得行使税收管辖权。

（4）非居民个人。无住所又不居住，或者无住所而一个纳税年度内在中国境内居住累计不满183天的个人为非居民个人。这种分类基于属人原则，但与居民个人相对，主要对其来源于中国境内的所得征税，因为其与中国的经济联系相对较弱。

8.2 股东分红的税负

分红税负是股权持有期间的税务成本,是在股权架构设计进行股权税筹时需要重点考虑的一个因素。分红的税负存在四种情形。税法上也出台了一些分红的税收优惠政策,还存在视同分红的一些规定。

8.2.1 股东分红的四种税负情形

股东分红的税负如何,取决于股东身份。而股东选择何种身份持股,是在股权架构设计之初就需要布局规划的。股东身份从是否是居民来看,一般有居民企业、居民个人、非居民企业、非居民个人四类情形。以广东财博仕财税有限公司为例,股东分红的四种税负情形,如图 8-11 所示。

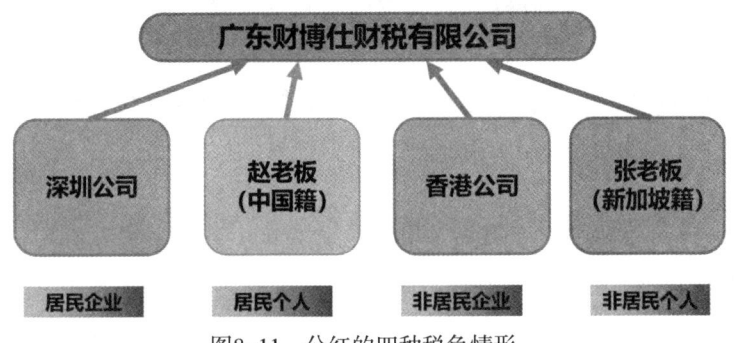

图8-11 分红的四种税负情形

这四种股东身份,分红如何缴税呢?先说结论,再详细讲解政策性规定。广东财博仕财税有限公司各股东的分红,缴税如下:

深圳公司(居民企业股东)分红免税;赵老板(居民个人股东)分红缴 20% 的个人所得税。

香港公司和张老板的分红缴预提所得税。其中,香港公司(非居民企业股东)若持股 25% 及以上,且满足"受益所有人"身份认定要求,获得《香港税收居民身份证明书》,则可享受 5% 的优惠税率;若持股低于 25%,税率为 10%。张老板(外籍个人)若持股 25% 及以上,从中国居民公司取得的股息,所征税收不应超过股息总额的 5%,加之此时财博仕公司属于外商投资企业,张老板享受分红免税优惠;若持股低于 25%,预提所得税税率为 10%。

1. 居民企业

居民企业之间的股息、红利等权益性投资收益是免税的。也就是说，居民企业取得股权分红时，不需要缴纳企业所得税，企业在年度所得税汇算清缴时可以将此分红金额纳税调减。这是因为从企业所得税的原理来看，股息红利是企业税后利润的分配，为避免重复征税，给予了这种免税待遇。

但需要注意的是，企业应符合居民企业之间直接投资的条件，并且不包括连续持有居民企业公开发行并上市流通的股票不足12个月取得的投资收益。

2. 居民个人

个人从公开发行和转让市场取得的上市公司股票，持股期限超过1年的，股息红利所得暂免征收个人所得税。持股期限在1个月以内（含1个月）的，其股息红利所得全额计入应纳税所得额；持股期限在1个月以上至1年（含1年）的，暂减按50%计入应纳税所得额；上述所得统一适用20%的税率计征个人所得税。

对于非上市公司的股权分红，按照"利息、股息、红利所得"项目，依20%的税率缴纳个人所得税。

但需要注意的是，向个人股东分配红利时，支付股息红利的企业应按照规定的税率计算并申报应代扣代缴的个人所得税额。

3. 非居民企业

非居民企业在中国境内未设立机构、场所的，或者虽设立机构、场所但取得的所得与其所设机构、场所没有实际联系的，应当就其来源于中国境内的股息、红利等权益性投资收益缴纳预提所得税，税率一般为10%。如果非居民企业所在国家或地区与中国签订了税收协定（安排），一般而言，若股息受益所有人为缔约国对方居民公司并且直接拥有支付股息公司至少25%股份，优惠税率为5%。

非居民企业取得股息红利所得，以支付人为扣缴义务人，非居民企业也可以自行申报纳税，但一般是扣缴义务人代扣代缴。《国家税务总局关于发布〈非居民纳税人享受协定待遇管理办法〉的公告》（国家税务总局公告2019年第35号）规定，自2020年1月1日起，非居民纳税人享受协定待遇，采取"自行判断、申报享受、相关资料留存备查"的方式办理。

4. 非居民个人

《财政部、国家税务总局关于个人所得税若干政策问题的通知》（财税字

〔1994〕20号）规定，外籍个人从外商投资企业取得的股息、红利所得暂免征收个人所得税。

对于从非外商投资企业取得的股息、红利所得按照"利息、股息、红利所得"项目依20%的税率缴纳个人所得税。如果外籍个人所在国家或地区与中国签订了税收协定，可能会有不同的税收待遇。《国家税务总局关于印发〈非居民享受税收协定待遇管理办法（试行）〉的通知》（国税发〔2009〕124号）规定，外籍个人或者其委托扣缴义务人、代理人可依照此通知提出享受税收协定待遇申请，对于其因拥有债权、股权等而取得的来自中国境内的利息、股息、红利所得，可按税收协定约定的优惠税率执行。

外籍个人取得的股息、红利所得通常由支付股息红利的企业代扣代缴个人所得税。

8.2.2 视同股东分红的几种情形

为规范个人投资者个人所得税管理，确保依法足额征收个人所得税，防止税款流失，保证税收公平，税法上针对企业实际上让股东获得了利益分配效果的行为规定了要视同分红。对于公司的个人股东，视同分红要按照"利息、股息、红利所得"项目计征个人所得税，税率为20%。

1. 将企业的利润用于投资者本人、家庭成员及其相关人员消费性支出等，税法上视同股东分红。

《财政部、国家税务总局关于规范个人投资者个人所得税征收管理的通知》（财税〔2003〕158号）规定，个人独资企业、合伙企业的个人投资者以企业资金为本人、家庭成员及其相关人员支付与企业生产经营无关的消费性支出及购买汽车、住房等财产性支出，视为企业对个人投资者的利润分配，并入投资者个人的生产经营所得，依照"个体工商户的生产经营所得"项目计征个人所得税。除个人独资企业、合伙企业以外的其他企业的个人投资者，以企业资金为本人、家庭成员及其相关人员支付与企业生产经营无关的消费性支出及购买汽车、住房等财产性支出，视为企业对个人投资者的红利分配，依照"利息、股息、红利所得"项目计征个人所得税。企业的上述支出不允许在所得税前扣除。

《财政部、国家税务总局关于企业为个人购买房屋或其他财产征收个人所得税问题的批复》（财税〔2008〕83号）规定，符合以下情形的房屋或其他财产，不论所有权人是否将财产无偿或有偿交付企业使用，其实质均为企业对个人进行了实物性质的分配，应依法计征个人所得税：企业出资购买房屋及其他财产，将所有权登记为投资者个人、投资者家庭成员或企业其他人员的；企业投资者个人、投资者家庭成员或企业其他人员向企业借款用于购买房屋及其他财产，将所有权登记为投资者、投资者家庭成员或企业其他人员，且借款年度终了后未归还借款的。对个人独资企业、合伙企业的个人投资者或其家庭成员取得的上述所得，视为企业对个人投资者的利润分配，按照"个体工商户的生产、经营所得"项目计征个人所得税；对除个人独资企业、合伙企业以外其他企业的个人投资者或其家庭成员取得的上述所得，视为企业对个人投资者的红利分配，按照"利息、股息、红利所得"项目计征个人所得税；对企业其他人员取得的上述所得，按照"工资、薪金所得"项目计征个人所得税。

2. 个人投资者从其投资的企业（个人独资企业、合伙企业除外）借款长期不还的，税法上视同股东分红。

《财政部、国家税务总局关于规范个人投资者个人所得税征收管理的通知》（财税〔2003〕158号）规定，纳税年度内个人投资者从其投资企业（个人独资企业、合伙企业除外）借款，在该纳税年度终了后既不归还，又未用于企业生产经营的，其未归还的借款可视为企业对个人投资者的红利分配，依照"利息、股息、红利所得"项目计征个人所得税。

理解上述规定有两个关键点：一是时间界定，指的是在一个纳税年度内，即公历1月1日起至12月31日止；二是借款用途，借款是用于与企业生产经营无关的活动。若能证明借款用于企业生产经营，则不适用该规定。

3. 企业以盈余公积、未分配利润转增资本，对于个人股东来说，税法上视同股东分红。但对中小高新技术企业、个人投资者以股权收购方式取得被收购企业100%股权的两种情形，有特殊规定。

《国家税务总局关于进一步加强高收入者个人所得税征收管理的通知》（国税发〔2010〕54号）规定，企业以未分配利润、盈余公积和除股票溢价发行外的其他资本公积转增注册资本和股本的，要按照"利息、股息、红利所得"项目，依据现行政策规定计征个人所得税。更多详细的政策规定，参见"8.4.1 增资的涉税问题"。

若中小高新技术企业注册在中国境内实行查账征收，年销售额和资产总额均不超过2亿元、从业人数不超过500人，根据《财政部、国家税务总局关于将国家自主创新示范区有关税收试点政策推广到全国范围实施的通知》（财税〔2015〕116号）规定，自2016年1月1日起，以未分配利润、盈余公积、资本公积向个人股东转增股本时，个人股东一次缴纳个人所得税确有困难的，可根据实际情况自行制订分期缴税计划，在不超过5个公历年度内（含）分期缴纳，并将有关资料报主管税务机关备案。股东转让股权并取得现金收入的，该现金收入应优先用于缴纳尚未缴清的税款。在股东转让该部分股权之前，企业依法宣告破产，股东进行相关权益处置后没有取得收益或收益小于初始投资额的，主管税务机关对其尚未缴纳的个人所得税可不予追征。

对个人投资者以股权收购方式取得被收购企业100%股权，将企业原有盈余积累转增股本有关个人所得税问题，《国家税务总局关于个人投资者收购企业股权后将原盈余积累转增股本个人所得税问题的公告》（国家税务总局公告2013年第23号）规定，股权收购后，企业将原账面金额中的盈余积累向个人投资者（新股东，下同）转增股本，有关个人所得税问题区分以下情形处理：新股东以不低于净资产价格收购股权的，企业原盈余积累已全部计入股权交易价格，新股东取得盈余积累转增股本的部分，不征收个人所得税。新股东以低于净资产价格收购股权的，企业原盈余积累中，对于股权收购价格减去原股本的差额部分已经计入股权交易价格，新股东取得盈余积累转增股本的部分，不征收个人所得税；对于股权收购价格低于原所有者权益的差额部分未计入股权交易价格，新股东取得盈余积累转增股本的部分，应按照"利息、股息、红利所得"项目征收个人所得税。新股东以低于净资产价格收购企业股权后转增股本，应按照下列顺序进行，即先转增应税的盈余积累部分，然后再转增免税的盈余积累部分。

8.2.3 股东分红的税收优惠政策

除《财政部、国家税务总局关于个人所得税若干政策问题的通知》（财税字〔1994〕20号）规定的外籍个人从外商投资企业取得的股息、红利所得暂免征收个人所得税外，其他涉及分红的税收优惠政策主要有：居民企业之间的分红，创业投资和天使投资分红，上市公司和新三板挂牌公司的股息红利分配。

1. 居民企业之间的分红免税

《中华人民共和国企业所得税法》第26条第二项规定，"企业取得的符合条件的居民企业之间的股息、红利等权益性投资收益，以及在中国境内设立机构、场所的非居民企业从居民企业取得与该机构、场所有实际联系的股息、红利等权益性投资收益为免税收入"。

《中华人民共和国企业所得税法实施条例》第83条规定了上述免税收入的

条件：必须是居民企业之间的股息、红利等权益性投资收益，不包括居民企业投资到独资企业、合伙企业或非居民企业所取得的收益；这种收益必须是通过直接投资取得的，而不是通过间接投资；对于连续持有居民企业公开发行并上市流通的股票所取得的投资收益，只有在持有时间超过一年（12个月）的情况下，才被视为免税收入。

《国家税务总局关于贯彻落实企业所得税法若干税收问题的通知》（国税函〔2010〕79号）规定，企业权益性投资取得股息、红利等收入，应以被投资企业股东会作出利润分配或转股决定的日期，确定收入的实现。被投资企业将股权（股票）溢价所形成的资本公积转为股本的，不作为投资方企业的股息、红利收入，投资方企业也不得增加该项长期投资的计税基础。

2. 境外投资者境内分红直接投资

《财政部、税务总局、国家发展改革委、商务部关于扩大境外投资者以分配利润直接投资暂不征收预提所得税政策适用范围的通知》（财税〔2018〕102号）规定，自2018年1月1日起，对境外投资者（非居民企业）从中国境内居民企业分配的利润，用于境内直接投资暂不征收预提所得税政策的适用范围，由外商投资鼓励类项目扩大至所有非禁止外商投资的项目和领域。境外投资者通过股权转让、回购、清算等方式实际收回享受暂不征收预提所得税政策待遇的直接投资，在实际收取相应款项后7日内，按规定程序向税务部门申报补缴递延的税款。

境外投资者暂不征收预提所得税须同时满足以下条件：

（1）境外投资者以分得利润进行的直接投资，包括境外投资者以分得利润进行的增资、新建、股权收购等权益性投资行为，但不包括新增、转增、收购上市公司股份（符合条件的战略投资除外）。具体是指：新增或转增中国境内居民企业实收资本或者资本公积；在中国境内投资新建居民企业；从非关联方收购中国境内居民企业股权；财政部、税务总局规定的其他方式。

（2）境外投资者分得的利润属于中国境内居民企业向投资者实际分配已经实现的留存收益而形成的股息、红利等权益性投资收益。

（3）境外投资者用于直接投资的利润以现金形式支付的，相关款项从利润分配企业的账户直接转入被投资企业或股权转让方账户，在直接投资前不得在境内外其他账户周转；境外投资者用于直接投资的利润以实物、有价证券等非现金形式支付的，相关资产所有权直接从利润分配企业转入被投资企业或股权转让方，在直接投资前不得由其他企业、个人代为持有或临时持有。

《国家税务总局关于扩大境外投资者以分配利润直接投资暂不征收预提所得税政策适用范围有关问题的公告》（国家税务总局公告2018年第53号），对财税〔2018〕102号有关执行问题其中规定：境外投资者以分得的利润用于补缴其在境内居民企业已经认缴的注册资本，增加实收资本或资本公积的，属于符合"新增或转增中国境内居民企业实收资本或者资本公积"情形。

3. 外籍个人从外商投资企业取得的股息、红利所得

《财政部、国家税务总局关于个人所得税若干政策问题的通知》（财税字〔1994〕20号）[①] 规定，外籍个人从外商投资企业取得的股息、红利所得暂免征收个人所得税。持有B股或海外股（包括H股）的外籍人员，从发行该B股或者海外股的中国境内企业所取得的股息（红利）所得，暂免征收个人所得税。

4. 创业投资和天使投资分红的税收优惠

为支持创业投资发展，针对创业投资企业采取股权投资方式投资于未上市的中小高新技术企业、创业投资企业和天使投资直接投资于种子期或初创期科技型企业满2年以上的，税收上有按投资额的70%抵扣应纳税所得额或抵扣分红的优惠政策。

有关有限合伙制创业投资企业法人合伙人和个人合伙人，采取股权投资方式直接投资于中小高新技术企业和初创科技型企业的所得税优惠政策，详见"8.6.2 合伙企业纳税的几个具体问题"。

（1）创业投资企业采取股权投资方式投资于未上市的中小高新技术企业

《国家税务总局关于实施创业投资企业所得税优惠问题的通知》（国税发〔2009〕87号）规定，创业投资企业采取股权投资方式投资于未上市的中小高新技术企业2年（24个月）以上，凡符合以下条件的，可以按照其对中小高新技术企业投资额的70%，在股权持有满2年的当年抵扣该创业投资企业的应纳税所得额；当年不足抵扣的，可以在以后纳税年度结转抵扣。

①经营范围符合《创业投资企业管理暂行办法》（国家发展和改革委员会等十部委令2005年第39号）规定，且工商登记为"创业投资有限责任公司""创业投资股份有限公司"等专业性法人创业投资企业。

②按照《创业投资企业管理暂行办法》规定的条件和程序完成备案，经备

[①]《财政部、税务总局关于继续有效的个人所得税优惠政策目录的公告》（财政部税务总局公告2018年第177号）明确该文件继续有效。

案管理部门年度检查核实，投资运作符合《创业投资企业管理暂行办法》的有关规定。

③创业投资企业投资的中小高新技术企业，除应按照科技部、财政部、国家税务总局《关于印发〈高新技术企业认定管理办法〉的通知》（国科发火〔2008〕172号）和《关于印发〈高新技术企业认定管理工作指引〉的通知》（国科发火〔2008〕362号）的规定，通过高新技术企业认定以外，还应符合职工人数不超过500人，年销售（营业）额不超过2亿元，资产总额不超过2亿元的条件。

创业投资企业是指依照《创业投资企业管理暂行办法》和《外商投资创业投资企业管理规定》（商务部等5部委令2003年第2号）在中华人民共和国境内设立的专门从事创业投资活动的企业或其他经济组织。

中小企业接受创业投资之后，经认定符合高新技术企业标准的，应自其被认定为高新技术企业的年度起，计算创业投资企业的投资期限。该期限内中小企业接受创业投资后，企业规模超过中小企业标准，但仍符合高新技术企业标准的，不影响创业投资企业享受有关税收优惠。

（2）创业投资企业和天使投资直接投资于种子期或初创期科技型企业

《财政部、税务总局关于创业投资企业和天使投资个人有关税收政策的通知》（财税〔2018〕55号）规定：

公司制创业投资企业采取股权投资方式直接投资于种子期、初创期科技型企业（以下简称"初创科技型企业"）满2年（24个月，下同）的，可以按照投资额的70%在股权持有满2年的当年抵扣该公司制创业投资企业的应纳税所得额；当年不足抵扣的，可以在以后纳税年度结转抵扣。

天使投资个人采取股权投资方式直接投资于初创科技型企业满2年的，可以按照投资额的70%抵扣转让该初创科技型企业股权取得的应纳税所得额；当期不足抵扣的，可以在以后取得转让该初创科技型企业股权的应纳税所得额时结转抵扣。天使投资个人投资多个初创科技型企业的，对其中办理注销清算的初创科技型企业，天使投资个人对其投资额的70%尚未抵扣完的，可自注销清算之日起36个月内抵扣天使投资个人转让其他初创科技型企业股权取得的应纳税所得额。

相关优惠政策条件是：

①享受通知规定的税收政策的投资，仅限于通过向被投资初创科技型企业直接支付现金方式取得的股权投资，不包括受让其他股东的存量股权。

②通知所称初创科技型企业，应同时符合以下条件：在中国境内（不包括港、澳、台地区）注册成立、实行查账征收的居民企业；接受投资时，从业人数不超过200人，其中具有大学本科以上学历的从业人数不低于30%；资产总额和年销售收入均不超过3000万元；接受投资时设立时间不超过5年（60个月）；接受投资时以及接受投资后2年内未在境内外证券交易所上市；接受投资当年及下一纳税年度，研发费用总额占成本费用支出的比例不低于20%。

③享受通知规定税收政策的创业投资企业，应同时符合以下条件：在中国境内（不含港、澳、台地区）注册成立、实行查账征收的居民企业或合伙创投企业，且不属于被投资初创科技型企业的发起人；符合《创业投资企业管理暂行办法》规定或者《私募投资基金监督管理暂行办法》（证监会令第105号）关于创业投资基金的特别规定，按照上述规定完成备案且规范运作；投资后2年内，创业投资企业及其关联方持有被投资初创科技型企业的股权比例合计应低于50%。

④享受通知规定的税收政策的天使投资个人，应同时符合以下条件：不属于被投资初创科技型企业的发起人、雇员或其亲属（包括配偶、父母、子女、祖父母、外祖父母、孙子女、外孙子女、兄弟姐妹，下同），且与被投资初创科技型企业不存在劳务派遣等关系；投资后2年内，本人及其亲属持有被投资初创科技型企业股权比例合计应低于50%。

5. 上市公司和新三板挂牌公司分红的税收优惠

对于企业而言，连续持有居民企业公开发行并上市流通的股票所取得的投资收益，只有在持有时间超过1年的情况下，才能被视为免税收入。这主要是为了避免企业通过短期频繁买卖股票来获取股息红利从而享受税收优惠的投机行为，鼓励长期投资。

个人持股取得的分红缴税规定较为复杂，针对非上市公司、上市公司和挂牌公司有不同的税收规定。如表8-2所示。企业以未分配利润、盈余公积、资本公积向个人股东转增股本时个人股东如何纳税，详见"8.4.1 增资的涉税问题"。

表8-2 个人持股分红应纳税所得额对比表

适用主体	股票来源	适用时间	应纳税所得额
非上市公司挂牌公司	中小高新技术企业	自2016年1月1日起	全额计入应纳税所得额，5年内分期缴纳
	其他企业		全额计入应纳税所得额

续表

适用主体	股票来源	适用时间	应纳税所得额
上市公司	从公开发行和转让市场取得		持股期限≤1个月 全额计入应纳税所得额 1个月＜持股期限≤1年 暂减按50%计入应纳所得税
上市公司	限售股	解禁后	持股期限＞1年 暂免征收
		解禁前	暂减按50%计入应纳税所得额
挂牌公司		自2024年7月1日起至2027年12月31日	持股期限≤1个月 全额计入应纳税所得额 1个月＜持股期限≤1年 暂减按50%计入应纳所得税 持股期限＞1年 暂免征收

①个人取得的非上市公司和挂牌公司的分红

《中华人民共和国个人所得税法》规定，利息、股息、红利所得，应当缴纳个人所得税，适用比例税率，税率为20%。《中华人民共和国个人所得税法实施条例》规定，利息、股息、红利所得，以支付利息、股息、红利时取得的收入为一次。综上，个人取得非上市公司的股息红利所得，应按照"利息、股息、红利所得"项目，以每次收入额为应纳税所得额，适用20%的税率征个人所得税。

《财政部、国家税务总局关于将国家自主创新示范区有关税收试点政策推广到全国范围实施的通知》（财税〔2015〕116号）规定：自2016年1月1日起，全国范围内的中小高新技术企业以未分配利润、盈余公积、资本公积向个人股东转增股本时，个人股东获得转增的股本，应按照"利息、股息、红利所得"项目，适用20%税率征收个人所得税。个人股东一次缴纳个人所得税确有困难的，可根据实际情况自行制订分期缴税计划，在不超过5个公历年度内（含）分期缴纳，并将有关资料报主管税务机关备案。

②个人从公开发行和转让市场取得的上市公司分红

《财政部、国家税务总局、证监会关于上市公司股息红利差别化个人所得税政策有关问题的通知》（财税〔2015〕101号）规定，"个人从公开发行和转让市场取得的上市公司股票，持股期限超过1年的，股息红利所得暂免征收个人所得税。个人从公开发行和转让市场取得的上市公司股票，持股期限在1个月以内（含 1 个月）的，其股息红利所得全额计入应纳税所得额；持股期限在 1 个月以上至 1 年（含 1 年）的，暂减按 50% 计入应纳税所得额；上述所得统一适用 20% 的税率计征个人所得税"。

③个人持有的上市公司限售股分红

《财政部　国家税务总局　证监会关于实施上市公司股息红利差别化个人所得税政策有关问题的通知》（财税〔2012〕85 号）第 4 条规定，"对个人持有的上市公司限售股，解禁后取得的股息红利，按照本通知规定计算纳税，持股时间自解禁日起计算；解禁前取得的股息红利继续暂减按 50% 计入应纳税所得额，适用 20% 的税率计征个人所得税"。

④个人持有的挂牌公司分红

《财政部　税务总局　证监会关于继续实施全国中小企业股份转让系统挂牌公司股息红利差别化个人所得税政策的公告》（财政部税务总局证监会公告 2019 年 78 号）自 2019 年 7 月 1 日起至 2024 年 6 月 30 日止执行。公告执行到期后，《财政部　税务总局关于延续实施全国中小企业股份转让系统挂牌公司股息红利差别化个人所得税政策的公告》（财政部　税务总局公告 2024 年第 8 号）继续执行之前的股息红利差别化个人所得税政策，规定：

自 2024 年 7 月 1 日起至 2027 年 12 月 31 日，个人持有挂牌公司的股票，持股期限超过 1 年的，对股息红利所得暂免征收个人所得税。个人持有挂牌公司的股票，持股期限在 1 个月以内（含 1 个月）的，其股息红利所得全额计入应纳税所得额；持股期限在 1 个月以上至 1 年（含 1 年）的，其股息红利所得暂减按 50% 计入应纳税所得额；上述所得统一适用 20% 的税率计征个人所得税。全国中小企业股份转让系统挂牌的退市公司取得的股息红利所得，按照本公告规定计征个人所得税，但退市公司的限售股按照《财政部　国家税务总局　证监会关于实施上市公司股息红利差别化个人所得税政策有关问题的通知》（财税〔2012〕85 号）第四条规定执行。挂牌公司是指股票在全国中小企业股份转让系统公开转让的非上市公众公司。持股期限是指个人取得挂牌公司股票之日至转让交割该股票之日前一日的持有时间。

⑤【案例】厦门吉比特实控人卢竑岩天价分红款不用交个税

2022 年 10 月 27 日，"羊了个羊"所属公司厦门吉比特网络技术股份有限公司（以下简称"吉比特"）发布三季度利润分配方案。向全体股东每 10 股派发现金红利 140.00 元（含税）。公司总股本 71866482 股，合计拟派发现金红利 1006130748.00 元（含税），占 2022 年前三季度合并报表归属于母公司股东的净利润的比例为 99.45%。因分红金额刚好是2022年前三季度净利润的总和，被网络戏称"清仓式分红"。截至 2022 年 9 月 30 日，公司合并报表未分配利润 3033833233.80 元，此次分红占未分配利润的 1/3。公司实控人（创始人）卢竑岩持股数量为2162.95万股，可分红3亿多元。

尽管能得到天价的分红款，但卢竑岩却不用交个税。这是因为在 2020 年 1 月 6 日时，他所持的股票已经全部解禁。根据股息红利差别化个人所得税政策，在 2020 年 1 月 6 日解禁之前的分红，需要"按 50% 计入应纳税所得额，适用 20% 的税率计征个人所得税"；解禁后 1 个月内，股息红利所得全额计入应纳税所得额；解禁后 1 个月到 1 年，按 50% 计入应纳税所得额（同解禁前）；解禁后 1 年（2021 年 1 月 5 日），免个税。

卢竑岩 2022 年 10 月分红 10 股派 140 元、2022 年 5 月分红 10 股派 160 元、2021 年 5 月分红 10 股派 120 元，不用缴纳个税。按目前政策，卢竑岩在之后分得的"羊了个羊"的分红，是不用再缴纳个税了。

8.2.4 其他涉及股东分红的几个问题

1. 分红是否一定要缴税？

除了前面所讲的个人持有的上市公司股票或挂牌公司股票、外籍股东分红符合条件的免征个人所得税外，还有：基金分红不征收个人所得税，显名股东支付隐名股东分红不缴纳个人所得税，企业代持转付个人分红款不缴纳个人所得税，个体工商户、个人独资企业、合伙企业分红不缴纳个人所得税。

2. 股东会决议分红的，公司何时要实际分红？

新公司法第 212 条规定，股东会作出分配利润的决议的，董事会应当在股东会决议作出之日起 6 个月内进行分配。具体分配时间，应结合股东会决议载明时间、公司章程规定时间，在上述"6 个月内"时间段把握。

《国家税务总局关于贯彻落实企业所得税法若干税收问题的通知》（国税函〔2010〕79 号）规定，企业权益性投资取得股息、红利等收入，应以被投资企业股东会作出利润分配或转股决定的日期，确定收入的实现。因此，股东会作出分红决议但公司尚未分红的，纳税义务已经产生。

实务中，一些会计人员依据公司章程规定，年底结账时将应分配给股东的利润，从未分配利润直接转到负债中的"其他应付款—应付股东"科目。这种做法不科学，既没有股东会决议依据，也存在较大的税务风险，正确的做法是按照法定程序进行利润分配和账务处理，按照税法规定确认纳税义务。

3. 账面有利润分不分红？

公司账面有利润是否分红，需要权衡股东利益和公司发展战略等诸多因素综合考量。分红能够让股东直接获得投资回报，对于一些依赖分红收益生活的股东，或者对短期资金回笼有需求的股东而言，分红备受期待。然而，从公司发展角度看，留存利润可以作为内部融资的免费资金来源用于再投资。如果行业竞争激烈更是如此，公司需要不断投入资金用于生产运营，可能优先选择不分红。

另外，公司的财务状况也是重要考虑因素。即使账面有利润，但并不等于公司有现金用于分红，往往先解决流动资金问题而暂不分红。

4. 自然人股东一定要分红拿走利润吗？

老板一旦创业，往往一直在创业的路上；创业时，如果有新的业务，新的合伙人加入，可能会成立新的公司。如果没有股权架构设计思维，老板这时直接以自然人股东身份投资成立公司，若公司产生了利润，合伙人分红，自然人股东分红是要交20%的个税的。

但若老板有股权架构顶层设计思维理念，有节税规划意识，老板第一时间想到的应该是通过居民企业之间免税分红解决注册资本出资和再投资资金来源问题，而不是通过分红的形式打到个人卡将分红拿走"落袋为安"，除非老板想完全退出不做业务或公司面临法律诉讼等风险。

例如，可以设立一家控股公司，自然人股东通过控股公司间接持有运营公司的股权，运营公司的利润可以先分配到控股公司，而不是直接分配给自然人股东。控股公司可以根据企业的发展战略，决定是否将利润用于再投资或增加对运营公司的注册资本实缴。这种方式既可以实现资金的有效利用，实现风险隔离，又可以避免自然人股东过早缴纳个人所得税。

实践中，一些创始人用家庭生活开支发票冲抵利润，或通过关联公司的关联交易将利润转移，都存在税务风险。股东如果以借款之名，行抽走利润之实，并且长期不归还，税务上也可能认定为视同分红。总之，老板应通过科学合理的股权架构设计来实现其节税筹划及企业发展规划。

8.3 股权转让的税负

自 2020 年 5 月 1 日起，多地税务局、市场监督管理局联合开展个人转让股权查验工作，要求个人转让股权办理变更登记时需先到税务部门完税，并由市场监督管理部门查验完税凭证，未取得完税凭证的不予受理股权变更登记。

股权转让的税负是股权退出期间的税务成本，是在股权架构设计进行股权税筹时，除股权分红的税负之外另外一个需要重点考虑的因素。

8.3.1 股权转让的四种税负情形

股权转让的税负如何，取决于股东身份。而股东选择何种身份持股，是在股权架构设计之初就需要布局规划的。股东身份从是否是居民来看，一般有居民企业、居民个人、非居民企业、非居民个人四类情形。以广东财博仕财税有限公司为例，股权转让的四种税负情形，如图 8-12 所示。

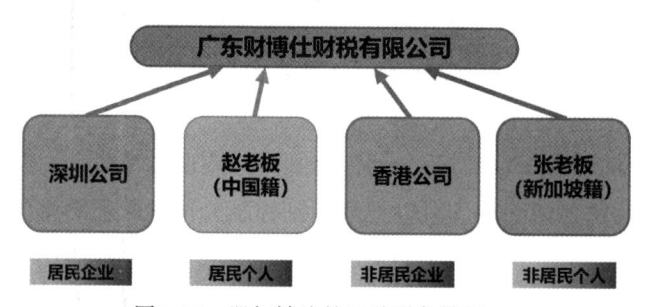

图8-12 股权转让的四种税负情形

这四种股东身份，股权转让如何缴税呢？先说结论，再详细讲解政策性规定。广东财博仕财税有限公司各股东的股权转让，缴税如下：

深圳公司（居民企业股东），年度企业所得税汇算清缴时，要将股权转让所得连同其他经营所得一并纳入应缴税所得额，缴企业所得税，税率25%（不考虑小微企业等税收优惠）。赵老板（居民个人股东），股权转让取得所得的次月15 日内向主管税务机关申报缴纳个人所得税，税率20%。

香港公司和张老板的股权转让缴预提所得税。香港公司（非居民企业股东），若持股比例25% 及以上，税率为10%。若持股比例低于25%，则在内地无须缴纳预提所得税。张老板（非居民个人），若股权比例25% 及以上，税率为10%；若所持财博仕公司股权比例低于25%，且股权价值中不动产构成比例也低于50%，则可免于在中国缴纳税款。

1. 居民企业

居民企业股东，企业转让股权，应于转让协议生效且完成股权变更手续时确认收入实现，按规定缴纳企业所得税，股权转让所得为股权转让收入减去股权原值和合理费用后的余额，计算时不得扣除被投资企业未分配利润等股东留存收益中按该项股权所可能分配的金额，企业所得税一般税率为25%，符合小型微利企业等税收优惠条件的按相应优惠税率缴纳。对于符合条件的股权收购，在满足特殊性税务处理规定的情况下，可以递延纳税。

企业需要在年度企业所得税汇算清缴时，将股权转让所得纳入应纳税所得额，计算缴纳企业所得税。如果涉及分期收款等情况，应按照合同约定的收款日期确认收入的实现。对于符合特殊性税务处理的股权转让，企业应按规定向主管税务机关报送相关资料备案，在规定的期间内暂不确认所得或损失，递延纳税。

2. 居民个人

个人转让股权办理变更登记的，市场主体登记机关应当查验与该股权交易相关的个人所得税的完税凭证。

个人转让股权，以股权转让收入减除股权原值和合理费用后的余额为应纳税所得额，按"财产转让所得"缴纳个人所得税，税率为20%。

个人转让股权时，受让方为扣缴义务人，应在支付股权转让款时代扣代缴个人所得税。扣缴义务人应于代扣税款的次月15日内，将税款缴入国库。如果个人自行申报纳税，应在取得所得的次月15日内向主管税务机关申报纳税。

如果个人转让上市公司股票，根据持股期限不同，税收政策有所不同。持股期限超过1年的，暂免征收个人所得税；持股期限在1个月以内（含1个月）的，其股息红利所得全额计入应纳税所得额；持股期限在1个月以上至1年（含1年）的，暂减按50%计入应纳税所得额，统一适用20%的税率计征个人所得税。

3. 非居民企业

非居民企业转让中国居民企业股权，一般需要缴纳预提所得税，股权转让所得为股权转让收入减去股权原值和合理费用后的余额，计算时不得扣除被投资企业未分配利润等股东留存收益中按该项股权所可能分配的金额，征收预提所得税 10%。如果税收协定有更优惠的税率，可按协定执行。例如，内地与香港签订的税收安排规定，香港居民企业转让其拥有的内地居民企业的股权，若所持股权比例低于 25%，则在内地无须缴纳股权转让所得企业所得税。

非居民企业转让股权，以支付人为扣缴义务人。税款由扣缴义务人在每次支付或者到期应支付时，从支付或者到期应支付的款项中扣缴。非居民企业也可以自行申报纳税。

4. 非居民个人

非居民个人转让股权按"财产转让所得"缴纳个人所得税，以转让财产的收入额减除财产原值和合理费用后的余额为应纳税所得额，适用 20% 的税率。如果其所在国家或地区与中国签订的税收协定有优惠规定，例如，根据中新协定（国税函〔2007〕790 号），新加坡居民在转让行为前的 12 个月内曾经直接或间接参与被转让公司 25% 的资本，或者股份价值的 50% 以上直接或间接由位于中国的不动产构成，中国有权对该收益征税，通常预提所得税税率为 10%；新加坡居民转让其他财产取得的收益，则在中国无须缴纳预提所得税。

纳税义务发生时间一般为股权转让协议生效，且股权变更手续完成之日，以支付人为扣缴义务人。非居民个人也可以自行申报纳税。

8.3.2. 股权转让税务筹划的方法

股权税务筹划需要公司和投资者从企业战略和商业模式出发，结合自身的业务实际，提前布局股权财税法顶层设计，严格遵守国家的税收法律法规，合理运用各种税务筹划方法，不能采取"阳阳合同"等违法形式。

纳税问题通常涉及四个关键问题：谁是纳税人？应税金额如何计算？适用税率多少？有没有减免税优惠政策。这四个问题是税款计算和缴纳的核心。

股权转让时也涉及下述四个关键问题：谁是股权转让的纳税义务人？应纳税所得额如何计算？税率多少？有没有股权转让的税收优惠。这四个关键问题，实际上在如下的股权转让应纳税额公式中已经体现。

$$股权转让应纳税额 =（股权转让收入-股权原值-合理费用）\times 适用税率 - 减免税$$

股权转让税务筹划的方法，无非是通过对股权转让收入、股权原值、合理费用、税收优惠政策以及纳税时间等环节的合理筹划，降低股权转让的应纳税额。这些方法，归结起来有六类，包括：调整纳税主体，降低转让收入，增加扣除成本，享受税收优惠，推迟缴纳时间，变更纳税地点。如图 8-13 所示。

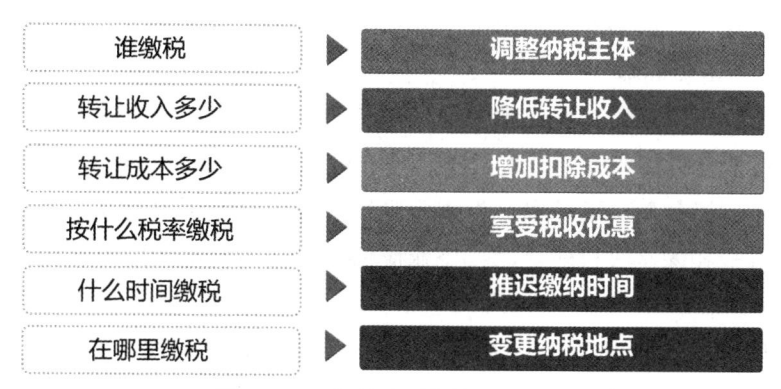

谁缴税	▶	调整纳税主体
转让收入多少	▶	降低转让收入
转让成本多少	▶	增加扣除成本
按什么税率缴税	▶	享受税收优惠
什么时间缴税	▶	推迟缴纳时间
在哪里缴税	▶	变更纳税地点

图8-13 股权转让税务筹划的方法

1. 调整纳税主体

纳税主体的不同会导致税收待遇的差异。企业可以通过调整公司架构和股权结构，根据持股目的，选择自然人还是法人股东身份作为纳税主体进行税务筹划。企业股东之间的股权转让可以通过合理的定价和交易安排，实现税负的优化。

个人股权转让的转让方为纳税义务人，按"财产转让所得"项目依20%的税率计算缴纳个人所得税。企业股东转让股权时，转让方为纳税义务人，企业股权转让所得应并入企业的应纳税所得，一般企业所得税率为25%。

2. 降低转让收入

常见的降低股权转让收入筹划方法有四类：

（1）合理利用平价和低价政策转让给配偶、父母、子女等亲属。

（2）若国家政策调整导致股权价值降低，企业可以申请低价转让股权。

（3）转让股权之前，利用居民企业之间的免税分红政策，被投资企业先分红，减少企业的净资产，降低股权价值，为后续股权转让降低收入提供空间。

（4）通过股权置换等特殊交易安排，利用税法规定的特殊性税务处理政策，暂不确认转让所得，递延应纳税额。

《国家税务总局关于非货币性资产评估增值暂不征收个人所得税的批复》（国税函〔2005〕319号）已全文废止，依据是《国家税务总局关于公布全文失效废止、部分条款失效废止的税收规范性文件目录的公告》（国家税务总局公告2011年第2号）。原国税函〔2005〕319号规定，"对个人将非货币性资产进行评估后投资于企业，其评估增值取得的所得在投资取得企业股权时，暂不征收个人所得税。在投资收回、转让或清算股权时如有所得，再按规定征收个人所得税,其财产原值为资产评估前的价值"。

3. 增加扣除成本

增加股权转让的扣除成本是降低税负的有效途径。股东可以通过增加对公司的投资来提高股权的计税成本。对于与股权取得和持有相关的合理费用,如中介费、律师费、审计费、为收购股权支付的财务顾问费等,可以计入股权成本进行扣除。股权转让时,企业应保留好相关费用的发票和凭证,以备核查。

按照《关于贯彻落实企业所得税法若干税收问题的通知》(国税函〔2010〕79号)规定,"企业在计算股权转让所得时,不得扣除被投资企业未分配利润等股东留存收益中按该项股权所可能分配的金额"。

一般情况下,股权原值资产评估增值部分不得计入股权成本,但若企业按照《公司法》规定改制为股份有限公司,可按资产评估确认的价值调整企业相应资产的原账面价值。在企业兼并中,若被购买企业保留法人资格,则被购买企业应当按照评估确认的价值调整有关资产的账面价值;若被购买企业丧失法人资格,购买企业应当按照被购买企业各项资产评估后的价值入账。

4. 享受税收优惠

充分了解和利用国家及地方的税收优惠政策是股权税务筹划的重要手段。国家对某些特定行业,如从事农、林、牧、渔业项目,软件企业,节能环保企业等,给予税收优惠政策以支持行业发展。企业进行股权税筹时,可以考虑将股权转让与企业的科技创新、产业升级结合,充分利用行业税收优惠政策。

不同类型企业存在一些税收政策差异,如高新技术企业享受15%的企业所得税优惠税率,符合条件的小型微利企业实际税负为5%。企业可以利用这些税收差异,满足这些条件来享受企业所得税优惠。

5. 推迟缴纳时间

公司股权转让纳税义务发生时间的确认,按照《关于贯彻落实企业所得税法若干税收问题的通知》(国税函〔2010〕79号)规定,"企业转让股权收入,应于转让协议生效且完成股权变更手续时,确认收入的实现"。

通过分期收款等交易安排,可以将股权转让收入分摊到多个纳税期间,将纳税义务发生时间推迟缴税,获得资金的时间价值。当然,如果你是受让方会担心"好事多磨",如果你是转让方会担心"收款风险",因此,别用此招"自杀"。

实务中，纳税义务时间点的可能情形：受让方已经支付了部分股权转让款，或者股权转让协议生效，或者受让方已经开始履行股东职责或享受股东权益，有关部门的判决或登记公开生效等。只要有任何一个条件满足，纳税义务就立即生效，必须在次月15日内向税务机关申报纳税。

6. 变更纳税地点

不同地区的税收政策和征管环境存在差异，企业可以通过合理安排纳税地点，将部分业务转移到区域性税收优惠政策地区设立子公司，降低税负。例如，海南自由贸易港的鼓励类产业企业，减按15%的税率征收企业所得税。

对于跨国企业或涉及境外投资的企业，可以通过合理安排公司架构和股权结构，利用国际税收协定和各国的税收政策差异，进行国际税收筹划。例如，企业可以在低税率国家或地区设立控股公司，通过控股公司进行股权转让。

8.3.3 九种股权转让方式

不同的股权转让方式会有不同的税负。采取哪种股权转让方式税负更低呢？笔者用一个案例，详细推演股权转让九种场景下的税负水平。

【案例背景资料】

ABC公司注册资本1000万元，法定盈余公积500万元，未分配利润500万元，由甲公司和乙公司投资。甲公司初始投资成本400万元，占股40%；乙公司初始投资成本600万元，占股60%，甲乙两个股东的注册资本已全部实缴。现乙公司拟将其所持的ABC公司股权作价1300万元全部转让给丙公司。假设不存在股权转让费用，不考虑印花税，企业所得税率25%。相关资料如图8-14所示。

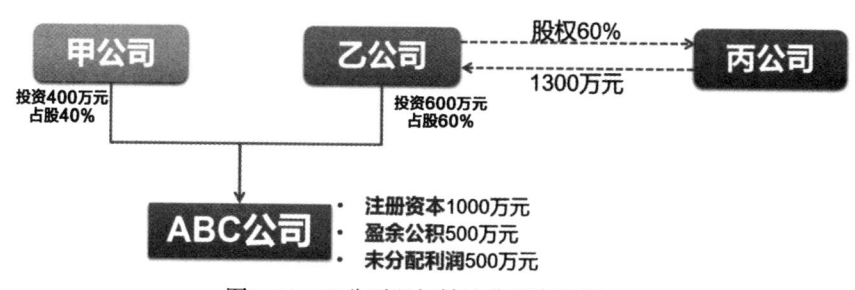

图8-14 乙公司股权转让背景资料图

1. 直接转让

乙公司股权直接转让给丙公司，丙公司直接支付1300万元转让款。根据国税函〔2010〕79号文规定，乙公司在ABC公司享有的未分配利润、盈余公积份额不能直接扣减，只能在股东分红后才能实际扣减。因此，乙公司股权转让所得700万元（股权转让收入1300万元－股权转让原值600万元），股权转让应缴纳企业所得税175万元（700×25%），税负率13.46%。计算过程如表8-3所示。

表8-3　直接转让股权应缴企业所得税及税负计算

股权转让所得	1300-600=700万元
股权转让缴纳企业所得税	700×25%=175万元
税负率	13.46%(175/1300)

2. 先分红，再转让

ABC公司将未分配利润余额500万元全部分红，乙公司占股60%分得300万元（500×60%），分红后乙公司将股权转让价格由原1300万元调整为1000万元。如图8-15所示。

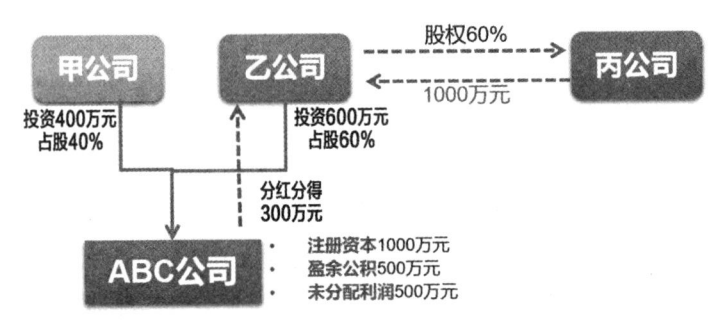

图8-15　乙公司股权先分红再转让示意图

乙公司股息分红税额为0，股权转让所得400万元（股权转让收入1000万元－股权转让原值600万元），股权转让缴纳企业所得税100万元（400×25%），税负率7.69%。计算过程如表8-4所示。

表8-4　乙公司先分红再转让股权应缴企业所得税及税负计算

股权转让所得	1000-600=400万元
股息分红税率	0
股权转让缴纳企业所得税	400×25%=100万元
税负率	7.69%（100/1300）

该方法的节税思路是：居民企业之间分红免税，可以通过分红降低所有者权益，降低转让价格。

3. 先分红，再转增，后转让

ABC公司分红500万元，乙公司免税分红300万元（500×60%）。分红后，股权转让价格由原 1300 万元调整为 1000 万元。

新公司法第 214 条规定"法定公积金转为增加注册资本时,所留存的该项公积金不得少于转增前公司注册资本的 25%"。具体到本案例,ABC 公司转增前注册资本 1000 万元,盈余公积 500 万元,盈余公积余额要保留 250 万元,本次盈余公积只能转增资本 250 万元,乙公司可以转增资本 150 万元(250×60%),转增免税。如图 8-16 所示。

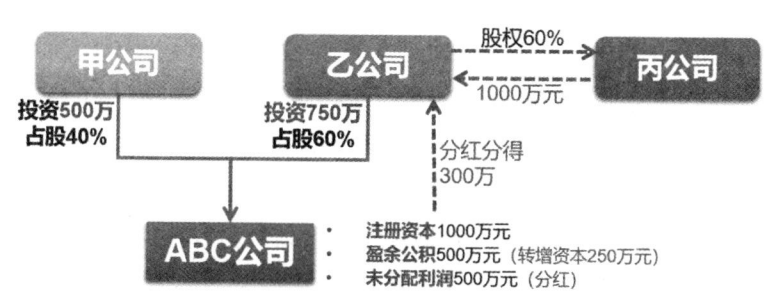

图8-16　乙公司股权先分红、再转增、后转让示意图

乙公司的股权投资成本由原来的 600 万元增加到 750 万元,增加了 150 万元。股权转让所得 250 万元(股权转让收入 1000 万元 - 股权转让原值 750 万元),股权转让缴纳企业所得税 62.5 万元(250×25%),税负率 4.81%。计算过程如表 8-5 所示。

表8-5　先分红,再转增,后转让股权应缴企业所得税及税负计算

股权转让所得	1000-750=250万元
股息分红税率	0
股权转让缴纳企业所得税	250×25%=62.5万元
税负率	4.81%(62.5/1300)

该方法的节税思路是:法人股东分红、转增资本均免税;分红降低所有者权益,降低转让价格,转增增加股权成本。一降一增,进一步降低股权转让所得。有关转增资本的法人股东和自然人股东的涉税规定,详见 8.4 节讲解。

4. 先撤资,再增资

甲公司和乙公司达成协议,乙公司先从 ABC 公司撤出全部 60% 的出资,获得 1300 万元的补偿。再由丙公司和 ABC 公司签订增资协议,规定由丙出资 1300 万元,占 ABC 公司 60% 的股权。如图 8-17 所示。

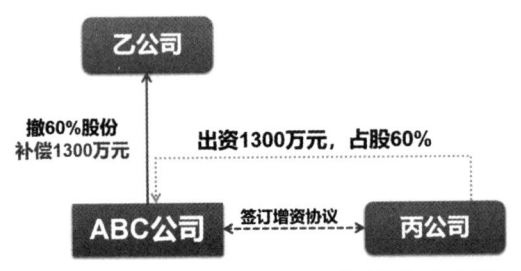

```
        ┌─────────┐
        │  乙公司  │
        └─────────┘
       ↑           ↑
   撤60%股份    出资1300万元，占股60%
   补偿1300万元
       │           │
   ┌─────────┐ 签订增资协议 ┌─────────┐
   │ ABC公司 │←──────────→│  丙公司  │
   └─────────┘             └─────────┘
```

图8-17　乙公司先撤资、丙公司再增资示意图

乙公司收回初始投资600万元（投资成本），收回股息所得300万元（500×60%）免税，收回盈余公积所得300万元（500×60%）免税，撤资相当于获得股权转让所得100万元（1300-600-300-300），缴纳企业所得税25万元（100×25%），税负率1.92%。计算过程如表8-6所示。

表8-6　先撤资，后增资应缴企业所得税及税负计算

乙公司收回初始投资	600万元（投资成本）
收回股息所得	500×60%=300万元（免税）
收回盈余公积所得	500×60%=300万元（免税）
撤资获得资产转让所得	1300-600-300-300=100万元
撤资缴纳企业所得税	100×25%=25万元
税负率	1.92%（25/1300）

该方法的节税思路是：利用国家税务总局2011年第34号公告针对投资企业撤回或减少投资的税务处理规定进行筹划。实务中撤资手续较为复杂，同时操作中需要有商业实质，不得以减少、免除或者推迟缴纳税款为主要目的，要考虑以撤资名义实际却是股权转让的潜在税务风险。

5.清算性股利（第三种方案的极端化）

新公司法规定可以定向分红和定向增资。新公司法第210条规定，公司弥补亏损和提取公积金后所余税后利润，有限责任公司按照股东实缴的出资比例分配利润，全体股东约定不按照出资比例分配利润的除外。即，一般情况下，按照持股比例分红，但是全体股东也可以约定分红。新公司法第227条规定，有限责任公司增加注册资本时，股东在同等条件下有权优先按照实缴的出资比例认缴出资。但是，全体股东约定不按照出资比例优先认缴出资的除外。

本方法利用了新公司法的上述定向分红规定，是第3种方案的极端化。ABC公司向乙公司定向分红500万元，乙公司免税分得500万元。盈余公积250万元转增资本，乙公司可以转增资本150万元（250×60%），转增免税。分

红 500 万元后，股权转让价格由原 1300 万元调整为 800 万元。如图 8-18 所示。

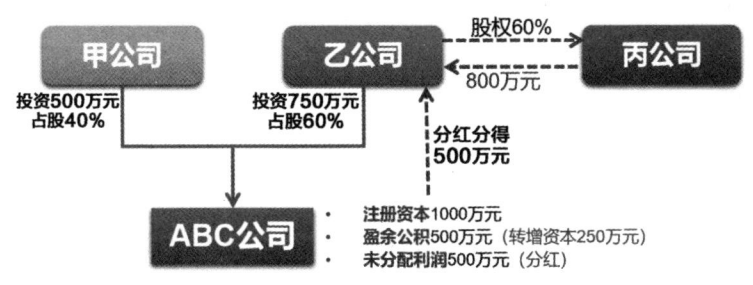

图8-18　乙公司清算性股利示意图

ABC 公司转增资本后，乙公司的股权投资成本（股权原值）由原来的 600 万元增加到 750 万元，增加了 150 万元。股权转让所得 50 万元（股权转让收入 800 - 股权转让原值 750 万元），股权转让缴纳企业所得税 12.5 万元（50×25%），税负率 0.96%。计算过程如表 8-7 所示。

表8-7　清算性股利应缴企业所得税及税负计算

股权转让所得	800-750=50万元
股息分红税率	0
股权转让缴纳企业所得税	50×25%=12.5万元
税负率	0.96%（12.5/1300）

该方法的节税思路是：ABC 公司事前筹划，章程提前约定达到某种条件时定向分红给乙公司，以 500 万元为限。本方法和第 3 种方法的核心区别是定向分红。本次法人股东乙公司分红、转增资本均免税；分红降低所有者权益，降低转让价格，转增增加股权成本。一降一增，进一步降低股权转让所得。

6. 推迟纳税义务发生时间

公司股权转让纳税义务发生时间的确认，按照《关于贯彻落实企业所得税法若干税收问题的通知》（国税函〔2010〕79 号）规定，"企业转让股权收入，应于转让协议生效且完成股权变更手续时，确认收入的实现"。按现有政策，完成股权变更手续，才确认征税收入。因此，通过延期股权变更手续，可以实现推迟纳税义务发生时间。

这个方法适用于分期收取股权转让款的情况。在股权转让款分期收取的情况下，企业可以在协议中约定收到全部或绝大部分股权转让款后再办理股权变更手续。纳税总额不变，将纳税义务发生时间推迟，获得资金的时间价值。在前述五种方案基础上，均可通过此方法实现延迟纳税。

7. 以股权进行投资

实务中，上下游企业为强化合作关系进行交叉持股，可采用此方案。如果乙公司转让股权后打算投资丙公司的子公司 N 公司，可以采取以持有的 ABC 公司股权入股 N 公司。

乙公司以其持有的 ABC 公司 60% 股权对目标公司 N 公司进行投资（即"以股权出资"），投资完成后，目标公司 N 公司持有 ABC 公司股权，而乙公司经由该等投资持有 N 公司股权。以上股权出资行为，实现了乙公司和 N 公司互换股权的目的。如图 8-19 所示。

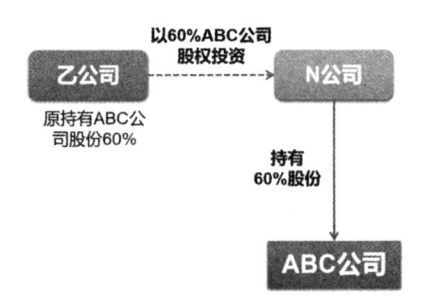

图8-19 乙公司以股权进行投资示意图

该方法的节税思路是：乙公司在"股权出资"前先分红和转增资本，增加扣除金额，降低股权转让所得以降低税负，再通过"股权出资"实现 5 年递延纳税的效果。依据是：《财政部、国家税务总局关于非货币性资产投资企业所得税政策问题的通知》（财税〔2014〕116 号）规定，"居民企业（以下简称'企业'）以非货币性资产对外投资确认的非货币性资产转让所得，可在不超过 5 年期限内，分期均匀计入相应年度的应纳税所得额"。计算确认非货币性资产转让所得，扣除的计税基础与直接转让相同。

如果股权出资前先分红，可以降低用于投资的股权（即 ABC 公司股权的 60%）的公允价值。如果分红前公允价值为 1300 万元，则分红后公允价值为 1000 万元。当然，乙公司取得分红 300 万元，则需同步减少"股权出资"额 300 万元，相应减少乙公司在 N 公司的股权比例。如果乙公司不希望减少在 N 公司的股权比例，则可以先分红，再将分红取得的现金投资到 N 公司，即乙公司以"1000 万元 ABC 公司股权加 300 万元现金"对 N 公司进行投资。

8. 股权收购 / 股权置换

方案"七"是乙公司用 ABC 公司股权作为非货币性资产对 N 公司进行投资。现在将交易逻辑反过来，由丙公司以其持有的 N 公司股权为对价，即股权支付收购乙公司持有的 ABC 公司 60% 的股权，实现免税重组。如图 8-20 所示。

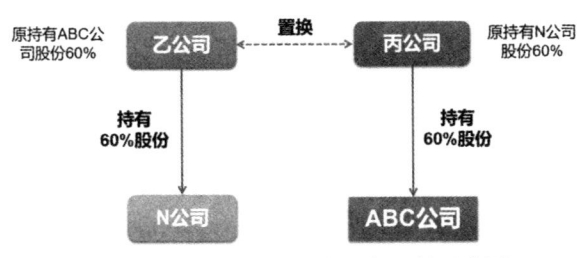

图8-20　乙公司股权收购/股权置换示意图

该方法的节税思路是：丙公司以全额股权支付方式收购 ABC 公司中乙公司 60% 股权，符合 59 号文要求，实现股权转让免税。

2024 年 7 月，财政部和税务总局编写的《企业兼并重组主要税收优惠政策指引》将重组行为区分为法律形式改变、债务重组、股权收购、资产收购、企业合并、企业分立、跨境重组、集团内部资产（股权）划转、非货币性资产投资和全民所有制企业公司制改制十种类型，基本涵盖了企业全部的重组行为。

《财政部　国家税务总局关于企业重组业务企业所得税处理若干问题的通知》（财税〔2009〕59 号）、《财政部　国家税务总局关于促进企业重组有关企业所得税处理问题的通知》（财税〔2014〕109 号）规定，股权收购同时符合如下五个条件：

● 具有合理的商业目的，且不以减少、免除或者推迟缴纳税款为主要目的；
● 收购企业购买的股权不低于被收购企业全部股权的 50%；
● 企业重组后的连续 12 个月内不改变重组资产原来的实质性经营活动；
● 收购企业在该股权收购发生时的股权支付金额不低于其交易支付总额的 85%；
● 企业重组中取得股权支付的原主要股东，在重组后连续 12 个月内，不得转让所取得的股权。

则：股权收购中交易各方对其交易中的股权支付部分，可以按以下三条规定进行特殊性税务处理：

①被收购企业的股东取得收购企业股权的计税基础，以被收购股权的原有计税基础确定；

②收购企业取得被收购企业股权的计税基础，以被收购股权的原有计税基础确定；

③收购企业、被收购企业的原有各项资产和负债的计税基础和其他相关所得税事项保持不变。

9. 企业分立—企业合并—分配利润

此方案的步骤是：

第一步，ABC公司分立为D公司和E公司，甲公司持有D公司，乙公司持有E公司。

第二步，丙公司吸收合并E公司，E公司注销，乙公司持有丙公司股权。

第三步，丙公司修改公司章程，设置条件对乙公司定向分红，乙公司一次性或持续获得现金流补偿。

如图8-21所示。

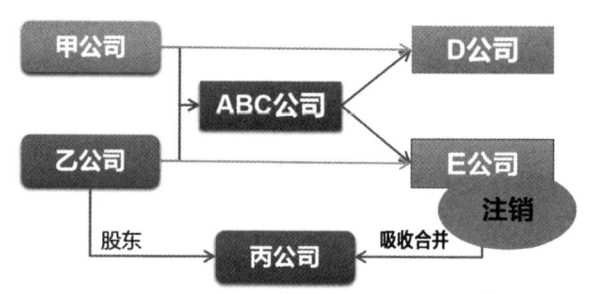

图8-21　乙公司股权收购/股权置换示意图

该方法的节税思路是：按照财税〔2009〕59号文规定，丙公司吸收合并E公司后，只要乙公司取得的丙公司的股权占丙公司总支付对价比例达到85%就可以适用特殊性税务处理，免企业所得税。当然，税务机关在审核该项策划的商业交易实质时，对于这种策划也可能会不予审核通过。因此该项策划是否可行，取决于税务机关对商业交易的实质性审查，筹划时需要与当地税务机关详细沟通。

10. 九种股权转让方式的总结

上述九种股权转让方式缴税、税负率及节税额比较，如表8-8所示。

表8-8　九种股权转让方式缴税、税负率及节税额比较

序号	方法	缴税	税负率	节税额
1	直接转让股权	175.0万元	13.46%	——
2	先分红，再转让	100.0万元	7.69%	75.0万元
3	先分红，再转增，后转让	62.5万元	4.81%	112.5万元
4	先撤资，后增资	25.0万元	1.92%	150.0万元
5	清算性股利	12.5万元	0.96%	162.5万元
6	推迟纳税义务发生时间	分期收取股权转让款递延纳税		

续表

序号	方法	缴税	税负率	节税额
7	以股权进行投资	非货币性资产转让所得5年递延纳税		
8	股权收购/股权置换	符合59号文规定可免税重组		
9	企业分立—企业合并—分配利润	符合59号文规定可免税重组		

9种股权转让方式中，相对于直接转让方式，其他8种转让方式都实现了不同程度的节税效果。实务中具体采用何种方法，企业需要结合自身的实际情况，考虑商业目的、税务风险和资金情况综合确定。

（1）如果股权转让标的公司存在未分配利润和盈余公积，采取先分红和盈余公积转增资本，可有效降低股权转让税负。但要注意公司法规定的法定盈余公积转增资本后余额不得低于转增前注册资本25%的限制。

（2）采取先撤资、后增资方式筹划时，撤资与增资之间要间隔合理的时间，操作时要有合理的商业目的，注意防范税务风险。

（3）实施清算性股利方案，需要在公司章程中提前约定好定向分红条款，不要临时起意操作，避免让税务机关认定为"以避税为唯一目的"产生税务风险。

（4）分期收取股权转让款将纳税义务发生时间推迟，一般适用于关联方之间的交易安排，毕竟商业交易往往存在风险，需要"现金为王，落袋为安"。

（5）由于法人股东转让股权纳税义务发生时间一般为股权变更登记时，前述五种方案均可通过股权延期变更方法推迟纳税义务发生时间，实现递延纳税。

（6）股权投资可享受非货币性资产转让所得5年递延纳税；股权收购或企业合并分立时只要符合59号文规定可适用特殊性税务处理实现免税重组，可以考虑选择"一部分股权支付，另一部分非股权支付"的方案相结合享受优惠。

8.3.4 其他涉及股权转让的几个问题

1. 股权转让，这些筹划方法有用吗

个人股东股权转让时，恰当运用"核定"法、利用"正当理由"股权低价或平价转让、利用公司章程规定优先分红或定向分红，都是合理的方法。

但任何事情过犹不及，所有的筹划方法，都要基于业务，有合理的商业目的，提前布局，不能事到临头时才仓促筹划"以避税为唯一目的或主要目的"，筹划时还要详细研究税收政策，不能产生政策理解上的偏差。

例如，自2022年11月以来，基于税务大数据的风险提示及税务总局督导，多地税务机关对企业以往年度"公司变合伙"的清算缴税情况进行检查。个别企业将持股平台注册迁移至"税收洼地",企业及个人若涉及主体类型的转换,之前未清税的会面临税务风险。

2. 股权投资或股权转让都要缴税吗

有些朋友理解,个人股权投资要按投资金额交20%的个税,股权转让要按转让金额交20%的个税,这是重大理解错误。

股权投资一般不用缴税,但若以股权投资之名行股权转让之实,则可能涉及缴税问题。另外,若以非货币性资产投资,在税法上视为转让非货币性资产和投资两笔业务,对转让非货币性资产的所得会按评估后的公允价值确认非货币性资产转让收入。

股权转让不可能规定直接按转让金额交20%的个税,交不缴税取决于有没有"所得",赚钱了没有,转让金额超过了包含合理税费的投资成本没有。股权转让"无所得,不纳税",这是一般情形。

3. 股权(股票)转让的个人所得税有哪些政策

个人转让股权给其他个人或法人,以股权转让收入减除股权原值和合理费用后的余额为应纳税所得额,一般按"财产转让所得",适用20%税率缴纳个人所得税。

个人涉及非上市公司、上市公司及新三板挂牌公司股权(股票)转让的个人所得税政策,如表8-9所示。

表8-9 个人股权(股票)转让的个人所得税规定

适用主体	股权(股票)类别	规章文号	适用时间	税率
非上市公司挂牌公司	—	国家税务总局公告2014年第67号	自2015年1月1日起	20%
上市公司	流通股	财税字〔1998〕61号	自1997年1月1日起	暂免
	限售股	财税〔2009〕167号	自2010年1月1日起	20%
挂牌公司	非原始股	财税〔2018〕137号	自2018年11月1日起	暂免
	原始股			20%

注:

1. 合伙企业转让股权、股票等财产份额所得,个人合伙人的个人所得税政策,详见"8.6.2 合伙企业纳税的几个具体问题"。

2. 员工股权激励(包括股票期权、股权期权、限制性股票和股权奖励)个人所得税政策,详见"8.7 员工股权激励税务专题"。

3. 2024年12月27日,国家税务总局财政部中国证监会公告2024年第14号规定,个人转让上市公司限售股所得缴纳个人所得税,纳税地点为发行限售股的上市公司所在地。个人转让全国中小企业股份转让系统挂牌公司、北京证券交易所上市公司原始股缴纳个人所得税的有关征管服务事项,依照本公告规定。

当然,若股权不合理低价转让,税务机关有权按转让金额核定一定的所得率征收。有关无偿或平价转让股权、员工持有的股权只能内部转让等特定情形的个人所得税政策参见本节的其他问题说明。

4. 股权转让谁缴税,谁扣税,如何缴,如何扣

个人股权转让时,受让方为扣缴义务人。无论受让方是企业还是个人,均应按个人所得税法规定,在被投资企业所在地主管税务机关办理代扣代缴。

例如,某公司原股东张三将持有的 20% 的股权以 300 万元全部"平价转让"给了李四,股权转让金额为 300 万元。由于双方认为是"平价转让"股权,在转让过程中没有实现增值,不需要缴纳个人所得税。按照独立第三方出具的企业价值评估报告中显示该公司净资产为 2500 万元,经税务部门调查核实,根据相关规定,张三转让给李四 20% 的股权应按"财产转让所得"缴纳个人所得税 40 万元 [(2500 万元 ×20% 股权 -300 万元)×20%]。那么,该部分"平价转让"的股权,税务稽查应补缴的税款、滞纳金和罚款,谁来承担?本案例中,张三是纳税义务人,需要承担补缴税款、滞纳金和罚款的责任,李四是扣缴义务人,可能会承担应扣未扣税款 50% 以上 3 倍以下的罚款。

企业股权转让时,一般情况下不存在法定扣缴义务人,企业需自行申报缴纳企业所得税。不过,若企业存在非居民企业股东转让股权等特殊情形,根据相关税收协定和税法规定,会有支付方代扣代缴等特殊要求。

《国家税务总局关于发布〈股权转让所得个人所得税管理办法(试行)〉的公告》(国家税务总局公告 2014 年第 67 号)规定了纳税人、扣缴义务人的申报和扣缴办法。

①第 20 条。具有下列情形之一的,扣缴义务人、纳税人应当依法在次月 15 日内向主管税务机关申报纳税:受让方已支付或部分支付股权转让价款的;股权转让协议已签订生效的;受让方已经实际履行股东职责或者享受股东权益的;国家有关部门判决、登记或公告生效的;本办法第 3 条第四至第七项行为已完成的[①];税务机关认定的其他有证据表明股权已发生转移的情形。

[①] 第三条第四至第七项指股权被司法或行政机关强制过户、以股权对外投资或进行其他非货币性交易、以股权抵偿债务、其他股权转移行为。

②第21条。纳税人、扣缴义务人向主管税务机关办理股权转让纳税（扣缴）申报时，还应当报送以下资料：股权转让合同（协议）；股权转让双方身份证明；按规定需要进行资产评估的，需提供具有法定资质的中介机构出具的净资产或土地房产等资产价值评估报告；计税依据明显偏低但有正当理由的证明材料；主管税务机关要求报送的其他材料。

5. 账面土地房产等所占比例较大，股权转让收入如何确定

《国家税务总局关于发布〈股权转让所得个人所得税管理办法（试行）〉的公告》（国家税务总局公告2014年第67号）第12条规定，申报的股权转让收入低于股权对应的净资产份额的；其中，被投资企业拥有土地使用权、房屋、房地产企业未销售房产、知识产权、探矿权、采矿权、股权等资产的，申报的股权转让收入低于股权对应的净资产公允价值份额的，视为股权转让收入明显偏低。

因此，企业账面土地、房产、知识产权、探矿权、采矿权、股权等资产占企业总资产比例较大时，会引起税务机关的重点关注。股东的股权转让收入往往不会简单地按股权所对应的账面净资产份额来确定，税务机关往往会重新核定股东的股权转让收入。

《国家税务总局关于发布〈股权转让所得个人所得税管理办法（试行）〉的公告》（国家税务总局公告2014年第67号）第14条规定了主管税务机关如何按照净资产核定法核定股权转让收入：

①股权转让收入按照每股净资产或股权对应的净资产份额核定。

②被投资企业的土地使用权、房屋、房地产企业未销售房产、知识产权、探矿权、采矿权、股权等资产占企业总资产比例超过20%的，主管税务机关可参照纳税人提供的具有法定资质的中介机构出具的资产评估报告核定股权转让收入。

③6个月内再次发生股权转让且被投资企业净资产未发生重大变化的，主管税务机关可参照上一次股权转让时被投资企业的资产评估报告核定此次股权转让收入。

6. 技术转让所得可以享受税收优惠吗

关于技术转让所得企业所得税，根据《财政部　国家税务总局关于将国家自主创新示范区有关税收试点政策推广到全国范围实施的通知》（财税〔2015〕116号）规定：

自2015年10月1日起，全国范围内的居民企业转让5年以上非独占许可使用权取得的技术转让所得，纳入享受企业所得税优惠的技术转让所得范围。居民企业的年度技术转让所得不超过500万元的部分，免征企业所得税；超过500万元的部分，减半征收企业所得税。

本通知所称技术，包括专利（含国防专利）、计算机软件著作权、集成电路布图设计专有权、植物新品种权、生物医药新品种权，以及财政部和国家税务总局确定的其他技术。其中，专利是指法律授予独占权的发明、实用新型以及非简单改变产品图案和形状的外观设计。

7. 股权转让损失可以抵扣股权转让收益后再缴税吗

股权转让损失是否可以抵扣股权转让收益后再缴税？要区分股权投资人是个人还是企业。

股权投资人是个人，股权转让所得是按"财产转让所得"项目按次计征的。若纳税人一年多次转让股权，如部分股权转让交易结果存在损失，按照税法规定损失是不允许抵扣股权转让收益后按净额缴税的。这与个人的综合所得年度汇算清缴计算方式不一样，综合所得是按年度合并计算个税。

股权投资人是企业，股权转让的所得或损失可以互抵后再缴税。个人独资企业转让股权产生的所得或损失，作为投资者个人的生产经营所得，按照"个体工商户的生产经营所得"应税项目计算缴纳个人所得税。公司的股权投资产生的转让所得或损失，并入企业的年度应纳税所得计算缴纳企业所得税。

因此，笔者一直强调，老板需要考虑持股目的、股权持有税务成本和股权退出税务成本，提前做好股权架构顶层设计，提前布局持股的股东身份，规划好股权转让或股权退出时的税务问题和再投资资金安排。

8. 资产重组时资产与债权债务"打包转让"缴增值税吗

《关于纳税人资产重组有关增值税问题的公告》（国家税务总局公告2011年第13号）规定：

纳税人在资产重组过程中，通过合并、分立、出售、置换等方式，将全部或者部分实物资产以及与其相关联的债权、负债和劳动力一并转让给其他单位和个人，不属于增值税的征税范围，其中涉及的货物转让，不征收增值税。

9. 股权转让生效时间和纳税义务发生时间不是一个概念

股权转让何时生效呢？是随股权转让协议生效而生效，还是工商变更登记才生效，还是以通知公司转让事实为标志而生效？股权转让生效时间和纳税义务发生时间不是一个概念，要注意股权转让的税务和法律差异。

最高人民法院曾经明确，应当以受让人被记载于公司的股东名册作为生效的时点。最高法的这一规定依据主要来源于公司法及相关的会议纪要。新公司法第56条（2018年公司法第32条）规定，有限责任公司应当置备股东名册，记载于股东名册的股东，可以依股东名册主张行使股东权利。《全国法院民商事审判工作会议纪要》（"九民会议纪要"）第8条明确规定，当事人之间转让有限责任公司股权，受让人以其姓名或者名称已记载于股东名册为由，主张其已取得股权的，人民法院依法予以支持，进一步明确了以受让人被记载于股东名册作为股权转让生效的时点。

例如，最高人民法院（2020）最高法民终642号，在明达意航企业集团有限公司与抚顺银行股份有限公司等股东名册记载纠纷案中，最高法认为亿丰公司、金信公司经履行股权转让协议并经行政机关审批作为股东记载于抚顺银行股东名册之时，即成为抚顺银行股东，明达意航企业集团有限公司同时丧失抚顺银行股东身份，抚顺银行是否在工商行政部门办理变更登记，不影响案涉股权转让的效力。

又如，最高人民法院（2022）最高法民再117号，云南能投新能源投资开发有限公司与中航光合（上海）新能源有限公司等执行异议之诉案，最高法认为，股权受让方是否实际取得股权，应当以公司是否修改章程或将受让方登记于股东名册，股权受让方是否实际行使股东权利为判断依据。此案中，云南能投公司已全额支付转让款，并实际管理、经营石新公司，且石新公司已于2014年5月10日修改公司章程，将云南能投公司作为公司唯一股东以货币方式全额出资，故云南能投公司自该公司章程修改之日起，实际已经成为石新公司唯一股东，享有包括涉案24%股权在内的石新公司全部股权。

当然，很多公司存在不规范设立股东名册的情况。此时，公司章程、会议纪要等能够证明公司认可受让人作为新股东的证据，也可以部分代替股东名册的效果。但实务中大家还是要重视"股东名册"在认定股东身份及股权归属上的重要法律意义。

10. 一元或 0 元转让股权是妙招还是坑

实务中经常有公司股东转让股权时约定按1元或0元转让的，这样会存在极大的税务风险和法律风险。

如果股权实际有价值且存在较大增值，税务机关会不认可1元或0元转让的价格，认定为不合理低价转让或是赠与股权，转让方会承担补缴税款、滞纳金和罚款等责任，赠与的股权行为还可能被撤销。同时，作为受让方，股权再转让时，其投资成本就是1元或0元，股权再转让会产生"虚假收益"，承担较高税负。

如果股权实际没有价值，股东也没有实缴出资，公司处于亏损状态，净资产为负数或零，1元或0元转让股权是可以的，但会引起税务机关的关注，此时公司和股东可能需要提供相关的股权转让作价的依据和业务说明。同时，根据新公司法第88条的规定，如果原股东未实缴出资，1元或0元转让股权后，受让人仍未按期足额缴纳出资的，原股东还需要承担补充出资责任。

因此，建议股权转让时，若出资金额并不高、出资在自己的能力范围内，转让人可以先足额出资后再进行股权转让，以避免潜在的税务风险和法律风险。

11. 违约金、赔偿金应计入股权转让收入吗

假设在股权转让过程中，一方未按约定支付另一方全部转让款，导致另一方不得不通过法律途径来追讨这笔款项。最终，另一方不仅收到了应得的1500万元转让款，还因法院判决获得了额外的300万元违约金及利息。那么，这多出的300万元违约金及利息是否也需要缴税呢？答案是肯定的。税法将这300万元违约金及利息视为与股权转让收入相关的部分，并入股权转让的总收入中。

两个文件依据：

《国家税务总局关于个人股权转让过程中取得违约金收入征收个人所得税问题的批复》（国税函〔2006〕866号）规定，"股权成功转让后，转让方个人因受让方个人未按规定期限支付价款而取得的违约金收入，属于因财产转让而产生的收入。转让方个人取得的该违约金应并入财产转让收入，按照'财产转让所得'项目计算缴纳个人所得税，税款由取得所得的转让方个人向主管税务机关自行申报缴纳"。

《国家税务总局关于个人终止投资经营收回款项征收个人所得税问题的公告》（国家税务总局2011年第41号公告）第1条规定，个人因各种原因终止投资、联营、经营合作等行为，从被投资企业或合作项目、被投资企业的其他投资者以及合作项目的经营合作人取得股权转让收入、违约金、补偿金、赔偿金及以其他名目收回的款项等，均属于个人所得税应税收入，应按照"财产转让所得"项目适用的规定计算缴纳个人所得税。

12. 无偿或者平价转让股权税务机关是否认可？

《国家税务总局关于发布〈股权转让所得个人所得税管理办法（试行）〉的公告》（国家税务总局公告2014年第67号）规定：

（1）符合下列情形之一的，视为股权转让收入明显偏低：

①申报的股权转让收入低于股权对应的净资产份额的。其中，被投资企业拥有土地使用权、房屋、房地产企业未销售房产、知识产权、探矿权、采矿权、股权等资产的，申报的股权转让收入低于股权对应的净资产公允价值份额的；

②申报的股权转让收入低于初始投资成本或低于取得该股权所支付的价款及相关税费的；

③申报的股权转让收入低于相同或类似条件下同一企业同一股东或其他股东股权转让收入的；

④申报的股权转让收入低于相同或类似条件下同类行业的企业股权转让收入的；

⑤不具合理性的无偿让渡股权或股份；

⑥主管税务机关认定的其他情形。

（2）符合下列条件之一的股权转让收入明显偏低，视为有正当理由：

①能出具有效文件，证明被投资企业因国家政策调整，生产经营受到重大影响，导致低价转让股权；

②继承或将股权转让给其能提供具有法律效力身份关系证明的配偶、父母、子女、祖父母、外祖父母、孙子女、外孙子女、兄弟姐妹以及对转让承担直接抚养或者赡养义务的抚养人或者赡养人。

③相关法律、政府文件或企业章程规定，并有相关资料充分证明转让价格合理且真实的本企业员工持有的不能对外转让股权的内部转让；

④股权转让双方能够提供有效证据证明其合理性的其他合理情形。

（3）符合下列情形之一的，主管税务机关可以核定股权转让收入：

①申报的股权转让收入明显偏低且无正当理由的；

②未按照规定期限办理纳税申报，经税务机关责令限期申报，逾期仍不申报的；

③转让方无法提供或拒不提供股权转让收入的有关资料；

④其他应核定股权转让收入的情形。

因此，无偿或者平价转让股权，申报的股权转让收入明显偏低，若没有上述列明的正当理由，不会得到税务机关的认可，主管税务机关会核定股权转让收入。

对于继承、遗产处分，直系亲属之间（父母养子女，继父母继子女，兄弟姐妹，岳父母，祖父母，外祖父母及其他近亲属；遗产处分是指股权所有人死亡，依法取得股权的法定继承人，遗嘱继承人或受遗赠人）无偿赠与股权的情况对当事双方不征收个人所得税。

对于无偿赠与获取的不征税的股权再转让的，以股权转让收入减除受赠、转让股权过程中缴纳的税金及有关合理费用后的余额为应纳所得额，按20%的适用税率计算缴纳个人所得税。

对于其他情形的自然人，股东将股权无偿转赠与他人的，受赠人应将无偿受赠股权的受赠所得，按照"财产转让所得"项目缴纳个人所得税，税率为20%。

实务中，笔者建议哪怕是股权转让给配偶、父母、子女，也最好是平价转让而不是无偿转让，因为若是无偿转让，接下来股权受让人再转让股权时会没有股权成本抵扣，会虚增股权转让所得，多缴"冤枉税"。

13. 直系亲属之间溢价转让股权需要缴税吗

直系亲属之间签订股权转让协议，按照高于当初投资成本的价格转让股权，转让方需要按照取得的所得缴纳20%个人所得税。

实务中，直系亲属之间股权溢价转让的目的往往是实施大额资金转移，完税后收入进入境外个人账户。例如，王某即将取得境外身份，王某将持有的成本为200万元的境内公司股权以1000万元的价格转让给王某父亲，转让收益800万元，王某需要缴纳160万元个人所得税。王某获得境外身份后，提供了当时的缴税凭证，将转让收入汇到个人境外账户。

14. 股权转让给旁系亲属如何享受低价转让优惠

实务中涉及一种股权转让情形：股权因为各种原因需要在叔侄关系或舅侄关系之间转让。根据税法规定，叔侄或舅侄不属于税法所列举的亲属关系，不能享受平价或低价转让的优惠政策。

但实际上，这种情况可以通过"迂回曲折"操作使之符合税法规定，合法享受税收优惠。例如，股权可以先转让给兄弟，再由兄弟将股权转让给他的儿子即自己的侄子。在上述股权转让过程中，股权并非直接从叔叔转让给侄子，而是经过了父亲这一中间环节，这样一来，股权的转移路径就变成了先兄弟，再父子，这两步操作形式上完全符合税法规定，可以享受低价转让的税收优惠。

但操作时要注意实质性问题，要有合理的商业目的，要间隔合理的时间，不能这个月刚转给兄弟，下个月兄弟就马上转给侄子了，以避免股权转让被税务机关认定为"以避税为唯一目的"而出现税务筹划失败的风险。

15. 同一实际控制人的公司之间的股权转让能享受优惠吗

笔者曾接到一个朋友咨询，老婆作为自然人股东，在一家与人合作的公司占股80%，2022年请代账公司办理股权转让手续，其所占的80%股权作价1元，转让给老公的一人有限公司，2023年税务局要求其补缴个人所得税约120万元。本案例中的股权转让就是属于同一实际控制人的公司之间的股权转让。

同一实际控制人的公司之间进行股权转让，可以被视为"左手倒右手"的操作。尽管这些公司都处于同一实际控制人控制之下，但仍需要按照公允价缴纳税款。因为在税法层面，自然人和其控制的公司被视为两个独立的法律主体，他们之间的交易无法享受直系亲属之间股权转让的平价或低价税收优惠。

在实际的股权设计或股权转让操作中，老板还是要咨询您的专家顾问，千万别抖音学了几招就自己亲自开干，避免因税务问题带来不必要的风险和损失。

16. 员工股权能内部平价转让吗

税法上，对于申报的股权转让收入明显偏低且无正当理由的，主管税务机关可以核定股权转让收入。因此，员工股权内部平价转让，转让收入明显偏低，税务机关通常会进行审查，重新核定股权转让收入。税法这样规定主要是为了防止通过不合理的低价转让股权来逃避纳税义务。

然而针对员工股权内部转让有一种例外情形。国家税务总局公告2014年第67号规定，"相关法律、政府文件或企业章程规定，并有相关资料充分证明转让价格合理且真实的本企业员工持有的不能对外转让股权的内部转让"，股权转让收入虽然明显偏低也视为有正当理由。

因此，对于企业来说，若确有基于企业发展和员工激励的需要，员工持有的股权只能内部转让时，企业可以提前在章程中规定员工股权的取得、退出、内部转让价款的约定等条款。一旦有员工股权内部转让，企业应提前与税务机关充分沟通，提供翔实的情况说明、股权转让合同、公司章程及其他内部制度规定等文件，如实说明股权转让作价依据，避免因转让价格问题引发税务风险。

17. 巧用章程约定，平价或低价转让股权

根据《股权转让所得个人所得税管理办法（试行）的公告》（国家税务总局

2014年第67号公告）十三条（三）规定，"相关法律、政府文件或企业章程规定，并有相关资料充分证明转让价格合理且真实的本企业员工持有的不能对外转让股权的内部转让"，股权转让收入明显偏低也视为有正当理由。因此，巧用章程约定，也可以达到平价或低价转让股权的效果。

例如，合伙做生意，为了防止有些股东赚得起赔不起，赚钱了高兴，亏损了要退股，企业可以在章程上约定3年内不得进行股权转让，如果3年内转让，股份只能由原先的老股东以入股时的价格购买。这种情况，老股东就可以按照章程约定按原先入股时的价格来进行股权收购。

此时，如果买股的人并不是股东，为了避免税务争议，建议先增资扩股进来成为股东，成为股东后再按章程约定平价或低价进行内部股权转让。

18.巧借仲裁，平价或低价转让股权

《关于纳税人收回转让的股权征收个人所得税问题的批复》（国税函〔2005〕130号）规定：

一、股权转让合同履行完毕、股权已作变更登记，且所得已经实现的，转让人取得的股权转让收入应当依法缴纳个人所得税。转让行为结束后，当事人双方签订并执行解除原股权转让合同、退回股权的协议，是另一次股权转让行为，对前次转让行为征收的个人所得税款不予退回。

二、股权转让合同未履行完毕，因执行仲裁委员会作出的解除股权转让合同及补充协议的裁决、停止执行原股权转让合同，并原价收回已转让股权的，由于其股权转让行为尚未完成、收入未完全实现，随着股权转让关系的解除，股权收益不复存在，根据个人所得税法和征管法的有关规定，以及从行政行为合理性原则出发，纳税人不应缴纳个人所得税。

因此，根据上述规定，对于股权转让行为尚未完成、收入未完全实现的股权转让行为，建议企业借用仲裁，取消原股权转让行为，重新筹划。

19.股权代持还原的股权转让缴税吗

2020年，国家税务总局厦门市税务局，在答复关于厦门市政协十三届四次会议第1112号提案《关于降低厦门股权代持关系下实际出资人双重税负的提案》的函件中明确：显名股东作为登记在股东名册上的股东，可以依股东名册主张行使股东权利，依据《中华人民共和国企业所得税法》《中华人民共和国个人所得税法》，是符合税法规定的转让股权和取得投资收益的纳税人，其取得股息红利所得、股权转让所得，应当依法履行纳税义务。……《最高人民法院关

于适用〈中华人民共和国公司法〉若干问题的规定（三）》第二十五条的相关规定，仅说明人民法院认可代持合同具有法律效力，规范的是代持当事人内部的民事法律关系，不属于对《公司注册资本登记管理规定》中关于股东出资规定的调整或变化。

《国家税务总局关于企业转让上市公司限售股有关所得税问题的公告》（国家税务总局公告2011年第39号）针对企业转让代个人持有的限售股征税问题规定：因股权分置改革造成原由个人出资而由企业代持有的限售股，企业在转让时完成纳税义务后的限售股转让收入余额转付给实际所有人时不再纳税；依法院判决、裁定等原因，通过证券登记结算公司，企业将其代持的个人限售股直接变更到实际所有人名下的，不视同转让限售股；企业持有的限售股在解禁前已签订协议转让给受让方，但未变更股权登记、仍由企业持有的，企业实际减持该限售股取得的收入，依照规定纳税后，其余额转付给受让方的，受让方不再纳税。

实践中，除因股权分置改革造成原由个人出资而由企业代持的限售股情形外，股权代持还原的股权转让，税务机关的态度一般是需要缴税。税务机关的态度其实很容易理解。假如对股权代持还原时的股权转让特别对待，那么一方面意味着税务机关需要特别进行审查和认定，另一方面还可能存在着有人利用这一点来逃税，而股权代持关系是很容易伪造的。

即使这样，隐名股东还是应重视股权代持的税务问题，提供充分的证明材料与税务机关充分沟通，证实其经济实质是股权代持关系而不是一般意义下的股权转让关系，争取不按公允价格纳税调整承担个人所得税补税义务。

20. 对赌协议回购股权原已缴税是否能退税

股权交易完成后，若目标公司未能完成之前的业绩承诺，融资方因业绩对赌失败给予投资方补偿回购股权，股权所得之"得而复失"的减少部分原已缴税款是否准许退税呢？

2024年8月16日，上海市第三中级人民法院作出（2024）沪03行终133号的终审行政判决书，驳回王某对赌失败申请退税之上诉请求（以下简称"王某业绩对赌申请退税案"）。这是2024年2月上海税务法庭成立以来，审理的第一起对赌失败退税案件。这一判决的结果具有一定的指标意义，为今后涉及对赌协议的股权回购税务处理提供了法律参考。

王某业绩对赌申请退税案的基本情况是：投资方甲公司与融资方王某、案外人袁某某，签订股权转让协议及利润预测补偿协议。约定购买两人所持有目标公司乙公司100%股权，交易总价人民币为11.5亿元，甲公司以现金支付和发行股票的混合方式支付。由于王某持有乙公司50%股权，共计获得现金对价为25000万元，股票对价为32500万元（由甲公司发行股份），合计57500万元。双方还约定，若目标公司乙公司在未来（2016—2019年内）未达到所承诺的净利润数额，由甲方按照人民币总价1元回购，王某转让其持有的相应股份作为补偿。由于乙公司未完成承诺的净利润，王某履行对赌协议补偿，分两次补偿甲公司股份，甲公司回购总价各均为1元。2022年10月11日，王某因业绩对赌失败而用股份补偿，导致其原已实现的股权转让所得减少，认为该"得而复失"的股票对价收益部分，多缴纳个人所得税53744652.18元，故向税务局申请退税。

税务局作出不予退税决定后，案件经复议、一审及二审终审程序，纳税人王某的退税申请，均不被税务机关及法院支持。二审法院认为，从民商事交易形态来看，上诉人王某因履行利润预测补偿协议，导致股权转让所得"得而复失"，该股权转让实际所得的减少结果，并非对股权转让交易总对价的调整，而是对经营风险的补偿。另从个人所得税法角度看，上诉人王某补偿股份义务的履行，也无法改变股权转让所得之实现时间，及其计算的征管规定。因此，补偿义务的履行不影响股权转让所得的确定。《中华人民共和国税收征收管理法》第51条仅适用于超过应纳税额缴纳的税款的退还，故本案并不存在多缴纳税款的情形。对于约定的补偿义务的履行，目前个人所得税法领域也无相应的退税规定。

8.4 增资减资撤资的涉税问题

新公司法自2024年7月1日起实施5年限期认缴制。一些前期认缴额虚高、出资期限过长的企业，2027年6月30日前都有重新调整出资期限和出资金额的内在需求，以适应政策法规的调整。

涉及增资、减资、撤资的税务问题，笔者在"8.3.3 九种股权转让方式"一节中，通过比较各种股权转让方式如何缴税已有部分阐述。本节详细讲解税法的相关规定，读者可将这两部分内容结合起来进一步去理解。

8.4.1 增资的涉税问题

企业增资分两种情形，一种是来自外部直接的增资扩股，一种是企业内部权益项下转增注册资本或股本。

1. 增资扩股的涉税问题

增资扩股，股东是否需要缴税？个人股东是否需要缴纳个税？股东增资，尤其是不同比例的增资情形，会引起原股东股本结构发生变化，其行为从法律角度看确实不是股权转让。增资作为投入资本金，一般情况下是不需要缴税的，因为"没有所得"。这个结论是一般情况，有没有特殊情况呢？

有的。若以增资之名行股权转让之实，原股东的权益被稀释，从经济实质看，等同于其部分权益发生了转让；从税务角度看，低价增资导致原股东实际占有的公司净资产公允价值发生转移，是一种避税行为，需要视同股权转让缴税。股权税筹时需要注意这种不公允增资的潜在税务风险。

需要特别提示的是，企业增资扩股，新股东按公允价格溢价增资，被投企业资本公积增加，原股东所拥有的所有者权益增加，持有的股权比例自然稀释，但若企业并未将资本公积转增注册资本时，个人股东该等情形下不会涉及个人所得税问题。原因在于：增资扩股是企业行为不是个人行为，是增加企业的投资和资本金，资金接受方是企业不是个人，原股东并未收到对价，也没有取得任何所得。虽然原股东的所有者权益份额增加，但账面所有者权益增加并不代表股东产生了纳税义务。例如，公司经营中历年累积的未分配利润，也带来公司净资产和所有者权益的增加，但并不会导致个人所得税纳税义务的即时发生。

请看以下 12366 纳税服务中心针对网友的两个留言回复，以进一步理解税务机关针对"以增资之名行股权转让之实"的政策解答。

（1）2020 年 9 月 4 日宁波网友在 12366 平台留言提问：你好，我司原股权结构如下：法人、自然人占比 80%∶20%，后因法人股东增资，股权结构发生变更，法人、自然人占比 99%∶1%，请问此增资活动自然人股东需缴纳个税吗？宁波市 12366 纳税服务中心 2020 年 9 月 23 日答复：

①对于以大于或等于公司每股净资产公允价值的价格增资行为，不属于股权转让行为，不征个人所得税。

②对于以低于每股净资产公允价值的价格增资行为，原股东实际占有的公司净资产公允价值发生转移的部分应视同转让行为，应依税法相关规定征收个人所得税。

（2）2020 年 9 月 28 日湛江网友在 12366 平台留言提问：我是个人股东，在湛江成立了一家贸易公司，贸易公司只有两个个人股东，2018 年 12 月因生产经营需要，另一股东因资金不足，只有我增资扩股实缴 1 亿元注册资本，增加贸易公司股本。现湛江税务局提出因我增资扩股需要缴个人所得税？请问湛江税务局提出的因增资扩股行为要缴个税是否正确，如果正确，政策依据是什么？湛江市 12366 纳税服务中心 2020 年 9 月 29 日答复：

个人股东若按公允价格增资扩股，没有稀释股权，则不需要缴个人所得税。若低于公允价格增资扩股，存在稀释股权的行为，则增资扩股的股东实际获得的股权份额比其应获得的股权份额多，而不增资股东其应获得的股权份额比其实际获得的股权份额少，减少了股权份额，存在低价转让股权行为，需要缴交个人所得税。

2. 权益项下转增资本的涉税问题

权益项下转增资本，法人股东和自然人股东的涉税规定不一样，法人股东一般免税，自然人股东一般缴税但有一些优惠政策。因此，接下来针对权益项下转增资本的涉税问题的讲解主要是针对个人股东。

企业将未分配利润、盈余公积、资本公积科目转出到实收资本或股本科目，涉及的自然人股东的个人所得税问题，常常会被企业财务人员和股东忽视，引起严重的涉税问题。

（1）法人股东免税及个人股东缴税的原因及纳税比较

从税法原理上看，权益项下转增资本对法人股东而言，本质上可视为被投资企业对法人股东的利润分配，后续法人股东再以分得的利润增加投资，而符合条件的居民企业之间的股息、红利等权益性投资收益为免税收入，因此，法人股东在被投资企业以未分配利润、盈余公积、资本公积转增资本时，按照投资比例增加的部分一般免征企业所得税。这里的免征是一般情形，前提是居民企业之间，且是直接投资不是间接投资。例如，有限公司通过有限合伙持股平台间接投资有限公司，就不享受免税优惠。

从税法原理上看，权益项下转增资本对个人股东而言，本质上可视为被投资企业对个人股东的利润分配，后续个人股东再以分得的利润增加投资，此过程中个人股东取得了股息红利性质的所得，按照个人所得税法规定，需按"利息、股息、红利所得"项目计征个人所得税。

有关权益项下未分配利润转增资本、盈余公积转增资本、资本公积转增资本、留存收益转资本公积等情形，不考虑优惠政策前提下，法人股东和自然人股东的纳税如表8-10所示。

表8-10　法人股东和自然人股东权益项下转增资本的纳税比较

权益转增项目	法人股东（企业所得税）	自然人股东（个人所得税）
未分配利润转增注册资本或股本	免征	税率20%
盈余公积转增注册资本或股本	免征	税率20%（注）
资本公积（股票溢价）转增股本	免征	免征
资本公积（其他资本公积）转增注册资本或股本	免征	税率20%

注：国家税务总局公告2013年第23号规定，新股东以不低于净资产价格收购股权，取得盈余积累转增股本不征个税。

（2）权益项下转增资本，法人股东一般免税的政策依据

①《中华人民共和国企业所得税法》第26条规定，符合条件的居民企业之间的股息、红利等权益性投资收益为免税收入。

②《中华人民共和国企业所得税法实施条例》第83条规定，符合条件的居民企业之间的股息、红利等权益性投资收益，是指居民企业直接投资于其他居民企业取得的投资收益。股息、红利等权益性投资收益，不包括连续持有居民企业公开发行并上市流通的股票不足12个月取得的投资收益。

③国税函〔2010〕79号第4条规定，被投资企业将股权（股票）溢价所形成的资本公积转为股本的，不作为投资方企业的股息、红利收入，投资方企业

也不得增加该项长期投资的计税基础。

（3）权益项下转增资本，个人股东纳税的政策依据

①《国家税务总局关于股份制企业转增股本和派发红股征免个人所得税的通知》（国税发〔1997〕198号）规定，股份制企业用资本公积金转增股本不属于股息、红利性质的分配，对个人取得的转增股本数额，不作为个人所得，不征收个人所得税。股份制企业用盈余公积金派发红股属于股息、红利性质的分配，对个人取得的红股数额，应征收个人所得税。

②《国家税务总局关于原城市信用社在转制为城市合作银行过程中个人股增值所得应纳个人所得税的批复》（国税函〔1998〕289号）指出，《国家税务总局关于股份制企业转增股本和派发红股征免个人所得税的通知》（国税发〔1997〕198号）中所表述的"资本公积金"是指股份制企业股票溢价发行收入所形成的资本公积金。将此转增股本由个人取得的数额，不作为应税所得征收个人所得税。而与此不相符合的其他资本公积金分配个人所得部分，应当依法征收个人所得税。

③《国家税务总局关于盈余公积金转增注册资本征收个人所得税问题的批复》（国税函〔1998〕333号）指出，青岛路邦石油化工有限公司将从税后利润中提取的法定公积金和任意公积金转增注册资本，实际上是该公司将盈余公积金向股东分配了股息、红利，股东再以分得的股息、红利增加注册资本。因此，依据《国家税务总局关于股份制企业转增股本和派发红股征免个人所得税的通知》（国税发〔1997〕198号）精神，对属于个人股东分得再投入公司（转增注册资本）的部分应按照"利息、股息、红利所得"项目征收个人所得税，税款由股份有限公司在有关部门批准增资、公司股东会决议通过后代扣代缴。

④《国家税务总局关于进一步加强高收入者个人所得税征收管理的通知》（国税发〔2010〕54号）规定，加强企业转增注册资本和股本管理，对以未分配利润、盈余公积和除股票溢价发行外的其他资本公积转增注册资本和股本的，要按照"利息、股息、红利所得"项目计征个人所得税。

⑤《国家税务总局关于个人投资者收购企业股权后将原盈余积累转增股本个人所得税问题的公告》（国家税务总局公告2013年第23号）规定，新股东以不低于净资产价格收购股权，取得盈余积累转增股本不征个税；低于净资产价格收购，股权收购价格减去原股本的差额部分已计入股权交易价格的转增不征税，未计入的则需征税。

（4）权益项下转增资本，个人股东纳税的优惠政策

①《财政部　国家税务总局关于将国家自主创新示范区有关税收试点政策推广到全国范围实施的通知》（财税〔2015〕116号），关于企业转增股本个人所得税，规定：自2016年1月1日起，全国范围内的中小高新技术企业以未分配利润、盈余公积、资本公积向个人股东转增股本时，个人股东一次缴纳个人所得税确有困难的，可根据实际情况自行制订分期缴税计划，在不超过5个公历年度内（含）分期缴纳，并将有关资料报主管税务机关备案。个人股东获得转增的股本，应按照"利息、股息、红利所得"项目，适用20%税率征收个人所得税。股东转让股权并取得现金收入的，该现金收入应优先用于缴纳尚未缴清的税款。

②《国家税务总局关于股权奖励和转增股本个人所得税征管问题的公告》（国家税务总局公告2015年第80号）规定，非上市及未在全国中小企业股份转让系统挂牌的中小高新技术企业以未分配利润、盈余公积、资本公积向个人股东转增股本，并符合财税〔2015〕116号文件有关规定的，纳税人可分期缴纳个人所得税；非上市及未在全国中小企业股份转让系统挂牌的其他企业转增股本，应及时代扣代缴个人所得税。上市公司或在全国中小企业股份转让系统挂牌的企业转增股本（不含以股票发行溢价形成的资本公积转增股本），按现行有关股息红利差别化政策执行。

现行有关股息红利差别化政策，详见"8.2.3 股东分红的税收优惠政策"之"5. 上市公司和新三板挂牌公司分红的税收优惠"的详细讲解。

依据上述所有政策文件规定，以盈余公积或资本公积、未分配利润转增注册资本或股本，个人所得税的两类处理情形的简要总结，见表8-11所示。

表8-11　权益项下转增股本的个人所得税政策

适用主体		政策规定		征收品目	税率
非上市公司或挂牌企业	中小高新技术企业	全额计征，可5年内（含）分期缴纳		利息、股息、红利所得	20%
	其他企业	全额计征			20%
上市公司或挂牌企业		持股期限在1个月以内（含1个月）	全额计征		20%
		持股期限在1个月以上至1年（含1年）	暂减按50%计入应纳税所得额		20%
		持股期限超过1年	暂免征	—	—

（5）留存收益转为资本公积，个人股东要不要缴税？

前述所有讨论，都是针对留存收益（未分配利润、盈余公积）、资本公积转增资本或股本情形下，法人股东和个人股东要不要缴税、怎么缴税的问题。

还有一种可能情形：留存收益转资本公积。该情形下，按照前面的政策分析，法人股东不用缴税。但个人股东要不要缴税呢？现行所有税收法规文件，对于这一特定情形，并无明确的细化规定，导致在实践中存在不同的理解和处理方式，实操中需与当地税务机关充分沟通，结果看当地税务机关口径。当然，既然税务机关也存在争议，笔者还是建议会计除非是净资产折股整体变更为股份有限公司，否则日常业务要避开留存收益转资本公积的处理，以免存在涉税风险。

笔者认为，讨论留存收益转资本公积事项是"多此一举，没事找事"，税法并不存在规定的缺漏。理由如下：

①实务中确实存在盈余公积弥补亏损、盈余公积向股东配送新股、有限责任公司按原账面净资产值折股整体变更为股份有限公司的业务，但这些业务与留存收益单独转为资本公积并无关联，公司法实践或财务会计实践中也并无留存收益单独结转为资本公积的必要。

②个人股东的股权转让时，成本是以实收资本（股本）的实际投资金额扣除的，因此税收政策文件都是针对转增注册资本或股本规定，以避免权益项下转增股本环节的税款流失。留存收益转资本公积环节不存在税款流失问题。

③对个人股东而言，留存收益转资本公积环节征一道税，之后资本公积转增资本环节又征一道税，税款不是重复征收了吗？

请看实操中税务机关针对留存收益转资本公积征税与否的正反几个案例。

【案例1】《中国税务报》案例

2016年7月15日，《中国税务报》发表了题为《大连一公司将未分配利润转入资本公积补税600万元》文章：

大连市国税局第一稽查局在对某公司的检查中，发现该公司存在未分配利润大量减少的情况，经细致分析追根溯源，最终揭开了股改方案及股权转让的面纱，追缴非居民企业所得税、滞纳金合计600余万元。

该公司为大连DL股份有限公司，将2012年8月31日之前形成的未分配利润8000万元以及盈余公积894万元转入了资本公积。

税务机关最终认定，该公司将盈余公积、未分配利润转入资本公积，其实质是一种变相的利润分配。因为大连 DL 股份有限公司在会计上已将盈余公积、未分配利润余额进行了处理。"盈余公积""利润分配—未分配利润"账户贷方余额已经为零，而转入账户"资本公积"所反映的经济内容，实质上是境内居民股东和境外非居民股东取得的股利收入，因而形成了事实上的利润分配。

【案例 2】江苏 12366 纳税服务热线针对网友提问的回复

网友 2019 年 4 月 24 日提问：您好，请问股改时以未分配利润转增资本公积，相关股东是否需要缴纳个税？一年后以资本公积转增股本时股东是否需要缴纳个税？

2019 年 5 月 5 日江苏 12366 纳税服务热线答复内容：您好。根据《国家税务总局关于股份制企业转增股本和派发红股征免个人所得税的通知》（国税发〔1997〕198 号）的规定，股份制企业用资本公积金转增股本不属于股息、红利性质的分配，对个人取得的转增股本数额，不作为个人所得，不征收个人所得税。根据《国家税务总局关于原城市信用社在转制为城市合作银行过程中个人股增值所得应纳个人所得税的批复》（国税函〔1998〕289 号）的规定，《国家税务总局关于股份制企业转增股本和派发红股征免个人所得税的通知》（国税发〔1997〕198 号）中所表述的"资本公积金"是指股份制企业股票溢价发行收入所形成的资本公积金。将此转增股本由个人取得的数额，不作为应税所得征收个人所得税。而与此不相符合的其他资本公积金分配个人所得部分，应当依法征收个人所得税。企业用未分配利润转增资本公积和盈余公积不用缴，但是如果用资本公积和盈余公积转增资本的话，需要缴。

【案例 3】硕华生命首发上市披露

2022 年 8 月 3 日，浙江硕华生命科学研究股份有限公司（以下简称"硕华生命"）在首发上市相关资料中披露，发行人在 2016 年的整体变更过程中，将原硕华有限公司的未分配利润、盈余公积计入硕华生命的资本公积，整体变更后的公司注册资本（股本）未发生变化，不存在盈余公积、未分配利润转增股本的情形，股东在发行人整体变更过程中未获取股息或红利。因此，自然人发起人在发行人整体变更过程中无须缴纳个人所得税。不存在后续补缴税款及滞纳金的风险，亦不存在因此而遭受税收处罚的情形。

【案例 4】绿通科技发行上市披露

2016 年 2 至 3 月，发行人各发起人张××、骆××、富腾投资、恒鼎投资以绿通有限公司截至 2015 年 12 月 31 日经审计的账面净资产 60057292.25 元折合为股份公司股份37793800股，将绿通有限公司整体变更为股份公司。股份公司每股面值1.00元，股本为37793800.00元，未折股净资产余额22263492.25元计入股份公司资本公积。

发行人股改前后的注册资本/股本均为37793800.00元，股本未发生变化，各发起人的持股比例不变，不涉及以资本公积、盈余公积、未分配利润转增股本的情况。因此，根据《中华人民共和国个人所得税法》等相关税收法律法规的规定，发行人股改时不涉及相关股东缴纳所得税、发行人代扣代缴所得税的情形。

根据国家税务总局东莞市税务局出具的《涉税征信情况》（编号：东税电征信〔2021〕4523号），发行人前身绿通有限公司在2016年3月1日到2016年12月31日期间依法纳税，无欠缴税费记录、无税务行政处罚记录。

8.4.2 减资或撤资的涉税问题

减资或撤资都会导致公司的注册资本减少，在税务处理上有相近之处，都涉及企业所得税和个人所得税方面的考量，计算应税所得时都要考虑从被投资企业收回的资产价值与初始投资成本之间的差额如何纳税问题，因此放在一块讲解。

有关减资的详细流程及法律风险防范，详见股权风控这一章的"9.2.1 股东出资"的讲解。

1. 股东减资或撤资需要先税务后工商吗

公司应当自股东会作出减少注册资本决议之日起10日内通知债权人，并于30日内在报纸上或者国家企业信用信息公示系统公告。债权人自接到通知之日起30日内，未接到通知的自公告之日起45日内，有权要求公司清偿债务或者提供相应的担保。

减资需要重新签署或修改公司章程或股东协议，满足上述期限规定后再到市场监督管理局办理工商变更登记的注册资本减少业务，减资并无税务前置手续。但如果减资导致股东退出（即撤资），需要在市场监督管理局办理股东变更手续。

2. 股东减资或撤资是否是股权转让行为

股权转让是公司股东依法将自己的股东权益有偿转让给他人的民事行为，减资或撤资是出于经营战略调整、缩小经营规模、调整股东结构等减少注册资本的行为。减资或撤资过程中并不涉及股权在不同主体之间的转让，并没有股东与外部主体或者股东之间的股权买卖关系，只是公司资本结构的调整。单纯从法律形式上看，减资不属于股权转让，两者不搭边。

但是，公司减资或撤资会引起股东权益结构的变化，从交易实质看，与公司直接回购股权在经济实质和权益变动上具有相似性，在税务处理上与一般的股权转让也有相似之处，都需要计算转让所得或损失等。股东减资或撤资，在税法上属于股权转让行为。下面是文件依据及分析。

①《国家税务总局关于发布〈股权转让所得个人所得税管理办法（试行）〉的公告》（国家税务总局公告2014年第67号）第三条规定，股权转让情形之一包括公司回购股权。

按照实质课税原则，67号文将公司回购股权纳入股权转让范畴，旨在规范此类权益变动的税务处理，有利于统一税收政策的执行，防止税款流失。

②《国家税务总局关于企业所得税若干问题的公告》（国家税务总局2011年第34号公告）规定，"投资企业从被投资企业撤回或减少投资，其取得的资产中，相当于初始出资的部分，应确认为投资收回；相当于被投资企业累计未分配利润和累计盈余公积按减少实收资本比例计算的部分，应确认为股息所得；其余部分确认为投资资产转让所得"。

如果仅仅是收回初始投资成本，没有涉及被投资企业累计未分配利润和累计盈余公积按减少实收资本比例计算的部分，没有产生所得，减资或撤资从本质上更像是投资的收回。如果取得的资产价值超过投资成本和免税收入部分，就类似于股权转让所得性质，要依法纳税。因此，法人股东减资或撤资从税法上看属于67号文规定的股权转让行为。

③《国家税务总局关于个人终止投资经营收回款项征收个人所得税问题的公告》（国家税务总局公告2011年第41号）规定，"个人因各种原因终止投资、联营、经营合作等行为，从被投资企业或合作项目、被投资企业的其他投资者以及合作项目的经营合作人取得股权转让收入、违约金、补偿金、赔偿金及以其他名目收回的款项等，均属于个人所得税应税收入，应按照'财产转让所得'项目适用的规定计算缴纳个人所得税"。

④《国家税务总局关于发布〈股权转让所得个人所得税管理办法（试行）〉的公告》（国家税务总局公告2014年第67号）第八条规定，"转让方取得与股权转让相关的各种款项，包括违约金、补偿金以及其他名目的款项、资产、权益等，均应当并入股权转让收入"。第九条规定，"纳税人按照合同约定，在满足约定条件后取得的后续收入，应当作为股权转让收入"。

个人股东的减资或撤资的所得，类似于个人股东的股权转让所得性质，要依法纳税。因此，自然人股东减资或撤资属于67号文规定的股权转让行为。

3. 股东减资或撤资如何纳税

股东减资或撤资涉及两种可能情形，一种是未实缴出资，一种是已全部实缴出资或部分实缴出资。不管哪种出资情形，不管股东是自然人还是法人，税务处理上实际上归结为一点：有没有"所得"。如果股东没有所得，不需要纳税；如果股东取得所得，需要照章纳税，区别在于如何纳税的问题。减资会涉及个人所得税和企业所得税，不涉及印花税和其他税费。

对于个人股东而言，个人股东减资或撤资取得的收入超过其初始投资成本的部分，应按照"财产转让所得"项目，适用20%的税率计算缴纳个人所得税。应纳税所得额为个人取得的股权转让收入、违约金、补偿金、赔偿金及以其他名目收回款项合计数，扣除原实际出资额（投入额）及相关税费。具体有三种情形：

①如果账面留存收益为负数，股东没有取得所得，此时一般不需要缴个人所得税。

②如果账面留存收益为正数，股权所对应的净资产份额大于零，股东即使没有取得所得，税务上一般还是"认定"股东有收益，需要缴个人所得税。

③如果账面留存收益为正数，股权所对应的净资产份额大于零，股东没有取得所得，且公司章程明确约定利润分配按实缴出资比例，减资或撤资的股东并未实缴出资，无收益分配权，可提交详细的文件材料与税务机关沟通争取不缴税。

对于法人股东而言，企业减资后，其股东取得的资产中，相当于初始出资的部分，应确认为投资收回；相当于被投资企业累计未分配利润和累计盈余公积按减少实收资本比例计算的部分，应确认为股息所得（居民企业之间的免税）；其余部分确认为投资资产转让所得，缴纳企业所得税。具体如何计算，参见"8.3.3 九种股权转让方式"的第4种方式"先撤资，再增资"。

8.5 集团型企业税务专题

集团型企业的税务规划，既有更多的资源和能力，也有更多的内在需求去推动。集团型企业税务筹划的关键点在于做好股权架构设计，既可降低企业的税负，也可防范企业的经营风险、税务风险和法律风险。

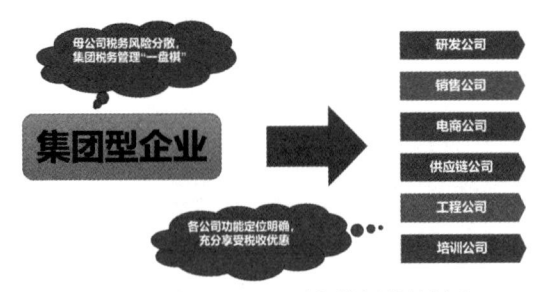

8.5.1 集团型企业税务筹划的关键点

税务筹划的总体原则是"既要考虑成本，又要考虑收益，还要顾及风险"，基本方法有"布商业、享税优、转性质、核定减、开票冲"五类。集团型企业税务筹划的具体方法也是基于这些方法和原理，前面所讲的税务筹划的所有方法，在大型集团型企业几乎全部用得上。有关集团型企业税务筹划的具体方法可参见"8.1.2 税务筹划的基本原理"这一节的内容。

笔者在讲到股权架构设计的八大因素时，就将"集团化考虑"列为八大因素之一。老板有两家或两家以上公司时，往往需要考虑集团化运作，实现集团层面的公司控制、股权安排、人力资源调配、业务管理、财务管理和税务规划。但现实却是，一些集团化企业管理混乱，集团旗下各公司功能不清，缴纳了不该缴纳的"冤枉税"，或放大了本不应该有的税务风险。

集团型企业税务筹划的关键点在于，灵活运用财博仕"公司架构设计 3+2+1 层次框架模型"，规划集团内各公司之间的协同及分工，从而实现母公司税务风险分散、各产业层或业务层公司的功能定位明确、充分享受税收优惠，实现集团税务管理"一盘棋"思想。股权架构设计，是集团型企业税务筹划的关键点，是集团型企业节税的"七寸"，是从"根"上进行的税务筹划。如图 8-22 所示。

图8-22 集团型企业税务筹划的关键点

集团型企业，公司众多，业务规模较大，产业链和价值链复杂，既有条件也有内在需求构建"公司架构设计3+2+1层次框架模型"，做好股权财税法顶层设计。集团型企业可以通过调整产业链的布局来调整集团内部各企业之间、企业与外部各企业的链接方式进行业务运营，通过分析价值链的增值环节优化业务流程，从而合理规划公司架构和股权结构，做好"优生策划"（股权架构设计）和"成年优化"（股权架构调整）工作来解决税负和风险问题，而不是简单粗暴地通过虚开发票、洼地注册、成立个体户等方式"暴力节税"。

有关如何通过股权架构设计实现税务筹划的方法，详见"8.1.3 股权税筹的原理与方法"。

8.5.2 集团型企业的税务风险与防范

集团型企业，公司众多，业务规模较大，既给集团带来了整体税务筹划的便利，也使得集团的税务风险急剧增加，需要采取相应的措施来加以防范。

1. 集团型企业的税务风险

（1）政策变动风险。税收政策是动态变化的。如果企业过度依赖某一税收优惠政策，当政策发生不利变化时，如优惠取消或条件变得更加严格，企业可能会面临税负突然增加的情况，影响企业的财务状况和经营战略。

（2）政策理解风险。税收优惠政策通常有复杂的条款和前提条件。如果企业对政策理解不准确全面，可能导致错误地适用优惠政策，面临税务处罚风险。不能听风就是雨，听说海南自贸区有税收优惠政策，立即在海南注册一家公司。

（3）税务合规风险。为了符合税收优惠条件，企业可能会采取一些不当的操作。据报道，2024年1月至11月，全国26个省市共取消2960家高新技术企业资格。通过虚构条件来申请高新技术企业资格，这是明显的违规行为，一旦被查实，不仅要补缴税款，还会面临罚款和缴付滞纳金。

（4）关联交易风险。集团企业在利用税收优惠政策时，可能会通过关联交易将利润转移到享受优惠政策的主体。如果关联交易不符合独立交易原则，容易被税务机关认定为避税行为，引发税务调整和处罚。

2. 集团型企业应对税务风险的措施

（1）建立税务政策跟踪机制。安排专人或团队负责关注国家和地方税收政策的更新，了解政策动态，开展政策影响评估。同时，与当地税务机关保持良好的沟通，积极询问政策变动的细节和企业应对的合理建议。

（2）灵活调整经营策略。业务模式决定了税务的结果。根据税务政策变动和评估结果，企业要及时调整经营策略，改变业务模式，以期税务筹划时建立在合理的商业目的基础之上。

（3）遵循独立交易原则。建立科学合理的定价机制，明确关联交易定价的方法、流程和审批程序，确保关联交易定价的合理性。还可与税务机关就未来一定时期内关联交易的定价原则和计算方法达成预约定价安排。

（4）税务合规管理。提高财务人员和相关业务人员的税务合规意识，建立税务风险管理制度，加强税务合规培训，明确税务风险评估、控制等流程，定期对集团税务风险与合规进行排查，确保税务筹划在合法合规的框架内进行。

（5）引进外部咨询专家顾问。集团型企业税务管理复杂。若内部财务团队能力不够时，可聘请外部专家顾问协助建立财税管理制度，设计股权架构或者单项复杂的收购、兼并、重组的财税业务。

8.6 合伙企业税务专题

《中华人民共和国合伙企业法》于 1997 年 2 月 23 日制定，自 1997 年 8 月 1 日起施行。之后于 2006 年 8 月 27 日修订，自 2007 年 6 月 1 日起施行。

合伙企业有其特有的组织形式和法律规定，纳税方式也较为独特，选择或拆除有限合伙持股平台时都要慎重。

8.6.1 合伙企业如何纳税概述

在涉及合伙企业的纳税义务人、计税依据、纳税时间、适用税率等方面，很多人存在认知误区。比如，合伙企业要缴纳所得税，不分配利润合伙人就不申报纳税，公司合伙人分配的股息免税，合伙人税负一定低，等等。由于合伙企业的特殊性，老板应当厘清合伙企业和其他组织形式的差异，正确适用税收政策，避免税务风险。

合伙企业赚取的所得分为两种类型：利息股息红利所得和生产经营所得。区分两种合伙人身份类型，其缴纳的所得税不一样。

合伙人若是自然人，缴纳个人所得税。合伙企业的个人合伙人来源于境内注册的合伙企业的利息股息红利所得适用 20% 的税率，生产经营所得（包括合伙企业清算）适用 5%～35% 的税率。生产经营所得税税率表如表 8-12 所示。

表8-12 生产经营所得税税率表

级数	全年应纳税所得额	税率（%）	速算扣除数
1	不超过30000元的	5	0
2	超过30000元至90000元的部分	10	1500元
3	超过90000元至300000元的部分	20	10500元
4	超过300000元至500000元的部分	30	40500元
5	超过500000元的部分	35	65500元

合伙人是法人和其他组织的，缴纳企业所得税。法人合伙人的利息股息红利等权益性投资所得，不能享受居民企业之间的免税政策，来源于合伙企业的生产经营所得缴纳 25% 的企业所得税。法人合伙人再分红给自然人股东时，自然人股东还要再交 20% 的个人所得税，也就是通常所说的公司制企业的双重

征税。

除合伙企业赚取的所得情形外,合伙企业还有合伙人财产份额转让情形。合伙人是自然人的,按"财产转让所得",适用20%税率。合伙人是法人和其他组织的,缴纳企业所得税,适用25%税率。

综上,合伙企业的自然人合伙人和法人合伙人,纳税的一般情形如表8-13所示。

表8-13 合伙企业持股身份缴纳所得税比较表

类型 \ 合伙人身份	自然人合伙人（个人所得税税率）	法人合伙人（企业所得税税率）
来源于合伙企业的利息股息红利所得	20%	25%
来源于合伙企业的生产经营所得	5%～35%	
其中：合伙企业清算		
合伙企业中的财产份额转让所得	20%	

8.6.2 合伙企业纳税的几个具体问题

1. 合伙企业缴纳所得税吗

《中华人民共和国合伙企业法》第六条规定,"合伙企业的生产经营所得和其他所得,按照国家有关税收规定,由合伙人分别缴纳所得税"。

合伙企业并非所得税的纳税主体。合伙企业属于税收透明体,实行"先分后税"原则,以每一个合伙人为纳税义务人。这里的"分"指的是分摊,并非实际分配,即只要合伙企业当年赚取了所得,不管是否实际分配,这部分所得都要分摊到对应合伙人缴税。合伙人是自然人的,缴纳个人所得税；合伙人是法人和其他组织的,缴纳企业所得税。

2. 合伙企业的合伙人税负一定低吗

很多人误以为合伙企业的合伙人税负一定低！合伙人的税负是高是低,不能一概而论,要看与谁比较,要看特定的情形。

合伙人的税负低,往往指的是自然人在合伙企业持股相对于在有限公司持股情形而言。自然人在有限公司持股,公司缴纳25%的企业所得税后分红给自然人股东时,还要再缴20%的个人所得税,综合税负为40%。自然人在合伙企业持股,分红缴20%的个人所得税,其他所得缴5%～35%的个人所得税。当然,以上是一般情形,若公司享受小微企业、高新技术企业等企业所得税税收优惠,综合税负会发生变化。所以,税负是高是低,不能一概而论。

若是自然人不通过合伙企业间接持股而是自然人直接持股，分红和其他所得都是交20%的个人所得税。自然人通过合伙企业间接持股和自然人直接持股哪个税负更低，不能单看税率，还要比较所得金额。例如，若合伙企业不从事其他生产经营，只有股权投资业务，股权转让所得不超过9万元，自然人合伙人生产经营所得适用税率为10%（另还存在速算扣除数1500元），此时较自然人直接持股税负就要低。

3. 合伙企业、合伙人如何确定应纳税所得额

（1）《财政部 国家税务总局关于合伙企业合伙人所得税问题的通知》（财税〔2008〕159号）规定：

①合伙企业以每一个合伙人为纳税义务人。合伙企业合伙人是自然人的，缴纳个人所得税；合伙人是法人和其他组织的，缴纳企业所得税。

②合伙企业生产经营所得和其他所得采取"先分后税"的原则。所称生产经营所得和其他所得，包括合伙企业分配给所有合伙人的所得和企业当年留存的所得（利润）。

③合伙企业的合伙人按照下列原则确定应纳税所得额：合伙企业的合伙人以合伙企业的生产经营所得和其他所得，按照合伙协议约定的分配比例确定应纳税所得额；合伙协议未约定或者约定不明确的，以全部生产经营所得和其他所得，按照合伙人协商决定的分配比例确定应纳税所得额；协商不成的，以全部生产经营所得和其他所得，按照合伙人实缴出资比例确定应纳税所得额；无法确定出资比例的，以全部生产经营所得和其他所得，按照合伙人数量平均计算每个合伙人的应纳税所得额。合伙协议不得约定将全部利润分配给部分合伙人。

④合伙企业的合伙人是法人和其他组织的，合伙人在计算其缴纳企业所得税时，不得用合伙企业的亏损抵减其盈利。

（2）《财政部 国家税务总局关于印发〈关于个人独资企业和合伙企业投资者征收个人所得税的规定〉的通知》（财税〔2000〕91号）规定：

①个人独资企业和合伙企业（以下简称"企业"）每一纳税年度的收入总额减除成本、费用以及损失后的余额，作为投资者个人的生产经营所得，比照个人所得税法的"个体工商户的生产经营所得"应税项目，适用5%~35%的五级超额累进税率，计算征收个人所得税。所称收入总额，是指企业从事生产经营以及与生产经营有关的活动所取得的各项收入，包括商品（产品）销售收入、

营运收入、劳务服务收入、工程价款收入、财产出租或转让收入、利息收入、其他业务收入和营业外收入。

②下列项目的扣除依照本办法的规定执行：投资者的工资不得在税前扣除。企业从业人员的工资支出按标准在税前扣除，具体标准由各省、自治区、直辖市地方税务局参照企业所得税计税工资标准确定。投资者及其家庭发生的生活费用不允许在税前扣除。投资者及其家庭发生的生活费用与企业生产经营费用混合在一起，并且难以划分的，全部视为投资者个人及其家庭发生的生活费用，不允许在税前扣除。企业生产经营和投资者及其家庭生活共用的固定资产，难以划分的，由主管税务机关根据企业的生产经营类型、规模等具体情况，核定准予在税前扣除的折旧费用的数额或比例。企业计提的各种准备金不得扣除。

(3)《关于调整个体工商户个人独资企业和合伙企业个人所得税税前扣除标准有关问题的通知》(财税〔2008〕65号)规定：

①个体工商户、个人独资企业和合伙企业向其从业人员实际支付的合理的工资、薪金支出，允许在税前据实扣除。

②个体工商户、个人独资企业和合伙企业拨缴的工会经费、发生的职工福利费、职工教育经费支出分别在工资薪金总额2%、14%、2.5%的标准内据实扣除。

③个体工商户、个人独资企业和合伙企业每一纳税年度发生的广告费和业务宣传费用不超过当年销售(营业)收入15%的部分，可据实扣除；超过部分，准予在以后纳税年度结转扣除。

④个体工商户、个人独资企业和合伙企业每一纳税年度发生的与其生产经营业务直接相关的业务招待费支出，按照发生额的60%扣除，但最高不得超过当年销售(营业)收入的5‰。

(4)《财政部 国家税务总局关于调整个体工商户业主、个人独资企业和合伙企业自然人投资者个人所得税费用扣除标准的通知》(财税〔2011〕62号)规定：

对个体工商户业主、个人独资企业和合伙企业自然人投资者的生产经营所得依法计征个人所得税时，个体工商户业主、个人独资企业和合伙企业自然人投资者本人的费用扣除标准统一确定为42000元/年(3500元/月)。

4. 合伙人有两处以上合伙企业的所得，合伙人如何纳税

合伙人有两处或两处以上合伙企业所得的，《财政部 国家税务总局关于印发〈关于个人独资企业和合伙企业投资者征收个人所得税的规定〉的通知》(财税〔2000〕91号)规定：

①投资者兴办两个或两个以上企业的（包括参与兴办，下同），年度终了时，应汇总从所有企业取得的应纳税所得额，据此确定适用税率并计算缴纳应纳税款。

②准予扣除的个人费用，由投资者选择在其中一个企业的生产经营所得中扣除。

③投资者兴办两个或两个以上企业的，分别向企业实际经营管理所在地主管税务机关预缴税款。

④企业的年度经营亏损不能跨企业弥补。

⑤年度终了后办理汇算清缴时，投资者创办的企业中含有合伙性质的，投资者应向经常居住地主管税务机关申报纳税，办理汇算清缴，但经常居住地与其兴办企业的经营管理所在地不一致的，应选定其参与兴办的某一合伙企业的经营管理所在地为办理年度汇算清缴所在地，并在5年内不得变更。5年后需要变更的，须经原主管税务机关批准。

5. 合伙企业不分配利润，合伙人就不用申报纳税

由于合伙企业属于税收透明体，实行"先分后税"原则，无论合伙企业是否实际向合伙人分配利润，无论合伙人是有限合伙人还是普通合伙人，无论合伙人是自然人还是有限公司，都要按合伙协议约定的分配比例，计入合伙人的应纳税所得额，按规定时间申报纳税。

6. 合伙协议规定每年分配利润一次，当月或当季度实现了利润，合伙人需要缴税吗

合伙企业向合伙人分配利润的时间并无明确规定，既可以按照月度、季度，也可以按年度或其他周期进行分配，具体取决于合伙协议的约定。

即使合伙协议规定每年分配利润一次，当月或当季度实现了利润但并未实际分配，合伙人也需根据合伙企业当月或当季度的利润总额，按照分配比例确定其当月或当季度应分得的"所得"，并据此计算缴纳所得税。具体是分月还是分季预缴，取决于纳税人当初的选择。具体如下：

自然人合伙人缴纳个人所得税。按年计算，分月或分季预缴。分月预缴的，需在每月终了后15日内办理纳税申报；分季预缴的，需在每个季度终了后15日内办理纳税申报；在取得所得的次年1月1日至3月31日前办理汇算清缴。

如果合伙人选择按季度申报个体工商户的生产经营所得，本月实现的利润和下月实现的亏损在同一季度内，是可以相抵之后合并申报的。

法人合伙人缴纳企业所得税。同样依据本月实现的利润，按照合伙协议约定的分配比例确定法人合伙人的应纳税所得额，分月或分季预缴。分月预缴的，需在每月终了后15日内办理纳税申报；分季预缴的，需在每个季度终了后15日内办理纳税申报；在取得所得的次年1月1日至5月31日前办理汇算清缴。

7. 合伙企业持有股权、股票等权益性投资的，可以核定征收吗

《财政部　税务总局关于权益性投资经营所得个人所得税征收管理的公告》（财政部　税务总局公告2021年第41号）规定：

自2022年1月1日起，持有股权、股票、合伙企业财产份额等权益性投资的个人独资企业、合伙企业（以下简称"独资合伙企业"），一律适用查账征收方式计征个人所得税。

独资合伙企业应自持有上述权益性投资之日起30日内，主动向税务机关报送持有权益性投资的情况；公告实施前独资合伙企业已持有权益性投资的，应当在2022年1月30日前向税务机关报送持有权益性投资的情况。税务机关接到核定征收独资合伙企业报送持有权益性投资情况的，调整其征收方式为查账征收。

8. 合伙企业的利息、股息、红利所得，并入收入总额纳税吗

合伙企业对外投资分回的利息、股息、红利所得，是否并入收入总额纳税，不能一概而论，要看合伙人的身份是个人还是法人或其他组织。投资者个人享有的份额部分应单独按"利息、股息、红利所得"缴税。

《国家税务总局关于〈关于个人独资企业和合伙企业投资者征收个人所得税的规定〉执行口径的通知》（国税函〔2001〕84号）规定：

个人独资企业和合伙企业对外投资分回的利息或者股息、红利，不并入企业的收入，而应单独作为投资者个人取得的利息、股息、红利所得，按"利息、股息、红利所得"应税项目计算缴纳个人所得税。

以合伙企业名义对外投资分回利息或者股息、红利的，应确定各个投资者的利息、股息、红利所得，分别按"利息、股息、红利所得"应税项目计算缴纳个人所得税。

9. 合伙企业的公司合伙人分配的股息免税吗

有限公司作为法人合伙人不是直接投资居民企业，而是通过投资有限合伙企业间接投资居民企业，分回的股息、红利等股权投资收益，不属于居民企业之间的投资收益，不能享受免征企业所得税的优惠政策，需按25%税率缴纳企业所得税。依据如下：

（1）《中华人民共和国企业所得税法》第1条规定，在中华人民共和国境内，企业和其他取得收入的组织为企业所得税的纳税人，依照本法的规定缴纳企业所得税，并指出"个人独资企业、合伙企业不适用本法"。

（2）《中华人民共和国企业所得税法》第26条第二项规定，符合条件的居民企业之间的股息、红利等权益性投资收益为免税收入。

（3）《中华人民共和国企业所得税法实施条例》第83条规定，企业所得税法第26条第二项所称符合条件的居民企业之间的股息、红利等权益性投资收益，是指居民企业直接投资于其他居民企业取得的投资收益。

10. 公司合伙人在合伙企业的亏损可以抵减公司盈利吗？

《财政部 国家税务总局关于印发〈关于个人独资企业和合伙企业投资者征收个人所得税的规定〉的通知》（财税〔2000〕91号）第十四条规定，企业的年度亏损，允许用本企业下一年度的生产经营所得弥补，下一年度所得不足弥补的，允许逐年延续弥补，但最长不得超过5年。

有限合伙企业的合伙人，若是公司持股，作为法人合伙人，在计算缴纳企业所得税时，《财政部 国家税务总局关于合伙企业合伙人所得税问题的通知》（财税〔2008〕159号）第五条规定："合伙企业的合伙人是法人和其他组织的，合伙人在计算其缴纳企业所得税时，不得用合伙企业的亏损抵减其盈利。"

11. 合伙企业转让股权、股票等财产份额所得，个人合伙人应按"生产经营所得"还是"财产转让所得"纳税

合伙企业转让股权、股票等财产份额所得，个人合伙人按"财产转让所得"税目，依20%税率缴纳个税。这种观点对不对呢？这种观点不对。合伙企业转让股权、股票等财产份额和合伙人转让合伙企业中的财产份额，两者不一样，前者属于企业的经营行为，后者属于合伙人投资（退出）行为。

合伙企业赚取的所得分为两种类型：利息股息红利所得和生产经营所得。合伙企业转让股权、股票等财产份额所得，就属于生产经营所得类型，应并入合伙企业收入总额，个人合伙人按"生产经营所得"，适用5%~35%的五级超额累进税率缴纳个税。依据如下：

①个体工商户的转让财产收入包括在生产经营所得收入总额中，合伙企业

的股权、股票等财产份额转让所得也包括在生产经营所得收入总额中，法规政策衔接没有冲突。

《个体工商户个人所得税计税办法》（2014年12月27日国家税务总局令第35号）第八条规定，个体工商户从事生产经营以及与生产经营有关的活动（以下简称"生产经营"）取得的货币形式和非货币形式的各项收入，为收入总额。包括：销售货物收入、提供劳务收入、转让财产收入、利息收入、租金收入、接受捐赠收入、其他收入。

②合伙企业的财产转让收入与个人直接所有的财产转让收入不一样，也与合伙人退伙或撤资转让合伙企业财产份额不一样。股权、股票也是财产，但这时财产持有的主体很特殊，是合伙企业。财税〔2000〕91号明确规定了合伙企业收入总额包括财产出租或转让收入，比照"个体工商户的生产经营所得"纳税。

《财政部 国家税务总局关于印发〈关于个人独资企业和合伙企业投资者征收个人所得税的规定〉的通知》（财税〔2000〕91号）第四条规定，"个人独资企业和合伙企业每一纳税年度的收入总额减除成本、费用以及损失后的余额，作为投资者个人的生产经营所得，比照个人所得税法的'个体工商户的生产经营所得'应税项目，适用5%~35%的五级超额累进税率，计算征收个人所得税。所称收入总额，是指商品（产品）销售收入、营运收入、劳务服务收入、工程价款收入、财产出租或转让收入、利息收入、其他业务收入和营业外收入"。

③合伙企业的股权或股票投资所得纳入企业的生产经营所得。

《国家税务总局关于切实加强高收入者个人所得税征管的通知》（国税发〔2011〕50号）明确，对个人独资企业和合伙企业从事股权（票）、期货、基金、债券、外汇、贵重金属、资源开采权及其他投资品交易取得的所得，应全部纳入生产经营所得，依法征收个人所得税。

④国家税务总局稽查局在《关于2018年股权转让检查工作的指导意见》（税总稽便函〔2018〕88号）中指出：

按现行个人所得税法规定，合伙企业的投资者为其纳税人，合伙企业转让股票所得，应按照"先分后税"原则，按照合伙企业的全部生产经营所得和合伙协议约定的分配比例确定合伙企业投资者的应纳税所得额，比照"个体工商户生产经营所得"项目，适用5%~35%的超额累进税率征税。

⑤股权转让所得按"财产转让所得"税目申报个人所得税，调整的是自然人股东转让股权的税收关系，国家税务总局公告2014年第67号排除了自然人股东投资于个人独资企业和合伙企业情形。

《国家税务总局关于发布〈股权转让所得个人所得税管理办法（试行）〉的公告》（国家税务总局公告2014年第67号）第二条规定："本办法所称股权是指自然人股东投资于在中国境内成立的企业或组织（以下统称"被投资企业"，不包括个人独资企业和合伙企业）的股权或股份。"

12. 企业的主体类型变更时，需要纳税吗

《财政部 国家税务总局关于企业重组业务企业所得税处理若干问题的通知》（财税〔2009〕59号）第四条规定，"企业由法人转变为个人独资企业、合伙企业等非法人组织，或将登记注册地转移至中华人民共和国境外（包括港澳台地区），应视同企业进行清算、分配，股东重新投资成立新企业。企业的全部资产以及股东投资的计税基础均应以公允价值为基础确定"。

依据该条款的规定，企业由法人变更为合伙企业，从税务处理角度看，应当分解为对原法人企业进行清算以及重新投资成立合伙企业两个步骤。

13. 创业投资企业，个人合伙人如何纳税

《关于延续实施创业投资企业个人合伙人所得税政策的公告》（财政部 税务总局 国家发展改革委 中国证监会公告2023年第24号），执行至2027年12月31日。公告规定主要内容如下：

创投企业可以选择按单一投资基金核算或者按创投企业年度所得整体核算两种方式之一，对其个人合伙人来源于创投企业的所得计算个人所得税应纳税额（创投企业一经选择核算方式，3年内不能变更）。

创投企业选择按单一投资基金核算的，其个人合伙人从该基金应分得的股权转让所得和股息红利所得，按照20%税率计算缴纳个人所得税（单一投资基金发生的包括投资基金管理人的管理费和业绩报酬在内的其他支出，不得在核算时扣除）。创投企业选择按年度所得整体核算的，其个人合伙人应从创投企业取得的所得，按照"经营所得"项目5%～35%的超额累进税率计算缴纳个人所得税。

14. 有限合伙制创业投资企业法人合伙人和个人合伙人，采取股权投资方式，直接投资于中小高新技术企业和初创科技型企业的所得税优惠政策

（1）《财政部 国家税务总局关于将国家自主创新示范区有关税收试点政策

推广到全国范围实施的通知》（财税〔2015〕116号）规定：

自2015年10月1日起，全国范围内的有限合伙制创业投资企业采取股权投资方式投资于未上市的中小高新技术企业满2年（24个月）的，该有限合伙制创业投资企业的法人合伙人可按照其对未上市中小高新技术企业投资额的70%抵扣该法人合伙人从该有限合伙制创业投资企业分得的应纳税所得额，当年不足抵扣的，可以在以后纳税年度结转抵扣。

有限合伙制创业投资企业的法人合伙人对未上市中小高新技术企业的投资额，按照有限合伙制创业投资企业对中小高新技术企业的投资额和合伙协议约定的法人合伙人占有限合伙制创业投资企业的出资比例计算确定。

（2）《财政部 税务总局关于创业投资企业和天使投资个人有关税收政策的通知》（财税〔2018〕55号）规定：

有限合伙制创业投资企业（以下简称"合伙创投企业"）采取股权投资方式直接投资于初创科技型企业满2年的，该合伙创投企业的合伙人分别按以下方式处理：法人合伙人可以按照对初创科技型企业投资额的70%抵扣法人合伙人从合伙创投企业分得的所得；当年不足抵扣的，可以在以后纳税年度结转抵扣。个人合伙人可以按照对初创科技型企业投资额的70%抵扣个人合伙人从合伙创投企业分得的经营所得；当年不足抵扣的，可以在以后纳税年度结转抵扣。

相关优惠政策条件详见"8.2.3 股东分红的税收优惠政策"之"4 创业投资和天使投资分红的税收优惠"。

15.【案例】合伙企业整体亏损但合伙人有股息所得，合伙人如何纳税？

假设：某有限合伙企业，有普通合伙人A公司和有限合伙人张先生两位合伙人，A公司份额占30%，张先生份额占70%，应出资总额1000万元，已全部实缴出资，利润分配按实缴出资比例。合伙企业当年投资推出一个项目亏损500万元，从其他投资企业分回的股息所得是200万元，实际亏损300万元。

请问：法人合伙人A公司和自然人合伙人张先生，如何缴税？

我们先看天津市税务局针对类似问题的回复，再展开分析。

（1）天津市税务局针对网友提问的回复

【问】法人企业投资合伙企业，其从合伙企业分得的应纳税所得额应在何时缴纳企业所得税？如果合伙企业整体为亏损，但其所得中包含股息红利所得，法人合伙人是否按照"先分后税"原则确认股息红利所得？

【答】合伙企业以每一个合伙人为纳税义务人，合伙人为法人和其他组织的，缴纳企业所得税。合伙企业生产经营所得和其他所得采取"先分后税"的原则缴纳税款。按照《中华人民共和国企业所得税法实施条例》的规定，企业应当按照月度或者季度的实际利润额预缴，因此在进行企业所得税预缴申报时无论企业是否实际分回合伙企业所得均应按照其实际利润额预缴，到年度汇缴环节因合伙企业未分配导致法人合伙人未实际分回的所得额，应在汇缴申报时通过 A105000《纳税调整明细表》第 41 行"（五）合伙企业法人合伙人应分得的应纳税所得额"进行纳税调整处理。如果合伙企业整体为亏损，则法人合伙人不存在应分回的所得额，无须就其中股息红利所得部分单独缴纳企业所得税。

（2）相关税收政策

①根据《中华人民共和国企业所得税法》第 1 条、第 26 条第二项，《中华人民共和国企业所得税法实施条例》第 83 条，居民企业间接投资于其他居民企业取得的股息、红利等投资收益不免税。

②国税函〔2001〕84 号规定，个人独资企业和合伙企业对外投资分回的利息或者股息、红利，不并入企业的收入，而应单独作为投资者个人取得的利息、股息、红利所得，按"利息、股息、红利所得"应税项目计算缴纳个人所得税。

③财税〔2000〕91 号第 14 条，针对个人独资企业和合伙企业规定，企业的年度亏损，允许用本企业下一年度的生产经营所得弥补，下一年度所得不足弥补的，允许逐年延续弥补，但最长不得超过 5 年。投资者兴办两个或两个以上企业的，企业的年度经营亏损不能跨企业弥补。

④财税〔2008〕159 号规定，合伙企业生产经营所得和其他所得采取"先分后税"的原则。所称生产经营所得和其他所得，包括合伙企业分配给所有合伙人的所得和企业当年留存的所得（利润）。合伙企业的合伙人是法人和其他组织的，合伙人在计算其缴纳企业所得税时，不得用合伙企业的亏损抵减其盈利。

（3）相关分析过程

对自然人合伙人张先生而言：

①虽然合伙企业整体亏损，但需要按国税函〔2001〕84 号的规定，将在合伙企业的 140 万元股息（200 万元 × 70%）所得份额（不管合伙企业是否实际分配），单独作为投资者个人取得的利息、股息、红利所得，单独缴 20% 的个人所得税 28 万元，由合伙企业代扣代缴。

②根据财税〔2008〕159 号的规定，法人和其他组织的合伙人不得用合伙企业的亏损抵减其盈利。这条规定没提到自然人合伙人，似乎意味着张先生可以

用该合伙企业的亏损份额350万元（500万×70%）抵减其他企业取得的盈利。

但财税〔2000〕91号规定，投资者兴办两个或两个以上企业的，企业的年度经营亏损不能跨企业弥补。因此，合伙企业的项目投资损失500万元作为经营损失，必须用合伙企业以后5个年度的经营所得来弥补，直至累计亏损弥补完，弥补后的应纳税所得额为正数时，才会对合伙人进行分配。张先生的350万元经营亏损（500万元×70%）份额，只能静等这个合伙企业以后赚钱再抵减了。

对法人合伙人A公司而言：

①根据《中华人民共和国企业所得税法》相关规定，法人合伙人从合伙企业取得的利息、股息、红利所得，不符合居民企业之间的免税分红政策，不得免税。因此，A公司在合伙企业的60万元股息（200万元×30%）所得份额应缴税。接下来需要考虑的是股息所得份额应单独缴税还是连同其他所得一并缴税的问题。

②国税函〔2001〕84号规定将合伙企业取得的利息、股息、红利所得从其他整体所得中区分开来单独处理的，只是针对投资者个人，目前并无任何规定对于法人合伙人也需要将这两项所得分别处理。并且，法人不管是经营所得，还是其他所得，都需要统一并入所得交企业所得税，税率都是25%。因此，A公司无须将合伙企业的股息红利所得份额单独缴税，而是应连同合伙企业的生产经营所得，整体上统一考虑，并入A公司的当期所得一并缴纳企业所得税即可。接下来需要考虑的是整体上有没有所得需要并入、并入多少的问题。

③财税〔2008〕159号规定法人合伙人在计算其缴纳企业所得税时，不得用合伙企业的亏损抵减其盈利，指的是合伙企业的整体亏损不能抵减法人合伙人公司自身的盈利，并没有特别规定将法人合伙人从合伙企业取得的利息、股息、红利所得与其他所得区别开来分别计算。现在合伙企业尽管取得股息200万元，但项目经营亏损500万元，整体亏损300万元，则A公司不存在应从合伙企业分回的所得，无须就其中股息红利所得部分单独缴纳企业所得税。

（4）分析结论

不考虑合伙人其他所得情形，结论是：A公司当期无须缴税，张先生需要缴纳股息所得个人所得税28万元。

8.6.3 有限公司如何改制为有限合伙企业

有限公司改制为有限合伙企业，需要考虑商业目的、控制权、法律风险、税款缴纳及工商注册等方面的因素。公司改制前，应充分了解相关法律法规的规定，谨慎决策是否改制；决策改制后应制订详细的改制方案。

1. 改制的考虑因素

（1）商业目的。老板要从股权架构顶层设计角度出发，结合公司战略和商业目的，综合考虑是否改制，商业目的考虑是第一位的要素。

老板要思考，为什么要改制，改制有什么好处，有什么坏处？是经营更加灵活，决策效率高，还是治理更加简单，更加容易实施控制？是更节税，还是更方便创业投资机构投资？否则，为什么不直接注销这家有限公司，另起炉灶新成立一家有限合伙企业呢。

（2）控制权。有限合伙企业的控制权主要取决于普通合伙人。普通合伙人负责合伙企业的经营管理，对外代表合伙企业，决策过程相对简单快速，不需要像有限公司那样遵循复杂的股东会议事程序。这意味着公司创始人只需将"自己人"选为普通合伙人，通过较少的出资，便可实现对合伙企业的管理和控制，即使引入新的有限合伙人导致普通合伙人股权比例被稀释，控制权也不受影响。

有限公司的控制权，若不考虑董事会控制、日常经营管理控制等其他控制方式，通常需要有较高比例的股权，通过股东会、董事会等机构按法定程序行使，决策程序相对规范，决策过程相对复杂，决策效率相对较低。

（3）法律风险。有限公司和合伙企业是两种组织形式，所适用的法律不同。有限公司适用公司法，合伙企业适用《中华人民共和国合伙企业法》。有限公司改制为有限合伙企业，老板需要充分了解这两种组织形式的法律责任，谨慎考虑其风险承受能力和信用状况，妥善处理好原债权债务的转移和责任承担。

有限公司是独立的法人实体，具有独立的财产权，股东以其出资额为限对公司承担责任，治理结构相对规范，通常设有股东会、董事会、监事会等机构。有限合伙企业由普通合伙人和有限合伙人组成。普通合伙人对合伙企业债务承担无限连带责任，有限合伙人以其认缴的出资额为限对合伙企业债务承担责任，治理结构相对灵活，可以根据合伙人的约定进行设置。

（4）税款缴纳。有限公司通常需要缴纳企业所得税，税率一般为25%，股东在分红时还需缴纳个人所得税，税率为20%。有限合伙企业不缴纳企业所得税，由合伙人分别缴纳个人所得税或企业所得税，具体取决于合伙人的身份。对于一些特定行业或地区，可能存在税收优惠政策。若考虑持股目的必须成立持股平台，自然人在有限合伙企业持股较在有限公司持股，税收方面具有一定的优势。

有限公司变更为合伙企业，按照59号文的规定，应当视同清算、分配和重新投资成立新企业，清算企业所得税、个人所得税；分配的资产为上市公司股份的，还需补缴增值税及附加。

（5）工商注册。工商登记一般采取"两步走"的方式进行组织形式的变更：第一步是注销原有限公司。清理公司财产、编制资产负债表和财产清单、处理与清算有关的公司未了结的业务等诸多事务后，进行资产评估，确定公司资产价值，之后召开股东会，通过改制决议，向原登记机关申请注销登记。第二步是设立新的有限合伙企业。在注销原公司后，合伙人（原公司股东）向市场监督管理部门提交改制申请材料，审核通过后领取《合伙企业营业执照》。

但同时也存在一些特殊的规定，如新疆、北京中关村等地为吸引企业落地，出台了有限公司变更为合伙企业的"一步走"简易便利政策。根据《国家工商行政管理总局关于支持中关村科技园区建设国家自主创新示范区的意见》工商办字〔2009〕200号）和《中关村国家自主创新示范区企业组织形式转换登记试行办法》（北京工商发〔2010〕131号），北京市中关村国家自主创新示范区内登记注册的有限公司可转换为合伙企业。根据《新疆维吾尔自治区工商行政管理局关于有限责任公司变更为合伙企业的指导意见》（新工商企登〔2010〕172号），注册于喀什经济开发区、霍尔果斯经济开发区等特定区域的非股权投资类、创业类型有限责任公司可申请办理转为有限合伙企业。

"两步走"也好，"一步走"也好，只是工商登记时组织形式变更流程的不同，并不影响按59号文的规定清算原企业各项税款。

2.【案例】同花顺员工持股平台公司变合伙陷25亿元补税风波

由于中国证券登记结算公司在2009年以前并不支持有限合伙企业开立证券账户，因此很多公司大股东和核心人员通过有限责任公司的形式间接持有上市公司股权。2009年，证监会修订《证券登记结算管理办法》《中国证券登记结算有限责任公司证券账户管理规则》后，有限合伙企业可以开设证券账户。

2010年12月，在国家工商总局的支持下，北京市工商局出台《中关村国家自主创新示范区企业组织形式转换登记试行办法》，推行了企业组织形式转换的改革，一大批上市公司的员工持股平台企业因此从"有限责任公司"转换为"有限合伙企业"。

上海凯士奥信息咨询中心是上市公司同花顺的员工持股平台，成立于 2007 年，在 2020 年 4 月 30 日之前一直是有限责任公司形式。2020 年 3 月，凯士奥从上海迁往北京，2020 年 4 月 30 日在中关村完成从有限责任公司到有限合伙企业的转变，2020 年 7 月又以有限合伙企业的形式迁回上海。

正是这次"公司转合伙"，导致了此次追缴风波。2022 年 11 月 21 日和 12 月 5 日，国家税务总局上海市宝山区税务局第十七税务所向凯士奥发出《税务事项通知书》和《责令限期改正通知书》，税务部门认为凯士奥的组织形式变更属于企业由法人转换为合伙企业等非法人组织，应"视同企业进行清算、分配，股东重新投资成立新企业"，为此需要一次性征收所有股票（包括所有转换日尚未减持的股票，包括限售股）视同出售清算相关的税款。

同花顺管理层称，是为了响应中关村国家自主创新示范区体制机制创新等先行先试改革的探索。自 2022 年 11 月收到税务部门的通知后，几个月来一直与税务部门积极沟通，并提出了妥善处理本次征税事件的合理化建议，但目前尚无结果。持股平台企业在中关村将有限责任公司"转换"为有限合伙企业，并不改变企业的延续性，企业的统一社会信用代码没有改变。相关企业完成转换后，在中证登等部门办理的是"名称变更"手续，而非"股权转让变更"手续。因此实务处理时，都按账面价值计价，并不按公允价值清算缴纳相关税款，十余年来，相关税务机关也从未提出异议。如果税务机关一开始就明确在中关村完成企业组织形式"转换"必须视同清算征税，相信基本上不会有企业去响应这项改革创新。这些年来，凯士奥出售股票所得，只有 3 亿多元，远远少于要征的税额和滞纳金。因此，这突如其来的巨额税款就如同大山一样突然压过来，令企业根本无法承受。对于巨额补缴要求，如果税务部门强制征缴，同花顺恐怕只能卖股缴税。但管理层称，在限售股无法出售的情况下，凯士奥不能筹集足够资金及时足额缴纳税款。

此后，2023 年 6 月，凯士奥又进行了地址变更，由上海迁回北京，主体类型没变还是有限合伙企业。2024 年 2 月，凯士奥名称、主体类型再次变更，公司名称变更为北京凯士奥信息咨询有限公司，有限合伙又变回了有限公司。2024 年 5 月，凯士奥再次进行了名称、地址变更，由北京迁到杭州，且公司名称变更为杭州凯士顺信息咨询有限公司，公司字号也由凯士奥变成了凯士顺，同花顺的员工持股激励平台最终回到原点。截至 2024 年 12 月，同花顺持股平台凯士奥的补缴 25 亿元的税款风波暂未有进一步的公开报道。

凯士奥历次的名称、地址、主体类型的变更过程如表8-14所示。

表8-14 凯士奥历次的名称、地址、主体类型的变更过程

变更日期	变更项目	企业名称（变更前）	企业名称（变更后）
2024-5-29	名称、地址变更	北京凯士奥信息咨询有限公司	杭州凯士顺信息咨询有限公司
2024-2-2	名称、主体类型变更	北京凯士奥信息咨询中心（有限合伙）	北京凯士奥信息咨询有限公司
2023-6-25	地址变更	上海凯士奥信息咨询中心（有限合伙）	北京凯士奥信息咨询中心（有限合伙）
2020-7-22	地址变更	北京凯士奥信息咨询中心（有限合伙）	上海凯士奥信息咨询中心（有限合伙）
2020-4-30	名称、主体类型变更	北京凯士奥信息咨询有限公司	北京凯士奥信息咨询中心（有限合伙）
2019-9-17	名称变更	石狮市凯士奥投资咨询有限公司	石狮市凯士奥信息咨询有限公司
2018-9-18	名称变更	上海凯士奥投资咨询有限公司	石狮市凯士奥投资咨询有限公司

这个案例，给我们以极大的警示。不管管理层如何解释，局外人一眼即可看明白，同花顺员工持股平台主体类型、公司法律形式在全国各地转换来转换去的目的无非是"税务筹划"考虑。

税务筹划之前，一定要清晰准确地了解国家的税收政策规定，不要听风就是雨，听说哪里是"税收洼地"就轻易地"候鸟迁徙"过去。企业所得税和个人所得税法都有"反避税"条款规定，凡企业实施不具有合理商业目的的安排而减少其应纳税收入或者所得额，个人实施不具有合理商业目的的安排而获取不当税收利益，税务机关均有权按照合理方法进行纳税调整。

"公司变合伙"可以合法避税的前提，是地方性的税收优惠。比如，根据规定，创投企业属于《新疆困难地区重点鼓励发展产业企业所得税优惠目录（试行）》范围内的企业，可以享受5年免税的企业所得税优惠。对于迁入新疆的符合条件的股权投资企业，即使公司变为合伙企业时需要视同清算，也不会导致原有限公司股东缴纳任何的企业所得税。但中关村不一样！虽然《中关村国家自主创新示范区企业组织形式转换登记试行办法》允许公司制企业法人转换为合伙企业，但明确规定应当结清原企业各项税款，履行清算程序。凯士奥利用该政策完成工商变更，未根据财税〔2009〕59号文规定履行税务清算及申报纳税义务，自然产生了极大的税务风险，各位企业家朋友要引以为鉴。

8.6.4 如何拆除有限合伙企业持股平台

过去，不少老板通过在税收洼地搭建合伙型持股平台以享受核定征收、财政返还等税收优惠政策，以实现税负节约。但随着《关于权益性投资经营所得个人所得税征收管理的公告》（财政部税务总局公告2021年第41号）生效，2022年1月1日起若再转让目标公司股权，只能按照查账征收的方式缴纳个人所得税。加之近年来严查违规财政返还，合伙型持股平台原有的税负优势逐渐消失，不少人选择拆除持股平台，回归直接持股的原始状态。

但拆除有限合伙持股平台可能会产生大额税负，拆除前要考虑持股目的，权衡利弊，测算拆除的最终税负后再决定是否拆除。实际上，最终拆除是亡羊补牢的补救措施，根本的解决之道还在于谋定而后动，提前考虑是否成立合伙持股平台，如何成立合伙持股平台，提前做好股权财税法顶层设计。

拆除有限合伙企业持股平台有两种方式，一是站在合伙企业的角度，整体拆除，即合伙企业清算；二是站在投资人角度，投资人撤资退出合伙企业。清算方式下适用"生产经营所得"5%～35%税率，撤资方式下适用"财产转让所得"20%税率。撤资方式税率要低，但是否税负更为节约还要就具体项目详细测算，比较复杂，老板千万别仅凭两种方式税率的高低来轻率决策。

1. 清算方式

《财政部 国家税务总局关于印发〈关于个人独资企业和合伙企业投资者征收个人所得税的规定〉的通知》（财税〔2000〕91号）第16条规定，合伙企业的清算所得应当视为年度生产经营所得，由投资者缴纳个人所得税。

因此，合伙企业清算方式下，清算所得视为合伙企业年度生产经营所得，自然人合伙人按照"生产经营所得"申报缴纳个人所得税，适用税率为5%～35%。清算收入即清算时全部资产或财产的公允价值，扣除清算费用、损失、负债、以前年度留存的利润及实缴资本。计算公式为：

清算所得＝合伙企业清算时的全部资产/财产的公允价值－清算费用－损失－负债－以前年度留存的利润－实缴资本。

通常情况下，如果清算财产系持有的上市公司的股权，按照过户日目标公司股票每股收盘价计算公允价值，如果持有的系非上市公司的股权，以评估目标公司净资产的公允价值来确定，此时采取何种评估方式对公允价值的确定影响较大。如果合伙企业的损失和负债较大，甚至超过了合伙企业的资产或财产的公允价值，则清算所得为0，不用缴税。

2.撤资方式

《中华人民共和国个人所得税法实施条例》第6条规定，财产转让所得是指个人转让有价证券、股权、合伙企业中的财产份额、不动产、机器设备、车船以及其他财产取得的所得；第17条规定，财产转让所得，按照一次转让财产的收入额减除财产原值和合理费用后的余额计算纳税。

《国家税务总局关于个人终止投资经营收回款项征收个人所得税问题的公告》（国家税务总局公告2011年第41号）规定，个人因各种原因终止投资、联营、经营合作等行为，从被投资企业或合作项目、被投资企业的其他投资者以及合作项目的经营合作人取得股权转让收入、违约金、补偿金、赔偿金及以其他名目收回的款项等，均属于个人所得税应税收入，应按照"财产转让所得"项目适用的规定计算缴纳个人所得税。

因此，合伙企业个人合伙人撤资方式下，转让合伙企业中的财产份额所得（应纳税所得额）按"财产转让所得"税目，适用20%税率缴纳个人所得税。应纳税所得额的计算公式为：

应纳税所得额＝个人取得的股权转让收入、违约金、补偿金、赔偿金及以其他名目收回款项合计数－原实际出资额（投入额）及相关税费。

实务中，如果合伙协议约定的回购价格即为原始出资额，并有相关资料充分证明转让价格合理且属于真实的本企业员工持有的不能对外转让股权的内部转让，即使纳税人申报的计税依据明显偏低，税务机关也有法规依据，可以认定为有正当理由。建议纳税人将合伙协议等相关材料提前到税务机关备案，并在撤资前与税务机关详细沟通，取得税务机关的认同，以减少税务风险。

3.【案例】合伙人退伙并对外转让其财产份额，如何纳税？

假设：

1.某有限合伙企业注册资金1000万元，由A、B两个自然人合伙人组成，分别占比40%和60%，合伙人的资金已全部实缴到位。

2.B转让30%合伙份额给C，转让价格400万元，C已支付转让价款。转让后A、B、C占比是40%∶30%∶30%。

3.C加入合伙企业后，合伙企业从公开发行和转让市场取得某上市公司的股票，按照10元/股的价格购买了100万股。

4. 2年后C要求退伙，合伙企业在公开市场转让C对应的30万股票份额，金额500万元。

5. 合伙人C合伙份额对外转让，转让价格500万元，C已收到转让价款。

6. 合伙协议约定：合伙人若退伙的，按合伙份额转让合伙企业持有的上市公司股份转让所得可全部归属退伙人。

7. 假设不存在以前年度留存的利润，合伙份额转让环节不存在其他相关税费（如印花税、转让费用）。

以上假设，如图8-23所示。请问：合伙人C赚了多少钱？如何纳税？

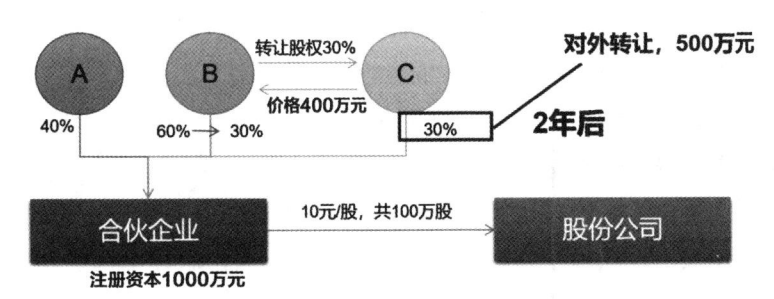

图8-23 某合伙企业合伙人入伙、投资、退伙背景资料

首先我们看纳税服务中心针对网友类似提问的答复，然后详细分析这个案例。

（1）国家税务总局江西省12366纳税服务中心答复

尊敬的纳税人您好！您反映的问题已转办至相关部门，反馈内容如下：

尊敬的纳税人您好，您所反映的情况中，合伙企业和自然人合伙人的行为纳税主体不同，应分别计算：其中，针对第一个行为，合伙企业取得的收益应按照"生产经营所得"项目计算缴纳个人所得税；针对第二个行为，自然人合伙人退伙时的份额转让所得应按照"财产转让所得"项目计算缴纳个人所得税。

上述回复仅供参考，若您对此仍有疑问，请联系江西12366或主管税务机关。

（2）合伙人C的应纳税额情形分析

C本次退伙，从税务处理角度，可区分为两个行为。

第一个行为，经营所得行为。C退伙，合伙企业要对外转让投资某上市公司100万股对应的C财产份额的30%即30万股票，因从公开发行和转让市场取得股票且持股期限超过1年，免增值税，合伙企业对外转让收益为200万元（500-30×10）。根据合伙协议约定，此收益直接归属C，按照"生产经营所得"

适用税率5%～35%缴纳个税,并需要在取得所得的次年3月31日前进行汇算清缴。

第二个行为,财产转让行为。C退伙,对外转让财产份额转让价格500万元,扣除当初出资400万元,退伙财产份额和当时出资相比盈利100万元。合伙人转让合伙企业财产份额所得,按照"财产转让所得"适用税率20%缴纳个税。财产转让所得属于分类所得,按照一次转让财产的收入额减除财产原值和合理费用后的余额计算,不用办理汇算清缴。

合伙人C的上述两个行为,性质不同,适用税目和税率不同,不能将所得合并计算纳税。本案例中第二个行为是盈利,假设第二个行为亏损则不用纳税,但也不能抵减第一个行为的所得按抵减后的金额纳税。

(3)合伙人C退伙的应缴税款与收益

①经营所得缴纳个税:200×35%-6.55=63.45(万元)

②财产转让所得缴纳个税:(500-400)×20%=20(万元)

③合伙人C的收益:200(经营所得)+100(财产转让所得)-63.45(经营所得个税)-20(财产转让所得个税)=216.55(万元)

8.7 员工股权激励税务专题

非上市公司和上市公司的员工股权激励,存在公司授予员工股票期权、股权期权、限制性股票、股票增值权和股权奖励一类情形。本节专题讲解员工股权激励如何纳税的问题。

8.7.1 员工股权激励如何纳税概述

员工股权激励纳税,其实质就是公司通过股票(股权)形式给员工的报酬,对员工来说,涉及如何缴纳个人所得税问题;对公司来说,涉及企业所得税税前扣除问题,较为复杂的是涉及个人所得税的规定。

1. 股权激励支出的企业所得税处理

对于股权激励支出,满足一定条件(如属于合理工资薪金支出范围等)的,可以在企业所得税税前扣除。具体扣除金额和方式要根据税法规定以及股权激励的实际情况来确定。

例如,上市公司回购公司股份用于员工持股计划,视作工资薪金支出在企业所得税税前扣除。对于以权益结算的股权激励,在等待期内的每个资产负债表日,企业应当以对可行权权益工具数量的最佳估计为基础,按照权益工具授予日的公允价值,将当期取得的服务计入相关成本或费用,同时计入资本公积。在行权后,相应的股权激励支出可以作为工资薪金支出在企业所得税税前扣除。

2. 股权激励个人所得税的政策规定

自1999年以来,员工股权激励出台了很多规定,有很多优惠政策。例如,科研机构、高等学校转化职务科技成果以股份或出资比例等股权形式给予个人奖励、股权激励的纳税与递延纳税、不符合递延纳税条件的单独计算优惠等。

股权激励情况复杂,征税环节相对较多,最复杂的是股票(股权)期权的规定。截至2024年底,涉及股权激励的个人所得税规定,笔者列表如下(已废止的未列入),详见表8-15。有关财税〔2005〕35号和财税〔2016〕101号规定及股权奖励的综合税收政策,下一节详述。

表8-15 涉及股权激励的个人所得税规定

规章名称	文号	发文时间	内容概述
《财政部 国家税务总局关于促进科技成果转化有关税收政策的通知》	财税字〔1999〕45号	1999.5.27	科研机构、高等学校获奖人股权奖励时暂不纳税,转让股权时纳税
《国家税务总局关于促进科技成果转化有关个人所得税问题的通知》	国税发〔1999〕125号	1999.7.1	科研机构、高等学校获奖人在股权奖励时暂不征税,分红时按"利息、股息、红利所得"征税,转让股权时按"财产转让所得"征税
《财政部 国家税务总局关于个人股票期权所得征收个人所得税问题的通知》	财税〔2005〕35号	2005.7.1	授予日、出售股票期权、行权日、转让日所得如何征税
《国家税务总局关于个人股票期权所得缴纳个人所得税有关问题的补充通知》	国税函〔2006〕902号	2006.9.30	对财税〔2005〕35号有关执行问题补充规定
《财政部 国家税务总局关于股票增值权所得和限制性股票所得征收个人所得税有关问题的通知》	财税〔2009〕5号	2009.1.7	对于个人从上市公司(含境内、外上市公司,下同)取得的股票增值权所得和限制性股票所得,比照财税〔2005〕35号、国税函〔2006〕902号的有关规定,计算征收个人所得税
《国家税务总局关于股权激励有关个人所得税问题的通知》	国税函〔2009〕461号	2009.8.24	对财税〔2005〕35号文在计税方法、应纳税额计算方法等方面进行了细化
《国家税务总局关于个人所得税有关问题的公告》	国家税务总局公告2011年第27号	2011.4.18	企业由上市公司持股比例不低于30%的,其员工以股权激励方式持有上市公司股权的,可以按照国税函〔2009〕461号规定的计算方法,计算应扣缴的股权激励个人所得税,不再受上市公司控股企业层级限制

续表

规章名称	文号	发文时间	内容概述
《财政部 国家税务总局关于将国家自主创新示范区有关税收试点政策推广到全国范围实施的通知》	财税〔2015〕116号	2015.10.23	相关技术人员持有高新技术企业的股权奖励，个人一次缴纳税款确有困难的，税费可在不超过5个公历年度内（含）分期缴纳
《国家税务总局关于股权奖励和转增股本个人所得税征管问题的公告》	国家税务总局公告2015年第80号	2015.11.16（自2016年1月1日起施行）	对公平市场价格确定方法、获得股权奖励的纳税备案办理程序，代扣代缴及报税填报方式进行规定
《关于完善股权激励和技术入股有关所得税政策的通知》	财税〔2016〕101号	2016.9.20（自2016年9月1日起施行）	对于符合条件的非上市公司的股权激励规定
《国家税务总局关于股权激励和技术入股所得税征管问题的公告》	国家税务总局公告2016年第62号	2016.9.28（自2016年9月1日起施行）	对公平市场价格确定方法、获得股权奖励的纳税备案程序，代扣代缴及报税填报方式进行明确规定
《关于个人所得税法修改后有关优惠政策衔接问题的通知》	财税〔2018〕164号	2019.1.1	适用财税〔2005〕35号、财税〔2016〕101号中关于股权激励计算个人所得税的，在2021年12月31日前，不并入当年综合所得，全额单独适用综合所得税率表，计算纳税
《财政部 税务总局 证监会关于继续执行沪港、深港股票市场交易互联互通机制和内地与香港基金互认有关个人所得税政策的公告》	财政部公告2019年第93号	2019.12.4	内地个人投资者通过沪港通、深港通投资香港联交所上市股票取得的转让差价所得和通过基金互认买卖香港基金份额取得的转让差价所得，自2019年12月5日起至2022年12月31日止，继续暂免征个税
《关于境外所得有关个人所得税政策的公告》	财政部 国家税务总局公告2020年第3号	2020.1.17	主要是对境外所得的抵免限额、纳税申报规定，对财税〔2005〕35号第三条薪金所得境内外来源划分进行了修改

续表

规章名称	文号	发文时间	内容概述
《财政部 国家税务总局关于延续实施全年一次性奖金等个人所得税优惠政策的公告》	财政部 国家税务总局公告2021年第42号	2021.12.31	财税〔2018〕164号中关于上市公司股权激励单独计税优惠政策，执行期限延长至2022年12月31日
《财政部 国家税务总局 证监会关于交易型开放式基金纳入内地与香港股票市场交易互联互通机制后适用税收政策问题的公告》	财政部 国家税务总局 证监会公告2022年第24号	2022.6.30	交易型开放式基金（ETF）纳入内地与香港股票市场交易互联互通机制后，适用现行内地与香港基金互认有关税收政策
《财政部 国家税务总局关于延续实施有关个人所得税优惠政策的公告》	财政部 国家税务总局公告2023年第2号	2023.1.16	财政部 税务总局公告2021年第42号规定的上市公司股权激励单独计税优惠政策，至2023年12月31日止继续执行。财政部 税务总局证监会公告2019年第93号文规定的个人所得税优惠政策，至2023年12月31日止继续执行
《关于延续实施上市公司股权激励有关个人所得税政策的公告》	财政部 国家税务总局公告2023年第25号	2023.8.18	居民个人取得股票期权、股票增值权、限制性股票、股权奖励等股权激励，符合规定条件的，不并入当年综合所得，全额单独适用综合所得税率表计算纳税。执行至2027年12月31日

3. 股权激励的税务注意事项

涉及股权（股票）期权、限制性股票等员工股权激励的操作，存在税务合规风险、股价波动风险和公司经营风险。如果未充分考虑税收政策，可能会导致员工税负过高；如果公司股价波动较大，员工的收益会受到影响；如果公司经营不善，业绩下滑，可能会导致股价下跌，影响员工的收益。

从税务角度而言，员工股权激励时，要注意确定计税依据，关注税收优惠政策及限定条件，各个环节按照税法规定及时申报纳税。例如，对于股票期权，要准确确定行权价和行权日股票的公平市场价，以计算行权时的应纳税所得额。对于限制性股票，要确定实际出资额和公平市场价格的差额，以及股票解禁后的转让收入和取得成本。对于股票增值权，要准确计算授权日与行权日股票差价。

8.7.2 非上市公司员工股权激励如何纳税

非上市公司员工股权激励有多种形式，包括股权期权、限制性股票、股票增值权、虚拟股权等。股权期权的实施环节主要是授予—行权—持有或转让，限制性股票的实施环节主要是授予/取得—解禁—继续持有或转让。股票增值权属于虚股，不涉及实际股权变动，一般实施环节为授予—结算。虚拟股权也属于虚股，员工实际并未取得股权，其所获得的所得不属于分红。

非上市公司员工股权激励如何缴纳个人所得税，最复杂的是股权期权的规定，集中体现在两个重要的文件中：财税〔2005〕35号和财税〔2016〕101号。其他文件主要是针对这两份文件所涉及的应纳税额计算、公平市场价格确定、备案程序、报税方式以及一些特定情形下的税收优惠等的规定。

1. 一般情形下适用财税〔2005〕35号

一般情形下，非上市公司股权激励个人所得税适用财税〔2005〕35号。针对股权（股票）期权，财税〔2005〕35号的主要规定如下：

（1）股票期权授予日不征税。员工接受实施股票期权计划企业授予的股票期权时，除另有规定外，一般不作为应税所得征税。

（2）出售股票期权按工资薪金征税。对因特殊情况，员工在行权日之前将股票期权转让的，以股票期权的转让净收入，作为工资薪金所得征收个人所得税。

（3）行权日按工资薪金征税。若行权价低于公允价格，按照工资薪金所得纳税。应缴税款=（公允价格-行权价格）×适用税率-速算扣除数（需综合考虑个人所得税按月预缴及年度汇算清缴的计算影响）。

（4）转让日按财产转让所得征税。转让日按照财产转让所得纳税。计算时的计税基础应当扣除行权日时公允价格与行权价格的差额。应缴税款=（转让价格-行权价格-行权时公允价格与行权价格的差额-合理税费）×20%。

（5）参股期间的股息红利征税。员工因拥有股权而参与企业税后利润分配取得的所得，按照"利息、股息、红利所得"纳税。

2. 特殊情形下适用财税〔2016〕101号

特殊情形下，非上市公司股权激励个人所得税适用财税〔2016〕101号。财税〔2016〕101号规定，符合条件的，经向主管税务机关备案，可实行递延纳税政策，即员工在取得股权激励时可暂不纳税，递延至转让该股权时纳税；股权转让时，按照股权转让收入减除股权取得成本以及合理税费后的差额，适用

"财产转让所得"项目，按照20%的税率计算缴纳个人所得税。

享受递延纳税政策的非上市挂牌公司股权激励（包括股票期权、股权期权、限制性股票和股权奖励）须同时满足以下七个条件：

（1）企业类型属于境内居民企业。

（2）表决及激励计划经公司董事会、股东会审议通过。未设股东会的国有单位，经上级主管部门审核批准。股权激励计划应列明激励目的、对象、标的、有效期、各类价格的确定方法、激励对象获取权益的条件、程序等。

（3）激励标的应为境内居民企业的本公司股权。股权奖励的标的可以是技术成果投资入股到其他境内居民企业所取得的股权。激励标的股票（权）包括通过增发、大股东直接让渡以及法律法规允许的其他合理方式授予激励对象的股票（权）。

（4）激励对象应为公司董事会或股东（大）会决定的技术骨干和高级管理人员，激励对象人数累计不得超过本公司最近6个月在职职工平均人数的30%。

（5）持有期间。股票（权）期权自授予日起应持有满3年，且自行权日起持有满1年；限制性股票自授予日起应持有满3年，且解禁后持有满1年；股权奖励自获得奖励之日起应持有满3年。上述时间条件须在股权激励计划中列明。

（6）行权期间。股票（权）期权自授予日至行权日的时间不得超过10年。

（7）负面情形。实施股权奖励的公司及其奖励股权标的公司所属行业均不属于《股权奖励税收优惠政策限制性行业目录》范围。公司所属行业按公司上一纳税年度主营业务收入占比最高的行业确定。

3.个人所得税适用财税35号文和财税101号文的比较

财税35号文和财税101号文的核心差异，在于行权日的行权价低于公允价格的所得，是按工资薪金所得还是财产转让所得纳税。如表8-16所示。

表8-16 个人所得税适用财税35号文和财税101号文的比较

序号	时间节点	适用财税〔2005〕35号的一般情形	适用财税〔2016〕101号的特殊情形
1	股票期权授予日（注1）	不征税	不征税
2	出售股票期权	按工资薪金所得征税	按工资薪金所得征税
3	行权日	按工资薪金所得征税	按财产转让所得征税（注2）
4	转让日	按财产转让所得征税	按财产转让所得征税

注1：股票期权授予日不征税是一般情形。部分股票期权在授权时即约定可以转让，

且在境内或境外存在公开市场及挂牌价格（可公开交易的股票期权），可能有纳税义务，详见《国家税务总局关于个人股票期权所得缴纳个人所得税有关问题的补充通知》（国税函〔2006〕902号）。

注²：该优惠允许按照财产转让所得适用20%税率，而不是按照工资薪金所得的3%～45%适用税率，同时符合条件的还享受递延纳税优惠：若股权激励同时符合财税101号文规定的七个具体条件且行权价低于公允价格，行权日个人所得税纳税义务可递延至转让日。

4.如何理解财税101号文

应用好35号文和101号文，充分享受股权激励的税收利益，关键在于：在股票期权计划实施、员工行权等时间节点之前，企业应在规定期限内向主管税务机关备案，把握相关节点进行申报，结合实操并考虑当地是怎么做的，了解当地税务机关对条款的理解，提前与税务机关充分沟通。

设立员工持股平台作为拟上市企业常用的股权激励方式，由于被激励员工属于公司的间接股东而不是直接股东，是否适用101号文缴纳个人所得税，无论是法理还是实践中都存在较大争议。实践中，一些地方税务机关确认持股平台的公司员工可以享受101号文的税收优惠。

一种观点认为，101号文规定的激励标的（境内居民企业的本公司股权）明确规定为"境内居民企业的本公司股权"，而非通过持股平台实现间接持有的公司股份。一种观点认为，应从"实质重于形式"出发来理解101号文的规定。为激励员工而设立的持股平台，仅是实际控制人为了确保公司控制权进行的架构设计，如果持股平台不存在实质的经营业务，且符合101号文规定的其他条件，持股平台的公司员工也应当享受101号文的相关税收优惠。

5.股权奖励的个人所得税税收政策

股权奖励，是指企业无偿授予相关技术人员一定份额的股权或一定数量的股份。一些科技型企业，大量存在股权奖励、技术成果出资的情形。因此，特将有关股权奖励的个人所得税政策综合罗列如下。

实务中，老板要考虑满足新公司法规定的"五年实缴"出资的法定要求，做好股权架构设计和股权奖励、技术成果实缴出资的筹划安排。

（1）科研机构、高等学校股权奖励

《财政部　国家税务总局关于促进科技成果转化有关税收政策的通知》（财税字〔1999〕45号）规定：自1999年7月1日起，科研机构、高等学校转化职务科技成果以股份或出资比例等股权形式给予个人奖励，获奖人在取得股份、出资比例时，暂不缴纳个人所得税；取得按股份、出资比例分红或转让股权、出资比例所得时，应依法缴纳个人所得税。

《国家税务总局关于促进科技成果转化有关个人所得税问题的通知》（国税发〔1999〕125号）规定：科研机构、高等学校转化职务科技成果以股份或出资比例等股权形式给予科技人员个人奖励，经主管税务机关审核后，暂不征收个人所得税。在获奖人按股份、出资比例获得分红时，对其所得按"利息、股息、红利所得"应税项目征收个人所得税。获奖人转让股权、出资比例，对其所得按"财产转让所得"应税项目征收个人所得税，财产原值为零。享受上述优惠政策的科技人员必须是科研机构和高等学校的在编正式职工。

（2）对技术成果投资入股实施选择性税收优惠政策

《财政部 国家税务总局关于完善股权激励和技术入股有关所得税政策的通知》（财税〔2016〕101号）规定：企业或个人以技术成果投资入股到境内居民企业，被投资企业支付的对价全部为股票（权）的，企业或个人可选择继续按现行有关税收政策执行，也可选择适用递延纳税优惠政策。选择技术成果投资入股递延纳税政策的，经向主管税务机关备案，投资入股当期可暂不纳税，允许递延至转让股权时，按股权转让收入减去技术成果原值和合理税费后的差额计算缴纳所得税。企业或个人选择适用上述任一项政策，均允许被投资企业按技术成果投资入股时的评估值入账并在企业所得税前摊销扣除。

（3）高新技术企业转化科技成果5年分期纳税优惠

《财政部 国家税务总局关于将国家自主创新示范区有关税收试点政策推广到全国范围实施的通知》（财税〔2015〕116号）规定：自2016年1月1日起，全国范围内的高新技术企业转化科技成果，给予本企业相关技术人员的股权奖励，个人一次缴纳税款有困难的，可根据实际情况自行制订分期缴税计划，在不超过5个公历年度内（含）分期缴纳，并将有关资料报主管税务机关备案。个人获得股权奖励时，按照"工资薪金所得"项目，参照《财政部 国家税务总局关于个人股票期权所得征收个人所得税问题的通知》（财税〔2005〕35号）有关规定计算确定应纳税额。股权奖励的计税价格参照获得股权时的公平市场价格确定。

（4）股权奖励的递延纳税政策

股权奖励同时满足七个条件，可实行递延纳税政策，即员工在取得股权激励时可暂不纳税，递延至转让该股权时适用"财产转让所得"按照20%的税率纳税。详见本节的"2.特殊情形下适用财税〔2016〕101号"内容。

(5)股权奖励的分期纳税政策

上市公司授予个人的股权奖励,可在不超过 12 个月的期限内缴纳个人所得税。详见下一节的"8.7.3 上市公司员工股权激励如何纳税"内容。

8.7.3 上市公司员工股权激励如何纳税

上市公司,员工股权激励和员工持股计划是常见的两种激励方式,如何纳税取决于激励所处的阶段。

实施股权激励分为五个阶段:授予阶段—等待期/禁售阶段—行权/解锁阶段—持有阶段(行权/解锁后)—转让阶段。上市公司参与员工持股计划的员工,由于在参与时已经出资,不存在无偿授予行权情形,实施员工持股计划分为三个阶段:授予阶段—持有阶段—转让阶段。

1. 什么是员工持股计划?

员工持股计划是指上市公司根据员工意愿,通过合法方式使员工获得本公司股票并长期持有,股份权益按约定分配给员工的制度安排。

员工持股计划所持有的股票总数累计不得超过公司股本总额的 10%,单个员工所获股份权益对应的股票总数累计不得超过公司股本总额的 1%。员工持股计划可以通过回购本公司股票、二级市场购买、认购非公开发行股票、股东自愿赠与等方式来解决股票来源问题。

2. 员工持股计划和股权激励的关系

员工持股计划和股权激励,两者目的都是激励员工,将员工利益和公司利益绑定,吸引和留住人才,都要遵循公司法、证券法以及相应的监管指引的规定,但也存在一些显著的区别,如表 8-17 的示。

表8-17　上市公司员工持股计划与股权激励的比较

	员工持股计划	股权激励
激励对象	公司员工	董事、高管、核心人员等少数关键人员
锁定期和限制条件	对考核要求并无特别规定,锁定期相对灵活	通常会和业绩考核紧密相连,锁定期可能会根据激励方式的不同而不同
出资方式	主要以货币出资,资金来源多样	较低价格或无偿授予
持有方式	间接持有	直接持有
税务处理	员工自有资金购买不涉及纳税	税务处理复杂,在授予、行权、转让等环节可能都会涉及纳税
适配阶段	成熟期规模较大企业	企业发展的各个阶段

3. 上市公司实施股权激励纳税的规定

上市公司实施股票期权、限制性股票和股权奖励如何纳税，也适用前述的财税〔2005〕35号和财税〔2016〕101号的规定，授予、行权、转让、持有阶段的纳税跟非上市公司一样。区别在于，考虑到上市公司股票期权行权、限制性股票解禁或取得股权奖励往往金额较大，税款可以在不超过12个月的期限内缴纳。

《财政部 国家税务总局关于完善股权激励和技术入股有关所得税政策的通知》（财税〔2016〕101号）规定：

（一）上市公司授予个人的股票期权、限制性股票和股权奖励，经向主管税务机关备案，个人可自股票期权行权、限制性股票解禁或取得股权奖励之日起，在不超过12个月的期限内缴纳个人所得税。

（二）上市公司股票期权、限制性股票应纳税款的计算，继续按照《财政部 国家税务总局关于个人股票期权所得征收个人所得税问题的通知》（财税〔2005〕35号）、《财政部 国家税务总局关于股票增值权所得和限制性股票所得征收个人所得税有关问题的通知》（财税〔2009〕5号）、《国家税务总局关于股权激励有关个人所得税问题的通知》（国税函〔2009〕461号）等相关规定执行。股权奖励应纳税款的计算比照上述规定执行。

4. 上市公司实施员工持股计划纳税的规定

上市公司员工持股计划和股权激励在税收政策上存在一定的差异，主要体现在转让阶段的纳税规定不一样。

（1）授予阶段。员工接受实施员工持股计划上市公司授予的股票，除另有规定外，在授予时一般不作为应税所得征税（参考法条：财税〔2009〕5号、财税〔2005〕35号、国税函〔2006〕902号）。

（2）持有阶段。持有期间取得的股息红利所得，解禁前暂减按50%计入应纳税所得额，适用20%的税率计征个人所得税；解禁后按照持股期限不同适用不同的计税方式。详见"8.2.3 股东分红的税收优惠政策"之"5.上市公司和新三板挂牌公司分红的税收优惠"（参考法条：财税〔2012〕85号、财税〔2015〕101号）。

（3）转让阶段。分两种情形：员工因受让公司回购股份时未支付对价或支付对价远低于公司回购价格，转让取得收入低于公司回购价格或法定发行价格的差额，应视同取得的公司福利，按工资薪金所得缴纳个人所得税（参考法条：国税函〔2009〕461号）。个人在二级市场转让上市公司股票取得的所得暂免征收个人所得税（参考法条：财税字〔1998〕61号）。

8.8 高收入高净值人士股权节税专题

随着国家不断加强高收入高净值人士的个人所得税征收管理，高收入高净值人士传统的核定征收、财政返还、转换收入性质、灵活用工平台等税筹手段存在重大税务风险。高收入高净值人士可量身定制自己的税务规划特别是股权节税计划，通盘统筹其节税筹划合法性与合理性问题。

8.8.1 高收入高净值人士的税务风险

高收入高净值人士收入来自多种渠道，如工资薪金、劳务报酬、股息红利、投资收益、房产租赁出售、股权转让等，收入来源复杂，不同收入类型的税务处理规则不同，容易出现混淆而导致少纳税。

高收入高净值人士若有境外投资或收入，涉及不同国家和地区的税收管辖权、税收协定和税收抵免等复杂规则，容易产生跨境税务风险。一些高收入高净值人士"转换收入性质"将个人劳务报酬收入转换为经营所得，过度滥用或不当使用税收优惠政策，虚构符合优惠的条件享受税收优惠，如此这般走灰色地带或暴力逃税，不管是企业还是个人，都将面临极大的税务风险。

为强化税收征管，充分发挥税收在收入分配中的调节作用，国家从2010年起就一直加强高收入高净值人士的个人所得税征收管理。2021年新一轮税收征管改革以来，税务实行"一人一户式"精准监管，以税收风险为导向，强化税收大数据风险分析，以"双随机、一公开"为基本方式，聚焦八大重点领域（农副产品生产加工，废旧物资收购利用，大宗商品如煤炭、钢材、电解铜、黄金购销，营利性教育机构，医疗美容，直播平台，中介机构，高收入人群股权转让），重点查处五类涉税违法行为（虚开及接受虚开发票、隐瞒收入、虚列成本、利用"税收洼地"和关联交易恶意税收筹划以及利用新型经营模式逃避税），精准有效打击"假企业""假出口""假申报"等违法行为，执法部门可以做到精准监管、精确执法。税务合规越来越成为高收入高净值人士的必选。

8.8.2 高收入人士的税务规划重点

高收入人士税务规划相对集中在个人所得税领域，且侧重于短期到中期的财务目标实现。短期目标是合理减少当下税负，增加到手收入；中期目标是积累足够的财富，实现财务自由。

1. 高收入人士节税不要使用"暴力手段"

高收入人士要预防税务风险，合理合法节税，需要根据其个人财务状况和收入结构制订合法合理的税务筹划方案，不要使用"暴力手段"节税。

笔者培训时，就有学员提问：听说高管注册个体户或个人独资企业，可以合法节税，请问是真的吗？只要分析其底层逻辑，其目的不就是单纯以减少应纳税款为唯一目的吗？是不是真的，有没有商业实质，风险在哪里，很容易判别。

2. 高收入人士实现短期目标的税务策略

高收入人士实现短期目标的税务策略的重点在于，利用税务安排或税收优惠政策降低个人工资、奖金所得的税负。

例如，合理安排收入的时间和方式，充分利用专项附加扣除、捐赠扣除、税收减免等优惠政策；合理安排工资、奖金的薪酬结构比例，计算最优税负来优化税务负担；合理利用企业提供的补充商业保险、企业年金等福利；工作相关的必要支出如职业培训、业务招待费合理报销；以及企业提供的其他人人有份的非货币化福利，等等。

3. 高收入人士实现中期目标的税务策略

高收入人士实现中期目标的税务策略的重点在于，通过改变收入的所得性质及企业股权增值，亦即股权节税计划来实现。例如，工资薪金所得适用3%～45%的七级超额累进税率，合伙企业的个人合伙人经营所得适用5%～35%的五级超额累进税率，利息、股息、红利所得适用20%的比例税率，高收入人士通过改变收入结构和收入的所得性质，降低适用税率可以合法节税。当然，高收入人士要避免使用"转换收入性质"、将个人劳务报酬收入转换为经营所得的办法。

另外，若存在员工股权激励时，通过合理安排股权激励的行权时间和方式来节税，或利用股权激励税收优惠政策，在取得股权收益时暂不纳税，递延至股权转让时再纳税，会大大降低税务成本和资金压力。

4.【案例】郑爽逃税案件的过程及处理

2021年8月27日，税务部门公布郑爽案件查处有关情况，郑爽通过拆分收入、假借增资等方式隐匿"天价片酬"，2019年至2020年未依法申报个人收入1.91亿元，偷税4526.96万元，其他少缴税款2652.07万元，对郑爽追缴税款、加收滞纳金并处罚款共计2.99亿元。其中，依法追缴税款7179.03万元，加收滞纳金888.98万元；对改变收入性质偷税部分处以4倍罚款，计3069.57万元；对收取所谓"增资款"完全隐瞒收入偷税部分处以5倍"顶格"罚款，计1.88亿元。

郑爽于2019年主演电视剧《倩女幽魂》，与制片人约定片酬为1.6亿元，实际取得1.56亿元，分为两个部分收取。其中，第一部分4800万元，将个人片酬收入改变为企业收入进行虚假申报、偷逃税款；第二部分1.08亿元，制片人与郑爽实际控制公司签订虚假合同，以"增资"的形式支付，规避行业监管获取"天价片酬"，隐瞒收入进行虚假申报、偷逃税款。假借"增资款"隐瞒收入偷逃税是其中一种新手法，在外部形式和程序链条上都很严密，单纯从纳税申报数据或者从相关合同的表象上看都难以发现端倪。

张恒作为郑爽参演《倩女幽魂》的经纪人，负责相关演艺合同签订、片酬商谈、合同拆分、催款收款等事宜，并具体策划起草"增资协议"，设立"掩护公司"，掩盖"天价片酬"，规避行业主管部门监管，帮助郑爽逃避履行纳税义务，对张恒处以郑爽在《倩女幽魂》项目中偷税额（4302.7万元）0.75倍的罚款，计3227万元。

8.8.3 高净值人士的税务规划重点

当今全球化经济环境下，高净值人士面临着复杂的税务管理挑战。高净值人士，资产规模庞大且种类繁多，往往涉及大量的房产、金融资产（如股票、基金、债券等）、海外资产、企业股权，税务规划涉及面广，需要从资产安全、资产增值、国际避税、股权架构、财富传承等多个角度制订科学合理的税务规划。

1. 资产安全与税务规划

对于高净值人士而言，短期需要确保有足够的资金用于企业运营或应对突发情况，保障资金流动性需求，实现资产安全，毕竟"留得青山在，不怕没柴烧"。资产安全是高净值人士税务规划的基础。

高净值人士面临的风险种类繁多，税务风险是重中之重。税务规划时必须确保规划方案的合法性和合规性，避免因违法违规行为而导致资产损失。高净值人士可以通过资产分散化、保险等方式，降低资产风险，保障资产安全。

2. 资产增值与税务规划

高净值人士不仅关注资产的安全，还希望通过合理的投资组合和多元化投资策略，实现资产增值。在资产增值规划时，税务规划和税务优化特别重要。

对于金融资产，高净值人士可以选择合适的投资工具和投资策略，如投资有税收优惠的基金、债券或其他金融产品，享受较低的税率或免税待遇。对于房产等固定资产，高净值人士可以合理利用房产折旧、房产税减免等政策，通过合理的房产规划降低房产持有成本。高净值人士还可考虑如何在全球范围内优化资产配置以实现资产的保值增值，利用资产配置的分散化和资产组合的风险管理来降低风险，如将资产分散投资于不同国家、不同行业。

3. 国际避税与税务规划

不同国家和地区的税收政策差异巨大，通过合法利用这些差异，可以有效降低税负。高净值人士需要考虑资产全球布局下的税务收益问题，但"走出去"企业要预防国际避税风险。

全球实行15%的最低企业税税率将成为一种趋势。2022年，欧盟在经济合作与发展组织（OECD）指导下制定了全球最低企业税法案，全球最低企业税15%税率的协议已于2024年1月1日起在欧盟、英国、挪威、澳大利亚、韩国、日本、加拿大等主要经济体正式生效。

我国已于2015年12月17日正式签署《金融账户涉税信息自动交换多边主管当局间协议》，2023年10月17日，我国已与114个国家和地区签订了对所得消除双重征税和防止逃避税的协定，涵盖了我国对外投资的主要目的地以及来华投资的主要国家和地区。

在国际避税问题上，随着我国新个税法的实施、税收情报交换机制和国际税收协定的完善以及国际反避税经验的丰富，全球所谓的"避税天堂"如百慕大、开曼群岛、英属维尔京群岛（BVI，British Virgin Islands）、新加坡、中国香港都会受到影响。在这些低税率的国家或地区注册成立离岸公司，利用境外壳公司间接转让境内企业股权的传统避税方式已受到冲击。

4. 股权架构与税务规划

高净值人士往往拥有多家公司，公司架构涉及多层，股权结构复杂。合理的股权架构设计不仅能优化公司治理，保证企业经营稳定，还可以实现风险隔离、税务筹划、投资多元化和财富传承等目标，为财富的安全、增值和顺利传承提供坚实保障，为高净值人士带来显著的税务优势。

例如，设立家族控股公司，将股权的所有权与受益权分离，可以实现股权的有序传承，还可以作为一个平台进行多元化投资，即使个人面临法律诉讼或债务纠纷，也能部分有效地保护企业资产不受影响。高净值人士可以关注国家对特定行业、地区的税收优惠，选择合适的公司去投资，考虑在不同的国家和地区设立子公司或分支机构，利用各国之间签订的避免双重征税的税收协定和各国的税收制度差异，优化企业的税务结构，还可以通过控制股权交易方式，享受特殊性税务处理的优惠递延纳税时间，等等。

5. 财富传承与税务规划

财富传承是高净值人士关注的重要问题。随着"创二代"大量接班，这个问题尤为迫切。高净值人士在进行财富管理时，除了考虑股权架构外，还可以根据个人风险承受能力和偏好，选择遗嘱、赠与、信托、保险、家族办公室等合适的财富传承工具。

遗嘱可以明确财产的分配方式，将资产在委托人去世后按照其意愿进行分配。赠与也是一种常见的财富传承方式，高净值人士可以在适当的时候将资产赠与子女或其他亲属。信托则可以提供灵活和专业的财富传承方式，通过将资产委托给信托公司，按照委托人的意愿进行管理和分配。购买人寿保险也是一种有效的财富传承和税务规划工具。设立家族办公室可以为家族财富管理提供一站式服务，包括投资管理、税务规划、风险管理、财富传承等。

6.【案例】非居民个人间接股权转让补缴税款超1200万元

甲、乙系中国居民，丙系外籍华人，A公司注册在英属维尔京群岛（以下简称"BVI"），B公司注册于开曼群岛（以下简称"开曼"），C公司亦注册于开曼，D公司系中国境内企业。2014年10月，甲、乙因境外企业股权转让需办理个人所得税缴纳业务。该业务需要办理待解缴入库手续，税务机关人员根据规定需要纳税人提供股权转让合同。

在办理过程中，税务人员在合同中发现问题：甲、乙、丙与A公司分别持有B公司10%、2%、58%、30%的股份，四方同意以约4.1亿元人民币将B公司股权转让给C公司，但合同几乎所有内容都在对境内的一座写字楼进行约定。经检查发现，该写字楼是D公司持有的，D公司系B公司的全资子公司，B公司仅有D公司一家子公司，且该写字楼是其核心资产。因此税务机关认定，丙及A公司系间接转让中国应税财产，通过间接股转的形式达到避税的目的，要求丙补缴税款4600余万元，A公司补缴税款1200余万元。

第9章
赚钱篇：股权风控

法律决定底线，

道德决定上线，

管理提升均线！

重预防，轻治疗。

早发现，早处置。

刮骨疗毒、精准拆弹。

本章导读

提到股权,不能仅仅关注股权收益,更要关注并了解股权有哪些风险,风险如何控制,如何提前采取措施去预防风险。法律决定底线,道德决定上线,管理提升均线!因此,针对股权风险,老板要早发现,早处置,刮骨疗毒,精准拆弹,及时"排雷"清除风险隐患,努力跑在系统性风险前面。

股权相关的风险有四类,包括控制权风险、法律风险、财务风险、税务风险。这些风险的产生主要来自主观意识,一些是由于客观原因。有些风险是企业级的(如战略风险),有些风险与经营相关,有些风险与财税相关。这些风险相互交织、彼此影响,且动态变化,存在于公司架构设计、股权结构设计、股权激励、股权融资、股权投资、股权税筹、公司治理等各个环节。

9.1 公司架构相关的股权风险

笔者在"3.2 公司架构设计"一节中,详细讲解了"公司架构设计 3+2+1 层次框架模型"及其应用问题。而公司架构设计研究的就是多个公司之间如何安排其持股身份、持股比例、业务分工及控制权考虑问题。本节笔者聚焦在与公司架构设计相关的几个股权风险场景,包括:公司层级的布局、股东身份、经营范围、注册地址。

9.1.1 公司层级

公司层级的布局,就是围绕公司架构设计八字方针中提到的"上下左右"四个字而安排。到底公司布局几层,各层级关系是父子关系、爷孙关系还是兄弟关系,往往从产业链分工和价值链增值的业务维度、纵横延伸的目的、保值还是增值目的、管理还是被管理关系四个角度来思考,详见"3.2.3 公司架构的层级关系如何确定"。

公司层级并不是越多越好。"公司架构设计 3+2+1 层次框架模型"只是一个通用模型,适用于存在多家公司、产业链和价值链复杂的集团企业或集团化企业。每个公司需要根据自身的实际情况、行业特征和市场环境、业务的发展阶段等灵活运用,安排公司与公司之间业务怎么去分工,使各公司之间形成有效的协作机制。初创公司也不要比照大型集团公司去实际注册太多层级公司(但需要提前规划),毕竟管理公司也是有成本的。公司无论规划几层,都要整体考虑控制权、风险和税筹三个核心事宜,特别是将风险业务与安全业务分拆。不以风控为前提的股权架构设计就是玩火!

由于新公司法新增的横向穿透原则(第 23 条),设立并运营家族公司,以家族公司作为下属公司的控股股东的,家族公司可以不做业务(早期阶段也可以做业务,但一定要规范),仅定位于投资、分红和家族财富传承功能。各公司之间要相互独立,合法经营,规范往来,经营过程中避免资产混同、业务混同、人员混同、财务混同、机构混同,尤其要避免因财务混同导致财产无法区分,防止穿透到实际控制人或家族公司层面。

9.1.2 股东身份

股东身份，亦即股东作为投资人的民事主体资格。在股权风险中，股东身份问题是一个核心关注点，因为它直接关系到公司的治理结构、股东权益的行使、潜在的法律风险以及将来股权的分红和转让收益如何缴税。

创始人只要拥有两家或两家以上的公司，都涉及公司架构设计进而涉及股东身份的安排问题。"3.2 公司架构设计"这一节，笔者详细介绍了多个公司之间如何安排其持股身份、持股比例、业务分工及控制权考虑问题。

基于控制权、风险和税的考虑，谁来出资呢？到底是以自然人、家族公司、控股公司身份出资，还是单独新成立一家有限公司或有限合伙企业出资呢？老板到底是注册个体工商户、个人独资企业还是有限责任公司？是注册有限合伙企业还是有限责任公司作为股权激励的持股平台？是注册有限责任公司还是股份有限公司？要选择适宜的股东身份，需要综合考虑各种组织形式在法律主体与责任承担、出资人、设立条件、税收政策、企业发展与融资能力等多个方面的差异，再结合"3.2 公司架构设计"内容综合决策。

1. 常见的几种民事主体（企业类型）的法税对比

常见的几种民事主体（企业类型）的法税对比，如表9-1所示。

表9-1 常见的几种民事主体（企业类型）的法税对比

主体	组织形式	适用法律、法规	责任	特点	增值税	企业所得税	自然人个税	税收征管
自然人	个体工商户	《促进个体工商户发展条例》	无限		√	×	核定	宽松
非法人组织	个人独资企业	《中华人民共和国个人独资企业法》	无限		√	×	可能核定	宽松
非法人组织	有限合伙企业	《中华人民共和国合伙企业法》	无限有限	人合	√	×	√	
营利法人	有限责任公司	《中华人民共和国公司法》	有限	人合+资合	√	√	√	
营利法人	股份有限公司	《中华人民共和国公司法》	有限	资合	√	√	√	

2. 常见的几种民事主体的组织形式、法律责任和税收政策

公司架构设计选择股东身份时，根据上述不同主体的运行模式、责任方式、如何缴税，选择适合自己出资目的、经营预期、管理能力的股东身份到底是自然人、个人独资企业、有限合伙企业、有限责任公司还是股份有限公司。

（1）个体工商户。个体工商户在法律上不是独立的法人主体。以个人或家庭为单位从事工商业经营，既可以由一个自然人出资设立，也可以由家庭共同出资设立，个体户不存在股权的概念，没有合伙的说法，不能作为股东身份对外进行股权投资。其组织架构简单，通常由经营者直接管理，可根据经营需要招用从业人员。经营规模一般较小，不能设立分支机构，发展空间相对有限，融资能力较弱，主要依靠个人资金或向亲友借款等方式获取。个人经营的，以个人财产承担债务；家庭经营的，以家庭财产承担债务；无法区分的，以家庭财产承担，经营者对债务承担无限责任。设立条件相对简单，税务负担较轻，一般可以核定征收个人所得税，适用5%~35%的超额累进税率。

从2022年11月1日起《促进个体工商户发展条例》开始实施，原《个体工商户条例》同时废止。在新条例的框架下，个体工商户可以自愿变更经营者或转型为企业，这意味着未来个体工商户在转让或变更时，无须通过"先注销，再申请"的方式进行，可以在原有营业执照不变的基础上，完成相关交易或转型。

（2）个人独资企业。民法典规定，个人独资企业属于非法人组织，不具有法人资格，但具有民事主体资格，是由一个自然人投资的企业。投资人对企业的所有权不可分割和转让，但可办理企业整体转让或投资人变更。企业内部机构组织相对简单，经营管理方式灵活。投资人可以自行管理企业事务，也可以委托或者聘用他人负责企业的事务管理。投资人以其个人财产对企业债务承担无限责任。设立条件也相对简单，同样缴纳个人所得税，适用5%~35%的超额累进税率。

值得说明的是，个人独资企业可以对外进行股权投资。《中华人民共和国公司法》规定有限责任公司由50个以下股东出资设立，但对有限责任公司股东没有特别的规定，可以是自然人也可以是非法人组织。《中华人民共和国个人独资企业法》也并未禁止个人独资企业对外进行股权投资，但由于个人独资企业承担无限责任，不建议选择其作为股东身份。

（3）有限合伙企业。由两个以上50个以下合伙人设立，至少应当有一个普通合伙人。普通合伙人负责执行合伙事务，对合伙企业债务承担无限连带责任，有限合伙人不执行合伙事务，不对外代表有限合伙企业，以其认缴的出资额为限对合伙企业债务承担责任。有限合伙人的出资可以转让，但需要按照合伙协议的约定；普通合伙人的出资在合伙企业存续期间一般不得转让。生产经营所得和其他所得采取"先分后税"的原则，由合伙人分别缴纳所得税，合伙人为公司的缴纳企业所得税，合伙人为个人的缴纳个人所得税。可设立分支机构，但由于投资人个人资金和信用的限制，融资受到一定的限制且难度较大。

（4）有限责任公司。是独立的法人实体，股东可以是自然人、法人或其他组织，股东人数有一定的限制（1人以上50人以下），股东以其认缴的出资额为限对公司承担责任，公司以其全部资产对公司的债务承担责任。公司设有股东会、董事会、监事会等组织机构。股东可以转让其全部或部分股权。公司实行双重征税，企业所得税税率一般为25%（小微企业、高新技术企业有税收优惠），个人股东从公司取得的分红收益，还需缴纳个人所得税。融资渠道相对较广，可以通过银行贷款、股权融资等方式获取资金。

（5）股份有限公司。应当有1人以上200人以下的发起人，其中须有半数以上的发起人在中国境内有住所。是独立的法人实体，股东以其认购的股份为限对公司承担责任。组织结构较为复杂，一般需要设立股东会、董事会、监事会等组织机构。可以向社会公开发行股票募集资金，融资渠道广泛，经济规模一般较大，适合大型企业和有上市计划的企业。要按规定向社会公开其财务状况和生产经营状况，以便股东和社会公众了解公司的运营情况。

以上是各种主体的基本特征与法律规定。到底注册为哪种主体形式并用于股东身份，需要综合考虑各种因素系统化去思考，不能单点思维。

例如，企业类型注册为有限责任还是无限责任，考虑注册个体户、个人独资企业还是有限责任公司，就要从多个维度去比较，看创始人的未来战略是什么，是不是想做大，要不要找合伙人，要不要股权融资，经营范围是什么，无限连带责任只是一方面的考虑。有限责任公司如果财务不合规，如果股东滥用股东权利，也可能会穿透到控股股东或实际控制人，承担连带责任。个体户做点小本生意，开个小店，进货收款日清月结，没有其他债权债务事项，没有抵押，没有担保，哪有什么连带责任呢？但个体户管理较简单，税负一般也低，但不能向社会融资，不能合伙，财富传承困难，做不到公司化运作。

再比如，考虑注册为有限责任公司还是股份有限公司，除了考虑管理成本、合规及信息披露外，还要特别考虑新公司法针对股份有限公司发起人的出资规定，自己有没有资金实力在公司发起设立前全额缴纳股款，或募集设立时缴纳应发行股份总数的35%股款。

9.1.3 经营范围

公司在设立时应明确经营范围,在公司章程或相关登记文件中明确列出。公司设立或变更填写经营范围时有以下注意事项:

1. 表述规范清晰,避免过于笼统模糊。一个清晰、明确的经营范围可以帮助公司股东、管理人员、债权人和其他相关方了解公司的业务边界,从而做出更明智的决策;明确的经营范围也有助于公司在法律框架内规范运营,避免不必要的法律风险。当然,现在填写经营范围时,可以直接在工商注册登记的 App 里直接选择。

2. 明确主营业务,合理安排兼营业务。公司的核心业务、主要收入来源的业务放在经营范围的首要位置,可以让公司的合作伙伴或客户快速了解公司的主营业务,便利税务机关核定企业的行业属性和发票票种。比如,一家以生产制造为主的企业,生产业务应放在经营范围的前面;而一家高科技公司,研发业务就应放在经营范围的前面。对于一些可能涉及的潜在业务领域但并非核心的业务,可以适当添加一些,为业务拓展和多元化发展预留空间,但要注意兼营业务与主营业务的相关性和合理性。有些公司注册时,经营范围一页 A4 纸都不够,只要与他所在经营行业相关的、上下游每一个行业都不放过,经营范围全放进去似乎才安心,这是不科学的。

3. 符合国家法律法规的规定,不得从事违法违规或禁止性的业务活动。如果公司的经营范围涉及特殊行业或需要特定的资质或许可证的,公司必须获得相应的资质或许可证件,以确保合法经营。例如,从事食品生产销售的企业,需要办理食品生产许可证和食品经营许可证;从事建筑施工的企业,需要具备相应的建筑资质;从事金融行业,必须符合金融监管部门的规定等。违反法律法规的超范围经营可能导致公司面临如行政处罚、合同无效等法律风险和经营风险。

9.1.4 注册地址

除了确定经营范围外,选择注册地址也是一个不容忽视的问题。选择注册地址,一要合规,二要经济便利,否则容易产生与注册地址相关的风险。

1. 注册地址选择要合规

(1)注册地址要真实,与实际经营地址相符,若使用虚拟地址,要确保其合法可靠,并且了解当地对于虚拟地址的使用规定和特殊要求;

(2)提供合法的产权证明或租赁合同;

（3）某些特殊行业（如餐饮、娱乐公司）注册地址需要符合环保、消防、卫生等相关部门的要求；

（4）对于大多数公司，注册地址应为商业用房，如写字楼、商铺、商住公寓；

（5）部分地区允许住宅用于注册公司，但需要取得居委会或业主委员会同意的证明文件，不能从事扰民行业。

2. 注册地址要经济便利

（1）综合考虑租金成本、运营成本和配套设施的完善情况；

（2）有没有税收优惠政策和行业扶持政策；

（3）结合公司的业务类型、发展规划，在便利业务开展的前提下，方便员工上下班和客户来访；

（4）地址是否有足够的空间满足公司未来发展需求；

（5）地址是否稳定以避免频繁变更。

3. 注册地址相关的风险

（1）如果使用挂靠地址不实质性运营，可能无法保证其符合相关法律法规的规定；

（2）债务履行上，如果注册登记地和经营地不一致，对于履行地点不明确的债务，可能导致债务履行困难；

（3）若注册地址变更不按规定办理有关变更登记，容易造成地址失联异常，列入经营异常名录，甚至会面临市场监管部门的行政处罚；

（4）如果公司经营地址变化但未及时变更登记，若企业涉及诉讼事项，会导致企业未收到法院文书、法庭缺席判决承担败诉风险；

（5）家族公司、控股公司、主体公司"一址多照"都用同一个注册地址时，会涉嫌人员、资产、机构、财务等的混同。一旦一家公司产生法律纠纷，该地址上的其他公司可能会受到牵连产生连带责任，股权架构设计就会失去意义。

9.2 股权结构相关的股权风险

股权结构决定了公司的治理架构安排和股东的责权利,股权结构设计不当将会对创始人和公司的经营决策、发展方向和长期战略产生重大不利影响。与股权结构设计相关的股权风险场景有:股东出资、股东资格、股权代持与股权退出。

9.2.1 股东出资

在"7.1.1 新公司法的核心变化点"这一节中,笔者详细讲解了"实出资"关于出资期限、出资金额、出资流程、出资形式的法律规定。本节基于实务,针对股东出资的一些常见问题,提示相关的风险或注意事项。

1. 股东出资完成实缴的注意事项

股东可以通过以下方式在规定期限内完成注册资本实缴。如图9-1所示。

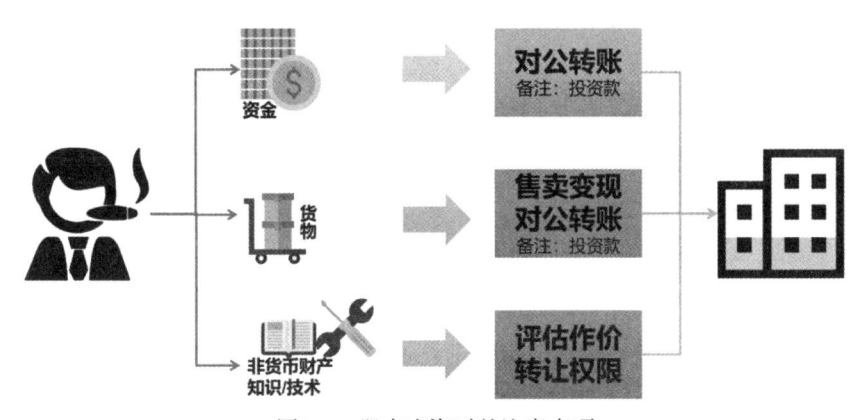

图9-1 股东出资时的注意事项

(1)货币出资的,股东可以通过银行转账的方式,将资金从股东账户转入公司的银行账户,并在转账备注中注明"投资款"三个字,不要多字不要少字,确保资金用途清晰明确。

(2)以实物资产(如机器设备、房产、土地使用权)、知识产权(如专利、商标、著作权)、股权、债权等非货币财产出资的,股东应将自己拥有的非货币财产进行评估确定其价值,作为实缴资本投入企业。非货币财产交付公司后,公司应及时办理财产权的转移手续，将财产的所有权转移到企业名下。

（3）涉及有形货物、机器设备实物资产出资的，建议可考虑由出资方股东出售给公司，售卖变现后再以货币形式出资，这样出资清晰，也不用资产评估。

（4）公司和股东在完成实缴资本的过程中，应保留好出资凭证，如银行转账凭证、资产评估报告、产权过户证明等。

（5）公司收到股东的出资后，应及时向股东签发由法定代表人签名、公司盖章的"出资证明书"，确认股东的出资额、出资方式和出资时间。

（6）每年1月1日至6月30日，公司应通过国家企业信用信息公示系统向市场监督管理部门报送公司上一年度的年度报告，并向社会公示。

2. 原股东在规定期限内无法完成注册资本实缴怎么办

公司注册资本认缴金额较高，原股东预计在规定期限内无法完成注册资本实缴时，常用办法是减资，将认缴额降到合理范围内。

除了减资办法外，还可以通过找合伙人分担或转让股权，共同完成实缴出资。

3. 出资金额：够用就行

出资金额并不是越多越好！出资多少，"够用就行"。如何确定"够用"，到底出资多少呢？股东可以根据公司的业务需要、企业类型、经营范围、经营状况、资金实力、主营项目、资产规模、法律责任和未来发展等实际情况决定注册资本认缴额，应考虑以下十个方面。

（1）最长认缴期限。新公司法规定有限公司股东出资最长认缴期是5年，并不需要一次性出资到位。

（2）股东的出资能力。如果股东有钱，可以一次认缴到位，认缴资本高一些也无妨。如果一次缴清有难度，可以5年分期出资，设定较低的认缴额。

（3）债务风险与偿债能力。认缴不等于"不缴"。新公司法综合考虑股东与债权人利益，针对性出台了5年实缴、实缴公示、催缴出资、股东失权、出资加速到期及违反出资规定的行政处罚六个重要条款。出资瑕疵、出资不实的，可能导致股东失权、股东在公司中的权益（如分红权、表决权）受到限制并承担连带责任。股东需要考虑可能的债务风险，设定合理的注册资本认缴金额。

（4）行业特点。不同行业对资金的需求差异很大。管理咨询类公司主要依靠技术和人才，对资金的需求相对较小，注册资本可以设定较小。房地产开发、装备制造业、科技研发等行业周期长、资金投入大，需要较高的注册资本。一些特殊行业如金融、保险等，往往有最低注册资本要求。

（5）资产与经营规模。业务规模较小所需的运营资金相对较少，注册资本可以定得低一些。较大规模的企业如制造业企业、大型贸易公司等，需要更多的资金用于采购原材料、设备、租赁场地等，注册资本则应相应高一些。

（6）招投标业务要求。一些项目招标时，往往对公司的注册资本认缴额或实缴额有最低限额要求。公司为了做业务，可能需要满足这些特殊要求。

（7）股权融资需求与扩张计划。如果公司未来有股权融资需求与扩张计划，可以适当提高注册资本；或者首期设定较低的注册资本，实缴出资，之后变更增加注册资本认缴额。

（8）经营现金净流入时间。投资的前期阶段只有现金流出，没有现金流入，往往是等到投资生产运营正常后才有钱进账。各股东注册资本认缴额的首期出资额，可以测算此期间有多长，考虑这个时间段的资金需求。

（9）关联企业债资比。税法上对关联企业的债务融资和权益融资的比例（债资比）规定为金融企业 5∶1，其他企业 2∶1，该比例内的债务利息支出方可准予扣除。公司需要测算未来的债务融资和权益融资，考虑这一规定的税务影响，设定注册资本认缴额时。

（10）认缴期内的利润分红。如果所投资的公司盈利能力很强、净利润率很高、净利润金额很多，可以利用居民企业之间分红的免税政策，将净利润分配给上一家公司股东，公司股东再反向投资作为出资款。此时股东可以加杠杆，所投资的该公司注册资本认缴额可以适当高一些。

4. 如何规避关联企业债资比的影响

税法上针对关联企业的债资比规定，会影响企业的税负和财务决策。因为存在关联方利息扣除限制，会直接增加企业所得税税负，但企业可以通过详细的合同、市场分析等资料证明与关联方的借款符合独立交易原则来降低税负。

同时，企业在考虑融资时要更加谨慎地权衡债务融资和权益融资的比例，充分利用非关联方融资渠道，以减少债资比规定对税负的影响；或者重新审视与关联方的借款安排，与关联方协商降低借款金额、调整借款利率使其更接近市场利率，以符合独立交易原则。

5. 哪些情形下公司可以考虑减资

（1）前期认缴额虚高，超出了企业的实际需要或者股东无钱出资。

（2）公司需要调整股权结构或者优化资本结构，比如增加流动性、降低负债率、提高投资效率等。

（3）公司需要调整业务以应对外部环境的变化，比如适应政策法规的调整、避免被认定为垄断企业等。

（4）公司需要回收或者重新分配股东的出资，比如解决股东之间的纠纷、满足股东的退出需求、分红给股东等。

6. 出资款还是借款

实务中股东之间经常出现"出资款还是借款"的出资纠纷问题。要明确排除出资款不是借款的法律风险，可以从以下两方面入手：

（1）签订明确的出资协议，详细约定出资人、金额、方式和时间等关键要素（不要约定还款期限和利息支付方式，以免股债不分），规定出资人的权利和义务，并在公司章程中体现，明确该款项为出资款而非借款。

（2）银行转账记录应注明"投资款"三个字，以便与借款区分。同时，保留出资的相关凭证（如银行转账记录、实物出资的评估报告和交付凭证），出资后不要以借款的名义进行追讨或要求返还。

7. 出资到期未完成实缴，期间的借款利息能不能扣除

根据《国家税务总局关于企业投资者投资未到位而发生的利息支出企业所得税前扣除问题的批复》（国税函〔2009〕312号）规定，企业投资者在规定期限内未缴足其应缴资本额的，该企业对外借款所发生的利息，相当于投资者实缴资本额与在规定期限内应缴资本额的差额应计付的利息，其不属于企业合理的支出，应由企业投资者负担，不得在计算企业应纳税所得额时扣除。

具体计算不得扣除的利息时，以企业一个年度内每一期账面实收资本与借款余额保持不变的期间作为一个计算期，每一计算期内不得扣除的借款利息按该期间借款利息发生额乘以该期间企业未缴足的注册资本占借款总额的比例。

8. 股东出资可以请中介机构垫资过桥吗

有些老板在公司刚设立时，通过中介机构垫资过桥，将从中介机构的借款转入公司作为"投资款"，过几天后再转账还款到中介机构指定的账户，账上转一圈后就转走了。这种行为是典型的抽逃出资，股东和董监高会承担责任。

新公司法第53条规定，"公司成立后，股东不得抽逃出资。违反前款规定的，股东应当返还抽逃的出资；给公司造成损失的，负有责任的董事、监事、高级管理人员应当与该股东承担连带赔偿责任"。

另外，依法实行注册资本实缴登记制的公司（如商业银行、证券、保险、基金、信托等金融机构），抽逃出资还可能涉嫌"抽逃注册资本罪"。有关"抽

逃注册资本罪",笔者在"9.8.2 十大财税刑事法律风险"中详细讲解。

9. 股东若以瑕疵财产出资如何处理

（1）以无处分权的财产出资。参照善意取得制度认定出资行为有效，不满足善意取得条件则认定出资行为无效。善意取得情形条件包括：公司在受让该财产时是善意的；该出资财产转让价格合理；出资的财产依照法律规定应当登记的已经登记至公司名下。

（2）以犯罪所得货币出资的效力。出资人即使以贪污、受贿、侵占、挪用等违法犯罪手段取得的货币出资，也不宜认定出资人构成民法上的无权处分。出资人将其非法取得的货币投入公司后，该出资行为应当有效，出资人依法取得与该出资对应的股权。

（3）以犯罪所得货币出资的处理。该股权应属违法犯罪所得，在追究出资人犯罪行为责任时，不应直接从公司抽回货币，只能对上述股权进行处置，以拍卖或者变卖方式处置股权。

10. 瑕疵出资股权被多次转让时受让人为多人时的出资责任

（1）公司既可以请求知道或者应当知道转让股东未尽出资义务的全部受让人承担连带补充出资责任，也可以向其中的部分受让人请求承担连带责任。

（2）被选择承担连带责任的受让人不得以其与前手股东或者后手股东之间的约定对抗公司。

（3）已承担责任的受让人有权向包括转让股东在内的所有前手股东追偿，因被追偿而受到损失的受让人有权继续向其前手追偿。

（4）转让人与受让人在出资不足的范围内承担连带责任；受让人不知道且不应当知道存在上述情形的，由转让人承担责任。

11. 以非货币财产出资的注意事项

出资方式，既有货币资金的出资，还有非货币财产出资，如实物、债权、股权和土地使用权、知识产权的出资。2021 年 4 月发布、2022 年 3 月 1 日起施行的《中华人民共和国市场主体登记管理条例》等法规政策层面，已允许股权/债权出资，新公司法从国家法律层面确认了股权/债权出资的合法性。

用非货币财产出资时应注意四点：应当评估作价；可以用货币估价并可依法转让（用于出资的股权或债权不能被司法冻结或者被设立质权）；不得高估或者低估作价；法律、行政法规规定不得作为出资的财产除外（如不可买卖的文物）。

12. 知识产权出资的优势与注意事项

知识产权出资的优势：无货币方式出资的资金压力；无抽逃出资的风险；增加公司资产总额、实收资本总额，有利于优化企业财务报表，增强融资能力；被投资企业可以以评估价入账并在税前摊销抵扣，具有节税效应。但知识产权出资时，不建议以"商标"、无证书的"专有技术"作为出资方式。

另外，要注意知识产权虚高出资的风险，股权的法律风险在出资这一环节就要引起充分的注意。笔者不鼓励股东购买知识产权进行评估后作为实收资本出资（真实的业务除外）。如果货币资金确实有缺口，可以考虑用实物资产（比如设备、车辆等）评估或实物资产作价出售取得收入后再来出资。

13. 非货币财产虚高出资行得通吗

非货币财产虚高出资，比如市场上花 1 万元买入知识产权，接着评估 100 万元用来出资，这种虚高出资听起来不错，可行吗？

非货币财产的评估作价，市场上往往水分很大，用虚高作价的非货币财产出资，似乎是一个"捷径"，但这种操作后患无穷。现在税务征管体系、工商监督体系越来越完善，一些人能够想到的办法，国家其实早已经堵上了漏洞。如果反其道而行之，就是为公司的发展埋下地雷，成为公司发展的安全隐患。新公司法框架下，也没有这个空子可以钻了。

（1）新公司法第 50 条规定，有限责任公司设立时，股东未按照公司章程规定实际缴纳出资，或者实际出资的非货币财产的实际价额显著低于所认缴的出资额的，设立时的其他股东与该股东在出资不足的范围内承担连带责任。

（2）新公司法第 99 条规定，股份有限公司发起人不按照其认购的股份缴纳股款，或者作为出资的非货币财产的实际价额显著低于所认购的股份的，其他发起人与该发起人在出资不足的范围内承担连带责任。

（3）新公司法第 88 条规定，"未按照公司章程规定的出资日期缴纳出资或者作为出资的非货币财产的实际价额显著低于所认缴的出资额的股东转让股权的，转让人与受让人在出资不足的范围内承担连带责任；受让人不知道且不应当知道存在上述情形的，由转让人承担责任"。

若是有股东以知识产权等非货币财产出资，出资时实践中的评估作价往往听从委托人的安排，有很大的操作空间。新公司法规定，实际出资的非货币财产的实际价额显著低于所认缴的出资额的，公司设立时的创始股东或发起人、股权转让时转让人与受让人都会承担连带责任。因为需要承担连带责任，他们会不会睁大眼睛审视其是否有虚高出资情形呢？答案显而易见。这就建立了笔者称之为"狗咬狗"的内部监督机制（如图9-2所示）。

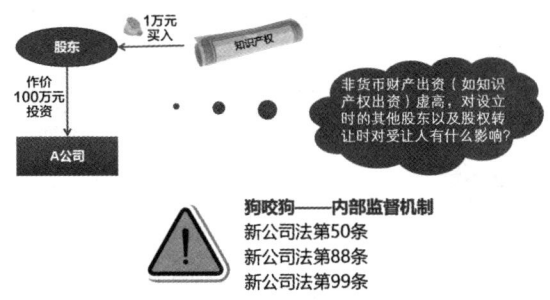

图9-2 非货币财产虚高出资行不行

以上规定，加之新公司法第252条针对虚假出资的行政处罚规定，所有这些措施将能够部分有效地从源头遏制住非货币财产虚高出资这一顽疾。

14. 公司有大量的债务，为什么往往不适宜减资？

公司有大量的债务，往往不适宜减资。为什么呢？减资在债权人眼里，是您的偿还能力大幅降低或想逃避债务。同时，一般公司减资要通知债权人并公告，债权人有权要求公司清偿债务。短时间内，您从哪里筹钱清偿给债权人呢？

减资就涉及可能的即时清偿债务的法律责任。因此，公司有大量的债务，往往不适宜减资。

15. 公司减资的六步流程及三个主要的法律风险

根据新公司法第224条规定和其他规定，公司减资的六步流程如图9-3所示。

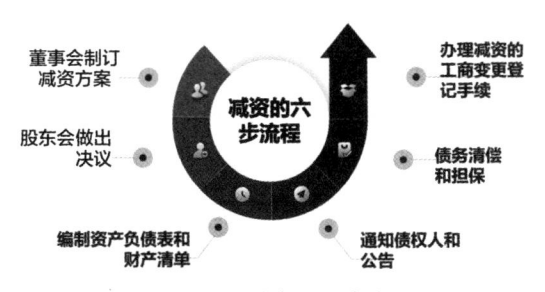

图9-3 公司减资的六步流程

其中，通知债权人和公告程序规定：公司应当自股东会作出减少注册资本决议之日起10日内通知债权人，并于30日内在报纸上或者国家企业信用信息公示系统公告。债权人自接到通知之日起30日内，未接到通知的自公告之日起

45日内,有权要求公司清偿债务或者提供相应的担保。如图9-4所示。

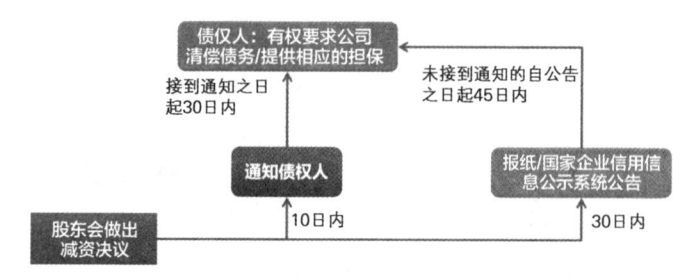

图9-4　公司减资通知债权人和公告的期限

减资完成并办理了工商变更登记,并不意味着万事大吉,其中每一个步骤都不能有瑕疵。违反规定减资的,小心承担赔偿责任,责任人包括股东及负有责任的董监高。新公司法第226条规定:"股东应当退还其收到的资金,减免股东出资的应当恢复原状;给公司造成损失的,股东及负有责任的董事、监事、高级管理人员应当承担赔偿责任。"

减资过程中,存在三个主要的法律风险。

(1)减资决议有瑕疵,就会导致决议撤销或者无效,可能会判决公司清偿债务,并且让减资的股东在减资范围内承担补充责任。

(2)没有编制资产负债表和财产清单。如果对债权人的债权造成了影响,减资的公司股东仍然需要在减资范围内,向受损害的债权人承担补充责任。

(3)注意公告不能取代直接通知,通知义务与公告义务是并列的,对于已知并且能够取得联系方式的债权人,应当直接通知。

司法实务中最为常见的是债权人发现债务人通过公告减资,遂以未通知债权人为由提起诉讼。实务中债务人的主要抗辩理由是已进行公告,试图用公告取代通知债权人。司法实务界基本认为,若股东无法举证证明公司已通知债权人,或公司股东不能证明其在减资过程中对怠于通知行为无过错的,即使公告了,也属于违反新公司法第224条的瑕疵减资行为。换言之,未履行通知债权人义务的减资属于典型的瑕疵减资行为。瑕疵减资行为对于未通知的债权人不发生法律效力,公司减资的股东应该在减资范围内承担补充责任。

公司注册资本是债权人信赖公司偿债能力、履行能力的基础信息。如债权人明知公司已减资仍与其形成债权债务关系的,系其放弃注册资本担保的处分行为,不应当再行通过资产维持原则予以保护。若公司举证证明债权人已在变更登记前得知公司减资,应将减资之时提早到债权人知道或者应当知道之时,最早可提早到股东会作出减资决议之日。

16. 公司减资一定要通知债权人吗

有一种情形，公司减资并不需要通知债权人（见图9-5）。

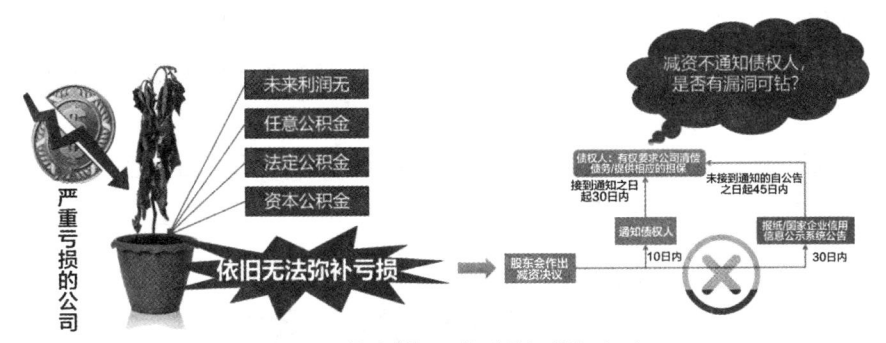

图9-5 公司减资一定要通知债权人吗

新公司法第 225 条规定，公司若用任意公积金和法定公积金弥补亏损后仍不能弥补的，可以使用资本公积金弥补亏损。仍有亏损的，可以减少注册资本弥补亏损。此时的减资，不适用一般的减资公告、通知债权人程序，但应当自股东会作出减少注册资本决议之日起 30 日内在报纸上或者国家企业信用信息公示系统公告。

减资不通知债权人，公司和股东是否有漏洞可钻呢？也没有。首先，这种减资，财务报表上体现的是公司所有者权益内部各项数据的调整，并没有影响公司的现金流。其次，新公司法第 225 条同时规定，减少注册资本弥补亏损的，公司不得向股东分配利润，也不得免除股东缴纳出资或者股款的义务。减资后，在法定公积金和任意公积金累计额达到公司注册资本的 50% 前，不得分配利润。

17. 股东违反出资义务的法律责任

股东违反出资义务后对不同权利主体将承担不同的民事责任，包括：对公司的补充出资责任和损害赔偿责任、对守约股东的违约责任、对公司债权人的补充赔偿责任。

新公司法针对股东违反出资义务的法律规定很多，包括公司设立出资、出资不足、抽逃出资、转让出资、违法减资等。股东、董监高具体的法律责任参见"7.3.2 连带赔：股东、控股股东或实际控制人的连带责任"和"7.3.4 赔偿与罚款：董监高的连带责任"两节的详细内容。

18. 出资金额与出资期限，存量公司如何调整

存量公司的出资金额与出资期限，将受到新公司法的 5 年实缴、出资加速到期、股东失权等特别规则的约束，出资的时候要根据这些约束来具体调整出资金额与出资期限。

新公司法第266条规定，出资期限超过本法规定的期限的，除法律、行政法规或国务院另有规定外，应当逐步调整至本法规定的期限以内；对于出资期限、出资额明显异常的，公司登记机关可以依法要求其及时调整。具体实施办法由国务院规定。

针对存量公司，《国务院关于实施〈中华人民共和国公司法〉注册资本登记管理制度的规定》有以下规定。如图9-6所示。

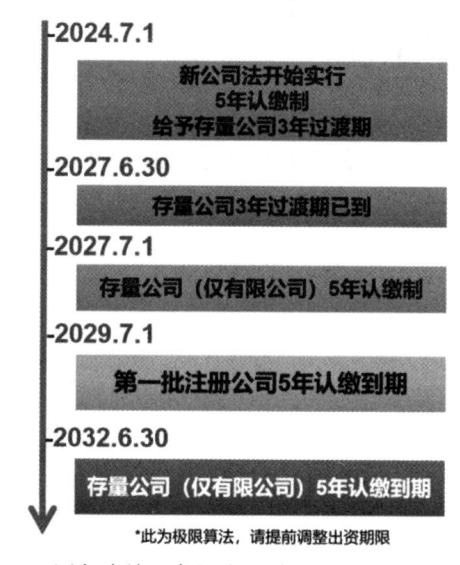

图9-6 国务院关于存量公司5年认缴期限的衔接规定

（1）公司出资期限、注册资本明显异常的，公司登记机关可以结合公司的经营范围、经营状况以及股东的出资能力、主营项目、资产规模等进行研判，认定违背真实性、合理性原则的，可以依法要求其及时调整。

（2）对公司法施行前已登记设立的公司设置自2024年7月1日至2027年6月30日的3年过渡期。

A. 对于有限责任公司，有3年的缓冲期，自2027年7月1日起，剩余出资期限不足5年的，无须调整出资期限，剩余出资期限超过5年（即超过2032年6月30日）的，应当在过渡期内（即2027年6月30日之前）将剩余出资期限调整至5年内（即2032年6月30日之前）。也就是说，存量公司理论上最多可以有8年（3年过渡+5年实缴）时间，去调整自己的注册资本在一个合理的区间内。

B. 对于股份有限公司，应当在 3 年过渡期内（即 2027 年 6 月 30 日之前），缴足认购股份的股款。

9.2.2 股东资格

股东资格，是指民事主体通过向公司出资或其他合法途径获得公司股权，从而对公司享有权利和承担义务的一种身份和地位。

1. 股东资格的获得方式

（1）直接向公司认购股份取得，包括设立取得和增资取得。设立取得是指在公司设立时向公司出资并获得公司股权；增资取得是指在公司成立后，通过增加注册资本的方式向公司出资并获得公司股权。

（2）继受取得，包括转让取得、继承取得、赠与取得和因公司合并而取得。转让取得是指通过购买或其他合法方式从其他股东处获得公司股权；继承取得是指通过继承方式获得已故股东的股权；赠与取得是指通过接受他人的赠与获得公司股权；因公司合并而取得股东资格则是指因公司合并而自动成为合并后公司的股东。

2. 股东资格方面的股权风险

（1）身份合法性风险。公务员、党政机关干部等特定身份的人员不得从事或参与营利性活动，若其成为股东，可能导致股东资格无效。外国投资者在中国投资需要遵守相关法律法规和审批程序。如果未按规定办理审批手续，可能导致股东资格不被认可。此外，需要特别注意不同行业对外资股东的限制性规定。

（2）出资瑕疵风险。股东没有按照公司章程规定的金额和期限足额缴纳出资，可能导致股东失权、股东在公司中的权益（如分红权、表决权等）受到限制，同时，股东还可能承担补足出资、赔偿责任或其他连带责任。

（3）股权转让风险。股权未履行法定程序转让或存在恶意串通或损害其他股东利益的不合理转让，可能导致股权转让无效、转让行为被撤销，可能引发股权纠纷，影响公司的股权结构和治理稳定性。

（4）股东资格继承风险。如果公司章程对股东资格的继承有限制性规定，可能导致继承人无法顺利继承股东资格；若继承人缺乏经营管理能力，不适合成为股东，可能导致公司经营不善或合伙人的稳定性。

（5）隐名股东风险。显名股东擅自处分股权（如转让、质押等），可能会导致隐名股东权益受损；隐名股东要求显名时，若其他股东反对，可能无法确认股东资格，隐名股东将无法行使股东权利。

3. 享受股东资格需要准入条件

（1）创始股东可以在公司创立之初就明确股东资格的准入条件。例如，联合创始人需要互补，资金股东不单单出钱还要带来一些资源，员工股权激励明确新合伙人入伙的条件，等等。例如，某公司针对新合伙人入伙要求具备以下条件：

- 认同企业文化和经营理念。
- 企业的用户或用户的直系亲属。
- 亲自参与或间接参与过组织、建设、运营一家子公司。
- 应出资金额按协议要求全部按时实缴到位。
- 接受企业的季度、年度业绩考核。
- 35岁以下、担任过企业高管。

（2）创始股东应及早在章程中明确股权/股东资格继承问题，及早将章程个性化处理。新公司法第90条规定，"自然人股东死亡后，其合法继承人可以继承股东资格；但是，公司章程另有规定的除外"。即公司章程可以规定继承人不能取得股东资格，保证公司的人合性。

股权财产性权利的继承和股东资格的继承不一样。股权具有财产和人身的双重属性，如果不将股权的财产属性和人身属性区分，在发生继承时，继承人（可能一个，也可能很多人，可能包括限制民事行为能力人甚至无民事行为能力人）自然成为股东，很容易打破原先股东的平衡，破坏公司的治理结构，这与有限公司人合性的特征不符。

如果是家族式企业，可以允许创始人的继承人取得股东资格，但创始人应及时安排传承计划，不能模糊处理，以免继承人有多个时发生股东资格纠纷；如果是非家族企业，建议尽量规定股东的继承人不能取得公司股东资格。毕竟，继承人是否适合做公司股东具有不可预测性。公司章程规定时，既可以粗线条式规定继承人不能取得股东资格，也可以详细规定继承人在什么情况下（如未成年、离婚、丧失民事行为能力等）不能取得股东资格。在规定继承人不能取得股东资格时，应当明确继承股权的处理方式和作价问题。

4. 解除股东资格需要符合法定条件

新公司法实施前，司法解释三（全称为《最高人民法院关于适用〈中华人民共和国公司法〉若干问题的规定（三）》）第7条第1款规定，有限责任公司股东未履行出资义务或抽逃出资，经公司催告缴纳或返还，其在合理期间仍未缴纳或返还出资的，公司以股东会决议解除该股东的股东资格，该股东请求确认该解除行为无效的，人民法院不予支持。

新公司法第52条进一步规定了股东失权规则。如果股东未按照公司章程规定按期足额出资的，经公司书面催缴、宽限期届满仍未履行出资义务的，经董事会决议即可对该股东进行失权处理，该股东丧失其未缴纳出资的股权。注意，此时规定的股东失权只是"未缴纳出资"部分。

解除股东的股东资格（即股东除名）适用于股东根本性违反出资义务，即完全未出资或者抽逃全部出资的情形。如果只是未完全履行出资义务或抽逃部分出资的情况，一般不适用股东除名，而是可以对该股东的利润分配请求权、新股认购请求权、剩余财产分配权等权利做出相应的合理限制。

如果公司章程中约定了其他可以除名的情形，且该约定不违反法律、行政法规的强制性规定，有限公司经三分之二以上表决权的股东或全体股东（依据公司章程规定）书面决议，可以作为除名的依据。比如，公司章程约定股东与公司解除劳动关系、股东与公司存在同业竞争等情形被除名。

解除股东资格是一种较为严厉的措施，公司需要严格按照公司章程和法律规定的程序进行，以维护有限公司的"人合性"，也避免因程序不当而引发法律纠纷，确保除名行为的合法性和有效性。

9.2.3 股权代持

股权代持是指实际出资人（隐名股东）与他人约定，以该他人的名义代实际出资人成为工商登记的名义股东（显名股东），并由该他人根据约定行使权利、履行义务的一种持股方式。实践中，股权代持发生的争议很多，双方风险都很大。

1.《中华人民共和国公司法》关于股权代持的规定

新公司法第34条规定："公司登记事项发生变更的，应当办理变更登记。公司登记事项未经登记或者未经变更登记的，不得对抗善意相对人。"这意味着在股权代持关系中，依法进行登记的股东具有对外公示效力，隐名股东在公司对外关系上不具有公示股东的法律地位，不能以其与显名股东之间的约定为由对抗外部债权人对显名股东主张的正当权利。

新公司法虽未对股权代持进行详细规定，但《最高人民法院关于适用〈中华人民共和国公司法〉若干问题的规定（三）》对股权代持相关问题进行了规范。其主要规定如下：

（1）代持协议效力。有限责任公司的实际出资人与名义出资人订立合同，约定由实际出资人出资并享有投资权益，以名义出资人为名义股东，若不存在规定情形（如一方以欺诈、胁迫的手段订立合同，损害国家利益；恶意串通，损害国家、集体或者第三人利益；以合法形式掩盖非法目的；损害社会公共利益；违反法律、行政法规的强制性规定等），人民法院应当认定该合同有效。

（2）投资权益归属。实际出资人与名义股东因投资权益的归属发生争议，实际出资人以其实际履行了出资义务为由向名义股东主张权利的，人民法院应予支持。名义股东以公司股东名册记载、公司登记机关登记为由否认实际出资人权利的，人民法院不予支持。

（3）显名程序限制。实际出资人未经公司其他股东半数以上同意，请求公司变更股东、签发出资证明书、记载于股东名册、记载于公司章程并办理公司登记机关登记的，人民法院不予支持。

（4）名义股东的处分行为。名义股东将登记于其名下的股权转让、质押或者以其他方式处分，实际出资人以其对于股权享有实际权利为由，请求认定处分股权行为无效的，人民法院可以参照《中华人民共和国物权法》第106条（现《中华人民共和国民法典》第311条）关于善意取得的规定处理。即如果受让人符合善意取得的条件，那么处分行为有效，实际出资人只能向名义股东主张赔偿责任；如果不符合善意取得条件，则处分行为无效。

（5）名义股东的责任承担与追偿权。公司债权人以登记于公司登记机关的股东未履行出资义务为由，请求其对公司债务不能清偿的部分在未出资本息范围内承担补充赔偿责任，股东以其仅为名义股东而非实际出资人为由进行抗辩的，人民法院不予支持。名义股东根据前款规定承担赔偿责任后，向实际出资人追偿的，人民法院应予支持。

2. 显名股东的风险

（1）如果代持关系不明确或被他人恶意利用，显名股东的身份可能被冒用进行非法活动，从而给显名股东带来法律风险。

（2）实际出资人违反代持协议的约定（如擅自转让股权、不支付代持费用等），显名股东需要通过法律途径来维护自己的权益。

（3）隐名股东出资不实，显名股东要履行出资义务。

（4）显名股东对外被视为"真正的"股东，当公司不能清偿到期债务时，债权人可能会要求显名股东在其未出资范围内承担补充赔偿责任、被列入失信被执行人等。公司在经营过程中有违法行为，显名股东可能会面临行政处罚。

（5）实际出资人可能因自身债务问题等原因，导致代持股权被其债权人申请法院查封、拍卖。而显名股东可能无法有效阻止这种情况的发生，从而使自己失去对代持股权的控制，可能因此遭受经济损失。

（6）显名股东想要退出代持关系时，可能会面临实际出资人的不配合或者其他法律障碍。例如，需要办理复杂的股权变更手续，或者实际出资人不同意退出，导致显名股东无法顺利脱身。

（7）股权变更过程中，如果税务处理不当，显名股东可能会面临税务处罚。

3. 隐名股东的风险

（1）代持股权不经隐名股东同意被名义股东擅自处分的风险（如转让、质押等）。名义股东在台面上，如果处分之前没有通知隐名股东，擅自处分代持股权且受让的第三人为善意所得，隐名股东只能请求名义股东赔偿损失。

（2）隐名股东显名的风险。若公司章程或股东协议没有提前约定，隐名股东要想显名，必须经过公司其他股东过半数同意，在有些情况下隐名股东显名路径并不畅通，会存在公司其他股东不知晓、不认可股权代持人、不同意股权转让或行使优先购买权等障碍。

（3）丧失实际行使股东权利的风险。新公司法规定的股东权利（包括表决权、分红权、剩余财产分配权等），由于实际出资人对于代持股权无法行使实际股东权利，存在损害隐名股东利益的问题。

（4）其他风险。如代持股权被采取保全措施强制执行的风险、代持股权被名义股东配偶分割或被名义股东继承人继承的风险。

4. 显名股东防范股权代持风险的措施

（1）保留资金往来凭证。保存好实际出资人支付出资款的凭证，如银行转账记录、收据等，以证明股权的实际出资人为他人。这样在面临法律纠纷时，可以作为证据证明自己并非真正的股东。

（2）了解公司状况。显名股东应定期了解公司的经营状况和财务状况，以便及时发现潜在的风险。如果发现公司存在经营异常或财务风险，应及时与实际出资人沟通，采取相应的措施。

（3）保留决策依据证据。对于公司重大事项的决策，显名股东应保留实际出资人的指示文件，如邮件、短信等，以便在需要时证明自己是按照实际出资人的意愿行使股东权利。

（4）监督实际出资人。关注实际出资人的债务情况和信用状况，防止因实际出资人自身的问题导致代持股权被牵连。如果发现实际出资人有债务风险，可要求其提供相应的担保措施。

5. 隐名股东显名化的路径、方法和条件

关于隐名股东显名化的问题，主要规定在公司法司法解释三。显名股东侵害隐名股东的权益（比如因投资权益的归属发生争议），是引起隐名股东显名化的重要原因。

（1）路径。隐名股东显名化可以先协商、后诉讼。如果双方的争议不能协商解决，则需启动诉讼程序。

（2）方法。一是提起股东资格确认之诉；二是请求公司办理股东变更等工商登记之诉，这就需要证明其具有股东资格且经公司其他股东半数以上同意。两个诉求相互关联。

（3）条件。一是确认隐名股东实际具有股东资格，这就需要证明隐名股东实际履行了出资义务，需要准备关于出资的证据，如转账记录、股权代持协议等；二是公司其他股东过半数对隐名股东的诉求无反对意见。

6. 隐名股东防范股权代持风险的措施

隐名股东显名化的难点不在于路径、方法，而在于证据的缺失，尤其是出资证据、代持证据等。规范"隐名化"是预防股权代持风险，顺利实现"显名化"的关键。实践中，隐名股东针对公司的投资可以采取以下措施。

（1）隐名股东先与显名股东签订借款协议。

（2）隐名股东转账给显名股东后，显名股东再立即出资，以确保投资的真实性和可追溯性。

（3）签订书面代持股协议，明确双方的权利义务关系，避免未来发生纠纷。

（4）显名股东的股权质押给隐名股东。

（5）确保法定代表人选合适。法人代表人选最好由隐名股东本人或者其信任的人担任，以确保公司决策与隐名股东的意愿相符。

（6）控制财务。公司在银行的预留印鉴最好采用印章加隐名股东签名的形式，以保护隐名股东对财务的控制权利。

（7）明确股东身份。隐名股东在管理公司过程中尽量做到以股东的身份预留签字（如股东决议等文件），以便在发生纠纷时充分证明自己的股东身份。

7.【案例】"穿透"名义股东向实际股东追究逃税罪

"穿透"名义股东向实际股东追究逃税罪的一个案例：安徽省淮南市中级人民法院（202（1）皖04刑终102号。

鲍某、李某分别持有某药业公司20%和40%的股权，其中李某所持股份系帮助鲍某代持。2017年1月17日，鲍某、李某将某药业公司51.09%的股权（其中李某40%股权，鲍某11.09%股权）转让给股某，并于同年3月收取转让价款7000万元。同年2月15日，鲍某在虚假的《股权转让协议》中将51.09%股份作价326万元申报缴纳个人所得税，税务稽查部门要求鲍某作为实际纳税人，就股权转让未依法足额申报的税款（李某所欠税款）承担纳税义务。

法院经审理认为，鲍某将其持有的某公司股权转让他人后采取欺骗、隐瞒手段进行虚假纳税申报，逃避缴纳税款数额合计695万余元，逃避缴纳税款数额巨大并且占应纳税额的30%以上，其行为已构成逃税罪。法院两审终审，最终判决鲍某犯逃税罪，判处有期徒刑四年，并处罚金人民币50万元。

由此可见，该案在确认代持股向其他主体转让的应纳税主体时采用实质课税原则，"穿透"名义股东李某向实际股东鲍某追究逃税罪的刑事责任。

8.签署股权代持协议的重点

（1）代持协议中详细约定显名股东和实际出资人的权利和义务，包括但不限于隐名股东在行使股东表决、选任公司管理人员、请求分配股息红利、新股认购、分配剩余财产等权利时，应当按照实际出资人的指令行使股东权利；实际出资人应按时足额缴纳出资。

（2）明确显名股东享有的股东权利，并约定上述权利必须经隐名股东书面授权方能行使。如有可能，将上述书面授权告知股东会甚至直接在公司章程中体现，强化隐名股东监督权。

（3）明确将显名股东的股权财产权排除在外，避免显名股东因死亡、离婚、股权被执行等事由发生时，使得隐名股东陷入财产追索的泥潭中难以抽身。

（4）设计退出机制。在签订代持协议时，就应该考虑退出的情形，在代持协议中明确约定显名股东的退出条件和方式、股权回购价格、办理股权变更手续的流程等。例如，可以约定在一定期限后或者满足特定条件时，显名股东有权要求实际出资人回购股权或者将股权变更至实际出资人指定的第三人名下。

（5）约定违约责任。可对显名股东和隐名股东均设定严格的违约责任，避免任何一方滥用权利给对方造成损害。例如，如果因实际出资人的原因导致显名股东遭受损失，实际出资人应承担赔偿责任。同时，可以约定具体的赔偿方式和计算方法，以便在发生纠纷时能够快速确定赔偿金额。

（6）设定保密条款。为了防止代持关系被泄露，可在协议中设定保密条款，约定双方对代持事宜负有保密义务，不得向任何第三方披露。

9.2.4 股权退出

股权退出是指公司股东依法将自己的股东权益有偿转让给他人，或者基于法定事由，将股权退回给公司或由公司回购等，从而使自己丧失股东资格的行为。

俗话说，"请神容易送神难"。退出机制，是股东层面核心机制之一，公司章程或股东协议应及早约定股权退出机制。本节基于实务，针对股权退出的一些常见问题，提示相关的风险或注意事项。

1. 股权退出机制：法定退出

（1）股权转让

包括股东之间转让和向股东以外的人转让。前者只要双方协商一致即可；后者需要将股权转让的数量、价格、支付方式和期限等事项书面通知其他股东（新公司法第84条规定，不需要经其他股东同意），其他股东在同等条件下有优先购买权。

无论是主动退出还是被动退出，股权转让是股权退出的主要方式，是所有股东退出方式中最基础的方法，其他方法均由其演化而来。

（2）解散退出

一般有公司章程解散、股东会决议解散、因公司合并或者分立解散、被吊销营业执照或责令关闭或者被撤销、司法解散五种解散情形。

如果公司解散，需要进行清算，股东按照持股比例分配剩余财产。解散退出往往是股东纠纷发展到一定阶段或公司经营困难到一定程度的必然选择。

（3）回购退出

包括法定回购的三种情形、异议股东回购、股份有限公司的特定回购的六种情形、对赌回购等。

● 新公司法第89条、第161条规定了股东的退股权，股东若申请退出公司法定回购的三种情形（详见"7.3.3 保弱势：少数股东权益保护的五个强化措施"中的"4. 异议股东回购权的保障"）。

- 第89条还新增了有限责任公司股东压制情形下的回购救济（详见"7.3.3 保弱势：少数股东权益保护的五个强化措施"中的"4.异议股东回购权的保障"）。
- 新公司法第162条还规定了股份有限公司回购本公司股份的其他6种情形。新公司法第162条规定，公司不得收购本公司股份。但是，有下列情形之一的除外：减少公司注册资本；与持有本公司股份的其他公司合并；将股份用于员工持股计划或者股权激励；股东因对股东会作出的公司合并、分立决议持异议，要求公司收购其股份；将股份用于转换公司发行的可转换为股票的公司债券；上市公司为维护公司价值及股东权益所必需。
- 实务中，股权投资签署的对赌协议失败，公司也可能回购投资人的股权。

（4）减资退出

某些情况下，公司可以通过减少注册资本的方式实现股东的退出。

2. 股权退出机制：约定退出

合伙创业最怕碰到不合适的合伙人如何退出的问题了。你想让他退出他不愿意，他想退出你不同意，还是双方都同意退出但价格谈不拢，那应该怎么办呢？

（1）章程协议约定退出

股东内部要借助股东合作协议和公司章程，预先创设股东退出的情形，并约定股东退出的转让价格，在触发股东退出的情形后，按照约定有序退出。

（2）约定退出情形包括：

- 出资严重违约
- 不履行约定职务
- 违反游戏规则
- 股东离职
- 股东退休
- 股东违反公司章程，给公司造成重大损失
- 股东有违法犯罪行为并承担刑事责任
- 股东死亡，继承不被允许
- 其他自身原因

（3）约定退出转让价格

- 原价转让。股东入股时间较短，未对公司经营产生实质影响，且自身无

重大过错，可以约定由公司或公司其他股东按照原价收购退出股东的股权。

● 溢价转让。股权溢价的参照有三个：一是当期存贷款市场利率，二是公司净资产价值，三是股权估值。

● 无偿转让或折价转让。用于股东自身存在重大过错，给公司、股东造成损失后的惩罚性收购。

3. 没有约定股东退出机制，股东如何退出

若公司章程并没有约定股东退出机制，也不存在法定退出的情形，股东还可以采取以下方法实现退出。

● 股东之间自行协商转让股份（实务中往往由创始人回购）。

● 请求公司按合理价格回购股份。

● 公司分立，但须经三分之二以上表决权同意。

● 公司解散注销，但须经三分之二以上表决权同意。

● 10%以上表决权的股东提请诉讼强制解散公司。

● 破产清算。

4. 防止股东退出的五个方法

实务中还存在需要防止股东退出的情形，特别是在创业初期阶段。防止股东退出有以下五个方法。

● 亏损期（公司盈利之前）退出则低价回购股权。

● 合同期满退出，公司以净资产价格回购相应的股权。

● 分期退出，首次退40%，剩余60% 2年内退款。如果2年内做同行业，挖公司客户和员工，则不再退款。

● 锁定期（如3年），不得退出，若退出将净身出户。

● 设置高额违约金。谁中途退出，谁承担高额违约金以及造成的损失。

5. 股东不按期出资，可运用新公司法的股东失权规则

几个人合伙创业，约定了各出多少资金，但其中一个人中途撂挑子，既不干活，也拖拖拉拉，不及时出资，还不退股，怎么办？

如果股东不按时出资，可能导致公司资金短缺，影响公司的正常运营。在旧公司法框架下，如果公司章程对此没有清晰约定，还真没有什么好办法，诉讼会旷日持久拖不起。如今这种耍赖行为有反制手段了！出资的股东可按新公司法第51条、第52条的催缴出资、股东失权规则，将其他不出资的股东踢出公司。

6. 持股 10% 以上的股东起诉要求解散公司，法院会支持吗

股权法定退出机制中，其中就有一条"司法解散"。新公司法第 231 条规定，"公司经营管理发生严重困难，继续存续会使股东利益受到重大损失，通过其他途径不能解决的，持有公司 10% 以上表决权的股东，可以请求人民法院解散公司"。

上述规定，明确了司法强制解散公司的四个构成要件：公司经营管理发生严重困难、继续存续会使股东利益受到重大损失、通过其他途径不能解决，并且起诉主体是持有公司 10% 以上表决权的股东。判断公司经营管理是否发生严重困难，应侧重从公司权力机构、执行机构、监督机构的运行状态综合分析，如公司机构无法正常行使职权，可认定形成公司僵局。若公司处于盈利状态，但其股东会机制长期失灵，内部管理有严重障碍，已陷入僵局状态，可以认定为公司经营管理发生严重困难。

公司法司法解释二第 1 条列举了公司经营管理发生严重困难的情形：公司持续两年以上无法召开股东会或者股东大会；股东表决时无法达到法定或者公司章程规定的比例，持续两年以上不能做出有效的股东会决议；公司董事长期冲突，且无法通过股东会解决；经营管理发生其他严重困难，公司继续存续会使股东利益受到重大损失的情形。

股东以知情权、利润分配请求权等权益受到损害，或者公司亏损、财产不足以偿还全部债务，以及公司被吊销企业法人营业执照未进行清算等为由，提起解散公司诉讼的，人民法院不予受理。公司解散之诉是股东穷尽其他救济途径之后的最后选择，当公司纠纷可以通过其他诉讼和非诉讼程序处理时，股东请求解散公司的，人民法院依法不予支持。对于符合公司法及相关司法解释规定的其他条件的，人民法院可以依法判决公司解散。

因此，持股 10% 以上的股东，理论上可以请求人民法院解散公司，但实践中法院不会轻易判决公司解散。这既是法律规定的需要，也是维护社会稳定、保障职工就业的需要。股东之间存在矛盾并不等于公司经营管理出现严重困难，并不是解散公司的法定理由，即使公司出现困难并不一定非要通过公司解散方式来解决。股东面对公司股东之间存在的矛盾冲突时，可提议召开临时会议，也可要求公司或者其他股东收购股权，甚至向股东以外的其他人转让股权的方式退出公司。如果股东认为其他股东存在滥用股东权利损害其合法利益的情形，也有权请求公司按照合理的价格收购其股权。

7. 股权都转出去了，还得背负连带责任

根据新公司法第88条、第99条的规定，转股前未出资、未实缴出资、瑕疵出资转让之交易双方，都需要承担出资的连带责任，并不是股权转让了，原转让方就不承担出资责任，或受让方对转让方之前的出资不承担责任。

若受让人未按期足额缴纳出资的，出让人对受让人未按期缴纳的出资承担补充责任。瑕疵出资（未按期缴纳或非货币出资低价）的股东转让的，受让人在出资不足的范围内与该股东承担连带责任。

8. 如果合伙人去世，股权如何处理

【案例】富贵鸟品牌创立于1991年，创始人为四兄弟林和平、林和狮、林国强及林荣河。巅峰时期的富贵鸟曾跻身国内第三大品牌商务休闲鞋产品制造商、第六大品牌鞋产品制造商，被誉为"县城男鞋扛把子"。

2013年，富贵鸟在香港H股上市，在上市之前，富贵鸟更是经历了两位数的高速增长。2011—2013年，富贵鸟的归属母公司净利润分别同比增长113.79%、27.47%和37.13%。但是上市后的富贵鸟渐渐跌落神坛，不仅在2017年净利润逐步下滑至亏损，2017年6月25日，创始人之一林国强去世。

由于富贵鸟集团与农业银行石狮支行的借款合同中，林国强曾签字任担保人，因此林国强去世后，银行提出诉讼请求，要求追究配偶及子女作为第一顺位继承人，在继承遗产范围内承担连带清偿责任，林国强子女为了规避42亿元巨额债务，不得不选择放弃继承权。

由此可见，企业家需要结合不同资本市场融资能力、未来的资本路径规划、家族财富传承及风险隔离等多个维度做好股权架构的设计。

9. 如果合伙人离婚，股权应该如何处理

近年来，离婚率上升，企业家群体离婚率又可能偏高。婚后财产的处理，包括股权，都是棘手的问题。离婚事件，影响的不仅有家庭，还影响企业的发展时机，比如土豆网。婚姻还很可能导致公司实际控制人发生变更。

原则上，婚姻期间财产是夫妻双方共同财产，但是夫妻双方可以另外约定财产的归属。因此，配偶之间可以签署"土豆条款"，约定配偶放弃就公司股权主张任何表决权、经营权、决策权等权利，但保障离婚配偶的分红权等经济性权利，确保离婚配偶不干涉影响公司的经营决策管理。

10. 公司章程中规定"离职退股，人走股留"的有效条件

公司章程或合伙协议中缺少退出机制，容易造成股东或公司的僵局。退出

机制早先不明确，后来再讨论的难度会相当大。退出机制是一项"先手工程"，最好的时间是在合伙、入股的初期设计，其次是在争议爆发前。如产生争议后再弥补，则很难。章程中有很多处股东都可以自由约定，这部分内容是建立自己公司机制的抓手，利用好能起到保驾护航、定纷止争的作用。

在符合以下这些条件时，公司可以对"离职退股"做出特别约定，写入公司章程后，对全体股东具有法律效力。

（1）程序合法。有限公司修改公司章程需要 2/3 以上的表决权通过，把离职退股写入章程的需召开股东会并且需要 2/3 以上表决权通过，程序上要合法。

（2）遵守法规。公司法允许公司章程对股权转让有个性化的规定，可以适当限制股权转让，主要是保护有限公司的人合性，但是不得规定"不得转让"。

适当限制是对股权转让自由原则与有限责任公司人合性之间的平衡，但完全禁止是对股东自主处分财产权的剥夺。公司章程中对股东转让股权作出限制，不违反公司法强制性规定的，法院会认定有效。有限责任公司章程条款过度限制股东转让股权，导致股权实质上不能转让，股东请求确认该条款无效的，法院会予以支持。公司章程限制股东转让条款经登记后可以对抗第三人。

（3）约定具体。约定具体的回购情形、回购价格、回购期限、回购人等。比如约定股权转让时创始股东有优先认购权。

11. 公司章程中如何制定股东失权规则

（1）公司章程中应明确制定股东失权的规则条款。失权的触发条件（如出资逾期的具体时间、金额标准等）、失权的程序（如催缴的具体方式，催缴通知是通过挂号信、特快专递还是直接送达的方式发送至股东在公司登记的住所或联系地址，宽限期多长时间，失权股东如何申辩，争议如何解决）以及失权后的股权处置方式（如董事会在失权决策中的权限、内部转让的程序、外部转让的限制、股权转让的价格以原始出资额为基础还是净资产评估值为基础等）都要清晰明确，便于公司实际执行，确保规则在公司的管理能力和资源可承受范围内。

（2）除法定的未履行出资义务触发失权外，公司章程还可约定股东失权的其他情形。例如约定"若股东连续两年或连续三次未参与公司股东会，且经公司书面通知后仍拒绝参与的，视为对股东权利的消极对待，公司有权启动失权程序"。对于部分出资的情况，约定"若股东未按照出资计划足额缴纳当期出资，且逾期金额达到该期应出资额的 20% 以上时，公司有权对逾期未出资部分对应的股权启动失权程序"。公司章程还可约定特定情形下的股东除名规则，例如股东与公司解除劳动关系、股东与公司存在同业竞争等情形。

（3）公司章程中股东失权规则，界定失权情形要公平合理，不能过于严苛或宽松，要考虑不同类型股东的特殊情况（例如法人股东可能内部决策流程较长，在制定失权规则时要考虑给予其相对合理的时间来履行出资义务），还要考虑股东的股权比例与公司的控制权关系，避免因失权规则的实施导致公司控制权的不合理变动，影响公司的战略决策和稳定发展。

（4）公司章程中股东失权规则的制定，必须遵守公司法等相关法律法规的基本规定，不能与之相违背，否则可能导致规则无效。同时，还要遵循相关监管部门的规定（如金融行业对股东资质、出资等方面有特殊监管政策），避免因违反监管规定而带来合规风险。

12. 股权转让的主要风险

股权转让，从尽职调查到签合同，之后办理变更登记，存在太多的风险。股权转让双方都要留意股权转让的整体交易方案和公司内部治理机制的运行。对于在商业上和法律上明显带有恶意的行为，要做出较强的预防措施或者制约机制，配套设定违约责任和合同解除情形。

（1）市场风险。市场行情的变化可能影响股权的价值和可转让性，所在行业的竞争态势也会对股权转让产生影响，降低股权的吸引力。因此，股权转让的双方都需要选择合适的时间出手，提前做好市场调查和预测。

（2）经营风险。如果在股权转让前公司业绩出现大幅下滑，可能会导致股权价值缩水，影响退出收益。因此，股权转让前，作为转让方要规划安排好公司的业务和业绩；作为受让人，要在合同中约定一旦接手后公司的业绩大幅下滑时如何调整公司的估值和股权转让价格。

（3）价格风险。股权价值评估过高或过低都可能带来风险。若评估过高，可能导致买方不愿接手；若评估过低，则会使退出方遭受经济损失。股权转让价格过高或过低，可能被认为存在恶意串通或损害其他股东利益的情况。如果被认定为不合理转让，可能导致股权转让行为被撤销。

（4）合同风险。股权转让协议条款不清晰、不完整可能导致纠纷。例如，对股权转让价格、支付方式、违约责任等约定不明，容易在退出过程中产生争议。这就要求在股权转让协议中，详细规定股权转让的价格、支付方式、支付期限等关键条款，明确双方的违约责任和赔偿方式。

（5）合规风险。如果股权转让过程不符合法律法规和公司章程的规定，比如未经法定程序擅自转让股权，可能导致股权转让无效，引发股权纠纷，影响公司的股权结构和治理稳定性。因此，要确保股权转让的过程符合公司法等相关法律法规规定，遵守公司章程的要求。

（6）税务风险。股权转让涉及所得税、印花税等多种税费。如果对税务政策不了解或处理不当，可能面临高额税负或税务处罚。这就需要公司提前做好股权财税法顶层设计。

（7）连带责任。股权转让后若发现公司存在未披露的债务或法律纠纷，转让方可能会承担连带责任。这就要求股权转让前，双方对公司的财务状况、资产状况、债权债务情况等进行全面审查。

13. 股权转让的风险防范

（1）股权转让协议要注意明确六大事项

- 明确约定出资金额、实缴期限；
- 明确约定转让前提；
- 明确约定责任承担；
- 明确约定免责内容；
- 明确约定出资比例；
- 明确进行登记或公证。

（2）股权转让要注意以下四大关键操作事项

- 应先了解清楚转让股权的情况，看所转让的股权是实缴的还是认缴的；若股权尚未实缴完毕，公司不能清偿债务时，转让人和受让人是有连带责任的，一不小心就会让你背上巨额债务。
- 要确认所转让股权是否确为出让人所有的，并让其出具声明文件，以避免后期对股权归属问题产生争议。
- 转让时应将公司的债权债务全部明确，列出一份完整的清单，确定转让前的债务由原股东承担，转让后的债务由新股东承担。
- 双方一定要签订一份完整的《股权转让协议》，聘请咨询顾问根据实际情况确定协议条款，明确各方权利义务，以防范可能存在的各种风险。

（3）股权转让涉及四个流程要引起注意

- 通知其他股东。新公司法第84条，明确股权转让方有书面通知其他股东的义务。
- 通知公司。新公司法第86条，明确股权转让方有书面通知公司的义务，公司要配合向登记机关办理变更登记。公司拒绝或者在合理期限内不予答复的，转让人、受让人可以依法起诉。

● 股东开会问题。股东会就股权转让的会议决议，要按"7.1.1 新公司法的核心变化点"所述的开会流程进行通知与表决。

● 变更签字问题。变更登记申请书由变更后的法定代表人签署。

9.3 股权激励相关的股权风险

"第 6 章分钱篇：股权激励"一章中，笔者所构建的"财博仕股权激励体系：四步十问闭环法"，每一步的每一问，可以说都是针对实务中的股权激励风险而提出的，有关股权激励的风险详见这一章的内容。这里，针对股权激励的风险，笔者从激励不足、激励过头这个角度来说明。

9.3.1 激励不足

股权激励不足时，公司会存在人才流失、活力不足、长期发展缺乏动力的风险。由于激励不足，关键员工可能因为没有足够的股权激励而感觉自身价值未得到充分认可，容易被竞争对手挖走，公司出现人才流失；由于激励不足，公司内部会缺乏积极创新的活力氛围，整体运营效率难以提升，员工工作积极性难以充分调动，导致公司活力不足；若公司和员工更多地关注短期薪酬，可能导致公司在战略布局、研发团队等方面缺乏足够的支持，影响企业的可持续发展。

若股权激励不足时，公司就需要深入分析员工层级、岗位价值和贡献度等因素，针对重要岗位和核心员工设置业绩考核指标，基于其贡献度确定股权激励范围和激励方式，避免股权激励不足或者盲目授予股权导致股权稀释风险。

9.3.2 激励过头

股权激励过头，会存在股权稀释、成本过高、激励效果不佳的股权风险。过多的股权用于激励会导致原有股东的股权被过度稀释。如果股权激励与公司业绩挂钩不紧密，可能导致公司在没有相应业绩提升的情况下承担了过高的股权支付成本。若股权激励过头且分配不合理时，可能导致员工不珍惜激励的股权，股权激励效果会打折扣。

为避免股权激励过头，在制订股权激励计划时，需要综合考虑公司的发展阶段、规模等因素，确定一个既能起到激励作用又不会过度稀释股权的激励总量。根据企业发展情况和员工表现，设置服务期限和业绩条件，分期授予，动态调整。当发现股权激励可能过头时，可以考虑部分采用现金奖励、晋升机会、培训等其他替代性激励方案。

9.4 股权融资相关的股权风险

本节聚焦在股权融资实务中常见的股权估值、融资诈骗、担保责任以及对赌协议这四大风险。有关股权融资前需要做好哪些准备工作、股权融资时怎么融等具体方法问题，请读者参阅"第4章 融钱篇：股权融资"。

9.4.1 股权估值

股权估值是一件很难的事情，估值也会存在多种风险。如果估值模型不当，财务报表数据不准确不完整，单纯地依赖财务数据而没有考虑数据资产（例如粉丝数、用户数）和业务运营数据（如行业数据、市场占有率、市场份额增长预期、核心技术人才流失率、股权流动性等），都会使股权估值产生严重偏差。当然，股权最终估值多少实际上就是你跟投资人都同意的数字。

创业者在创业初期，股权估值时要特别注意以下六点。

- 早期注册资本不要太高，对过去注册公司时的虚高注册资本进行处理。
- 公司估值时需要明确各股东的实缴资本金额。
- 引进新股东时账面注册资本应缴未缴部分明确处理方案。
- 估值时明确是投前估值还是投后估值。
- 创业公司不必过分纠结自身的估值，快速拿到钱比拿多少钱更重要。
- 早期不要过多稀释股权，要逐步提升公司估值后分段融资。

9.4.2 融资诈骗

新经济、新商业模式下，融资诈骗层出不穷。作为企业应加强自我防范意识，防范融资诈骗，识别假的融资服务机构和投资诈骗公司。

选择融资服务机构时，要建立自己的工作流程和标准，积累经验去提升自己的判断力。对融资服务机构进行调查了解主要看以下几条：服务机构的背景及融资服务人员的品质、是否以提供智力服务或者风险代理为目的、是否具有融资的经验和专业度、是否站在企业的角度考虑问题、提供的服务是否符合企业的实际情况、收费与其提供的服务价值的性价比、签订合同是否存在合同条款陷阱、与资金方的关系是否独立。

在选择投资机构时，公司要谨慎考察投资方，仔细审查投资协议，明确股权转让、股权回购、资金使用、财务回报、决策控制、人事任免、退出机制等关键条款，不要轻信口头承诺，一切重要的约定都要以书面合同形式确定。有一类投资诈骗公司要小心，他们往往以投资贷款、合资合作为名诈骗前期费用（一般包括6个月场地租金、押金、装修费用、办公用品、前台、水电费、打通关系等所有的综合费用）。企业被骗少则十万元，多则几十万元上百万元不等。

9.4.3 担保责任

新公司法第15条规定，公司向其他企业投资或者为他人提供担保的，按照公司章程的规定，由董事会或者股东会做出决议；公司章程对投资或者担保的总额及单项投资或者担保的数额有限额规定的，不得超过规定的限额。

投资有风险，对外担保则可能使公司因承担债务而遭受重大损失。为了控制风险，涉及担保这一块要慎重再慎重，因为它摧毁了有限责任，有可能把有限公司搞成"无限公司"了。例如，山西海鑫钢铁集团董事长李兆会，10年凭借100亿元的财富位列胡润排名第85位。由于海鑫集团的资金紧张，李兆会个人及旗下公司不断地为海鑫集团提供担保。2021年9月16日，李兆会被上海法院悬赏，举报者最高可获2100万元赏金。

担保不但要符合公司法的流程和规定，对投资或者担保总额及单项投资或者担保数额，无论是股东会决议还是董事会决议，仅限于对外担保，且需要在公司章程中明确规定。考虑到投资或担保均可能对股东权益造成重大影响，故一般由股东自行决定比较稳妥，即由股东会决议。但如果股东比较分散或者董事会成员基本为各股东代表人的，可考虑授权董事会决策，毕竟股东会不常开，且董事会的召开在程序要求上比股东会简单。

当公司为公司股东或者实际控制人提供担保时，根据法律规定，必须经股东会决议，且该项表决由出席会议的其他股东所持表决权的过半数通过，是不允许公司章程自由规定的。

9.4.4 对赌协议

公司找风投机构去融资，这些风投机构凭什么投你呢？一定会有一些条件，这些条件一般会涉及"对赌"，要签对赌协议。对赌协议是投资方控制投资风险的主要方式，它产生的根源在于投资方与融资方信息的不对称。

但站在融资方角度而言，老板签署对赌协议之前要慎之又慎，风投机构的钱是不好拿的。对赌协议往往为公司的发展埋好了"地雷"，只不过不知道何时会引爆。一旦公司业绩未达标，对赌失败就会触发一系列对赌条款，所以要控制创始人责任上限,否则会将创始人打翻在地,置公司于死地。

1. 什么情况下需要签署对赌协议?

例如,A公司(融资方)和B公司(投资方),A公司认为今年能实现5000万元净利润,想要向B公司股权融资5亿元。B公司认为最多能实现4000万元净利润,只愿意投资4亿元。B公司最后同意投资5亿元,前提是A公司必须实现净利润5000万元,否则要补偿B公司。A公司若净利润超过5000万元,B公司要追加一定的投资补偿A公司。所以,对赌协议可以作为其他协议的一部分,在《股权投资协议》或《增资扩股协议》中直接约定对赌条款,不一定要单独拟定。

2. 对赌协议的主体

对赌协议常见的主体有:甲公司与乙公司对赌、甲公司与乙公司的股东对赌、甲公司与乙公司以及乙公司的股东三方对赌、个人投资者与乙公司对赌、个人投资者与乙公司的股东对赌。

3. 对赌协议中常见的条款及陷阱

对赌协议涉及的核心条款有:认购、受让、分红、清算等优先权条款;反稀释(最低价格权)、业绩承诺与业绩补偿(估值调整)、股权结构、清算补偿等对赌条款;股份约定、限制出售、共同出售、强制出售、关联转让、平等待遇等股权转让条款;一票否决权(股东会、董事会、监事会)等公司治理条款。股权投资协议中常见的18种条款如表9-2所示。

表9-2 股权投资协议中常见的18种条款

上市时间	财务业绩	非财务业绩	关联交易	债权债务	竞业限制
股权转让限制	引进新投资人限制	反稀释权	优先分红	优先认购权	优先清算权
共同出售权	强制出售权(拖售权、领售权)	一票否决权	管理层对赌	回购承诺	违约责任

(1)业绩目标。业绩目标的核心要义是在约定期间能否实现承诺的财务业绩以及非财务业绩指标。高业绩是高估值的保障。假设作为对赌的业绩标准的净利润没有实现,对赌协议失败,融资方一般需要承担补偿责任。如何对投资人进行业绩补偿呢?一般有两种方式:股权和现金。

现金补偿公式为:现金补偿金额=甲方的投资款×(1-实现的净利润/承诺的净利润)。根据融资企业是否完成目标,股权调整进行补偿分为三种情况:

投资方低价增资、投资方无偿或低价受让实际控制人持有的部分融资企业股权、投资方高价将一部分股权转让给融资企业实际控制人。

（2）考核标准。考核标准为赌利润、赌营收、赌上市、赌用户数、赌增长率。确定考核标准时无须太细太过准确，最好有一定的弹性空间，否则公司会为达成业绩做出一些短视行为。另外，市场占有率、品牌影响力等指标很难计量，要约定好评判标准或评测机构。

（3）退出机制。一般退出机制中投资者希望中短期能收到回报而退出，而被投资企业希望退出时间越久越好。投资者相对占优势，总会在对赌协议中约定退出机制和股权回购的相关条款。

（4）竞业禁止。创始人不能在公司外以其他任何形式从事与公司业务相竞争的业务。创始人几年不能离职；如果离职了，几年内不能做同行业的业务。投资方还要考察创始人是否有未到期的竞业禁止条款。详见"9.5.2 竞业禁止"。

（5）股权转让限制。在对赌协议中，要设计股权转让的限制底线。哪怕真的对赌失败，也要保住创始团队的控制权，否则会为他人作嫁衣裳。

（6）回购承诺。公司在约定期间若违反约定相关内容，投资方要求公司回购股份，回购主体为被投资公司或被投公司股东。基于公平原则，对回购所依据的收益率进行合理约定。回购意味着PE、VC的投资基本上是无风险的。

（7）七项关键权利。在对赌协议中设立反稀释权、优先分红权、优先认购权、优先清算权、共同出售、强制出售权、一票否决权七项关键权利。

4. 创业者处理对赌条款时的特别注意事项

创业者在签订对赌协议时要谨慎评估风险，特别注意以下事项。

（1）IPO审核禁区。对于意在上市的融资企业，上市时间对赌、股权对赌协议、业绩对赌协议、董事会一票否决权安排、企业清算优先受偿协议五类对赌协议，是IPO审核的禁区，IPO审核阶段这些对赌协议应予解除。

（2）指标要理性多元有梯度。创业者要充分考虑不可抗力和经济环境的影响，留有余地，不要盲目乐观设定过高的业绩目标。只完成了约定指标的90%、80%、70%，怎么办？要避免一刀切式的巨大风险，指标要有梯度。市场好时利润第一，市场差时销售和回款第一。因此，对赌指标要多元化，不能只包括"净利润"一项，注意净利润、销售额、市场占有率、用户增长等指标的平衡。

（3）决策控制与人事任免条款。投资方可能会要求在公司重大决策、日常经营决策、业务方向调整、新业务开展或者超过一定金额的支出等诸多事项上拥有一票否决权，这会让创始人在公司运营中处处受限。投资方要求对公司关键岗位（如财务总监和技术总监）的任免决定权，会干涉公司的人事安排。

（4）资金使用与担保限制条款。过度严格地限制公司资金的使用范围（如规定融资资金只能用于特定项目），即使公司遇到其他紧急且合理的需求，公司资产也不能有任何抵押担保从银行融资，这可能会导致公司运营僵化。

5. 对赌失败案例：俏江南的对赌协议

2008年，俏江南已经是一家全国知名的高端餐饮连锁品牌，并且成为北京奥运会唯一指定的中餐服务商，发展前景被广泛看好。此时，俏江南创始人张兰为了实现快速门店扩张需要资金，选择接受鼎晖资本的投资。

鼎晖以等值于2亿元人民币的美元，换取了俏江南10.53%的股权。同时双方签订了对赌协议，设置了一个兜底条款，约定俏江南要在2012年底前上市，否则张兰就要回购鼎晖的10.53%股权，并按照20%的年化收益率支付利息。正因为这个条款的约束，俏江南不得不加速自己的IPO进程。

2011年3月，俏江南正式向中国证监会提交上市申请，但由于A股上市排队公司众多，上市进程遥遥无期。2012年底，随着国家"八项规定"和"六项禁令"的出台，高端餐饮行业受到严重冲击，监管层冻结了餐饮行业的IPO申请。随后俏江南转向港股，但由于市场要求不同以及企业需要进行调整等原因，最终也没能成功上市。至此，俏江南未能在2012年底前实现上市，触发了对赌协议的回购条款。

按照对赌协议的约定，张兰需要回购鼎晖的股权，此时的回购款因为20%的年化利息，已经由原来的2亿元变成了4亿元左右，张兰没有足够的资金偿还，高额回购款难以支付又触发领售权条款。

领售权意味着鼎晖可以先卖掉手里的10.53%股权，不够的部分就将张兰自己持有的股权也卖掉，优先清偿股权回购款。鼎晖资本为了收回投资，找到了欧洲的私募基金CVC来接盘。

2014年，CVC以"杠杆收购"方式（自己出6000万美元、银行借款1.4亿美元、同时向私募投资者募集1亿美元）共3亿美元，收购了鼎晖和张兰手中的82.7%的股份。

CVC在收购俏江南后，对公司进行了一系列操作。CVC成立了一家空壳公司，收购俏江南的品牌后，将空壳公司更名为新的俏江南。收购后，CVC持有新的俏江南82.7%的股权，张兰换股后仅有17.3%（员工还持股3.5%，实际仅持股 13.8%）。

　　CVC 入主俏江南之后，张兰成立家族信托试图保全资产。2015 年，CVC 与张兰产生纠纷，CVC 发现当初给的 3 亿美元，有一部分被张兰转入给汪小菲成立的家族信托。然而，张兰在成立离岸信托时过度贪婪，既要隔离法律风险，又要实现对信托的完全自主控制，导致信托被击穿。在与 CVC 的纠纷中，双方开启了漫长的诉讼历程。2019 年 4 月，张兰在官司中败诉，被判决支付 CVC 基金 1.42 亿美元及其利息。

　　俏江南对赌失败，都是投资协议条款连锁反应的结果：俏江南上市夭折触发了股份回购条款，创始人张兰无钱回购导致鼎晖启动领售权条款，公司的出售成为清算事件又触发了清算优先权条款。

9.5 股权投资相关的股权风险

"危墙莫立。"股权投资时，面对难以把控、力所不及的任何事情，要心存敬畏。股神巴菲特也告诉我们，"投资原则：保住本金"。本节聚焦在股权投资实务中常见的关联交易、竞业禁止、两套账以及或有负债这四大风险。有关股权投资的一些常识、策略等具体方法问题，请读者参阅"第5章　融钱篇：股权投资"。

9.5.1 关联交易

关联交易是大股东掏空公司常用的五大手段（包括直接占用、违规担保、关联交易、投资理财、过度分红）之一。股权投资时，投资人对所投资公司的章程或股东投资协议中需要明确约定"关联交易"条款，防止大股东利用其多家关联公司抽逃转移利润。

1. 定义关联方及关联交易

关联方是指一方控制、共同控制另一方或对另一方施加重大影响，以及两方或两方以上同受一方控制、共同控制或重大影响的相关方。例如，被投资方的母公司、子公司、合营企业、联营企业，以及主要投资者个人、关键管理人员等。家族关系（亲属在投资方和被投资方担任关键职位）、共享重要资源（如共同的技术、专利、销售渠道等）也可能构成关联关系。

关联交易是指关联方之间转移资源、劳务或义务的行为，而不论是否收取价款。例如母公司向子公司销售商品、提供贷款，或者同一母公司下的两个子公司之间相互拆借资金等。

关联交易，不仅包括传统的购销商品、提供劳务等交易，还应涵盖资产租赁、资金拆借、担保、许可协议等多种可能的关联交易形式。任何可能导致公司资源或利益在关联方之间不当转移的交易或安排都应视为关联交易。

2. 被投资方的关联关系在股权投资时的风险

（1）交易风险。关联方之间可能会进行非公平的交易。例如，被投资方以高于市场价格向关联企业购买原材料，或者以低于市场价值出售产品，导致被投资方的利润被不合理地转移，损害公司及股东的利益。

（2）经营风险。如果被投资方过度依赖关联企业的业务、技术、渠道等资源，一旦关联方出现问题，如经营不善、技术故障或渠道中断，被投资方的业务将受到严重影响，导致经营业绩下滑。

（3）财务风险。关联关系可能导致财务报表被操纵，虚增或虚减收入、利润等财务指标，不能真实反映企业的财务状况和经营成果。关联企业以借款等形式占用资金，会影响被投资方的资金流动性。

（4）公司治理风险。关联关系会影响被投资方的决策独立性，可能导致被投资方内部监督机制失效，增加公司治理的风险。

（5）信息披露风险。交易双方可能隐瞒关联交易的真实情况，信息披露不完整或不及时，使得投资者难以准确评估被投资方的财务状况和经营成果。

3. 降低被投资方的关联关系对股权投资风险的措施

（1）定义关联交易。在投资协议中明确定义关联方关系，限制关联交易的范围、规模和定价方法（如市场价格法、成本加成法、可比非受控价格法等），并规定在何种情况下适用何种方法。

（2）加强公司治理。确保被投资方董事会中有一定比例（1/3以上）的独立董事，能够在关联交易决策、公司战略规划等方面发挥监督和制衡作用。强化被投资方监事会的监督职能，赋予其对关联交易和关联关系的监督权力。

（3）财务监控与审计。设立资金共管账户，对于重大资金支出（如超过一定金额），需要投资方和被投资方共同审批。定期对被投资方的财务状况进行审计，重点关注关联交易的合规性、真实性和合理性。

（4）风险预警与退出机制。建立关联关系风险预警机制，设定关联交易占比、资金占用比例等风险预警指标。当这些指标超过设定的阈值时，及时发出风险预警信号，投资方可以采取相应的措施。若关联关系对股权投资造成严重损害且无法改善时，投资方有权按照一定的价格出售股权。

（5）严格关联交易审批程序。规定关联交易审批流程，先由被投资方的管理层进行初步评估和申报，再由董事会中的非关联董事进行审议。对于重大关联交易（如超过被投资方总资产5%）需要提前向投资方通报，提交股东会审议，且关联股东要回避表决。

（6）强化信息披露机制。要求被投资方定期（如季度、年度）披露关联交易和关联关系的相关信息，包括关联方名单、关联交易类型（如销售商品、提供劳务、资金拆借等）、关联交易目的、交易日期、交易金额、占比、定价政策、对公司财务状况和经营成果的影响等。

（7）派遣人员参与管理或监督。争取在被投资方的董事会或监事会中占有席位，或派遣财务人员、内部审计人员参与管理或监督。

（8）违约责任。明确被投资方违反关联交易限制条款的违约责任，包括支付违约金、赔偿投资方因此遭受的损失等。

4. 股权投资协议中针对关联交易如何设置违约责任条款

（1）支付违约金。包括固定金额违约金和按交易金额比例收取违约金。在投资协议中预先设定一个固定金额的违约金，当被投资方违反关联交易条款时支付给投资方。根据违规关联交易的金额大小，按照一定比例收取违约金。

（2）赔偿损失。包括赔偿直接损失和赔偿间接损失。如果被投资方违反关联交易条款，如低价向关联方出售资产，使被投资方净资产减少了1000万元，投资方按股权比例应得权益减少200万元，被投资方就需要赔偿这200万元的直接损失。间接损失包括投资方预期的投资收益减少、商业机会丧失等。

（3）交易撤销。如果发现关联交易违反了投资协议的规定，投资方有权要求撤销该关联交易，使被投资方和关联方的财产状态恢复到交易前的状态。

（4）暂停分红或限制分红比例。如果被投资方出现违反关联交易条款的情况，投资方可以要求暂停被投资方的分红或在一定期限内降低被投资方的分红比例，以弥补因关联交易可能给公司造成的损失或作为风险储备金。

（5）股权补偿或回购。包括股权稀释补偿和股权回购责任。当被投资方违反关联交易条款，可以按照投资方股权损失的一定比例，将被投资方的部分股权无偿划转给投资方，以弥补投资方股权价值的稀释。在严重违反关联交易限制条款的情况下，赋予投资方要求被投资方或其关联方回购投资方股权的权利。

（6）禁止股权融资。如果被投资方频繁违反关联交易条款，投资方可以禁止被投资方进行股权融资活动（如不得发行新股、增资扩股等）。

（7）限制债务融资规模。限制被投资方的债务融资规模（如债务融资额度不得超过公司净资产的30%），以防止其利用新的债务资金来掩盖关联交易问题或进行更多不正当的关联交易。

（8）表决权限制。限制被投资方部分股东或管理层的表决权，或者禁止违规关联交易的主要责任人（如涉及违规决策的董事、高管等）行使表决权，从而避免他们利用表决权来掩盖或继续进行违规关联交易。

（9）管理层任免。当出现关联交易严重违规时，投资方有权参与或主导被投资方管理层的任免，更换关联交易审批人或相关业务部门主管。

9.5.2 竞业禁止

竞业禁止是指用人单位与特定人员（如高级管理人员、高级技术人员和其他负有保密义务的人员）约定，在解除或终止劳动合同后的一定期限内，这些人员不得在生产同类产品、经营同类业务或有其他竞争关系的用人单位任职，也不得自己开业生产或经营同类产品、从事同类业务的一种法律安排。

股权投资时，投资方在公司章程或股东投资协议中可以明确约定竞业禁止/竞业限制条款，要求被投公司创始人在任职期间和离职后多长时间内不能在公司外以其他任何形式从事与公司业务相竞争的业务。被投公司的关键人员（如高管、核心技术人员）也要签订竞业禁止协议。

1. 竞业禁止的目的与类型

目的。保护公司的商业秘密（如技术秘密、客户名单、营销策略等）、知识产权和商业价值，维护公司的竞争优势地位。

类型。包括法定竞业禁止和约定竞业禁止。法定竞业禁止是一种强制性义务。新公司法第184条规定，董事、监事、高级管理人员未向董事会或者股东会报告，并按照公司章程的规定经董事会或者股东会决议通过，不得自营或者为他人经营与其任职公司同类的业务。约定竞业禁止由被投资方和劳动者在劳动合同、保密协议或竞业禁止协议中约定竞业禁止条款，明确双方权利和义务。

2. 股权投资时竞业禁止条款如何约定

（1）明确竞业禁止主体。清晰界定需要遵守竞业禁止条款的人员。通常包括被投资方的创始人、高级管理人员、核心技术人员、关键销售人员以及其他掌握商业秘密或对公司核心业务有重大影响的人员。还包括上述人员的直系亲属（如配偶、子女、父母）以及他们控制的企业。但与公司业务仅有边缘关联的低级别员工（如保安、保洁人员）或者已经离职多年的员工都纳入竞业禁止范围，可能会被认定为不合理限制劳动者的就业权利。

（2）确定竞业禁止范围。详细规定禁止从事的业务范围和地域范围。地域范围通常根据被投资方业务覆盖区域和市场竞争范围确定，可以是特定的国家、地区或城市。业务范围应与被投资方的现有业务以及未来合理预期的业务范围紧密相关，不能无限扩大，也不能笼统，缺乏可操作性。例如，仅规定"不得从事与本公司有竞争关系的业务"，就没有明确什么是"竞争关系"，是同行业业务，还是包括上下游产业链相关业务？这可能导致在实际判断是否违约时产生争议。

（3）设定竞业禁止期限。竞业禁止期限应该平衡投资方的利益保护需求和被约束人员的职业发展权利，根据商业秘密的寿命和更新周期，考虑法律的上限规定来合理确定。技术更新较快的行业，竞业禁止期限可以相对较短（如1～2年）；技术和市场相对稳定的行业，可以适当延长。

（4）明确补偿标准。竞业禁止期间向遵守竞业禁止条款的人员提供合理的经济补偿。补偿方式可以协商确定，既可以是一次性支付，也可以是按月、按季度等分期支付。补偿金额通常参考员工的工资水平、职位重要性以及竞业禁止对其职业发展的限制程度等因素来确定，能够维持员工在竞业禁止期间的生活水平接近在职期间。补偿金额过低，可能会导致竞业禁止条款无效。若被投资方未支付补偿，员工可能不受竞业禁止约定的约束。

（5）规定违约责任。规定违反竞业禁止条款应承担的违约责任，包括退还已获得的补偿、支付违约金以及赔偿因违反竞业禁止给投资方或被投资方造成的损失。违约金金额可以是竞业禁止补偿金额的数倍，需要根据具体的行业、职位和市场情况进行权衡。损失包括直接损失（如商业机会丧失、客户资源流失、市场份额下降）和间接损失（如公司声誉受损、后续研发和市场拓展计划受阻）。

（6）确定争议解决方式。双方在竞业禁止条款执行过程中出现争议时，可以提起诉讼或申请仲裁、通知新雇主或行业通报等。选择仲裁的，要明确仲裁机构、仲裁规则；选择诉讼的，要确定管辖地法院。

9.5.3 两套账

被投公司设立两套账，既是严重的违法行为，也会误导投资方的投资决策，还会产生双方的信任危机。设立两套账的公司，信息不透明，谁都不敢投资。

本节站在投资方角度，讲解被投公司设立两套账给股权投资带来的风险，以及投资方如何发现并预防这种风险。

1. 被投企业设立两套账给股权投资带来的风险

被投资企业设立两套账，给投资人的股权投资会带来极大的风险。

（1）财务信息真实性风险。投资方通常会基于被投资方提供的财务数据和非财务数据来评估企业价值，进而确定投资金额和股权比例。如果存在两套账，公开的账目可能虚增或虚减收入、利润等关键指标，隐藏不正当的关联交易以达到转移资产、非法输送利益等目的，会导致企业资产缩水，投资方对企业真实财务状况发生误判，增加投资失败的概率。

（2）法律合规风险。设立两套账是一种严重的财务违法行为，某些情况下还可能涉及刑事犯罪，如逃税罪、骗取贷款罪等。一旦被税务机关或其他监管部门发现，公司将面临严厉的税务处罚，包括补缴税款、滞纳金和罚款。这些处罚会直接影响被投资企业的资金状况和经营稳定性，导致投资方的股权价值受损，股权价值大幅下降甚至血本无归。

（3）公司治理风险。投资方发现被投企业存在两套账后，会对企业的管理层和治理结构产生严重质疑，双方引发内部信任危机，使投资方难以有效参与企业的公司治理，难以保障自身的股东权益。

2. 股权投资时如何发现被投企业存在两套账

投资人在股权投资时，可以通过以下方法发现被投企业是否存在两套账。

（1）财务报表分析。将被投资企业不同时期的财务报表进行对比，观察关键财务指标的变化是否合理，检查财务报表中各个项目之间的钩稽关系是否合理。

（2）业务流程审查。深入了解被投资企业的业务流程，包括采购、生产、销售等环节，检查业务单据是否与财务数据存在矛盾。

（3）实地调查。走访被投资企业的生产经营场所，观察企业的实际运营情况，了解企业的生产设备、员工数量等是否与财务报表中反映的业务规模相匹配。

（4）客户与供应商调查。与被投资企业的主要客户和供应商进行沟通和调查，了解企业的交易价格、结算方式等信息，对比被投资企业提供的财务数据。

（5）聘请第三方机构审计。委托审计机构对被投资企业进行审计，要求审计机构特别关注企业的财务真实性和内部控制风险点。

（6）尽职调查。聘请专业的财税顾问和法律顾问，对被投资企业进行全面的尽职调查，发现企业可能存在的问题和风险。

3. 针对被投资企业设立两套账，投资方如何在股权投资协议中保障自身权益

针对被投资企业设立两套账，投资方在股权投资协议中可以做出一些约定，以保障投资人自身的权益。

（1）保证财务信息真实性。要求被投资企业及其实际控制人、管理层书面承诺提供的财务信息真实、完整、准确，不存在两套账或其他财务造假行为。

（2）股权估值调整。投资方在发现被投资方存在两套账后，有权要求重新评估公司价值，按照新的估值调整股权比例，或者要求被投资方退还部分投资款。

（3）股权回购。当确认企业存在两套账问题时，投资方有权要求被投资方或其实际控制人按照约定的价格或者按照重新评估后的价值回购投资方的股权。

（4）公司治理与控制权。增加投资方在被投资方董事会中的席位，或者强化投资方在董事会涉及财务报告、重大资金支出、关联交易等事项决策的否决权。

（5）财务专项审计。规定在投资期间，投资方有权随时要求对被投资企业进行专项财务审计，且审计费用由被投资企业承担。审计范围应包括但不限于财务账目的真实性、是否存在未披露的债务或资产、关联交易的真实性等。

（6）委派财务负责人。赋予投资方委派财务负责人或财务监督人员的权利，参与被投资方的财务管理和监督工作。

（7）规定违约责任。规定被投资企业违反财务信息真实性承诺的违约责任，除估值调整、股权回购责任外，还可以包括支付违约金（如投资金额的一定比例）和赔偿损失（包括投资款损失、预期收益损失以及为调查和处理该问题所产生的审计费、律师费、财务顾问费等）。

（8）明确争议解决方式。双方在出现争议时，可以选择仲裁或诉讼。选择仲裁的，要明确仲裁机构、仲裁规则；选择诉讼的，要确定管辖地法院。

9.5.4 或有负债

股权投资成本，不单单有直接支付的显性成本，还可能存在或有负债的隐性成本。而或有负债具有不确定性，可能对投资方和被投资方都产生重大影响。投资方和被投资方都需要有效地评估和管理或有负债风险。

1. 被投资方或有负债的类型与风险管理措施

或有负债是指过去的交易或事项形成的潜在义务，其存在须通过未来不确定事项的发生或不发生予以证实；或过去的交易或事项形成的现时义务，履行该义务不是很可能导致经济利益流出企业或该义务的金额不能可靠地计量。包括：已贴现的商业承兑汇票、未决诉讼或仲裁、债务担保、产品质量保证、亏损合同、重组义务等。

被投资方或有负债的风险管理措施包括：

（1）风险规避。对于风险较大且收益不显著的业务活动，公司应避免参与。比如，对于信用状况差的客户提出的担保请求，公司应直接拒绝，以避免潜在的债务担保风险。

（2）风险降低。通过采取一系列措施来降低或有负债发生的可能性或减轻其影响程度。在产品质量保证方面，公司可加强质量管理体系建设，提高产品质量。在债务担保上，可要求被担保方提供反担保措施。

（3）风险转移。公司可通过购买保险将部分或有负债风险转移给保险公司。例如，产品质量保证责任保险可将产品质量问题导致的赔偿风险转移；在销售合同中明确规定，在某些条件下，质量问题的责任由供应商承担。

（4）风险接受。对于发生可能性较小、影响程度较低的或有负债，公司可以选择接受风险，但同时监控风险并准备好应急方案。

（5）持续监控。建立持续监控机制，对已识别的或有负债进行跟踪监控。及时掌握影响或有负债的因素变化情况，重新评估风险，并调整管理策略。例如，对未决诉讼，跟踪法院的审理进度、双方的证据提交情况等。

（6）信息披露。按照会计准则和监管要求，对重要的或有负债信息进行准确、及时的披露，帮助投资者、债权人等利益相关者了解公司的潜在风险。

2. 投资方如何评估或有负债的风险

（1）建立风险评估机制。建立专门的风险评估小组，成员包括财务专家、法务专家、投资经理等，对被投资方的业务活动进行审查，收集与或有负债相关的内外部信息，如市场环境变化、客户信用状况等，分析企业的资产负债表、现金流量表等财务报表，评估企业的偿债能力指标，识别可能导致或有负债的事项，评估债务担保、质量保证等条款可能带来的或有负债风险，根据历史数据和经验，估算或有负债发生的概率，预测或有负债发生的可能性和金额范围。

（2）内部财务记录与文件。包括财务报表及附注、内部审计报告、财务部门记录。查阅企业的财务报表，特别是资产负债表中的"预计负债"科目和报表附注。内部审计报告可能会提及合同管理中的潜在风险、财务核算中涉及的不确定事项。与财务部门沟通，查看往来账目、债务担保记录等详细财务资料。

（3）财务与法律尽调。审查企业的重大合同、诉讼案件、知识产权状况等。梳理企业签订的所有合同，包括但不限于采购合同、销售合同、租赁合同、贷款合同等，以识别其中可能产生或有负债的可能性。关注法律程序的进展情况，发现对企业不利的关键证据。

（4）实地调查与访谈。实地考察被投资方的生产经营场所，观察企业的运营状况，分析被投资方的具体业务操作流程和风险控制措施。与管理层、财务人员、法务人员访谈，询问关于或有负债的情况，是否有产品质量纠纷、是否存在税务争议。与销售部门沟通，了解产品质量反馈、客户投诉情况以及售后服务承诺。与采购部门沟通，获取供应商合同细节、原材料质量纠纷情况。与生产部门沟通，了解生产过程中的潜在风险，如安全生产隐患、环境污染风险、环保调查等。

（5）市场调研。通过社交媒体监测和市场调研等方式，了解企业在市场中的声誉和公众评价。利用舆情监测工具，跟踪社交媒体、新闻媒体等渠道信息。关注竞争对手面临的法律诉讼和纠纷，评估被投资公司类似或有负债的可能性。委托市场调研公司对被投资方的产品或服务进行调查，了解消费者的满意度。向专业的信用报告机构获取被投资方的信用报告，关注信用评级变化。

（6）保险评估与咨询。查看被投资方过去的保险理赔记录，分析理赔的原因和频率。评估保险的范围、保额以及理赔条件是否能够有效应对可能的或有负债。与企业的保险服务提供商沟通，让其对企业现有的保险政策进行评估。

（7）行业监管趋势与动态。研究行业监管动态，了解监管机构对产品质量、安全、环保等方面的最新要求。关注政府监管部门发布的信息及监管政策的变化对公司或有负债的影响。

3. 投资协议如何约定以减少或有负债的风险

（1）全面披露要求。在投资协议中明确要求被投资方及其股东完整披露所有已知的或有负债，包括其性质、估计金额、可能发生时间等详细信息。

（2）或有负债的分担。约定或有负债在投资方和被投方原股东之间的分担方式。例如，可以规定在投资完成后的一定期限内（如1—2年），如果出现投资前已存在但未披露的或有负债，由原股东承担主要责任；对于投资后新产生的或有负债，按照股权比例分担，或者根据具体情况另行协商分担机制。

（3）估值调整。投资后发现被投资方的或有负债超出一定范围，导致企业实际价值下降，投资方有权要求调整股权比例或获得相应的补偿，如降低投资价格或要求被投资方原股东无偿转让一定比例的股权。

（4）责任保险。要求被投资方购买相关的责任保险，如产品责任保险、董事及高管责任保险等。投资方可以评估企业已有的保险政策，确保保险范围能够覆盖可能的或有负债风险。

（5）设立风险保证金。设立风险保证金，保证金可以从投资款中预留一部分，或者要求被投资企业在一定期限内单独设立账户存入一定金额。

（6）设定违约责任。若发现股权投资前未披露的或有负债，被投资企业及其股东应承担相应的赔偿责任，如退还部分投资款、赔偿投资方因此遭受的损失。

4. 实务中股权投资时减少或有负债风险的六个妙招

（1）查询公开信息。投资前可以通过天眼查、企查查、启信宝、爱企查、国家企业信用信息公示系统、中国执行信息公开网、中国裁判文书网等官方平台和商业平台，查询被投资方的公司登记、诉讼、失信等多维度信息。

（2）了解注册资本的认缴和实缴。投资前先要了解被投资方的注册资本认缴和实缴情况。如果对方没有实缴，股权受让时要按期足额出资；如果对方以非货币财产虚高出资，股权受让时会在出资不足范围内承担连带责任。

（3）合同梳理。被投资公司有多少枚公章，签合同盖的是公章还是合同章，盖了多少枚章，合同到期没到期，到期合同财务数据体现没有，没到期合同什么时间需要付款，合同有没有签字担保，谁担的保，以了解是否存在或有负债。

（4）公司更名。原公司名称中的字号和行业不用变更，但可以变更公司名称的后面几个字，如有限责任公司改为有限公司，有限公司改为有限责任公司。这样就从公司名称上对投资前可能的或有负债做了简单的区分。

（5）重刻全部公章。公司更名后重刻全部公章，明确印章的保管和使用方式。这样就从公司公章方面对投资前可能的或有负债做了简单的区分。

（6）签股东承诺书。双方签订股东承诺书，投资方在收购基准日之前产生的行政税务法律风险，由原公司和股东承担。

9.6 股权税筹相关的股权风险

"第8章 赚钱篇：股权税筹"主要从节税规划和税收政策角度讲解了涉及股权的税负问题。本节笔者重点从风险角度出发，对老板创业成立公司开始的公司架构设计，到股东身份及股东出资等的股权结构安排，再到涉及股权转让、股权收购、公司注销等股权交易，这些与股权税筹相关的三大层面的风险做一些梳理。

总体而言，股权税筹要从以下五个方面做好股权风控。

1. 合法合规是基础。公司内部设立专门的税务管理岗，或聘请专业的财税法顾问，及时跟踪税收法律法规和政策变化对公司的影响，定期进行税务风险的识别、评估和控制，对税筹方案进行审查，加强与税务机关的沟通。

2. 业务运营是关键。实现税务合规的关键是强化实质性运营和合理商业目的：生产运营方面，要具有实际的生产经营场所，具有生产经营、财务、人事等相关的决策、执行的程序和条件；人员方面，企业职工存在实际工作，工资薪金通过企业开立的银行账户发放；财务方面，企业存在独立核算的凭证、账簿和财务报表等会计档案资料，有专门进行业务结算的银行账户；资产方面，企业名下有为开展生产经营活动而持有的必要资产。

3. 财税影响是核心。股权税筹方案不仅要考虑节税收益，还要进行详细的财务分析和预测，分析筹划前后各项财务指标的变化和对财务报表的影响，降低税务成本的同时平衡财务风险。

4. 战略目标要结合。股权税筹不能短视，不能仅仅为了短期节税而忽视公司的长期战略目标。股权税筹方案应具备一定的灵活性，能够适应公司战略方向的改变，避免因战略调整而使筹划方案失效或带来额外的风险。

5. 风险监测要适时。建立一套包含关键风险指标（如税负率、现金流变动）的税务筹划风险监测机制，对筹划方案的实施过程进行实时监控。一旦监测到风险，根据风险的性质和大小，及时调整筹划方案。

9.6.1 公司架构层面

1. 公司架构设计层面进行股权税筹的风险

（1）战略匹配风险。公司架构设计应从股权战略出发，与公司的业务模式和公司战略相匹配。过于注重短期税收利益，过度关注节税效果，会影响企业的市场、业务布局和可持续发展，会导致股权战略决策失误。

（2）架构调整风险。公司架构设计没有前瞻性，只适用于当前的税收政策和市场条件，无法通过简单调整来适应新情况，后期调整对公司"伤筋动骨"，法律程序复杂，对现有股东权益、税收优惠等产生较大影响。

（3）业务整合风险。公司架构设计和优化调整后，可能需要对业务进行重新整合。如果整合不当，可能影响企业的协同效应，导致业务流程不顺畅。

（4）管理风险。过多层级嵌套的子公司和孙公司，不仅会增加公司设立、运营管理、财务管理、信息传递成本，还使决策流程冗长，决策效率低下，运营效率降低，管理成本上升，增加了公司治理的难度。

（5）财税风险。关联公司之间不合理的税筹，使财务报表不能真实反映企业的经营成果和财务状况，误导投资者和其他利益相关者。多层嵌套公司转移利润，或注册个体户、个人独资企业转换收入性质，一旦被查实，不但不能节税，还可能补缴税款、缴纳滞纳金和罚款。

2. 公司架构层面税筹设计如何合理合法

（1）基于业务。股权税务规划前，应充分深入了解集团战略和商业模式，集团内各公司的业务模式与特点、市场地域特征、上下游供应链情况、产业链价值链增值情况、核心人员安排、短期及中长期发展规划、海外市场布局、股东及未来投融资等具体情况。

（2）功能定位。全面了解各区域税收优惠，及时关注政策动向，把握政策的风向标，综合对比各项税负和业务运营后选择合适的区域。对拟设立在税收优惠地区的企业进行功能定位，规划相应的组织结构及人员安排。

（3）公司关系。在充分了解业务及人员的基础上，根据企业目前及未来发展规划等考量，明确注册地址、经营范围、股东身份、持股架构等税务差异，考虑成立几家公司、几家公司之间的层级关系。

（4）定价安排。关注关联交易之下的定价安排，怎样做才合理，经得起检查，避免纳税调整的风险。

3.【案例】某上市公司在霍尔果斯税收洼地避税失败

某香港上市公司在深圳成立了深圳某国际广告有限公司（以下简称"深圳公司"），该广告公司在霍尔果斯经济开发区设立了全资控股公司霍尔果斯市某国际广告有限公司（以下简称"霍尔果斯公司"）。这两家公司均取得了该香港上市的控股集团有限公司的授权，经营广告相关业务，有权在该控股集团旗下所有影城发布映前广告、阵地广告等营销活动。

2015年至2017年，深圳公司申报营业收入合计为38710886.29元，缴纳企业所得税合计为48695.77元；同期霍尔果斯公司申报营业收入合计为796402729.76元。由于霍尔果斯公司可以享受财税〔2011〕112号规定的企业所得税优惠政策，申报减免所得税额合计9242万余元，因而最终申报缴纳企业所得税0元。

霍尔果斯公司仅注册登记两名财务人员，日常并无实际业务人员在霍尔果斯市从事主营业务相关工作，其业务运作主要由集团其他人员履行。经对两家公司共同客户深圳市某科技有限公司的协查证实，深圳公司将收入以及利润转移至霍尔果斯公司，以实现享受税收优惠的目的。

深圳市税务局稽查局认为，霍尔果斯公司日常并无实际业务人员从事业务相关工作，其业务运作主要由集团其他人员履行。深圳公司以享受税收优惠为目的，将收入及利润转移至霍尔果斯公司。因此，核定将霍尔果斯公司2015年至2017年收入合计661540755.15元调整至深圳公司。因两家公司账目混乱，均存在成本费用与收入不直接相关与匹配的问题，难以查账，税务机关根据《中华人民共和国税收征收管理法》相关规定，对深圳公司按照30%的应税所得率核定企业所得税应纳税额，最终追缴深圳公司2015—2017年企业所得税合计5247.02万元并加收滞纳金。

9.6.2 股权结构层面

1. 股权结构设计层面进行股权税筹的风险

（1）控制权稀释风险。在股权结构设计中，若引入新股东、设立持股平台或进行股权重组等操作，会导致原有股东股权稀释。这就需要创始人提前规划应用7.4节所讲述的各种控制方式，以免影响原股东对公司的控制权。

（2）股东身份风险。不同性质的股东在税收待遇上存在差异。如果股权结构中自然人股东和法人股东持股身份不合理，比例不合适，可能无法充分利用税收优惠政策。若涉及特殊股东类型，如合伙企业股东或境外股东，税务复杂性会增加。

（3）财税风险。为了避税目的通过不合理的股权结构安排，使得利润分配与实际贡献不匹配，利润分配不均衡，可能被税务机关认定为不具有合理商业目的的税收安排，面临纳税调整。

2. 不同股东身份在风险控制方面的差异

（1）自然人股东，注意个人财富与公司风险隔离和税务合规风险。自然人股东不要将个人财产与公司财产混同，避免穿透到实际控制人。税款的申报和缴纳上要合规，正确计算股权转让的原值，及时申报股权交易收入。

（2）法人股东，注意滥用公司法人独立地位的风险和投资决策风险。法人股东要注意新公司法的规定，避免滥用股东权利和公司法人独立地位，关联交易要遵循独立交易原则，参照市场价格合理定价，避免被认定为转移利润而纳税调整。投资决策时，要结合投资目的，综合考虑控制权、税收、再投资和风险等，确定股东身份是自然人还是法人。

（3）合伙企业，注意普通合伙人无限连带责任风险和税收分配争议风险。普通合伙人对合伙企业债务承担无限连带责任，应谨慎选择自然人、已存在的法人还是新设立一个公司法人作为普通合伙人。由于合伙企业的"先分后税"机制和灵活的利润分配方式，为避免合伙人之间在利润分配和税收承担上的争议，合伙企业应在合伙协议中明确利润分配规则。

（4）境外股东，注意跨境税收合规风险、汇率和政治风险。境外股东面临复杂的跨境税收合规风险（如预提所得税、转让定价、受控外国公司规则等），需要深入了解目标国和本国的税收法规，准确申报和缴纳税款。境外股东还需考虑汇率风险和所在投资国家或地区的政治风险。

3.【案例】利用个人独资企业转换收入性质

一些高收入人群，利用核定征收方式的漏洞，通过设立个人独资企业转换收入性质来降低税负，可能被认定为逃税。如果个人原本是以个人名义签订合同、开展业务并取得收入，之后单纯出于减少税收负担的目的设立个人独资企业，但企业实际为空壳公司，没有实际经营活动，那么这种转换收入性质的行为会被税务机关认定为"进行虚假的纳税申报"构成逃税。

深圳私募张某的案例极为典型。张某是深圳某私募股权投资基金公司的合规风控负责人及合伙人，张某与A公司签订了《财务顾问服务协议》，A公司共向张某支付咨询劳务报酬9803万元，其中2020年5289万元、2021年4514万元。张某为了避税目的，于2020年3月设立B咨询中心、C咨询中心两家个人独资企业，两家个人独资企业与A公司随之签订《财务顾问服务协议之补充协议》，将上述劳务报酬改为支付给两家个人独资企业，两家个人独资企业用于转换收入申报核定征收后，分别已于2022年3月4日和2022年7月27日注销。

2023年5月12日，深圳市税务局稽查局向张某下达《税务检查通知书》，对其2020年1月1日至2022年12月31日的涉税情况进行检查，认定张某通过设立个人独资企业转换收入性质逃税，2020年至2021年度应申报缴纳综合所得个人所得税3498万元，但实际仅缴纳316万元，少缴纳个税3182万元。根据《中华人民共和国税收征收管理法》第六十三条第一款的规定，张某补缴个税3182万元，少缴的个税3182万元处50%的罚款计1591万元。

9.6.3 股权交易层面

1. 股权交易层面进行股权税筹的风险

（1）政策法规风险。税收法律法规和政策处于动态变化中。当新政策出台、新旧政策衔接时，公司若因未及时关注到法规变化，或对政策过渡条款理解不准确，错误适用法规，会导致筹划方案失败风险。

（2）经营风险。公司的税务问题容易引起行业内的关注、行业内负面评价，可能损害公司的品牌形象，影响股权价值，增加融资难度，还可能引起合作伙伴、投资者和客户怀疑公司的诚信和经营可持续性，影响商业合作机会。

（3）法律风险。过度追求节税效果，可能会使筹划方案游走在法律边缘甚至触犯法律红线。如果股权转让协议存在法律缺陷，可能会导致协议无效或产生法律纠纷，转让方承担连带责任、受让方承担额外的债务风险。

（4）财税风险。如果交易双方税务申报操作不当，会导致少申报或未能在规定期限内申报税款，可能会面临补缴税款、滞纳金和高额罚款，未来集中缴纳还会导致企业现金流紧张，资金周转困难，影响企业的正常经营活动。

（5）交易定价风险。公司之间不合理的股权转让价格（如关联交易定价不公允、非关联交易价格失真、"阴阳合同"），缺乏合理商业目的、利润转移目的明显，股权转让收益可能会被税务机关重新核定，面临补缴税款、加收滞纳金和罚款等后果。如果股权交易合同中定价调整机制不合理或机制缺失，交易将无法有效应对市场波动引起的交易价格变化。

（6）股权变更操作风险。股权变更流程不规范（如未经股东会或董事会批准），未按规定办理工商变更登记（如未及时办理股东名册变更、公司章程修改、工商变更登记手续等），可能会导致股权变更无效或产生纠纷。

2. 如何应对股权交易层面税筹风险

（1）精准把握税收政策。公司需要跟踪和研究税收政策的变化，及时了解与股权交易相关的税收政策变化的主要条款和细节规定，建立并更新维护公司内部的税收政策库。当税收政策发生变化时，及时评估其对股权交易税务筹划的影响，调整筹划方案。股权税务筹划前，就应确保交易具有合理的商业目的，而不是单纯为了降低税负。股权交易时，严格按照税收政策的规定执行。

（2）强化内部管理和监督。加强内部合规管理，设立合规审查机制（包括税收优惠政策的条件、是否存在滥用政策的风险、交易合同条款等）。股权交易完成后，规范税务申报流程，防止出现申报错误或遗漏，避免因申报问题引发的税务风险。重大股权交易咨询外部股权财税法专家。

（3）优化交易结构和方式。根据公司战略和股权战略，考虑公司产业链布局、商业合理性、税收政策、税负与管理成本，确定采用股权收购还是资产收购，安排哪一个公司层级的哪一家公司收购。综合考虑企业文化融合、战略协同、股权结构、公司治理、税负、现金流、业务流程优化等方面的影响，确定交易方式采用货币资金、股权置换还是混合交易方式。

（4）合理确定交易价格。股权交易时，应根据公司的财务数据和非财务数据，考虑包括公司的净资产、盈利能力、知识产权、品牌价值、客户资源、市场占有率、市场前景等因素，综合运用多种评估方法合理确定股权转让价格，同时准备充分的定价依据文档（包括交易背景、定价方法选择的理由、市场数据的来源和分析、财务预测假设等），以备税务机关查核。股权交易合同中设置动态定价调整条款，明确具体的触发条件、调整方法和程序，以应对交易过程中市场环境、企业经营状况等因素的变化。非货币财产投资还要聘请资产评估机构评估。

3.【案例】鲍某"阴阳合同"隐瞒股权转让收入逃税案

安徽省淮南市税务稽查部门根据举报线索，查实安徽某药业公司股东鲍某与殷某签订《股权转让协议》，将其实际持有的该药业公司51.09%的股权转让给殷某，实际转让价格为7000万元。后鲍某为偷逃相关税款另行伪造《股权转让协议》进行纳税申报，少缴税款合计1175.48万元。

淮南市税务稽查部门依法做出对鲍某追缴税款、加收滞纳金并处罚款的处理处罚决定后，鲍某未按期补缴税款、滞纳金和罚款。税务部门随即依法将该案移送公安机关立案侦查，后鲍某被检察院提起公诉。进入司法程序后，鲍某补缴了全部税款。

2021年3月，安徽省某区人民法院判决认定，鲍某将其持有的某公司股权转让他人后采取欺骗、隐瞒手段进行虚假纳税申报，且涉及金额巨大，其行为已构成逃税罪，依法判处鲍某有期徒刑四年，并处罚金人民币50万元。

4. 几种具体股权交易情形的税筹风控

（1）股权转让环节的税筹风控

股权转让可能引发稽查的14种典型行为包括：未申报纳税；虚假申报纳税、提供资料不完整；平价转让股权；频繁转让股权；股权转让纠纷的民事判决（牵出阴阳合同）；注册资本变动；阴阳合同（举报、关联企业筛查）；股权抵偿债务；股权代持（代持股还原问题）；溢价增资对原股东的利益输送；合伙持股平台拆除变为公司；上市公司股票非交易过户；境外VIE架构；境外股东被吸收合并导致境内股权变动。上述前6种行为往往最容易被重点稽查。

因此，股权转让环节税筹风控的重点在于正确理解关于平价转让、有限合伙企业的先分后税、限售股减持的优惠、增资扩股、所有者权益项下项目结转的股权转让税收政策，核心在于股权转让价款的约定及如何缴税这两个问题。股权转让价款的约定，除了上面所提到的注意交易定价的风险及合理确定交易价格外，关键是股权估值问题。有关股权估值的详细内容，参见"4.2.1 股权估值方法"及"9.4.1 股权估值"。若存在个人股权转让情形，如何缴税还涉及代扣代缴个税要求。

个人股权转让时，税法规定：转让人为纳税义务人，受让方为扣缴义务人，受让方在支付股权转让款时，有代扣代缴税款的责任，要从支付款项中扣除应纳税款，并在规定期限内缴纳。为避免转让方不缴纳或不认可代扣代缴个人所得税给受让方造成罚款等损失，可以在股权转让合同中明确"因转让方未缴纳个人所得税给受让方造成罚款等损失概由转让方承担"，或者在付清最后一笔转让款之前，要求转让方提供股权转让完税凭证；否则，受让方有权拒绝付款。

（2）股权收购环节的税筹风控

股权收购环节，存在或有负债的可能性。股权收购前，要避免或有负债，不但要注意被收购公司有没有担保、盖章等债务担保风险，还要关注收购时的税务风险。如果被收购公司存在收购前产生的税务风险，这也可能是一种或有负债，股权投资的相关协议和合同中如果没有明确约定双方的责任，这些责任会由新股东来承接。例如，绿地集团收购翡翠公司的税务风险，这个案例就极其典型。

2010年9月，上海市工业投资有限公司（以下简称"工业公司"）、上海英达莱置业有限公司（以下简称"英达莱公司"）、上海怡禾创展实业发展有限公司（以下简称"怡禾公司"）在上海市联合产权交易所挂牌转让翡翠公司95%股权及16152.75万元债权。资产评估报告显示，当时翡翠公司净资产为73058万元。一个月后，绿地集团支付了884772万元转让款，并获得了高档小区翡翠国际项目。然而，接手翡翠公司不到3年，苏州市工业园区地方税务局对翡翠公司2009年1月1日至2011年12月31日期间涉税情况进行立案稽查，之后共追缴税款、滞纳金及罚款9000多万元。2021年6月，绿地集团将转让方工业公司、英达莱公司、静安公司、中富公司以及沪中公司五家公司（老股东）告上法庭。绿地集团提出，翡翠公司上述受到税务处罚的行为发生在绿地收购项目之前的2007年，这笔6677575.59元的罚款应该由五公司承担，同时五公司还必须向绿地集团支付从2014年9月1日起，按银行同期贷款利率计算的利息，同时承担诉讼费用。

一审法院认为，从双方履行情况看，被告工业公司、被告英达莱公司和怡禾公司已经按约将第三人翡翠公司的全部账册等移交给了原告，也披露了第三人翡翠公司与星隆置业（苏州）有限公司签订的合同及相关的账目和收益。绿地集团的诉求被一审法院驳回，二审也被驳回。

（3）公司注销环节的税筹风控

公司走到注销环节，并不是一注了之，也会面临很多风险。公司注销并不意味着股东可以不负责任跑路。在办理注销之前，先要办理注销税务登记，程序上要合法。程序不合法很容易带来税务风险，因为税务机关也是企业的债权人。恶意注销，一走了之，即便企业没了，日后被税务机关发现，税务机关仍有权向投资人追缴税款、滞纳金。

《中华人民共和国税收征管法实施细则》第15条规定，纳税人发生解散、破产、撤销以及其他情形依法终止纳税义务，应当向工商行政管理机关或者其他机关办理注销登记前，持有关证件向原税务登记机关申报办理注销税务登记。同时办理税务登记之前应该结清应纳税款、滞纳金、罚款、缴销发票、税务登记证件和其他税务证件。

《最高人民法院关于适用〈中华人民共和国公司法〉若干问题的规定（二）》第19条规定，"有限责任公司的股东、股份有限公司的董事和控股股东，以及公司的实际控制人在公司解散后，恶意处置公司财产给债权人造成损失，或者未经依法清算，以虚假的清算报告骗取公司登记机关办理法人注销登记，债权人主张其对公司债务承担相应赔偿责任的，人民法院应依法予以支持"。

9.7 公司治理相关的股权风险

公司治理是健康发展的基石。用一段顺口溜来讲就是：中小股东须尊重、勤勉义务要遵守、解决分歧按程序、设立公司须真签、股权代持风险大、出资不实会连带、转让股权先备案、结束经营要清算、公司章程慎重签。

"第7章分钱篇：股权治理"结合新公司法的修订，从公司治理的布局、股东与董监高的权责利、控制权设计三个方面讲解了公司治理问题。本节笔者从风险角度出发，对公司治理涉及的控制权与知情权、股权合同与章程协议、"三会"安排这三个方面的风险做一些梳理。本节学习需要结合第7章内容。

9.7.1 控制权与知情权

控制权与知情权是"一体两面"，两者的关系需要平衡。站在创始人或控股股东的角度，需要掌握公司的控制权；站在中小股东权益维护角度，中小股东需要有知情权。

1. 控制权

公司控制权包括股权控制权、董事会控制权、日常经营管理控制权这三个层面。控制权的两个核心理念，一是"成为棋手而不是棋子"，二是"不为我所有但为我所用"，可以分股分钱但不分权。有关控制的具体方法详见"7.4 控制权设计的三个层面"。

一般公司的控制权风控，通过股权控制、法定代表人和公章即可筑起铜墙铁壁，公司控制权根本不可能被别人拿走。

（1）控制权设计属于股权设计的第一位，而股权分配又是控制权设计的第一位。股权分配不合理可能导致公司控制权过于集中或过于分散。集中的控制权可能导致少数股东的权益受到压制，而分散的控制权可能导致股东之间在重大事项上难以形成有效决策或决策效率低下，甚至出现僵局。

总体而言，顶端的公司（如家族公司）控制权设计要封闭，股东只有家族成员没有外人；底端公司控制权可以适当开放，通过股权激励找合伙人，分股分钱做项目；知识产权建议由创始人本人或自己的家族公司去申请，将来在适当时机再转让给主体公司持有。

（2）老板要不要当法定代表人？财博仕"公司架构设计3+2+1层次框架模型"，其中的"3"即控股层、投资层、资本层，笔者建议老板可以在这些层级的公司担任法定代表人，不要听说法定代表人要承担责任有风险就都不想当不敢当。一家公司，选择谁担任法定代表人非常重要，因为法定代表人对外代表公司，对公司的日常经营管理控制权存在重大影响，比如代表公司起诉、应诉、撤诉、签署各类合同。请人担任挂名法定代表人，对双方而言都有风险。

（3）公司公章是确认公司独立以自己的名义享有权利承担义务，对外进行活动的有形代表和法律凭证。公司应建立印章管理制度，明确公章的保管、用印、借用办法。若公司章程或管理制度并未明确规定公章的具体管理人员，作为公司法定代表人，可代表公司行使权利，有权要求掌管、占有和使用公司公章。

若股东会决议变更法定代表人，原法定代表人离职后拒不交还公章该怎么办？两个办法。一是诉讼办法。公司或者新的法定代表人，以公司证照返还纠纷为由，起诉原法定代表人要求他返还公司公章。这种方式周期长，是兜底的手段。二是刻新章办法。公司第一时间报警，到丢失地的派出所报案挂失公章，并领取报警回执，之后持报警回执到市一级的报纸上登报遗失声明，再持登有遗失声明的报纸，到公安机关备案的刻章点申请刻制新公章。

2. 知情权

好的公司一定是规范且公开透明的，不怕员工举报，也不怕小股东来查账，这样公司才能做得更长远一些。

新公司法规定了少数股东权益保护的5个强化措施，分别是：决议瑕疵制度的完善、股东的知情权与查账权、提案权的保障、异议股东回购权的保障、双层股东的代位诉讼。其中，知情权主要体现在基本文件或会计账簿凭证的查阅权、复制权、质询权、信息接收权四个方面。

在2018年公司法框架下，作为不参与经营的小股东，虽然也有权利查账，但是法律对于是否能够查阅会计凭证并没有直接在条款中规定，就算打赢了股东知情权官司，股东直接查公司的会计凭证的诉讼请求也很难得到法院的支持。新公司法解决了这个难题。但股东行使知情权的范围应与其查阅目的、投资利益相关联，且与公司利益保持一致，股东负有初步举证其查阅目的正当的责任，反驳正当性的举证则由公司完成。

但实务中存在两个痛点：一是若中小股东捣蛋，站在大股东角度，不想让中小股东查账,怎样推迟股东查账时间?二是股东对子公司是否可以查账?

(1)怎样推迟股东查账时间?

股东查账时必须具备股东身份,否则不享有查账的权利。股东提起知情权之诉要求查账,只要公司发起"股东资格确认"之诉,知情权诉讼就会被暂停审理,确认之诉经历一审、二审,也需要一到两年时间,这个过程只需花几百元诉讼费,就能争取到更多的弹性空间。

或者,公司有合理根据认为股东查阅会计账簿、会计凭证有不正当目的,可能损害公司合法利益的,可以拒绝提供查阅,但应当自股东提出书面请求之日起十五日内书面答复股东并说明理由。公司拒绝提供查阅的,股东向人民法院提起诉讼,将是旷日持久的拉锯战了。

(2)股东对子公司是否可以查账?

在2018年公司法框架下,对于公司全资子公司,股东若没有直接在全资子公司持股,没有直接的股东身份,只是间接持股,少数股东查阅、复制公司全资子公司相关材料往往实践中不可能。

新公司法解决了这个难题。对于公司的全资子公司,股东(包括少数股东)可以按规定查阅、复制公司全资子公司相关材料,权利一样。当然,若子公司并不是全资的,还有其他股东,股东对此种类型的子公司是否可以查账,新公司法对此并没有明确规定。

9.7.2 股权合同与章程协议

实践中,很多初创公司成立时,往往请代理记账公司代办工商注册登记,直接下载使用市场监督管理局的章程范本,老板根本没有审核修改过章程。

股东之间的利益冲突如果处理不当,可能导致公司内部矛盾激化,加剧决策困境。在股权架构设计过程中,需要充分考虑股东权益的保护,明确股东的投票权、分红权等权益,并制定相应的规则和程序以确保这些权益得到充分保障。这些规则和程序,就是股权合同或章程协议。

1. 股权合同(或股东合作协议)的风控

股东合作的核心就是约定好股东的权、责、利三件事。从创始人的角度来看,签署股东合同或协议时要慎重,不要闭着眼睛签,应注意以下六个事项:

- 找合伙人。找合伙股东要找信任、互补的人。
- 控制权。不一定是数量上的绝对控制权,但需要有控制手段。
- 财务报表可以对合伙人公开,账务透明,但财务管理权要控制。

- 竞业禁止、竞业限制和保密协议，需要约定。
- 股东需要追加投资时，要设定止损额，协商规定亏损承担方式。
- 股权退出，只投钱的人钱赚够了要走，做技术的要绑定，做市场的要对赌。

2. 章程（或有限合伙协议）的风控

章程或有限合伙协议的风控，一般聚焦在三点：章程与协议发生冲突时谁的效力更大、章程对公司治理的规定、少数股东的权利如何保障。

（1）股东不但有合作协议，公司还有内部章程和备案章程。当股东协议、内部章程和备案章程有冲突时，对外发生法律效力的以备案登记的为准，外部利害关系人哪里知道你公司还有内部章程呢？但股东之间所签订的协议、内部章程对所签署的股东是有效的，是要承担责任的。例如，股东在公司成立前的合作协议，内容与公司章程不一致，以哪个为准呢？一句话，对外登记为准，对内真实合意。

（2）章程是公司的宪法。股东出资以什么方式出资、何时出资，是认缴还是实缴出资，公司的分红如何计算，是按出资比例还是其他约定，若按出资比例是按认缴比例还是实缴比例，股东的表决是否同股不同权，股东的进入和退出转让价格和计算方式机制，夫妻离婚、股权继承、公司解散，股东会、董监高的职责与权限是上收还是下放，这些都需要在章程或合伙协议中明确界定。甚至公章、合同章、法人章、财务专用章这些资质谁来保管、如何保管，都可以在公司章程中个性化约定。

（3）除了新公司法的少数股东权益保护的5个强化措施外，实践中，少数股东为了维护自身的权益，对抗大股东滥用股东权利，还可以在章程中约定以下一些简明有效的内容，以维护自身权益。

①以下事项，需要全体股东一致同意
- 股东会非经全体一致同意不得对股东认缴新增资本做出决议。
- 定向减资的股东会决议需要全体股东一致同意。
- 公司定向分红需要股东会全体一致同意。
- 公司决定不按出资比例分配利润，必须经过全体股东约定。

②以下事项，不得股东会决议资本多数决
- 不得以股东会决议资本多数决的形式变更出资方式。
- 不得以股东会决议资本多数决的方式变更出资金额。

- 不得以股东会决议资本多数决的形式变更出资期限。
- 不同比例减资的股东会决议资本多数决无效。
- 违法分红的股东会决议资本多数决无效。
- 内部增资只允许部分股东增资的股东会决议资本多数决无效。
- 限制股东处分权的诸如"股随岗变"的股东会决议资本多数决无效。

③以下决议事项无效
- 大股东不能以决议形式剥夺小股东的表决权。
- 大股东不能以决议形式剥夺小股东的知情权。
- 大股东不能以决议形式剥夺小股东股权转让的权利。
- 大股东以决议方式剥夺小股东的总经理、董事提名权的无效。
- 股东会对股东是否认缴公司新增资本、认缴多少不能做出决议。
- 大股东不能以决议形式规定召开股东会不提前通知或者只通知部分股东。
- 被继承人死亡之后,公司章程关于限制股东继承人继承的限制性规定不应涉及股权财产权利的继承。

9.7.3 股东会、董事会与监事会

以下基于实务,针对"三会"的一些常见问题,提示相关的风险或注意事项。

1. 控股股东和大股东不要"权力无边"

新公司法对控股股东和大股东的权力行使形成了更强有力的约束。公司在召开股东会、董事会等会议时,控股股东和大股东必须减少内部人控制等不良治理现象,不能再随意操纵公司决议,不能再随意忽视少数股东的权益。

控股股东和大股东要更加严格地遵循法定程序和章程规定,在会议组织、文件记录、信息披露等方面投入更多的人力、物力和时间等合规成本,更加详细地记录会议过程和表决结果,从会议的召集、通知、表决等各个环节都要做到合法合规,否则将面临少数股东的监督和制衡,决议有被认定存在瑕疵的风险。

2. 股东会、董事会决议的表决方式不一样

董事会决议和股东会决议的表决方式不一样。董事会决议的表决,不是看谁的股份多少和股权大小,而是看人头,一人一票。公司章程没有特别规定的情况下,一般经全体董事的过半数通过即可。

股东会和董事会的具体规定及控制方式,请参看"7.1.2 公司治理'三会一层'的修订要点"和"7.4 控制权设计的三个层面"这两节的详细讲解。

3. 股东会或董事会的表决，可否采用视频会议形式

新公司法第24条规定，"公司股东会、董事会、监事会召开会议和表决可以采用电子通信方式，公司章程另有规定的除外"。电子通信方式包括视频会议等网络媒体。因此，若公司章程没有特别禁止，视频会议表决在法律上是合法有效的。

当然，采用视频会议形式召开股东会或董事会，要通过身份验证技术、电子签名等方式来确保参会人员的身份真实有效，通过视频录像方式对表决过程留痕，采用电子签名方式对会议决议进行签署和确认，以便日后查阅和确认。

4. 传统方式下，股东会通知合法有效的条件

虽然新公司法第24条规定了召开股东会可以采用电子通信方式，但若公司特别重视风控，公司章程也可以另行规定股东会开会采用传统方式。

传统方式下，合法有效的股东会通知，需要满足下述条件：通知的内容必须明确包括股东会的召开时间、地点以及待决议的事项，依照法律和公司章程规定的时间，向全体股东有效的通信地址或约定好的联系方式发送，且要有效送达。

建议公司规模较大、股东构成复杂、股东会不经常召开、讨论事项重要的股东会，尽量选择易于回溯留痕归档、不易篡改丢失的传统通知方式，且用EMS快递寄出。

5. 公司决议不要违反召集程序，否则决议可能会被撤销

公司决议违反召集程序可能被撤销。新公司法第26条规定，"公司股东会、董事会的会议召集程序、表决方式违反法律、行政法规或者公司章程，或者决议内容违反公司章程的，股东自决议作出之日起60日内，可以请求人民法院撤销"。

但新公司法第26条同时规定，"股东会、董事会的会议召集程序或者表决方式仅有轻微瑕疵，对决议未产生实质影响的除外"。公司决议撤销的裁量驳回制度，适用前提是股东会召集程序仅存在轻微瑕疵，且对决议未产生实质影响，如会议召集时间存在重大瑕疵，则不适用。

6. 要不要挂名当董事？如何避免担任挂名董事的风险

新公司法针对董事承担责任的门槛有所降低。关联关系、出资催缴义务、抽逃出资、董事会决议、违法财务资助、职务违规、职务侵权、违法利润分配、违法减资、违法清算等方面，董事都对公司负有忠实和勤勉义务，给公司造成

损失的，负有责任的董事都应当承担赔偿责任。同时，如果董事被认定为直接负责的主管人员或其他直接责任人员，还存在刑事处罚、行政责任、个人信用失信等风险（详见"7.3.4 赔偿与罚款：董监高的连带责任"）。

挂名董事虽然是挂名，但法律上也是"董事"。挂名董事存在如此多的风险，自己的商业声誉也受到损害，给日常生活和工作造成不便，退出时还不一定顺利，接不接受挂名当董事呢，请老板自己掂量。

若已挂名担任董事的，可采取以下措施尽量避免承担法律责任：

（1）接受挂名董事职位前，与公司签订书面协议，清晰界定自己的职责范围，表明自己只是挂名不参与实际经营。不过这种协议是内部的"君子协议"，内部有效，但不能对抗善意第三人，在公司违法违规时也不能完全免责。

（2）对于公司的文件决议谨慎签字，督促公司合规运营，保存能证明自己没有参与公司实际经营管理决策过程的证据（如会议记录、聊天记录、邮件等）。

（3）一旦发现公司存在高风险行为，应尽早辞任董事职务，并督促公司及时办理工商变更登记，使自己的名字不再与该公司董事职位关联。

（4）若公司拒绝配合解除挂名的，可以起诉至法院，请求解除其执行董事、董事或法定代表人的登记事项，并办理公司变更登记手续。

7. 董事辞任"小窍门"

新公司法第 70 条规定了董事的任期以及辞任的要求。董事任期由公司章程规定，但每届任期不得超过三年。董事任期届满，连选可以连任（连任届数没有限制）。辞任应当以书面形式通知公司，公司收到通知之日辞任生效。如果董事在任期内辞任导致董事会成员低于法定人数（有限责任公司董事会成员的法定最低人数为 3 人），在改选出的董事就任前，原董事仍应当依照法律、行政法规和公司章程的规定，继续履行董事职务。

董事辞任有一些"小窍门"，主要应考虑合法合规和妥善交接相关事宜。

（1）何种情形辞任。如果董事个人商业利益与公司利益发生冲突、个人时间和精力不足无法有效履行董事职责、专业知识和经验不再适配公司的发展方向，可以辞任董事。如果董事出现违反职业道德或法律法规的情况（如财务造假），为避免对公司声誉造成严重损害，应当辞任。

（2）辞任时机选择。尽量选择对公司业务运营影响较小的时机（比如避开公司重大决策期间、财报发布等关键阶段）。

（3）决定辞任前。仔细研究公司章程中关于董事辞任的具体规定以及公司内部的相关制度和流程，了解公司当前董事会的成员构成和人数情况，防止提出辞任时导致董事会成员低于法定人数结果辞任不了。

（4）辞任时保留证据。从提出辞任开始，董事要保留好与辞任相关的所有证据，如辞任通知的副本、邮寄凭证、电子邮件记录、与公司沟通的记录等。

（5）被辞任的救济。董事在任期届满前被公司无正当理由解任，若公司的解聘行为违反公司章程，董事可以收集能证明自己正常履职的工作记录及相关协议，要求公司恢复其职务或予以合理赔偿。协商不成的，可以提起诉讼。

8. 可以不设监事，初创公司和小企业的福音

新公司法对监事会的机构设置规定更加灵活，公司的监事会和监事不再是必设机构，这有效降低了初创公司和中小企业的管理成本。

有限责任公司规模较小或者人数较少的，经全体股东一致同意，可以不设监事。股份公司的监事会/监事和审计委员会必须至少设其一，监事会职能可由董事会下设的审计委员会行使。公司可以根据自身情况选择保留监事会或监事，也可以选择设置审计委员会，或者两者并存。

9. 呵护您的公司和您的信用，不要当不了董监高

新公司法第178条规定，有下列情形的，不得担任公司的董事、监事、高级管理人员：

- 无民事行为能力或者限制民事行为能力；
- 因贪污、贿赂、侵占财产、挪用财产或者破坏社会主义市场经济秩序，被判处刑罚，或者因犯罪被剥夺政治权利，执行期满未逾5年，被宣告缓刑的，自缓刑考验期满之日起未逾2年；
- 担任破产清算的公司、企业的董事或者厂长、经理，对该公司、企业的破产负有个人责任的，自该公司、企业破产清算完结之日起未逾3年；
- 担任因违法被吊销营业执照、责令关闭的公司、企业的法定代表人，并负有个人责任的，自该公司、企业被吊销营业执照、责令关闭之日起未逾3年；
- 个人因所负数额较大债务到期未清偿被人民法院列为失信被执行人。

因此，作为老板或公司的董监高，要呵护您的公司，特别是一些注册后没有实际经营的公司要引起重视，不要公司哪天被吊销营业执照或责令关闭，3年内都当不了董监高。同时，也要呵护您的个人信用，不要被法院列为失信被执行人后导致当不了董监高。

9.8 股权相关的法律风险

公司设立出资、公司治理与股东权利的行使、股权转让退出、公司运营管理过程中，都可能存在股东之间的股权纠纷及与股权相关的法律风险。

本节集中讲解公司常见的股权纠纷、与股权相关的十大财税刑事法律风险，以及股东可能承担的民事责任和行政责任。

9.8.1 公司常见的股权纠纷

如果股东之间的股权归属不明确、股权转让操作不规范、股东权益分配不均衡、公司治理机制不完善，均极易发生股权纠纷。创始人预防股权纠纷的核心是要有"谋定而后动"的理念，提前做好股权财税法顶层设计，采取诸如股权架构顶层设计、签订股东合作协议、完善公司章程、规范公司治理等措施。

公司股东产生股权纠纷，纠纷各方可以先自行沟通，寻求就争议事项达成解决方案，也可以请求第三方机构进行调解，还可以申请仲裁或提请诉讼。

公司常见的股权纠纷有 5 类 24 项。如表9-3 所示。

表9-3 公司常见的股权纠纷

注册类	公司设立纠纷	公司合并纠纷	公司分立纠纷	公司解散纠纷	
出资类	股东出资纠纷	公司增资纠纷	公司减资纠纷	新增资本认购纠纷	请求公司收购股份纠纷
身份类	股东资格确认纠纷	股东名册记载纠纷	股东知情权纠纷	发起人责任纠纷	清算责任纠纷
	请求变更公司登记纠纷	公司证照返还纠纷	公司决议纠纷		
利益类	损害公司利益责任纠纷	损害股东利益责任纠纷	损害公司债权人利益责任纠纷	公司关联交易损害责任纠纷	公司盈余分配纠纷
转让类	股权转让纠纷	上市公司收购纠纷			

9.8.2 十大财税刑事法律风险

企业家涉税刑事犯罪的主要表现为：从职务看，企业家涉税刑事犯罪主要集中在企业主要负责人（包括法定负责人、实际控制人、业务主管、财务主管）以及部分牵连企业家亲属（在企业任职）。从发案环节看，主要集中于日常经营活动环节，其次是财务管理环节。追求眼前利益忽视法律风险、依法合规经营能力普遍不足是涉税刑事风险爆发的主要原因。

有句话说得好，"老板不是在监狱，就是在去监狱的路上"，这可以说是老板做企业的真实压力写照。2023年12月29日，十四届全国人大常委会第七次会议通过的《刑法修正案（十二）》，将原来适用于国有公司、企业的非法经营同类营业罪、为亲友非法牟利罪和徇私舞弊低价折股、出售资产罪的犯罪主体扩展到了民营企业人员，加大了行贿罪、对单位行贿罪和单位行贿罪的处罚力度。所有老板经营企业过程中，一定要提升合规经营和法律风险防范意识，刑法风险对于老板都是不可承受之重，毕竟时间和自由宝贵，钱可以有时间再赚。

企业经营中，千万别碰刑事法律风险，不要怕亏损，不要怕企业失败，钱没有了还能重来。有期徒刑十年二十年，还有机会吗？老板一定要有风险防范意识，有财税思维，停止产生原罪的一些做法和思维习惯。

直接或间接与股权相关的十大财税刑事法律风险有：虚报注册资本罪、虚假出资罪、抽逃注册资本罪、非法经营罪、传销罪、非法吸收社会公众存款罪、集资诈骗罪、挪用资金罪、职务侵占罪、逃税罪。上市公司与股权相关的其他刑事责任还有：欺诈发行证券罪，违规披露、不披露重要信息罪，背信损害上市公司利益罪等。下面详细讲解十大财税刑事法律风险。

1. 虚报注册资本罪、虚假出资罪、抽逃注册资本罪

这三个罪名都与"资本"有关，实践中很多老板容易触碰到抽逃注册资本罪。三者既有区别又有联系，因此笔者将这三个罪放在一起详细讲解。

（1）刑法关于"两虚一逃"的规定

刑法中一直有"两虚一逃"相关规定。刑法第158条、第159条分别规定了虚报注册资本罪、虚假出资罪和抽逃出资罪的情形。

刑法第158条对虚报注册资本罪规定。申请公司登记使用虚假证明文件或者采取其他欺诈手段虚报注册资本，欺骗公司登记主管部门，取得公司登记，虚报注册资本数额巨大、后果严重或者有其他严重情节的，处三年以下有期徒刑或者拘役，并处或者单处虚报注册资本金额1%以上5%以下罚金。单位犯前款罪的，对单位判处罚金，并对其直接负责的主管人员和其他直接责任人员，处三年以下有期徒刑或者拘役。

刑法第 159 条对虚假出资、抽逃出资罪规定。公司发起人、股东违反公司法的规定未交付货币、实物或者未转移财产权，虚假出资，或者在公司成立后又抽逃其出资，数额巨大、后果严重或者有其他严重情节的，处 5 年以下有期徒刑或者拘役，并处或者单处虚假出资金额或者抽逃出资金额 2% 以上 10% 以下罚金。单位犯前款罪的，对单位判处罚金，并对其直接负责的主管人员和其他直接责任人员，处 5 年以下有期徒刑或者拘役。

2014 年前所有注册公司实行"实缴制"，还需要会计师事务所验资。例如，上海前首富周正毅 2003 年操控股票市场和 100 万元虚假出资等，最终被判刑 3 年而成为阶下囚。2006 年刑满释放后，于 2007 年因再度涉及贿赂和其他金融犯罪行为再被判刑 16 年。

2014 年后注册资本改为"认缴制"。为鼓励"大众创业，万众创新"，与注册资本认缴制相配合，全国人大常委会 2014 年 4 月 24 日通过的《关于〈中华人民共和国刑法〉第 158 条、第 159 条的解释》缩小了刑罚打击范围，将虚报注册资本罪、虚假出资罪与抽逃出资罪只适用于依法实行注册资本实缴登记制的公司。也就是说，实行认缴制的公司股东如果存在"两虚一逃"的情形，不会被追究刑事责任，但应当依法承担补充出资及相应的违约责任。2023 年新公司法修改为"限期认缴制"。上述"免刑"规定对于保护民营企业、激发市场主体的创业活力具有重要意义。

目前，依法实行注册资本实缴登记制的公司主要包括各类金融公司（包括商业银行、证券公司、保险公司、基金管理公司、期货公司、信托公司、金融资产管理公司等）、劳务派遣公司、直销企业、股份有限公司、融资性担保公司、典当行、保险资产管理公司、小额贷款公司等。金融类企业涉及大量资金的运作和管理，涉及金融市场的稳定和投资者的利益，对注册资本的实缴要求较高；劳务派遣涉及劳动者的权益保障和企业的用工管理，对企业的资金实力和经营稳定性有一定要求；直销模式具有一定的特殊性，需要企业具备较强的资金实力和规范的经营管理。因此，这些企业被纳入注册资本实缴制的范畴。

（2）实务中如何区分虚报注册资本罪与虚假出资罪

实务中可从行为主体、欺骗对象、发生时间、行为表现、危害结果五个方面来区分虚报注册资本罪与虚假出资罪。如表 9-4 所示。

表9-4　虚报注册资本罪与虚假出资罪的区别

	虚报注册资本罪	虚假出资罪
行为主体	申请公司登记的人或单位,既可以是公司的发起人、股东,也可以是受他们委托办理公司登记的代理人	公司的发起人或者股东,是公司内部的特定人员
欺骗对象	欺骗对象是公司登记管理部门,目的是获得公司登记资格	欺骗对象是依法认足并缴足出资的公司的其他股东、发起人,还包括受到欺诈的公司的债权人及社会公众
发生时间	一般发生在公司登记过程中、成立之前	发生的时间一般在公司章程约定缴纳出资的阶段或者公司成立之后的初期阶段
行为表现	表现为使用虚假证明文件或者采取其他欺诈手段虚报注册资本。虚假证明文件包括验资报告、资产评估报告、验资证明以及出资者所拥有的出资单据、银行账户及有关产权转让的文件等	表现为股东在应当履行出资义务时,未交付货币、实物或者未转移财产权等,或者采取虚假手段来掩盖未出资或出资不足的事实(如提交产权转移的虚假文件)
危害结果	侵犯的是国家公司登记管理制度,影响了国家对公司的管理和监督,干扰了正常的市场秩序	侵犯的是公司的财产利益以及其他股东、债权人的利益,影响公司的正常运营和偿债能力,损害了其他股东的权益,也可能使债权人的利益得不到保障

(3)抽逃出资的可能情形

股东出资应确保出资真实、足额到位,不以变相方式抽逃出资。有些老板在公司刚设立时,通过中介机构垫资过桥,将从中介机构的借款转入公司作为"投资款",过几天后再转账还款到中介机构指定的账户,账上转一圈后就转走了。这种行为是典型的抽逃出资。

公司法司法解释三第12条规定了以下四种情形属于抽逃出资:

● 制作虚假财务会计报表虚增利润进行分配;
● 通过虚构债权债务关系将其出资转出;
● 利用关联交易将出资转出;
● 其他未经法定程序将出资抽回的行为。

(4)抽逃注册资本罪的具体认定标准

刑法中关于抽逃注册资本罪中"数额巨大、后果严重或者有其他严重情节"的具体认定标准如下:

①金额标准的两类情形

● 有限责任公司股东抽逃出资数额在 30 万元以上并占其实缴出资数额 60% 以上的；股份有限公司发起人、股东抽逃出资数额在 300 万元以上并占其实缴出资数额 30% 以上的，通常可以认定为达到数额标准。

● 对于一些法定注册资本最低限额有特殊规定的公司，若法定注册资本最低限额在 600 万元以下，抽逃出资数额占其应缴出资数额 60% 以上的；法定注册资本最低限额超过 600 万元，抽逃出资数额占其应缴出资数额 30% 以上的，也符合认定标准。

②后果严重的两类情形

● 抽逃出资行为造成公司、股东、债权人的直接经济损失累计数额在 10 万元以上的。

● 或抽逃出资的行为致使公司资不抵债或者无法正常经营的。例如，因股东抽逃大量资金，导致公司无法按时支付员工工资、无法偿还到期债务、生产经营活动停滞等，严重影响公司的正常运转。

③其他严重情节的三类情形

● 两年内因虚假出资、抽逃出资受过行政处罚两次以上，又虚假出资、抽逃出资的，反映出行为人主观恶意较大，可认定为具有其他严重情节。

● 利用虚假出资、抽逃出资所得资金进行违法活动的，如将抽逃的资金用于走私、贩毒、赌博等违法犯罪活动，不仅抽逃出资行为本身违法，还进一步引发了其他违法犯罪行为，性质更为恶劣，属于其他严重情节。

● 公司发起人、股东合谋虚假出资、抽逃出资的，这种多人共同故意实施的行为，对公司的正常经营和市场秩序的危害更大，也属于其他严重情节。

（5）虚假出资与抽逃出资的诉讼时效规定

《最高人民法院关于适用〈中华人民共和国公司法〉若干问题的规定（三）》第十九条第一款规定："公司股东未履行或者未全面履行出资义务或者抽逃出资，公司或者其他股东请求其向公司全面履行出资义务或者返还出资，被告股东以诉讼时效为由进行抗辩的，人民法院不予支持。"

根据上述规定，以下两种情形，出资请求权不受诉讼时效的限制：

● 公司或者其他股东请求未履行或者未全面履行出资义务的股东向公司全面履行出资义务的权利；

● 公司或者其他股东请求抽逃出资的股东返还出资的权利。

2. 非法经营罪

针对非法经营罪，企业要增强法律意识，了解非法经营的界定、危害及法律后果，确保企业的经营活动始终符合法律要求。

例如，新冠疫情防控期间哄抬物价、牟取暴利，构成犯罪的，以非法经营罪定罪。对于以囤积居奇、转手倒卖等方式，层层加码，哄抬疫情防控重点物资的价格，扰乱市场秩序的，应当根据囤积、倒卖的数量、次数、加价比例和获利情况等，综合认定"违法所得数额较大"和"其他严重情节"，依法严惩。个人卖家在没有药品经营许可证的前提下，贩卖退烧药品也是一种违法行为。但为个人使用而组织团购并不违法，为了牟利而组织团购或进行采购的，也属于违法行为。

（1）什么是非法经营罪

非法经营罪是指行为人实施《中华人民共和国刑法》第225条所述的四类非法经营行为之一，扰乱市场秩序、情节严重的行为：

- 未经许可经营专营、专卖物品或其他限制买卖的物品，如烟草专卖品、外汇、金银及其制品、珠宝及贵重药材等；
- 买卖进出口许可证、进出口原产地证明以及其他法律、行政法规规定的经营许可证或者批准文件；
- 未经国家有关主管部门批准非法经营证券、期货、保险业务，或者非法从事资金支付结算业务；
- 其他严重扰乱市场秩序的非法经营行为，包括非法买卖外汇、非法经营出版物、非法经营电信业务、在生产销售的饲料中添加禁止使用的物品、擅自设立互联网上网服务营业场所或擅自从事互联网上网服务经营活动、非法经营彩票等行为。

以上情形，行为人必须具有主观上的故意，并且以牟取非法利润为目的，才可能构成非法经营罪。因不了解相关规定而误将限制买卖的物品进行了交易，如果能够证明没有主观故意，通常不会被认定为非法经营罪，但会受到行政处罚。

（2）如何预防非法经营罪

非法经营罪，重点可从主体资格、经营范围、商业模式、合规机制建设四个方面加以预防。

①主体资格。企业必须依法注册登记，若从事的是需要获得许可的经营活

动，务必获取必要许可和资质，严格按照许可证规定的范围、方式和条件进行经营，不得超范围、超期限经营。以药品经营为例，不仅要有营业执照，还需要获得药品经营许可证，经营者必须符合相应的专业人员配置、场地设施等条件，经过药品监管部门的审核才能取得资质。

②经营范围。了解行业限制规定，在注册登记时确定经营范围，在这个范围内开展经营活动，不能从事未经许可的业务。如烟草行业，只有取得烟草专卖零售许可证的商家，才能销售烟草制品，并且只能从当地烟草专卖批发企业进货，不能超范围经营走私烟或者假冒伪劣烟草。

③商业模式。确保商业模式合法合规，采用合法交易方式，定价和收费机制明确合理。如在网络电商平台经营时，不能通过虚假交易刷销量、刷好评等不正当手段来提升店铺排名，这种行为可能会涉及不正当竞争并可能触及非法经营罪。

④合规机制建设。企业经营时，要有专门的部门或人员审查包括经营项目的合法性、交易对象的资质、合同的签订和履行情况。签订合同时要对合作方进行资质审查，避免与不合法或不可靠的合作方进行交易。

（3）企业放贷时，以下情形可能会被判定为非法经营罪

虽然法律不禁止民间借贷，但不具有放贷资格的企业和个人长期、多次、大金额出借款项给他人，可能涉嫌非法经营罪。民营企业以向其他企业借贷或向本单位职工集资取得的资金又转贷给他人牟利，或套取金融机构信贷资金又高利转贷给借款人时，企业可能面临借贷合同无效、涉及刑事犯罪等法律后果。

建议企业间的借贷应以本企业闲置资金为限，并且借用银行等金融机构办理转贷业务，出借资金只限于帮助他人临时周转，如果收了利息就申报纳税。

以下情形，可能会被判定为非法经营或非法经营罪：

①未经批准开展放贷业务。企业如果没有取得相关金融监管部门的许可，如不具备小额贷款公司、融资担保公司等合法放贷资质，却从事放贷活动，就属于非法经营。

②超越经营范围放贷。即使企业本身有金融相关业务经营范围，但如果超出了核准的经营范围进行放贷，也可能构成非法经营罪。比如，小额贷款公司被限定在特定地域范围内开展业务，若超出该地域范围放贷，就违反了规定。

③放贷对象不特定。企业在2年内向不特定的多人（包括单位和个人）以借款或其他名义出借资金10次以上。这里的"不特定对象"是指企业在放贷

时，没有明确的、特定的借款对象范围，而是面向社会大众广泛地发放贷款。

④以营利为目的。如果企业并非出于正常的商业往来或帮助他人解决资金困难等合法目的，而是单纯为了谋取高额利息等经济利益而进行放贷，就满足了该罪的主观要件。

⑤利率超过法定标准。如果企业以超过36%的实际年利率发放贷款，无论是以利率形式，还是以手续费、咨询费、逾期罚息、违约金等名义收取资金使用费，或者以事先扣除的方式收取"砍头息"等，导致综合息费率超过36%，都属于高利贷行为，可能构成非法经营罪。

⑥具有严重情节。包括金额标准、人数标准以及放贷后果，只要满足其中之一，就可能判定为非法经营罪。司法实践中对于这些标准的认定，会综合考虑贷款的次数、期限、实际年利率、资金来源、借款目的及用途等各种因素。

● 金额标准。个人非法放贷数额累计在200万元以上，或者违法所得数额累计在80万元以上；单位非法放贷数额累计在1000万元以上，或者违法所得数额累计在400万元以上。

● 人数标准。个人非法放贷对象累计在50人以上，单位非法放贷对象累计在150人以上。

● 放贷后果。企业的放贷行为造成借款人或者其近亲属自杀、死亡或者精神失常等严重后果。

（4）中介提供高息过桥垫资可能触犯什么法律

一些商务咨询公司或信息服务公司提供融资中介服务，提供中介服务时往往还提供高息过桥垫资。如果中介没有取得金融机构经营许可证，则提供高息过桥垫资的行为可能触犯刑法，涉嫌非法经营罪。

即使中介的行为没有达到以非法经营罪定罪处罚的标准，但如果其资金来源于银行等金融机构，且收取了高息，则涉嫌构成高利转贷罪。高利转贷罪是指"以转贷牟利为目的，套取金融机构信贷资金高利转贷他人，违法所得数额较大"的行为。其中违法所得数额较大，实践中一般掌握在50万元以上的标准。

若中介教唆贷款人借新还旧，中介和贷款人还有可能涉嫌贷款诈骗罪。贷款诈骗罪是指以非法占有为目的，通过编造引进资金、项目等虚假理由，使用虚假的经济合同、证明文件、产权证明作担保或者超出抵押物价值重复担保等方式，诈骗银行或者其他金融机构的贷款且数额达到"较大"标准（目前标准为5万元）的行为。如果行为人采用前述欺骗方式获得银行贷款，并在贷款时明知借新还旧之后自己无法偿还该笔新的贷款，即涉嫌构成贷款诈骗罪。

若行为人通过诈骗的方法非法获取资金，借来的贷款没有用于个人挥霍而是用于"生产经营"，造成数额较大资金不能归还，在贷款时明知无归还能力，可能会被推定其有非法占有目的。如果给发放贷款的银行或其他金融机构造成了重大损失，则可能构成骗取贷款罪。骗取贷款罪是指"以欺骗手段取得银行或者其他金融机构贷款，给银行或其他金融机构造成重大损失"的行为。目前，实践中掌握的"重大损失"标准为50万元。

（5）哪些情形下借贷利率通常不受36%的限制

一般情形下，金融机构的实际贷款利率不能超过36%的年利率红线。并且借贷双方约定的利率未超过年利率24%的，出借人请求借款人按照约定的利率支付利息的，人民法院应予支持；年利率超过24%不到36%的，按当事人意愿；超过36%的部分利息约定视为无效。

但以下情况下的借贷利率通常不受36%的限制：

①金融机构的特定贷款业务。银行等正规金融机构的贷款业务，需要在相关金融监管规定的范围内，不能明显脱离合理范围，否则可能会受到监管部门的关注和审查。一些特定的金融业务，如信用卡分期业务的利率不受36%的民间借贷利率上限控制。

②非民间借贷行为。一些非个人之间的、具有特殊性质的借贷关系，比如企业之间为了生产经营需要进行的临时性资金拆借（需符合相关法律规定和监管要求），不完全适用民间借贷利率的限制标准。

③小额贷款公司等特定金融组织的相关业务。小额贷款公司、融资担保公司、区域性股权市场、典当行、融资租赁公司、商业保理公司、地方资产管理公司等七类地方金融组织，属于经金融监管部门批准设立的金融机构，其因从事相关金融业务引发的纠纷，不适用民间借贷利率司法保护上限的规定。

3. 传销罪

新经济条件下，商业交易日益复杂，企业经营模式不断创新，商业模式设计时不要只是"拉人头"来计算报酬，以避免涉嫌传销罪和集资诈骗罪。

（1）什么是传销罪

传销罪，即组织、领导传销活动罪，是指以推销商品、提供服务等经营活动为名，要求参加者以缴纳费用或者购买商品、服务等方式获得加入资格，并按照一定顺序组成层级，直接或者间接以发展人员的数量作为计酬或者返利依据，引诱、胁迫参加者继续发展他人参加，骗取财物，扰乱经济社会秩序的传销活动行为。

传销与直销不一样。直销活动中的多层次计酬与传销有本质区别，直销的从业人员在获取从业资格证时不需要交纳高额入门费，是以销售产品为导向，商品定价基本合理，有退货保障，人员收入主要根据销售业绩和奖金，公司的生存与发展取决于产品销售业绩和利润。

传销活动的组织者或者领导者通过发展人员，要求传销活动的被发展人员发展其他人员加入，形成上下线关系，并以下线的销售业绩为依据计算和给付上线报酬，牟取非法利益的，是"团队计酬"式传销活动。以销售商品为目的、以销售业绩为计酬依据的单纯的"团队计酬"式传销活动，不作为犯罪处理。形式上采取"团队计酬"方式，但实质上属于"以发展人员的数量作为计酬或者返利依据"的传销活动，应当以传销罪定罪处罚。

（2）传销罪的典型特征

①名义伪装性。往往以从事商品、服务推销等看似正常的经营活动为名义，诱骗他人参加，背后的真实目的是骗取钱财。

②入门费要求。要求参与者以缴纳费用或者购买商品、服务等方式获得加入资格，价格虚高与实际价值严重不符，其本质就是设置一个加入的门槛费用。

③层级性。按照一定顺序组成层级，呈现出"金字塔"式的结构。层级越高，在组织中的地位越高，获取的利益也越多。

④计酬依据不合理。直接或者间接以发展人员的数量作为计酬或者返利的依据，而非基于实际的销售业绩或提供的服务。如果一个项目的收益主要依赖发展下线人员数量，而非实际的产品销售或服务提供，基本可以判定为传销。

⑤诱骗与胁迫性。通过虚假宣传、夸大收益等方式引诱、胁迫参加者继续发展他人参加。

⑥骗取财物本质。传销活动表面上参与者可能会获得一些所谓的"回报"，但这些回报往往是来自新加入者的资金，最终目的是骗取参与者的财物。对于一些具有真实商品或服务，但主要以发展人员数量来计酬或返利的模式，也可能被认定为传销。参与传销活动人员是否认为被骗，不影响骗取财物的认定。

（3）传销罪的立案追诉标准与量刑标准

满足以下标准，公安机关应当对组织者、领导者予以立案追诉。

①人员数量及层级要求。涉嫌组织、领导的传销活动人员在 30 人以上且层级在 3 级以上。如果之前因组织、领导传销活动受过刑事处罚或一年以内因该类活动受过行政处罚，又再次组织、领导的，立案追诉标准降低为人员在 15 人以上且层级在 3 级以上。

②组织者、领导者的认定。在传销活动中起发起、策划、操纵作用的人员；在传销活动中承担管理、协调等职责的人员；在传销活动中承担宣传、培训等职责的人员；因组织、领导传销活动受过刑事追究，或者 1 年以内因组织、领导传销活动受过行政处罚，又直接或者间接发展参与传销活动人员在 15 人以上且层级在 3 级以上的人员；其他对传销活动的实施、传销组织的建立、扩大等起关键作用的人员。

以单位名义实施组织、领导传销活动犯罪的，对于受单位指派，仅从事劳务性工作的人员，一般不予追究刑事责任。普通的传销参与人员一般不构成犯罪，但可能会受到行政处罚。一旦被认定为组织、领导传销活动罪，将面临刑事处罚。根据刑法的规定，处 5 年以下有期徒刑或者拘役，并处罚金；情节严重的，处 5 年以上有期徒刑，并处罚金。具有下列情形之一的，可认定为"情节严重"：

● 组织、领导的参与传销活动人员累计达 120 人以上的；

● 直接或者间接收取参与传销活动人员缴纳的传销资金数额累计达 250 万元以上的；

● 曾因组织、领导传销活动受过刑事处罚，或者 1 年以内因组织、领导传销活动受过行政处罚，又直接或者间接发展参与传销活动人员累计达 60 人以上的；

● 造成参与传销活动人员精神失常、自杀等严重后果的；

● 造成其他严重后果或者恶劣社会影响的。

（4）【案例】"云联惠"传销案

2013 年底至 2014 年初，被告人黄明等人设立广东云联国骥投资管理有限公司和广东云联惠网络科技有限公司，并开发"云联惠"云联商城。该平台以"消费全返""消费共享"等为幌子，要求参加者通过"云联商城"或者推荐人的推广二维码等免费注册或以缴纳一定费用注册的形式获得加入资格。

会员级别由低到高依次为普通会员、金钻会员和铂钻会员，普通会员免费注册，普通会员缴纳人民币 99.9 元可升级为金钻会员，缴纳 999 元可升级为铂钻会员。系统根据推荐关系自动识别记录并锁定上下级关系，形成会员层级网络。设置"提成"和"嘉奖"两种积分奖励制度，会员可以获得下线无限层级的积分奖励，以积分的形式计算和给付参与人员继续发展其他人员加入的报酬。

截至 2018 年 5 月 8 日，"云联惠"吸纳会员 896.2 万人、形成会员推荐关系层级共 119 层，创业共享金剩余 135.1 亿元，而因返还会员积分形成的债务高达 4342.6 亿元，资金缺口达 4207.5 亿元。云联惠公司的代理公司达 1500 多个，其规模十分庞大，在全国多地都有业务开展，影响范围极广。

2021 年 8 月 20 日，广州市海珠区人民法院对该案件作出一审判决，主犯黄明被判处有期徒刑 15 年并处罚金，没收违法所得。其他共同参与传销犯罪的多名主要同案人员分别被判处有期徒刑 7 年至 2 年不等，并处罚金。

云联惠的传销行为以"消费全返""消费共享"为名诱使他人注册成为会员，将发展会员数量作为计酬或返利依据，形成非法传销层级和链条，大肆谋取非法利益，严重扰乱市场经济秩序和社会管理秩序，情节特别严重，构成了组织、领导传销活动罪。

4. 非法吸收社会公众存款罪、集资诈骗罪

这两个罪名，俗称"非法集资"，指未经国务院金融管理部门依法许可或者违反国家金融管理规定，以许诺还本付息或者给予其他投资回报等方式，向不特定对象吸收资金的行为。

这两个罪名之间既有区别也有联系。非法吸收社会公众存款罪是轻罪，行为人主观上不具有非法占有的目的，不存在诈骗意图，最高刑期是无期徒刑。集资诈骗罪是重罪，行为人主观上具有非法占有集资款的目的，存在诈骗意图，使用了诈骗方法，最高刑期是死刑。

（1）非法集资的四个条件（典型特征）

根据《最高人民法院关于审理非法集资刑事案件具体应用法律若干问题的解释》对非法吸收公众存款或者变相吸收公众存款的定义，该罪需同时具备下列四个条件：

- 未经有关部门依法批准或者借用合法经营的形式吸收资金；
- 通过媒体、推介会、传单、手机短信等途径向社会公开宣传；
- 承诺在一定期限内以货币、实物、股权等方式还本付息或者给付回报；
- 向社会公众即社会不特定对象吸收资金。

向社会公众吸收资金属于特许金融业务，合法吸收公众资金必须取得金融监管部门的许可且在许可范围内,否则涉嫌非法集资。既取得了营业执照,又取得了金融监管部门的许可,是否可能涉嫌非法集资?仍有可能,如果超过金融监管部门许可的范围向社会公众吸收资金,也可能涉嫌非法集资。

(2)非法集资常见的11种"马甲"

司法解释对其他11种假借名目非法集资的情形做出了规定,这也是非法集资的常见外包装"马甲"。

①不具有房产销售的真实内容或者不以房产销售为主要目的,以返本销售、售后包租、约定回购、销售房产份额等方式非法吸收资金的;

②以转让林权并代为管护等方式非法吸收资金的;

③以代种植(养殖)、租种植(养殖)、联合种植(养殖)等方式非法吸收资金的;

④不具有销售商品、提供服务的真实内容或者不以销售商品、提供服务为主要目的,以商品回购、寄存代售等方式非法吸收资金的;

⑤不具有发行股票、债券的真实内容,以虚假转让股权、发售虚构债券等方式非法吸收资金的;

⑥不具有募集基金的真实内容,以假借境外基金、发售虚构基金等方式非法吸收资金的;

⑦不具有销售保险的真实内容,以假冒保险公司、伪造保险单据等方式非法吸收资金的;

⑧以网络借贷、投资入股、虚拟币交易等方式非法吸收资金的;

⑨以委托理财、融资租赁等方式非法吸收资金的;

⑩以提供"养老服务"、投资"养老项目"、销售"老年产品"等方式非法吸收资金的;

⑪利用民间"会""社"等组织非法吸收资金的。

(3)非法集资的四个常见手法

①承诺高额回报。编造天上掉馅饼、一夜暴富的神话,许诺投资者高额回报。为了骗取更多的人参与集资,非法集资人在集资初期往往通过返点、分红,给参与人初尝"甜头",或按时足额兑现承诺本息,待集资达到一定规模后,便秘密转移资金或携款潜逃,使集资参与人遭受经济损失。

②编造虚假项目。不法分子大多通过注册合法的公司或企业,打着响应国家产业政策、开展创业创新等幌子,编造各种虚假的"高大上"项目,有的甚

至组织免费旅游、考察等,骗取社会公众信任。

③虚假宣传造势。不法分子在宣传上往往一掷千金,聘请明星代言、名人站台,在各大广播电视、网络等媒体发布广告、在著名报刊上刊登专访文章、雇人广为散发宣传单、进行社会捐赠等方式,制造虚假声势,吸引参与人眼球。

④利用亲情诱骗。有些非法集资参与人,为了完成或提高自己的业绩,有时采取类传销的手法,不惜利用亲情、地缘关系,编造自己获得高额回报的谎言,拉拢亲朋、同学或邻居加入,使参与人员迅速蔓延,集资金额越滚越大。

(4)集资诈骗罪的定罪条件

定罪条件包括主观条件和客观条件两个方面。

①主观方面,具有非法占有目的。包括:集资后不用于生产经营或比例严重失调;肆意挥霍集资款,将集资款用于个人的豪车豪宅奢侈消费、赌博等挥霍行为;集资人在集资后携款逃跑、藏匿;将集资款用于走私、贩毒、赌博等违法犯罪活动;抽逃、转移资金、隐匿财产,以躲避债权人的追讨;通过隐匿、销毁财务账目,或者制造假破产、假倒闭的假象,来逃避返还集资款;相关部门调查时,集资人拒绝交代集资款的去向。这些情形导致集资款无法返还,或反映其具有非法占有的主观故意。

②客观方面,面向社会公众使用诈骗方法。采用编造谎言、捏造事实或隐瞒真相等手段,骗取他人的信任,让他人自愿交出资金。例如,虚构投资项目、夸大项目收益、伪造政府批文、项目合作协议等文件。未经有关部门批准,面向社会公众募集资金,而不是特定的个人或群体。

(5)非法吸收公众存款罪的处罚规定

①个人犯罪

一般情节:非法吸收或者变相吸收公众存款数额在100万元以上的;非法吸收或者变相吸收公众存款对象在150人以上的;非法吸收或者变相吸收公众存款,给存款人造成直接经济损失数额在50万元以上的,处3年以下有期徒刑或者拘役,并处或者单处罚金。

数额巨大或者有其他严重情节:非法吸收或者变相吸收公众存款数额在500万元以上的;非法吸收或者变相吸收公众存款对象在500人以上的;非法吸收或者变相吸收公众存款,给存款人造成直接经济损失数额在250万元以上的,处3年以上10年以下有期徒刑,并处罚金。

数额特别巨大或者有其他特别严重情节:非法吸收或者变相吸收公众存款

数额在5000万元以上的；非法吸收或者变相吸收公众存款对象5000人以上的；非法吸收或者变相吸收公众存款，给存款人造成直接经济损失数额在2500万元以上的，处10年以上有期徒刑，并处罚金。

②单位犯罪

单位犯非法吸收公众存款罪的，对单位判处罚金，并对其直接负责的主管人员和其他直接责任人员，依照个人犯罪的规定处罚。如果在提起公诉前积极退赃退赔，减少损害结果发生的，可以从轻或者减轻处罚。

（6）集资诈骗罪的处罚规定

①个人犯罪

数额较大的：处5年以下有期徒刑或者拘役，并处2万元以上20万元以下罚金。个人集资诈骗数额在10万元以上不满30万元，属于"数额较大"，应予立案追诉。

数额巨大或者有其他严重情节的：处5年以上10年以下有期徒刑，并处5万元以上50万元以下罚金。比如个人集资诈骗数额在30万元以上不满100万元，或者有挥霍集资款、利用集资款进行违法活动致使数额较大的集资款无法归还等情形的，属于这一量刑档次。

数额特别巨大或者有其他特别严重情节的：处10年以上有期徒刑或者无期徒刑，并处5万元以上50万元以下罚金或者没收财产。个人集资诈骗数额在100万元以上的，属于"数额特别巨大"情形。

②单位犯罪

单位犯集资诈骗罪的，对单位判处罚金，并对其直接负责的主管人员和其他直接责任人员，依照个人犯罪的规定处罚。

（7）单位内部集资非法吗？

单位内部集资合法，但需要同时满足以下两个关键条件：

①集资对象限于单位内部职工。这里的单位内部职工应是与单位存在真实劳动关系的人员。

②集资对象资金用于单位内部的经营活动。集资的目的必须是单位自身的生产、经营、发展等，而不能将集资款用于其他非法或非经营目的，比如对外放贷、进行高风险的投资等。

如果单位内部集资不满足以上条件，比如既向单位内部职工集资又向社会公众集资，或者通过公开招聘等方式先将社会人员吸收为员工再向其集资等行为，就可能会被认定为非法集资。

如果出现"名义出资人"与"实际出资人"不符的情形，比如出资人为职工家属或亲友，但单位给出资人出具的债权凭证是以职工为债权人，这种情况需要结合主客观情况进行综合判断。如果在向亲友或者单位内部人员吸收资金的过程中，明知亲友或者单位内部人员向不特定对象吸收资金而予以放任的；以吸收资金为目的，将社会人员吸收为单位内部人员，并向其吸收资金的，那么该种集资就具有社会性，有一定的违法性，不应认定为单位内部的合法集资。

（8）持股平台融资合法吗？

持股平台融资是否合法，可以从以下四个方面来判断。

①非法性。如果持股平台所涉业务必须受国家金融法律法规管理的，非法性的认定应以国家金融管理法律法规作为依据。如果持股平台所涉业务并不属于国家金融法律法规管理的，则应受公司法、合伙企业法等商事法的约束。

②利诱性。实践中通常将有"保底条款"性质的承诺，认定为具有"利诱性"。利诱性的关键是判断通过持股平台融资的行为是否违背"利益共享、风险共担"的投资本质。

③社会性。社会性即向社会公众不特定对象吸收资金。如法律法规、公司章程或合伙协议对于持股平台融资对象有特别要求，而持股平台融资时并未限制在前述融资对象内的，则有可能认定该融资方式具有社会性。

④公开性。对于公开性，主要从宣传的媒介、宣传的内容、宣传的方式、宣传的对象这几方面来认定。

（9）股权众筹不要踩坑搞成了非法集资

众筹，即大众筹资，是指一种向群众募资以支持发起的个人或组织的行为，一般分为项目众筹和股权众筹。众筹项目的三大特征是：低门槛、多样性、创意新，众筹参与对象参与感、归属感、荣誉感强。众筹具有广告效应、风险防范、原点粉丝、资金支持四大核心价值。

股权众筹是指公司出让一定比例的股份，面向普通投资者，投资者通过出资入股公司，获得未来收益的一种基于互联网渠道进行融资的模式。例如，1898咖啡馆组织众筹模式，由监事会、外部资源和众筹咖啡馆平台，三位一体股东互动网络［董事长、轮值主席（董事会）和职业经理人团队］组成。

由于众筹的灵活性和多样性，其边界在某些情况下可能与非法集资重叠，一不小心就会变成非法集资，面临法律风险。一些众筹项目发起人可能将筹集到的资金用于非法活动或高风险投资，而不是按照承诺的用途进行使用；一些众筹项目可能通过承诺高额回报或进行虚假宣传来吸引投资者，导致投资者在不明真相的情况下进行投资，这种承诺和宣传可能涉及欺诈行为；一些众筹项目可能未经过法定程序注册和批准，没有明确的投资门槛和投资者资格限制就开始向不特定的社会公众筹集资金，就容易增加转化为非法集资的风险。

那么，项目发起人怎样保护自己规避众筹风险呢？一定要诚实、透明、规范。少承诺，多做事，实干事，干实事。在投资者环节进行审核，限制投资人数和金额，采用领投＋跟投模式，资金流转环节通过第三方收付，设置投资者冷静期等。投资者在进行众筹投资时也应保持理性和谨慎，了解项目的真实情况和风险情况，避免盲目跟风和投资陷阱。

（10）如何预防股权激励踩坑变成非法集资？

要预防股权激励变成非法集资，可以从以下几个方面入手：

①限制激励对象。应当有限制条件，针对本公司的员工或合作伙伴，不能针对非特定的社会融资对象。

②规范资金用途。用于公司的正常经营活动（如研发投入、扩大生产、市场拓展等），不得用于非生产经营。

③不承诺给付回报。不以股权之名行集资之实，依据公司的实际估值来确定股权价格。

④信息披露真实。按照法律法规要求履行相应的程序，真实地披露公司的财务状况和其他信息。

（11）红岭创投非法集资案例

红岭创投创立于2009年3月，是国内成立较早的P2P平台，曾是行业的明星企业。创始人周世平凭借敢说、真性情的风格吸引了众多拥趸，平台交易规模不断攀升。2014年3月，红岭创投发布了第一个亿元融资"大标"，此后超亿元的"大标"相继出现。

2009年3月至2021年9月，周世平等人利用"红岭创投"平台，以保本付息、高额回报为诱饵，向48万余人非法吸收公众存款，共计人民币1090亿余元。周世平等人明知公司资金缺口巨大，仍发布虚假标的非法集资，非法募集资金用于归还融资项目到期本息、维持公司运营和个人挥霍，待偿金额总额逾200亿元。

2021年9月25日，深圳福田警方通报"红岭创投""投资宝""红岭资本"涉嫌非法集资犯罪的相关案情，深圳市公安局福田分局已依法对相关人员涉嫌非法吸收公众存款、集资诈骗罪立案侦查，并对涉案嫌疑人依法采取刑事强制措施。2021年11月，深圳福田警方对犯罪嫌疑人周世平、项某等74人分别以涉嫌集资诈骗罪、非法吸收公众存款罪执行逮捕。

2023年12月7日，深圳市中级人民法院一审以集资诈骗罪、非法吸收公众存款罪，判处周世平无期徒刑，剥夺政治权利终身，并处没收个人全部财产；其余17名被告人分别被判处有期徒刑11年至2年6个月，并处罚金。一审宣判后，周世平等9名被告人提出上诉。2024年5月9日，广东省高级人民法院做出终审裁定，驳回上诉，维持原判。

（12）鼎益丰非法集资案例

鼎益丰集团创始人隋广义自称东方古典哲学价值投资理论体系创始人。他在2011年创立了鼎益丰集团有限公司。鼎益丰旗下有众多关联公司，包括"元丰""元汇""元亨""万鼎""天鼎""嘉鼎""华音"等分部。

截至2024年上半年末，隋广义和马小秋曾是鼎益丰控股的股东，各持有3.476亿股和2.086亿股，二者均为实益拥有人。不过，2023年2月，马小秋已辞去鼎益丰控股公司担任的所有职务；隋广义也于四年前辞去其于该公司担任的所有职务，但他仍是鼎益丰集团的核心人物。

鼎益丰向投资者推销所谓的高收益理财产品，但这些产品的底层资产并不清晰或根本不存在。他们通过夸大收益、虚构项目等方式吸引投资者投入资金，通过茶会、晚会、读书会、上市发布会等线上线下活动，宣扬"肽""光波磁电疗法"等产业概念，以"禅意投资法"等为噱头吸引投资人认购"鼎益丰"关联主体的"原始股权"或"期权"。

2024年1月21日，鼎益丰向投资人发布通知，向全球发行数字期权DDO，并在新加坡数字资产交易所首发上线。其价格曾一度从最初的1美元上涨到较高水平，以此吸引投资者认购。然而，这种数字期权本质上是一种虚拟货币，没有实际价值支撑，交易存在极大风险。

深圳市地方金融管理局多次发布风险提示。2023年2月，组织有关部门依法对"鼎益丰"在深圳辖区内的经营主体进行核查，对有关单位和个人进行警示约谈；2023年11月，指出"鼎益丰"关联主体存在非法集资风险；2024年3月，指出鼎益丰国际在境内宣传发行的DDO数字期权业务本质上为虚拟货币的发行、交易行为，涉嫌非法集资等非法金融活动。

香港证监会也对鼎益丰采取了监管行动。2024年2月26日，在原讼法庭对鼎益丰前主席兼非执行董事隋广义及另外20名人士展开法律程序，指他们涉嫌在2018年3月1日至2018年9月14日期间操纵鼎益丰的股份；2024年10月25日，原讼法庭向11名涉嫌操纵鼎益丰股份的人士发出临时强制令，禁止这些涉嫌操纵者调走或处置其在香港境内的任何资产，以合共63.53亿港元为限。

2024年11月5日深夜，深圳市公安局福田分局发布情况通报，称"鼎益丰"及其关联公司发行虚假理财产品和"DDO数字期权"（属于"空气币"），从事非法活动，已涉嫌犯罪。公安机关已对隋广义、马小秋等人以涉嫌集资诈骗等罪依法采取刑事强制措施。

5. 挪用资金罪、职务侵占罪

老板经营企业过程中，最容易忽视且最易犯的两个罪，一是挪用资金罪，二是职务侵占罪。

由于很多老板没有合规意识，公私不分，没有建立起最起码的"公司是公司，个人是个人"财务合规思维，公司和个人搅在一块，将公司当成提款机，滥用股东权利。若有合伙人举报时，老板极易犯挪用资金罪、职务侵占罪两个刑事罪名。

（1）什么是挪用资金罪、职务侵占罪

挪用资金罪是指公司、企业或者其他单位的工作人员利用职务上的便利，挪用本单位资金归个人使用或者借贷给他人，存在以下情形之一的行为：数额较大、超过3个月未还；虽未超过3个月，但数额较大、进行营利活动；进行非法活动。

职务侵占罪是指公司、企业或者其他单位的人员，利用职务上的便利，将本单位财物非法占为己有，数额较大的行为。

（2）挪用资金罪和职务侵占罪的区别与联系

挪用资金罪和职务侵占罪，既有区别也有联系，详见表9-5。

表9-5 挪用资金罪和职务侵占罪的区别与联系

		挪用资金罪	职务侵占罪
区别	犯罪客体	侵犯的客体是公司、企业或者其他单位资金的使用收益权。犯罪对象是本单位的资金，主要影响的是单位资金的正常使用和流转	职务侵占罪侵犯的客体是公司、企业或者其他单位的财物所有权。犯罪对象既包括单位的资金，还包括单位的实物等其他财物，直接侵犯了单位对财物的所有权利
	犯罪目的	行为人主观上只是暂时借用本单位的资金，目的是获得资金的使用权，准备日后归还，并不企图永久占有该资金	职务侵占罪行为人的目的是非法取得本单位财物的所有权，具有永久占有的故意，将本单位财物完全占为己有
	行为方式	行为方式是挪用，即未经合法批准或许可而擅自挪归自己使用或者借贷给他人。资金的所有权仍归单位，只是资金的使用方式和用途被行为人违规改变	行为方式是侵占，通常表现为侵吞、窃取、骗取或者以其他手段非法占有本单位财物，通过各种方式将单位财物转变为自己的私有财产
	犯罪结果	主要导致单位资金的暂时流失和使用受限，可能会影响单位的正常经营和资金周转，但资金在一定条件下有可能被追回，单位的财产损失相对具有一定的可恢复性	造成单位财物的永久性损失，单位失去了对财物的控制和所有权，财物被行为人非法占有后，单位很难再重新获得该财物，财产损失更为严重
	量刑标准	处三年以下有期徒刑或者拘役；数额巨大的，处三年以上七年以下有期徒刑；数额特别巨大的，处七年以上有期徒刑	处三年以下有期徒刑或者拘役，并处罚金；数额巨大的，处三年以上十年以下有期徒刑，并处罚金；数额特别巨大的，处十年以上有期徒刑或者无期徒刑，并处罚金
联系	主体相同	两者的犯罪主体都是公司、企业或者其他单位的工作人员，不包括国家工作人员。如果是国家工作人员实施类似行为，则可能构成挪用公款罪或贪污罪	
联系	主观故意	行为人都明知自己的行为违反了单位的规定和法律法规，但仍然故意实施相关行为	
	客观利用了职务便利	客观都利用了自己在公司、企业或其他单位中所担任的职务所带来的便利条件，如管理、经手单位资金或财物的权力等，实施犯罪行为	

挪用资金罪和职务侵占罪关于量刑标准中数额较大、数额巨大、数额特别巨大的规定：

①挪用资金罪数额较大情形：
- 超过3个月未还，挪用本单位资金数额在10万元以上。
- 虽未超过3个月，进行营利活动，挪用本单位资金数额在10万元以上。
- 进行非法活动，挪用本单位资金数额在6万元以上。

②挪用资金罪数额巨大、数额特别巨大：法律目前没有明确的统一规定，各地判例不一。

③职务侵占罪数额较大情形：侵占数额在6万元以上不满100万元的。

④职务侵占罪数额巨大情形：侵占数额达到100万元及以上。

⑤职务侵占罪数额特别巨大情形：法律目前没有明确的统一规定。

（3）老板千万别"借"个钱借进监狱

公司的财务人员未经许可，擅自将公司的钱投资股票，准备盈利后再将资金归还公司，这种行为就构成挪用资金罪。公司的采购人员利用采购的职务便利，在采购过程中虚报价格，贪污受贿达到一定数额后，就构成职务侵占罪。

若是公司的老板本人，他就是公司的创始人或大股东，也会犯挪用资金罪、职务侵占罪吗？且看司法解释的规定：未经公司股东会、董事会的表决通过，公司的控股股东、实际控制人自行决定将公司资金借贷给其关联公司，且满足刑法第272条其他条件的，应认定构成挪用资金罪。

因此，公司有了合伙人后，老板更加需要有合规意识，要重视公司治理，规范公司的财务管理，不能将公司的钱视为个人的钱，想花就花，想借就借。哪怕是借给自己的关联公司也要程序合法，千万别"借"个钱借进监狱了。

老板预防挪用资金罪、职务侵占罪的办法：
- 按照公司章程、规定给予的权利行事。
- 特殊事件通过股东会授权再行办理。
- 老板需要借款时，所有股东签字。
- 动用权利时保留完整的文件、影音资料。

（4）挪用资金罪、职务侵占罪案例

【案例1：真功夫案例】2012年8月7日，天河区人民检察院以涉嫌职务侵占罪、挪用资金罪、抽逃注册资本罪等犯罪嫌疑，依法将蔡达标、李跃义、蔡亮标三名主犯及洪人刚、丁伟琴两名从犯向天河区人民法院提起公诉。2013年

12月12日，广州市天河区法院一审认定蔡达标职务侵占1515万元，挪用资金1800万元，数罪并罚，判其有期徒刑14年。

【案例2：雷士照明案例】2016年12月21日，雷士照明（中国）有限公司原法定代表人、董事长吴长江因挪用资金罪、职务侵占罪一审被判处有期徒刑14年，并处没收财产50万元，并责令其退赔370万元给被害单位重庆雷士照明有限公司。同案第二被告、该公司原董事长助理陈严犯挪用资金罪被判处有期徒刑3年，缓刑3年。吴长江犯职务侵占罪则是因2014年初，吴长江将一笔处理重庆雷土照明有限公司的370万元废料款不转入公司财务部门入账，供其本人使用，并将变卖废料的原始财务凭证销毁。破案后，370万元未能追回。

6. 逃税罪

企业应重视股权财税法顶层设计，加强对税务风险的评估和管理，建立税务风险预警机制，明确税务申报、缴纳、核算等各环节的操作流程和职责分工，在合法合规的前提下进行税务规划，避免因税务问题影响企业的发展。

当公司或个人股东在涉及股权退出、股权转让时，采取不合理低价转让或阴阳合同等欺骗、隐瞒手段进行虚假纳税申报或者不申报逃避缴纳税款，就可能涉及逃税罪。企业经营中涉税犯罪还有抗税罪、逃避追缴欠税罪、骗取出口退税罪、虚开增值税专用发票罪等，本节从略。

（1）逃税罪的概念

2009年刑法修正案（七）对偷税罪进行了修改，确定了现在的逃税罪。

逃税罪，全称逃避缴纳税款罪，是指纳税人、扣缴义务人采取欺骗、隐瞒手段进行虚假纳税申报或者不申报，逃避缴纳税款数额较大并且占应纳税额10%以上的行为，或者扣缴义务人采取上述手段，不缴或者少缴已扣、已收税款数额较大的行为。

（2）刑法关于逃税罪的规定

①纳税人采取欺骗、隐瞒手段进行虚假纳税申报或者不申报，逃避缴纳税款数额较大并且占应纳税额10%以上的，处3年以下有期徒刑或者拘役，并处罚金；数额巨大并且占应纳税额30%以上的，处3年以上7年以下有期徒刑，并处罚金。

②扣缴义务人采取欺骗、隐瞒等手段，不缴或者少缴已扣、已收税款，数额较大的，依照上述纳税人的处罚规定进行处罚。

（3）司法解释关于逃税罪的规定

2024年3月18日，最高人民法院、最高人民检察院发布的《关于办理危害税收征管刑事案件适用法律若干问题的解释》对逃税罪的主要规定如下：

①何谓"欺骗、隐瞒手段"虚假申报

具有下列情形之一的，应当认定为"欺骗、隐瞒手段"虚假申报：

● 伪造、变造、转移、隐匿、擅自销毁账簿、记账凭证或者其他涉税资料的；

● 以签订"阴阳合同"等形式隐匿或者以他人名义分解收入、财产的；

● 虚列支出、虚抵进项税额或者虚报专项附加扣除的；

● 提供虚假材料，骗取税收优惠的；

● 编造虚假计税依据的；

● 为不缴、少缴税款而采取的其他欺骗、隐瞒手段。

②何谓"不申报"

具有下列情形之一应当认定为"不申报"：

● 依法在登记机关办理设立登记的纳税人，发生应税行为而不申报纳税的；

● 依法不需要在登记机关办理设立登记或者未依法办理设立登记的纳税人，发生应税行为，经税务机关依法通知其申报而不申报纳税的；

● 其他明知应当依法申报纳税而不申报纳税的。

③"逃避缴纳税款数额"计算

"逃避缴纳税款数额"是指在确定的纳税期间，不缴或者少缴税务机关负责征收的各税种税款的总额。"应纳税额"是指应税行为发生年度内依照税收法律、行政法规规定应当缴纳的税额，不包括海关代征的增值税、关税等及纳税人依法预缴的税额。

"逃避缴纳税款数额占应纳税额的百分比"，是指行为人在一个纳税年度中的各税种逃税总额与该纳税年度应纳税总额的比例；不按纳税年度确定纳税期的，按照最后一次逃税行为发生之日前一年中各税种逃税总额与该年应纳税总额的比例确定。

纳税义务存续期间不足一个纳税年度的，按照各税种逃税总额与实际发生纳税义务期间应纳税总额的比例确定。

逃税行为跨越若干个纳税年度，只要其中一个纳税年度的逃税数额及百分比达到刑法第二百零一条第一款规定的标准，即构成逃税罪。

各纳税年度的逃税数额应当累计计算，逃税额占应纳税额百分比应当按照各逃税年度百分比的最高值确定。

"未经处理"，包括未经行政处理和刑事处理。

④单位犯罪处罚原则

单位实施危害税收征管犯罪的定罪量刑标准，依照本解释规定的标准执行，即按照自然人犯罪的标准执行。

危害税收犯罪行刑衔接机制：规定对实施危害税收犯罪被不起诉或者免予刑事处罚，需要给予行政处罚、政务处分或者其他处分的，依法移送有关行政主管机关处理；有关行政主管机关应当将处理结果及时通知人民检察院、人民法院。

⑤何谓"数额较大""数额巨大"

● 纳税人逃避缴纳税款 10 万元以上的，应当认定为"数额较大"；纳税人逃避缴纳税款 50 万元以上的，应当认定为"数额巨大"。

● 扣缴义务人不缴或者少缴已扣、已收税款"数额较大""数额巨大"的认定标准同上。扣缴义务人承诺为纳税人代付税款，在其向纳税人支付税后所得时，应当认定扣缴义务人"已扣、已收税款"。

⑥不予追究情形（从宽处罚）

● 纳税人有逃税行为，在公安机关立案前，经税务机关依法下达追缴通知后，在规定的期限或者批准延缓、分期缴纳的期限内足额补缴应纳税款，缴纳滞纳金，并全部履行税务机关做出的行政处罚决定的，不予追究刑事责任。

● 已经进入到刑事诉讼程序中的被告人能够积极补税挽损，被告单位有效合规整改的，可以从宽处罚，其中犯罪情节轻微不需要判处刑罚的，可以不起诉或者免予刑事处罚；情节显著轻微危害不大的，不作为犯罪处理。

● 但是，5 年内因逃避缴纳税款受过刑事处罚或者被税务机关给予二次以上行政处罚的除外。纳税人有逃避缴纳税款行为，税务机关没有依法下达追缴通知的，依法不予追究刑事责任。

也就是说，前两次单纯的税务行政处罚并不直接导致判刑，第三次及后续的逃税行为要被判刑，还要满足一定的数额标准且不足额补缴，否则一般仍然不会被判刑。这一规定既能够达到维护税收征管秩序的目的，又能够为企业和个人提供一定的补救机会。这也是税务严格监管以来，很多影视明星、主播，虽然逃税金额巨大，但补缴税款后没有坐牢的原因。

（4）【案例】直播电商虚假申报偷税案件

国家税务总局泸州市税务局 2024 年 11 月 15 日发布了查处的一起直播电商虚假申报偷税案件。

国家税务总局泸州市税务局稽查局通过税收大数据比对分析发现，2021 年至 2023 年，余洋登记注册的个体工商户——泸州 A 男装店向某平台支付了 620 余万元推广费用，而期间向税务机关申报的销售收入仅为 160 万元。按照某平台推广费反向测算，A 男装店销售收入应该超过亿元。带着这个线索，稽查局进一步挖掘，逐步还原了整个案件事实。

从 2021 年开始，余洋注册个体工商户，并入驻某平台进行线上服装销售。余洋的货源来自广州、武汉两地厂商，消费者在线上下单后，直接由厂商发货，如果遇到退货情况，则退到余洋所在的泸州市仓库，后续再作为现货从泸州发出。

随着直播销售服装生意越来越红火，余洋的泸州 A 男装店快速拥有了 300 万粉丝的体量，为规避因违反平台管理要求导致的封号风险，余洋通过本人及其亲属身份先后注册 6 个个体工商户，在某平台开展直播销售，但实际控制人均为余洋。

余洋在采购商品时未主动向供货商索取发票，采购费用采取私对私转账的方式，在销售时也很少有消费者索取发票，购销两个环节基本形成体外循环。在实际经营过程中，消费者线上下单再由货源地直发，余洋不需要在本地建立大型实体产品仓库，其真实经营规模很难被发现。同时，其 6 个个体工商户以及 19 个银行账户也分散了销售收入。基于以上销售模式和收款方式，销售收入不易被核实，余洋便心存侥幸，仅就其控制的 6 个个体工商户开具了发票的 390 余万元销售收入申报纳税，而对其他大量的未开票收入约 3.4 亿元不申报，以虚假申报少缴个人所得税、增值税等 805 万元。

根据《个体工商户个人所得税计税办法》（国家税务总局令第 35 号），若个体工商户从两处以上取得经营所得，需在办理年度汇总纳税申报时，合并个体工商户经营所得年应纳税所得额，重新计算减免税额，多退少补。余洋利用其亲属户头拆分其实际经营所得，采用欺骗、隐瞒等方式逃避纳税，构成偷税行为。

根据《中华人民共和国税收征收管理法》第六十三条第一款：纳税人伪造、变造、隐匿、擅自销毁账簿、记账凭证，或者在账簿上多列支出或者不列、少列收入，或者经税务机关通知申报而拒不申报或者进行虚假的纳税申报，不缴或者少缴应纳税款的，是偷税。对纳税人偷税的，由税务机关追缴其不缴或者少缴的税款、滞纳金，并处不缴或者少缴的税款50%以上五倍以下的罚款；构成犯罪的，依法追究刑事责任。

税务机关依法对余洋追缴少缴税费款、加收滞纳金并处罚款共计1431万元。余洋表示，这次案件给自己带来了深刻教训，今后将加强税法学习，强化法治观念，做到合规经营、依法纳税，不再抱有侥幸心理。

9.8.3 夫妻共同债务

如何避免在经营企业时承担夫妻共同债务，是很多老板关心的一个痛点。因此，笔者将夫妻共同债务作为一个专题详细说明。

1.《中华人民共和国民法典》关于夫妻共同债务的规定

①《中华人民共和国民法典》第1064条针对夫妻共同债务的四个界定：

● 夫妻双方共同签名的债务；

● 夫妻一方事后追认等共同意思表示所负的债务；

● 夫妻一方在婚姻关系存续期间以个人名义为家庭日常生活需要所负的债务；

● 夫妻一方在婚姻关系存续期间以个人名义超出家庭日常生活需要所负的债务，不属于夫妻共同债务；但是，债权人能够证明该债务用于夫妻共同生活、共同生产经营或者基于夫妻双方共同意思表示的除外。

②《中华人民共和国民法典》第1065条针对夫妻财产约定制的规定

男女双方可以约定婚姻关系存续期间所得的财产以及婚前财产归各自所有、共同所有或者部分各自所有、部分共同所有。约定应当采用书面形式。夫妻对婚姻关系存续期间所得的财产以及婚前财产的约定，对双方具有法律约束力。

2. 如何理解夫妻共同债务

2018年5月23日，浙江省高级人民法院发布的《浙江省高级人民法院关于妥善审理涉夫妻债务纠纷案件的通知》，该通知对夫妻共同债务的认定标准、举证责任分配等方面做了进一步的规定和解释，值得参考学习。

（1）基于夫妻双方共同意思表示

包括夫妻双方共同签名确认债务、夫妻一方事后追认（追认方式不限于书面签字，电话录音、短信、微信、电话、邮件等能体现追认意思的方式也可），以及虽未明确签字或追认，但有证据证明配偶一方对负债知晓且未提出异议，如存在出具借条时在场、所借款项汇入配偶掌握的银行账户、归还借款本息等情形的,可推定夫妻有共同举债的合意。

夫妻一方以个人名义向他人借款,配偶有无还款行为与是否构成夫妻共同债务之间不存在必然联系。配偶仅仅向债权人转账、还款,在没有其他证据予以佐证的情形下,并不能仅凭此就认定配偶存在对该债务追认的意思表示。

(2)"家庭日常生活需要"标准

"家庭日常生活需要"是指夫妻双方及其共同生活的未成年子女在日常生活中的必要开支事项,如正常的衣食住行消费、日用品购买、医疗保健、子女教育、老人赡养、文化消费等。一方为了满足这些日常家庭生活的必要支出所负的债务,即使是以个人名义所借,也应认定为夫妻共同债务。

"家庭日常生活所需"标准和"实际用途"标准不是判断债务性质的唯一标准,在具体案件审理过程中,还应当审查是否存在相关法律规定的"除外情形"。

审理中,判断负债是否超出"家庭日常生活需要",可以结合负债金额大小、家庭富裕程度、夫妻关系是否安宁、当地经济水平及交易习惯、借贷双方的熟识程度、借款名义、资金流向等因素综合予以认定。

浙江省规定单笔举债或对同一债权人举债金额在20万元(含本数)以下的,可作为认定"为家庭日常生活需要所负债务"的考量因素。

(3)超出家庭日常生活需要所负的债务

如果一方所负债务明显超出家庭日常生活所需,原则上应认定为个人债务,但如果债权人有证据证明存在以下情形的,可以考虑认定为夫妻共同债务:

● 负债期间购置大宗资产等形成夫妻共同财产的;
● 举债用于夫妻双方共同从事的工商业或共同投资;
● 举债用于举债人单方从事的生产经营活动,但配偶一方分享经营收益的。

(4)"夫妻共同生活、共同生产经营"的范围

债权人能够证明债务用于夫妻共同生活方面。比如夫妻一方以个人名义借款用于购买住房、车辆等大额家庭资产,之后该资产用于夫妻共同生活,或者借款用于家庭的装修、子女的教育、老人的医疗等大额且必要的家庭支出等。

债权人能够证明债务用于夫妻共同生产经营方面。夫妻一方虽以个人名义举债,但另一方也参与了该经营活动,包括共同决策、共同经营、分工合作等,或者将经营收益用于家庭日常生活需要或成为家庭主要收入来源。

浙江作为民营企业大省,民间资金活跃,经商文化和投资氛围较为浓厚。

对在一些案件中，负债用于夫妻一方以单方名义经商办企业，或进行股票、期货、基金、私募等高风险投资的，不宜"一刀切"地认定为夫妻共同债务。

（5）非法债务或不合理开支等情形不属于夫妻共同债务

非法债务。夫妻一方因赌博、吸毒等违法犯罪活动而产生的债务，或者夫妻一方以个人名义举债后将资金用于个人的违法犯罪活动，不属于夫妻共同债务，债权人的主张将不予支持。

不合理开支。债务用于夫妻一方且与夫妻共同生活明显无关的不合理开支，如无偿为他人作担保、挥霍消费（如购买与自身消费能力极不匹配的奢侈品、借钱打赏网络主播等）、违反婚姻忠诚义务（如包养情人、抚养私生子等）、危害家庭利益等行为所产生的债务，不应认定为夫妻共同债务。

（6）债务另有约定的

如果债务人与债权人之间明确约定为个人债务，或夫妻之间约定为分别财产制且债权人知情的，应当认定为个人债务。

（7）强调对债权人的保护与审查

在保护债权人合法权益的同时，也注重审查债务的真实性、合法性等，防止夫妻双方恶意串通逃避债务，或者债权人与夫妻一方虚构债务等情况。

3. 如何避免夫妻共同债务

很多老板创业时都是"夫妻店""夫妻档"，公司股东往往就是夫妻二人。在股东只有夫妻双方的公司，正常情况下公司债务由公司独立承担，并不必然要承担连带责任。

夫妻档公司名义上有两个股东，不是新公司法第23条所定义的"只有一个股东的公司"。当公司发生经营不善、投资失败等股权风险时，若出现"人格混同"、公私不分，公司账户和家庭账户资金随意往来，很容易被认定为实质意义上的"只有一个股东的公司"，举证责任也倒置给了作为股东的夫妻二人，若股东无法证明公司财产独立于其个人财产，加之股东滥用股东权利，很容易被判定承担夫妻共同债务，对公司债务承担连带清偿责任。

在企业经营过程中，为避免承担夫妻共同债务，需要注意以下事项：

（1）财产约定。夫妻双方可以签订书面的符合法律规定的形式要件和实质要件的财产协议，明确约定双方在婚姻关系存续期间所得的财产归各自所有，并且对债务也进行明确划分。

（2）财务独立。建立规范的财务管理体系，确保公司账户与股东个人账户严格独立，公司资金不用于家庭消费（如购买私人房产、车辆等），避免公司与股东或关联公司的业务混同与财产混同，确保公司法人独立地位。

（3）债务合同。以企业名义的借款，借款合同协议中明确资金是用于企业经营，表明该债务仅由企业承担，与家庭财产无关。实际使用借款资金时不要有用于夫妻共同生活的开支（如旅游、家庭装修等）。

（4）决策参与。企业经营中的重大决策，尤其是涉及债务的决策（如大额借款、担保等），配偶事前不参与，事后不追认，不在文件上签字。

（5）股权架构。把握以下时机，及时调整"夫妻档"公司股权架构。

①公司设立时。公司设立之初就明确成立几家公司，各公司的股权归属和责任承担。如一方持股，另一方通过其他方式参与公司事务或者完全不参与，以此确定未来公司债务与夫妻个人财产的界限，降低潜在的法律风险。

②债务发生前。债务产生之前调整股权架构，夫妻一方不参与经营决策和利益分配，可以有效避免新债务被认定为夫妻共同债务，一定程度上保障家庭财产不受企业债务的牵连。

③债务风险爆发前。当企业出现经营困难、可能面临债务风险但尚未爆发时，及时调整股权架构止损，避免债务扩大后对家庭造成更严重的影响。债务风险爆发后理论上可以调整股权架构，但会面临诸多复杂问题，如债权人可能依据合同法中的撤销权向法院请求撤销股权变更行为；法院可能会判定股权变更行为无效；仓促调整可能导致公司决策错误等。

④企业转型期。当企业业务转型、战略调整或者进行重大资产重组时，企业的经营模式、资产结构、资源能力等都发生了变化，若还是"夫妻档"公司，不调整股权架构，会对公司的内部管理、独立性、引进合伙人和人才造成障碍。

⑤婚姻关系变化时。如夫妻双方出现感情危机或者婚姻状况发生变化，为避免企业股权和债务问题与婚姻问题相互纠缠，引发更复杂的矛盾，此时进行股权架构调整是比较合适的。

4. 夫妻共同债务的案例

【案例1】乙和丙的借款纠纷案

2017年10月初，被告乙以做生意资金周转为由向原告借款200万元，原告在被告丙的介绍下办理抵押贷款。2017年10月9日，原告收到银行放贷200万元后，款项经案外人转账最终到了被告乙账户。2019年4月4日，被告乙再次向原告借款50万元。被告乙分别出具了借条，二被告于2013年登记结婚，

2019年登记离婚。被告丙辩称案涉借款不应当作为夫妻共同债务。

法院认定该债务为夫妻共同债务。虽然借条是被告乙一人出具，但被告丙在借款过程中积极协助原告办理贷款事宜，对借款知晓且未提出异议，可推定夫妻有共同举债的合意。并且被告乙借款用于生意资金周转，所获利益可能用于家庭，所以认定为夫妻共同债务。

【案例2】"夫妻档"公司股东是否应对公司债务承担连带责任？

2018年11月至2019年1月，乙公司多次向甲公司购买油漆、固化剂、专用稀料等货物，共计货款为89493元。乙公司支付货款43989元后，经甲公司多次催要，乙公司拒不支付剩余货款45504元。甲公司遂提起本案诉讼要求乙公司、乙公司股东马某某、陈某某支付货款45504元。另查明，乙公司系有限责任公司，马某某、陈某某均为乙公司的股东，且二人为夫妻关系。

郓城法院经审理认为，乙公司多次向甲公司购买油漆、固化剂、专用稀料等货物，双方当事人之间形成买卖合同关系，该合同关系为双方当事人的真实意思表示，不违背法律、行政法规的强制性规定，不违背公序良俗，合法有效，当事人应当按照约定全面履行自己的义务。乙公司欠甲公司货款45504元的事实清楚、证据确实，故甲公司要求乙公司支付货款45504元的诉请，于法有据，法院予以支持。

乙公司于马某某、陈某某婚姻关系存续期间设立，注册资本来源于夫妻共同财产，且现有证据无法认定马某某、陈某某对于夫妻共同财产归属进行了约定，所以乙公司的全部股权属于双方共同共有，即乙公司的全部股权实质来源于同一财产权，并为一个所有权人共同享有和支配，该股权主体具有利益的一致性和实质的单一性。因此，乙公司与一人公司在主体构成和规范适用上具有高度相似性，系实质意义上的一人公司。

诉讼过程中，马某某、陈某某未能举证证明其自身财产独立于乙公司财产，应当承担举证不力的法律后果，故马某某、陈某某应对乙公司的案涉债务承担连带清偿责任。因此，甲公司要求乙公司、马某某、陈某某支付货款45504元的诉请事实清楚、证据确实、于法有据。故依法判决乙公司于本判决生效之日起十日内支付甲公司货款45504元，马某某、陈某某对此债务承担连带清偿责任。

9.8.4 民事责任与行政责任

老板在经营企业过程中，要想避免承担民事赔偿责任和行政处罚，避免被列为重大税收违法失信主体，必须重视股权财税法顶层设计，必须合法经营，勤勉敬业，规范公司治理，实现财税合规，不能滥用股东权利。企业设立、成长、发展过程中，一定要追求"稳"，追求安全地赚钱。

1. 民事责任和行政责任的承担范围

与股权相关的民事责任，主要体现在股东出资、股权转让、股东滥用股东权利三个方面。具体责任详见"7.3.2 连带赔：股东、控股股东或实际控制人的连带责任"及"7.3.4 赔偿与罚款：董监高的连带责任"中涉及董监高的民事赔偿责任部分，本处略。

与股权相关的行政责任，集中体现在新公司法第 14 章"法律责任"中，包括虚报注册资本、虚假出资、抽逃出资、未按照规定公示公告信息等，具体责任详见"7.3.4 赔偿与罚款：董监高的连带责任"中涉及董监高的行政罚款部分，本处略。

2. 民事责任和行政责任的承担顺序

新公司法第 263 条规定，"应当承担民事赔偿责任和缴纳罚款、罚金的，其财产不足以支付时，先承担民事赔偿责任"。

3. 民事责任和行政责任拒不执行怎么办

刑法第 313 条规定，对人民法院的判决、裁定有能力执行而拒不执行，情节严重的，处 3 年以下有期徒刑、拘役或者罚金；情节特别严重的，处 3 年以上 7 年以下有期徒刑，并处罚金。

2024 年 11 月 18 日，最高人民法院、最高人民检察院联合发布的《关于办理拒不执行判决、裁定刑事案件适用法律若干问题的解释》（法释〔2024〕13 号），自 2024 年 12 月 1 日起施行。其主要内容包括：列举了十项"有能力执行而拒不执行，情节严重"的情形，规定了五项"有能力执行而拒不执行，情节特别严重"的情形，明确了判决、裁定生效前行为人隐藏、转移财产的处理和案外人帮助隐藏、转移财产的责任，以及明确了从重、从轻情节和追赃挽损程序。

第10章
股权架构调整

切合您的公司战略定位,
与您的公司业务密切相关,
考虑了控制权、税务规划与风险规避,
这样的股权架构就是最优架构。

本章导读

制订股权财税法顶层设计方案是一项复杂且专业的工作。首先需要明确公司的目标和发展战略，分析行业特点和竞争环境，之后评估公司现有的股权结构、商业模式、资源能力、财税状况和法律风险，然后与股东和管理层充分沟通，权衡利弊，反复讨论，最后确定适合的股权财税法顶层设计方案。

股权架构设计后，从来就不是一劳永逸躺着不变的，因为公司的战略、商业模式、业务方向和规模、资源和人才等内外部环境都可能会发生变化。当变化发生时，老板就要琢磨一个问题：之前的股权架构要不要调整？怎么调整？如何调整为最优架构？

10.1 股权架构为什么要调整

公司的股权架构为什么要调整，我们可以从动态变化性、业务角度和公司的发展阶段来分析其必要性。

1. 股权架构本身是动态变化的

公司的股权架构设计规划后，不会一劳永逸，静止地躺着一成不变，需要随着公司的业务发展而动态调整优化，好比城市规划图的早期规划和后期调整。

早期的城市规划图就如同公司最初设立的股权架构。城市建设的初期，城市规划图会划分出不同的功能区域，如商业区、住宅区、工业区等，每个区域都有其特定的作用，如同股权架构中不同公司的作用一样。

随着城市的发展，原来的规划可能不再适用，例如人口的增加使得住宅区的需求增大，或者新的产业兴起需要更多的工业用地，或者出现部分区域资源利用不充分而其他区域资源紧张的情况，这就像公司新业务板块的出现需要设立新的公司，或原有资源股东的股权需要重新调整。

2. 就业务角度而言

随着公司所处的市场环境、行业政策变化，公司的战略方向调整，公司的业务变化或诞生了新的业务，资源人才供应链的整合方式的变化，公司的规模进一步扩张，资本运作时融资投资的需要，外部投资者的进入或退出，股权架构的布局需要适应这些外部环境和内部需求的变化，做出相应调整。

如果公司面临转型，或者业务多元化，可能需要引入具有新业务领域经验和资源的投资者，或者剥离一些不符合新方向的业务相关的股权，就像树木需要适应环境的巨大变化而改变生长方式一样。

公司如果考虑资本运作、准备上市、境内外上市地点的调整，涉及员工和供应商的股权激励，涉及并购、重组等战略行为，还可能涉及股权融资问题，这时股权架构往往也需要调整和重新规划，以适应业务的复杂化和多元化。

3. 就公司的发展阶段而言

公司初创阶段，商业模式尚未成型，前途未卜，创始人通常持有大部分股权，业务之初股权也以简单为美。公司股权设计需要追求简约简单，不能搞太复杂。

随着公司进入成长阶段，业务发展壮大了，公司规模、运营状态和模式都会发生变化，如同小树开始茁壮成长，需要更多的养分和空间，从外部引入肥料和水源。这时需要引入新的投资者，股权架构需要调整以适应业务需求。

当公司发展到成熟阶段，团队成员、内外部资源、组织系统都发生了系统性改变，就像一棵大树已经枝繁叶茂，要让大树的枝叶都能得到阳光和养分，这时要考虑资源、人才、产业链供应链资源整合的股权激励。

10.2 股权架构调整的时机、顺序和方法

1. 股权架构调整的时机

股权架构调整的时机不对,调整的成本就会很高,甚至会影响到公司业务的稳定发展。那么,什么时机调整合适呢?可从业务运营、税务规划和风险防范三个角度去审视。

(1)就业务运营角度而言

①公司战略转型期。当公司从单一业务向多元化业务拓展,从传统业务拓展到新兴领域,需要新的资源、资金和人才的投入,需要引入新的合作伙伴或战略投资者,以支持新业务的发展。当公司重新定位目标市场,从国内市场转向国际市场或者从大众市场转向细分领域市场时,可能需要调整股权架构来引入具有相应市场经验和渠道的股东。

②融资关键节点。公司从初创阶段迈向成长阶段,需要外部资金支持产品研发、市场推广等早期运营活动。在天使轮融资前进行股权架构调整,可以使公司以更合理的股权结构吸引天使投资人,同时也能为后续 A 轮、B 轮、C 轮等融资轮次预留足够的股权空间。因此,在融资关键节点,需要根据新投资者的要求和公司估值的变化,适时调整股权架构,平衡新老股东的利益。

③内部资金、资源或人才结构变化时。当有新的合伙人带着关键技术、独特资源或大量资金加入公司时,及时调整股权架构可以明确新合伙人在公司的权益和地位,激励新合伙人积极为公司发展做出贡献。公司发展到一定阶段,为了留住核心员工,提高员工的忠诚度和工作积极性,可以调整股权架构,实施员工股权激励计划,将公司的一部分股权分配给核心员工。

(2)就税务规划角度而言

①企业累计实现盈利前。由于企业整体上没有实现盈利,不涉及分红的所得税问题。如果没有无形资产和土地房产,或者其占比不超过20%,这时候股权平价转让,由于税务机关审核的关键点是股权转让价格与净资产的对比,很容易通过税务机关审核。因此,企业累计实现盈利前是个好时机。

②企业拟对外股权转让时。对外转让股权,可能涉及缴税问题。股权转让

的方式不同，涉及的税负也不同。调整的时机在于，要先分红（参看在8.3节所讲的九种股权转让方式进一步理解）。

③企业拟实施股权激励时。这时重点是提前布局股权顶层架构，选择哪种持股方式（如有限合伙企业还是有限公司）作为持股平台。如果这时还没做整体股权架构设计的话，必须先进行股权架构的整体设计规划。

④打算引入外部投资时。这会涉及两个核心问题：股权稀释是否影响到控制权以及股权估值。在外部投资进来前，要提前布局股权架构，规划控制权方式。同时，由于涉及估值，要避免发生税务上的估值争议，应先以较低估值安排员工股权激励，之后间隔合理的时间再引入外部投资。

⑤企业拟实施股改上市。股权架构在风投机构进来前不提前做规划，风投机构进来后调整的难度极大。因此，股改前需要提前布局股权顶层架构，考虑控制权的方式，筹划将来股权退出的税负问题。

（3）就风险角度而言

①合规性风险。上市公司监管更加严格，股权架构调整要符合公司法、证券法等相关法律规定。因此，考虑股改上市的前几年就要考虑股权架构的调整。

②控制权风险。公司考虑引入战略投资者，引入资金股东或合伙人前，不提前做好股权架构调整以及控制权安排，后期调整会很难，可能会影响企业的控制权，进而影响公司的决策效率和战略稳定性。

③资金链风险。若公司的现金流紧张甚至资金链断裂，公司可能会面临严重的财务危机，控股股东或实际控制人可能会"拆东墙补西墙"。不提前做好股权架构调整，做好风控隔离风险，极易产生债务连带责任。

④税务风险。股东拟对外转让股权，公司拟实施股权激励，税务政策发生变化，都涉及税负问题和税务规划问题，要提前做好股权架构调整布局。

2. 股权架构调整的顺序

股权架构调整的顺序是：

①先明确股权调整的目标，在核心股东、管理层之间进行充分的协调与沟通，对调整方案讨论达成共识。

②再对公司的整体价值进行评估或进行财务审计，为调整股权架构提供客观依据。

③之后制订详细的调整方案，准备相关的法律文件，如股权转让协议、员工股权激励协议、增资扩股协议、公司章程修正案等。

④最后经股东会审批后，办理股权变更登记。

3. 股权架构调整的方法

股权架构包括公司架构和股权结构两个内容。股权架构设计的八字方针"上下左右，内部比例"概括了股权架构设计的内容。

公司架构方面，可以结合公司的业务，按照"公司架构设计 3+2+1 层次框架模型"去优化调整。股权结构调整，可以参考表 10-1 所示的常见方法。

表10-1　股权结构调整常见的五种方法

方法	适用范围	注意事项	操作要点（重点难点）
股权转让	账面未分配利润小或者是负数 没有不动产等需要评估的资产或不动产资产占比不到20% 有不动产等资产，购入时间离股权转让时间不超过1年	股权转让协议要明确未出资的由谁出资及债务承担 股权转让定价，如涉及不动产、土地使用权、探矿权、林权、对外股权投资占资产总额20%以上，需要进行评估	股东按照实缴还是认缴出资分取红利，按约定 股权转让定价需要考虑未分配利润 转让收益的所得税要提前筹划，可以事先清理账面报表资产；计提各项准备金和损失
增资	有大额未分配利润 账面有房产等需要评估的资产，占比超过20% 注册资本比较低	增资前是否评估由双方决定	按公允价增资，原股东没有获得收益，一般不纳税 增资可以先认缴后实缴，但要注意5年实缴规定
减资	个别股东持股方式的改变，以撤资、减少注册资本的方式退出。例如，公司小股东个人持股，考虑到股权太分散，准备改为有限合伙企业持股 原个人股东全部减资退出	减资可能会对资质办理、招投标等经营情况产生影响 减资流程要规范，否则可能需要退还收到的资金并赔偿公司损失	减少注册资本或者撤资收到的款项不超过投资成本不纳税，超过部分涉及缴纳所得税
减资后增资	注册资本较大 账面有未分配利润 账面不动产等资产价值存在评估溢价增值	股东一致同意 减资需要涉及资金流 减资过程时间长，需要2～3个月时间	股东通过减资方式退出，然后以其他身份增资进入，或者新股东以增资方式进入，公允价增资不涉及税务成本 减资、增资按照法律规定完成，不影响上市
推倒重来	原有架构不合适未来发展，原主体公司问题较多	过程涉及业务调整、人员调整、资产处理，找专家顾问	先按新股权架构成立新的主体，然后将原有公司通过资产转移方式调整到新公司，原有的不合适的主体逐步减少业务直至停止经营再注销 其他子公司业务可以股权转让给新的公司

10.3 新公司法背景下如何调整股权架构为最优架构

上一节讲了股权架构调整的时机、顺序和调整的一般方法。但具体如何将股权架构调整为适合您自身实际情况的最优架构呢？

总体而言，需要基于您的公司战略和商业模式，基于股权架构设计的前提、原则、因素和方针（有关股权架构如何设计，参见第3章的讲解），结合新公司法的要求，从业务出发，对公司架构和股权结构进行梳理和优化。

1. 最优架构是相对的概念

最优架构是相对的概念。切合您战略定位的，与您的公司业务密切相关，考虑了控制权、税务规划与风险规避，这样的股权架构就是最优架构。

"公司架构设计3+2+1层次框架模型"是通用模型。公司层次包括控股层、投资层、融资层、资本层、产业层和业务层，但并不是每个老板都要成立这3+2+1层次的公司。

每个公司的战略方向不一样，商业模式不一样，业务规模不一样。因此，到底设立几家公司，这几家公司怎么去布局，需要结合公司的实际情况个性化设计，并且随着公司的发展还需要动态调整优化。

2. 股权架构调整的一般原则

股权架构调整的目的在于创建一个有利于公司发展和管理的股权结构和治理结构。因此，股权架构调整的一般原则是：

（1）要有总体规划，同时兼顾一定的灵活性。

（2）调整时估值要从低到高，以避免税务风险和经营风险。

（3）调整时既平衡股东利益，也保证控制权稳定，避免出现决策僵局。

（4）先调整核心股东股权结构，再调整员工持股结构，之后引入外部资本调整外部资本持股结构。

值得注意的是，若进行股份制改造，发起人股权因在股改后一年内不能转让，故发起人在股改前股权架构要调整到位。

3. 股权架构调整时重点围绕三个点统筹考虑

在股权架构调整前，需要对公司战略、商业模式、业务运营、发展阶段和资源能力等进行综合研究，明确公司投融资策略，对公司资源和人才的激励措施。全面复盘考虑这些因素，围绕控制权、税务筹划和风险控制这三个点，才能制定出最适合公司的股权架构。这三个点是"纲"，纲举目张。如图 10-1 所示。

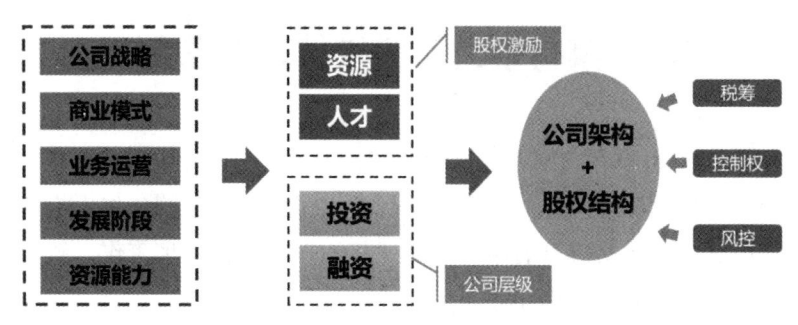

图10-1 如何调整股权架构为最优架构

如何围绕控制权、税务筹划和风险控制这三个点，做好股权架构调整，需要思考以下问题：

（1）为什么要设置多家公司，这些公司之间是什么关系，如何在这些公司实现控制权统筹。

（2）如何根据公司的战略、商业模式和业务，对股权架构调整时涉及的所得税等进行税务规划，更科学去纳税。

（3）如何从公司架构、股权结构、公司治理、财务合规等方面进行风险控制。

另外，在股权架构调整过程中，基于股东利益平衡，还需要考虑以下因素：股东贡献，资源股的变现情况，新业务拓展如何通过股权吸引具备相关经验和资源的新股东，如何分股分钱还掌握控制权，等等。

4. 结合新公司法的要求

股权架构设计要考虑并适应新公司法的变化。新公司法引入横向穿透原则（第23条），限制了股东的"出资期限利益"，要求公司股东出资5年内实缴（第47条），股东失权规则（第52条），公司不能清偿到期债务时还存在出资加速到期规则（第54条），"影子董事、影子高管"一样要担责（第192条），控股股东和实际控制人的责任进一步强化。所有这些规定对股权架构设计思路及具体执行层面有重大影响，要引起老板的足够重视。老板切不可还简单粗暴地设立所谓的"防火墙公司"来逃避债务。

有关如何结合新公司法的要求来调整股权架构，大家可以结合本书前面各章的内容进一步理解。

10.4 某有限公司股权架构调整案例

某有限公司 2019 年与财博仕财税合作，选择了财博仕财税的"年度经营财务战略顾问"咨询服务产品。财博仕财税派出了董事长郝德仁先生担任首席顾问的顾问团队，指导实施某有限公司的股权治理和财税治理工作，解决企业存在的股权架构及财税合规等问题。

"权系统"作为财博仕财税治理系统的"八柱"之一，处于财税治理最重要、最核心的位置。"权系统"的设计，包括：公司形态的选择，股权架构设计，"三会一层"治理，公司章程设计，公司管控模式设计，公司组织架构、财务部组织架构设计等，总体上要求企业做到：权力、责任、利益、风险、能力五位一体。

针对某有限公司的"权系统"涉及的股权架构设计方面，财博仕财税对其股权架构进行了重构，对某有限公司"股权架构再设计"而实施的公司形态选择、股权架构调整、股权转让、个别公司注销与成立新公司等，与其创始人商讨形成了总体规划方案并负责实施落地。

笔者发现，某有限公司及其关联公司在股权架构设计方面存在的问题，在我国无论大中小企业都具有相当的普遍性和代表性。现就某有限公司股权架构设计存在的主要问题、股权架构调整方案的核心内容和朋友们一起分享（为保护客户隐私，某有限公司的信息有修改），期待老板朋友们能通过这个案例领悟股权架构设计的精髓和魅力所在。

1. 某有限公司股权架构调整前的总体情况

某有限公司成立于 2015 年 12 月，注册地与实际经营地均在广东深圳，主要经营汽车配件批发业务，另有三家关联公司：乙公司也是经营汽车配件，丙公司为信息技术开发公司，丁公司为企业管理咨询公司。甲乙公司主营业务是进口配件，批发给渠道客户和中间商，但存在极少量直接向 C 端客户出售配件的情形。

某有限公司及关联公司的股权架构调整前情况，如图 10-2 所示。

【案例】某配件有限公司股权架构（调整前）

（注：A、B自然人为夫妻）

甲公司
- 自然人股东A 95%、自然人股东B 5%
- 成立日期：2015年12月
- 注册资本：5000万元
- 主营：进口汽车配件批发业务

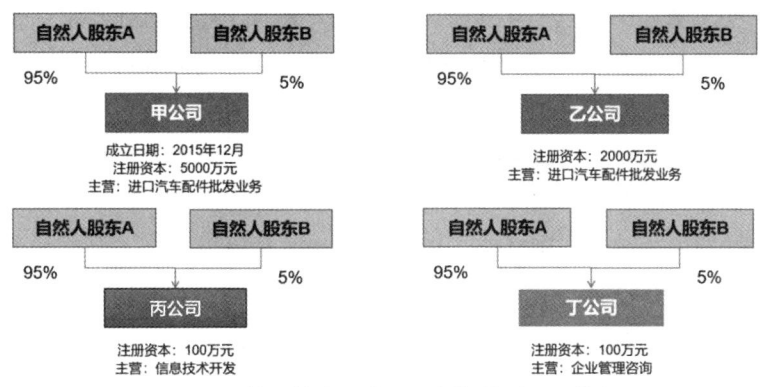

乙公司
- 自然人股东A 95%、自然人股东B 5%
- 注册资本：2000万元
- 主营：进口汽车配件批发业务

丙公司
- 自然人股东A 95%、自然人股东B 5%
- 注册资本：100万元
- 主营：信息技术开发

丁公司
- 自然人股东A 95%、自然人股东B 5%
- 注册资本：100万元
- 主营：企业管理咨询

图10-2 某配件有限公司股权架构（调整前）

2.某有限公司股权架构调整前存在的主要问题

甲公司及关联公司的股权架构设计存在很多显而易见的问题，不符合财博仕财税"股权架构设计的八大因素"理论框架，这与公司目前的规模及未来的发展极不匹配。以下详述。

（1）业务重叠问题。甲乙两个公司业务范围、业务模式"一模一样"。虽然甲公司为一般纳税人，乙公司为小规模纳税人，乙公司可以享受小微企业的税收政策，但乙公司主要从甲公司购进配件，进项税额无法抵扣，不仅达不成节税效果，反而税负加重了。

（2）注册资本过高问题。甲公司注册资本5000万元，乙公司注册资本2000万元。从事进出口业务的公司之前有注册资本最低100万元的限额要求，但并没有行业准入更高的注册资本要求，同时进口批发贸易业务资金周转快，不需要如此过高的注册资本。认缴制下的认缴出资，虽然不需要立即出资到位，但一样有出资期限要求，且股东身份是自然人，加重了股东的出资负担和出资风险。

（3）注册资本实缴问题。一般而言，家族公司注册资本会少于主体公司，这样安排，既能有杠杆效应，以小搏大，又不需要将分红分配到老板本人，分红留存于账面再投资，解决了老板下一层级公司的投资款来源问题，注册资本实缴时也就不需要老板"自掏腰包"了。

（4）持股身份问题。甲乙丙丁四家公司均为创始人夫妻二人以自然人身份持股，持股比例分别为95%、5%。股权投资的主体不同，控制权方式、税负和风险不同。全部由自然人股东持股，没有法人股东，不利于规避无限连带责任风险、分红个税筹划、再投资，不便于集团化管控，等等。

（5）交了冤枉税。与上述的持股身份相关联的，是公司分红时，老板会交"冤枉税"，个人分红适用税率是20%，而居民企业之间的分红一般享受免税待遇。老板赚了钱，除了必要的生活类支出外，通常情况下会再投资于其他公司或产业，从而滚动发展"钱生钱"，没有必要全部分红缴纳个税后套现，再用老板口袋里的钱去投资。

（6）法律风险问题。甲乙丙丁四家公司的股东均为创始人夫妻二人，全是自然人股东，若经营不善或存在债务担保，可能引发"夫妻共同债务"的连带责任风险，并可能会导致未到期的出资因债权人的诉讼而"出资加速到期"。同时，由于各个公司运作时，因为环保、广告、经营范围、工伤责任事故等可能的违规和风险，也会让老板本人直接面临一些行政责任和刑事责任。

（7）集团化管控问题。甲乙丙丁四家公司全部为独立的单体公司，谈不上集团化布局。老板投资成立多个公司时，一定要考虑公司层级，考虑公司的集团化管控问题。集团化并不是要求您的公司一定要在公司名称钉上"集团公司"四个字。集团化主要体现在公司层级、公司之间的业务安排和衔接，公司的财务、人事、行政、组织协调工作安排等方面有"集团化思维"。

（8）其他问题。股权架构层次不清晰，甲乙丙丁公司哪个是家族公司，哪个是主体公司，哪个是产业公司？控制权也做不到放大。出资及融资时没有杠杆效应，融资融人应放在哪个层次的哪家公司？等等。

3. 某有限公司股权架构调整方案

就某有限公司股权架构存在的问题，根据财博仕的"公司架构设计3+2+1层次框架模型"和"股权架构设计的八大因素"理论，考虑到将来公司业务拓展和股权融资的需要，财博仕财税对甲公司及关联的三家公司的股权架构进行了解构，重构了其公司架构和股权结构，公司的业务也据此进行了重组。

调整后的某配件有限公司股权架构如图10-3所示。

现将其股权架构调整方案概述如下：

（1）将丁公司（企业管理咨询公司）作为"控股层"的家族公司，其作用为存钱，解决节税和财富传承问题。由于丁公司成立后并未实质性开展业务，丁公司"干干净净"，不需要单独另外成立一家公司作为老板的"家族公司"。

（2）新成立一家B科技控股公司作为"主体层"公司，注册资本1000万元，解决规范性与提升平台价值，其作用是"值钱"，将来融资融人或融资上市，其他公司今后装入这家公司作为其全资或控股子公司。

【案例】某配件有限公司股权架构（调整后）

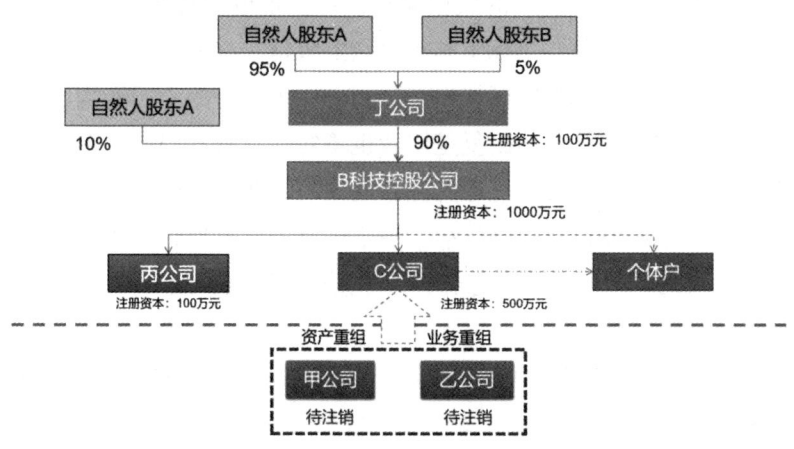

图10-3　某配件有限公司股权架构（调整后）

（3）丙公司作为信息技术开发公司保留，以便享受国家"双软"企业的税收优惠，但其股东由原来的创始人夫妻两人变更为B科技控股公司。

（4）新成立一家C公司，为B科技控股公司的全资子公司，注册资本500万元。自C公司成立之日起，新的配件进口及批发、零售业务全部由C公司承接。

（5）甲乙两家公司一年半内办理完毕注销手续。甲公司和乙公司不再承接新的业务，老业务逐渐转移由C公司承接，逐渐消化减少之前的库存，剩余有形资产出售给第三方，商标权先转让给老板本人，之后视情况再决定是特许给B科技控股公司收取特许权使用费，还是直接出售给B科技控股公司。

（6）独立于公司体系之外，单独交由老板的表妹注册成立一家"个体户"。公司涉及少量的直接向C端终极客户出售配件的业务，全部由新注册成立的C公司按成本加成方式作价出售给这家个体户，保证其合理的利润。老板的表妹目前在打工，薪资微薄，而个体户每年的净利润预测为30万元~50万元，表妹开店的收入至少比打工强上N倍，养家糊口没问题，表妹也喜笑颜开十分愿意。

（7）待条件成熟时，再成立多个有限合伙企业，将需要激励的员工、渠道商、财务顾问等外部人才装入。该有限合伙企业到底是作为主体层"B科技控股有限公司"还是作为产业层如"C公司"的股东，先暂时不做结论，到时具体问题具体分析，启动股权激励前再咨询财博仕财税。

4. 案例启示

该案例极其典型，在公司的股权架构设计和重组时具有一定的参考价值。股权架构设计看起来简单，实际上是很复杂的事情。有些朋友参考财博仕财税的"公司架构设计 3+2+1 层次框架模型"画了一个自身的公司架构图，请笔者帮忙看下有没有问题。笔者的回复是：我也不知道有没有问题，有问题我也不能瞎讲。因为，股权架构设计落地实施要遵循三部曲：定战略，搭架构，做调整。咨询顾问帮您做股权架构设计前，一定需要先了解您企业的战略定位和商业模式，了解您的业务运作，与您做详细的沟通。否则，战略不定，模式不清，架构不明。

老板朋友们，一定要学会应用财博仕"公司架构设计 3+2+1 层次框架模型"和股权财税法顶层设计"一核两翼"和"四钱合一"思维，以终为始，B 点思维，对您的公司架构和股权结构做一次全方位的"体检"。

最后，笔者提示广大的老板朋友们：股权架构设计一定要在创业之初考虑，而不是等到出现问题以后再说。股权财税法顶层设计决定了企业未来的高度！盖平房、3 层小楼和 100 层大厦的地基一样吗？不是企业做大了才做股权财税法顶层设计，而是做了股权财税法顶层设计才有做大的可能性。

后 记

笔者深耕财税领域30余载！10多年的大型企业集团财务总监经历、多年的财税培训和咨询工作中，笔者见证了太多企业由于股权、财税问题导致公司发展受阻甚至陷入困境的情形。没有创业的"理论准备"和"实践认知"，没有基本的股权治理和财税治理的知识和经验，盲目创业，盲目找合伙人，这是很多老板创业失败的重要原因。

股权财税法顶层设计，这是笔者构建的一个新赛道，提出了将股权与财税法紧密结合的一整套逻辑和方法论，目的是将股权治理和财税治理有机结合起来，为老板提供企业转型升级及合规经营的股权财税法整体解决方案。企业就像一棵树，不断施肥浇水，也能够有一阵子的疯狂生长。但如果它的土壤不肥沃，根扎得不够深，疯狂生长反而害得大树倒下得更快。股权财税法顶层设计就是这棵树的"根"！"根"扎得越深越牢，企业这座运营大厦也就越稳健。笔者创立的财博仕财税公司，其使命和定位也是通过股权财税法顶层设计提升企业的创业成功率！

本书凝聚了笔者大量心血。从提出命题到构建逻辑框架，从培训PPT到最终整理形成书稿，时间跨越5年之久，非笔者本人很难体会其中的辛酸。当然，笔者也收获颇丰。截至2024年12月，笔者就股权财税法顶层设计的相关内容，以财博仕财税名义申请了29个著作权。2023年12月29日新公司法颁布，笔者又花了大量时间修改涉及新公司法部分的本书初稿内容，因而本书是将新公司法与股权治理、财税治理及众多管理领域知识相结合的有益尝试。

股权财税法顶层设计涉及众多的专业领域，做好股权财税法顶层设计殊为不易！期待本书能为读者提供一份实用的股权财税法顶层设计指南。如果您在阅读本书过程中对股权财税法顶层设计有任何心得体会，或您在股权财税法实践方面遇到了任何困难和挑战，期望您能来信来电与笔者交流。

电话：0760-88366990

邮箱：fineboss@qq.com

微信公众号（视频号）：财博仕财税